羣書類從

第一輯

東京
續群書類從完成會

群書類従第壹輯目次

神祇部

群書類從第壹輯目次　終

群書類從卷第一

神祇部一

皇太神宮儀式帳

撿挍保己一集

天照坐皇太神宮儀式幷神宮院行事。

合壹拾玖院。

天照坐皇太神。所稱天照意保比流賣命。

同殿坐神。二柱。坐二左方一。稱二天手力男神一。靈御形弓坐。坐二右方一。稱二萬幡豐秋津姫命一也。

此皇孫之母。靈御形鏡坐。

御坐地。度會郡宇治里。伊鈴河上之大山中。四至。山邊遺(遣イ)阻廻。又近南西北河廻。神堺。以東石井嵩。赤木嵩。朝熊嵩。黃楊山嵩。尾垂峯等爲ニ山堺。〔以〕北比奈多嶋。瓱嶋。志婆埼。酒瀧嶋。阿婆良岐嶋。大嶋。屋嶋。歌嶋。都久毛嶋。石嶋(一无石字)。牛嶋。小嶋等爲ニ海堺。以南志摩國鵜掠山嵩。錦山坂竝爲ニ山堺。以西伊勢國飯高下樋小河。此稱ニ神之遠堺、常入參ニ太神宮ニ驛使鈴口塞〔イ无〕。飯野郡磯部河。稱ニ神近堺。以北海限。此掛畏天照坐太神月讀(大イ)之神二柱。所稱伊弉諾尊伊弉冊尊。共爲ニ夫婦合所生神。御形鏡坐。供奉行事。天照坐皇太神乃伊勢國度會郡宇治里。佐古久志留伊須々乃川上爾。御幸行坐時儀式。磯城嶋瑞籬宮御宇御間城天皇御世以往。天皇同殿御坐。而同天皇御世爾。以ニ豐耟入婦(姫歟)命(次以イ)。爲ニ御杖代出奉支。豐耟入姫命。御形長成支。以次纒向珠城宮御宇 活目天皇御世爾。倭姬內親王遠爲ニ御杖代齋奉支。美和乃御諸原爾造ニ齋宮。出奉天齋始メ奉支。爾時倭姬內親王。太神乎頂奉弖。願給國求奉時爾。從ニ美和乃御諸宮發弖。令出坐支。爾時御送驛使。阿倍武渟川別命。和珥彥國葺命。中臣大鹿嶋命。物部十千根命。大伴武日命。合五柱命(天イ)等爲使弖令入坐支。彼時。宇太乃阿貴宮坐只。次佐々波多宮坐只。其爾卽大倭國造等。神御田幷神戶進只。次伊賀穴穗宮坐只。次阿閇柘殖宮坐只。其爾卽伊賀國造等神御田幷神戶進支。次淡海坂田宮坐只。次美濃伊久良賀宮坐只。次伊勢桑名野代宮坐只。其宮坐時爾。伊勢國造遠祖。建夷方乎。汝國名何問賜。曰久。神風〔イ无〕伊勢國止白支。卽神御田幷神戶進支。次河曲次鈴鹿小山宮坐支。彼時。川俣縣造等遠祖。大比古乎。汝國名何問賜只。白久。味酒鈴鹿國止白支。其卽神御田幷神戸進支。次安濃縣造眞桑枝乎。汝國名何問賜支。白久。草蔭安濃國止白支。卽神御田幷神戸進支。次壹志藤方片樋宮坐只。其在阿佐鹿惡神平。驛使阿倍大稻彥命。卽御共仕奉支。彼時。壹志縣造等遠祖。建呰子乎。汝國名何問賜支。白久。完徃呰鹿國止白只。卽神御田幷神戸進支。次飯高縣造乙加豆知乎。汝國名何問賜只。白久。忍飯高國止白支。卽神御田幷神戸進支。而飯野高宮坐支。彼時。佐奈乃縣造御代宿禰乎。汝國名何問賜支。白久。許母理國志多備乃國。眞久佐牟氣草向國止白支。卽神御田幷神戸進支。而多氣佐々牟迤宮坐支。彼時。竹首吉比古乎。汝國名何問賜只。白久。百張蘇我乃國。五百枝刺竹田乃國止白支。卽櫛田根掠神御田進支。次玉岐波流礒宮坐只。次百船乎度會國。佐古久志呂宇治家田田上宮坐支。爾時。宇治大内人仕奉。宇治土公等遠祖。大田命乎。汝國名何

問賜支。是川名佐古久志留伊須々乃川止申。是川上好大宮地在申。卽所見好大宮地定賜比〔旦イ〕支。朝日來向國。夕日來向國。浪音不聞國。風音不聞國止。〔イ无〕弓矢鞆音不聞國止。大御意鎭坐國止悅給旦。太宮定奉支。爾時。伊鈴乃御川乃濯水道田波。苗草不敷旦作食止。大御事垂給支。亦我朝御膳。夕御膳稻乃御田作。家田乃堰水。道田爾波田蛭波穢故爾。我田爾波不住止宣支。依二此御事一。今世爾毛苗草不ㇾ敷。亦田蛭不ㇾ住。亦種種乃事忌定給支。人打乎奈津止云。鳴乎鹽垂止云。血乎阿世止云。完乎多氣止云。佛乎中子止云。經乎〔脅イ〕志目加彌止云。塔乎阿良々支止云。法師乎髮長止云。優婆塞乎角波須止云。寺乎瓦葺止云。齋食乎片食止云。死乎奈保利物止云。墓乎土村止云。病乎慰止云。如是一切物名忌道定給支。亦秡法定給支。天都罪止所始志罪波。敷蒔。畔放。溝埋。樋放。串刺。生剝。逆剝。屎戸。許々太久

乃罪乎。天都罪止告分天(イモ)。國都(津イ)罪止〔所始志罪波〕
生秦斷。死膚斷。〔己〕母犯罪。己子犯罪。畜犯
罪。白人。古久彌。川入。火燒罪乎。國都罪止定
給且。犯過人爾種々乃令ニ秡物出一天秡淸止定給
支。爾時太神宮禰宜氏。荒木田神主等遠祖。國
摩大鹿嶋命孫。天見通命乎(其イ)禰宜定且。倭姬內
親王。朝庭爾參上坐支。從ニ是時一始且。(日イ)禰宜氏
無ニ絕事一且。職掌供奉。禰宜之任日。忌火飯食
忌愼。聖朝太御壽乎。手長乃大壽止。湯津如ニ石
村一久。堅石爾常石爾。伊波比與佐志給比。伊加
志御世爾佐岐波閇給比。阿禮坐皇子等乃大御
壽乎慈備給比。百官仕奉人等。天下四方國乃人
夫爾至麻天長平久。作給倍留五穀物乎慈備給部止●
朝夕祈申。
一太(大イ)宮。壹院。
正殿壹區。長三丈六尺。廣一丈八尺。高一丈一尺。　御橋一枚。長六尺。廣五尺。
高蘭四方廻。高三尺。廣二尺五寸。　餝金花形幷戶具(二字)於居

坩(大字イ)殿扉金鏁壹具。　餝金御鎰壹勾。　已上從ニ
朝庭官庫一奉入。　上搏風肆枚。長二丈八尺。弘八寸。厚四寸。
號ヨ稱比木一。釘覆大坩。　堅魚木十枚。長各七尺。徑
一尺七寸。　材木別端以レ金餝。
寶殿二宇。長各二丈一尺。廣各一丈四尺。　竝(上イ)搏風上(イモ)　鏁二具。
打立四隻。　目塞四枚。　戶具　鎰一勾。鎹六勾。雉立二枚。引手二勾。徑四枚。
戶坏四枚。鐶目釘十二隻。　臥堅魚木各八枚。　瑞垣一重。長廻
卌(卅イ)九丈。高一丈。　宿衞屋四間。長各二(一イ)丈。
御門十一間。　於葺御門三間。各長一丈五尺。弘一丈。高九尺。
於不葺御門八間。各長一丈三尺。高九尺。
玉垣三重。　一ノ玉垣。長十四丈。　二ノ玉垣。廻六十丈。
三ノ玉垣。廻百二丈。
齋內親王侍殿一間。長四丈。弘一丈六尺。高一丈。　番垣一重。
長三丈。
女孺侍殿一間。長四丈。弘一丈七尺。高一丈一尺。　板垣。廻長一百卌八丈六尺。
幣殿一院。　殿一宇。長一丈五尺。弘一丈二尺。高八尺。　玉垣一
重。廻長十六丈二尺。

御倉一院。　倉四宇。長各一丈八尺。弘各一丈五尺。高一(八イ)丈(尺イ)。　臥堅魚木各四枚。　玉垣。廻長卅(廿イ)八丈。
御輿宿殿一間。長三丈。弘一丈四尺。高九尺。
御厩一間。長四丈。弘二丈。高九尺。　船一隻。長三丈。弘三尺。
直會殿一院。　九丈殿一間。長十丈。弘二(一イ)丈。高一丈一尺。
五丈殿一間。長五丈四尺。弘二丈。高一丈一尺。　四丈殿一間。長四丈。弘一丈六尺。高九尺。　已上葺檜皮。　御門一間。高九尺。長一丈三尺。
防徃籬一重。長廻六十丈。
齋宮親王御膳一院。　屋四間。長各二丈。廣一丈。高八尺。
防徃籬一重。長廻卅四丈。
御酒殿一院。　酒殿一間。長四丈。弘一丈七尺。高八尺　庇一面。
務所廳一間。長三(二イ)丈。弘一丈七尺。高一丈。　倉二宇。長各一丈八尺。弘一丈五尺。高一丈。　盛殿一間。長五丈。廣一丈七尺。高八尺。　大炊屋一間。長二丈。弘一丈。高七尺。　防徃籬一重。長卅(卌イ)四丈。
齋內親王川原殿一院。　正殿一區。長四丈。廣一丈七尺。高一丈。葺檜皮。　御裝束宿殿一間。長二丈。弘一丈。高八尺。　御輿宿殿一間。長二丈。廣一丈。高八尺。　御厠殿一間。長一丈。弘八尺。高七尺。　防徃籬一重。長廻四十丈。
御膳宿一院。　殿二間。長各二丈。弘一丈。高八尺。　廻防徃籬一重。長廻十五丈。
直會院。　防徃籬一重。北長六十三丈。
禰宜齋舘一院。　齋殿一間。長二丈　弘一丈。高八尺。
炊屋二間。齋火炊屋一間。大炊屋一間。竝長一(二イ)丈五(六イ)尺(弘一丈二尺イ)高八尺。弘一丈(五尺イ)(イ无)
倉一宇。長一丈八尺。弘一丈五尺。高一丈。
厨一間。長二丈。弘一丈。高八尺。　厩一間。長二丈。弘一丈五尺。高一丈。　防徃籬一重。長廻五十丈。
宇治大內人齋舘一院。　齋殿一間。長二丈。弘九尺(一丈イ)高八尺。　忌火炊屋一間。長二丈。弘九尺。高八尺。　厨屋一間。長三丈。弘一丈。高八尺。　防徃籬一重。長廻卌丈。　右禰宜幷宇(人イ)治大內人二人。常食ニ忌火物ヲ。不レ食ニ他火物ヲ。
大內人二人宿舘二院。　齋侍屋二間。長各四丈。弘各一丈六尺。高八尺五寸。　厨大炊屋二間。長各三丈。弘一丈二尺。高八尺。　防徃籬一重。長廻四十丈。　右二人大內人。忌火物不レ食。但齋御供奉。與ニ宇治內人ニ同。

物忌幷小内人宿舘五院。大物忌齋舘一間。長二丈。弘九尺。高八尺。齋火（大イ）炊屋一間。長二丈。弘九尺。高八尺。廚屋一間。長二丈。弘九尺。高八尺。大炊屋一間。長二丈。弘九尺。高八尺。齋火（大イ）屋一間。長二丈。弘九尺。高八尺。

宮守物忌齋舘屋一間。長二丈。弘九尺。高八尺。齋火屋一間。

地祭物忌齋舘屋一間。長二丈。弘九尺。高八尺。齋火炊屋一間。長二丈。弘九尺。高八尺。

荒祭物忌齋舘屋一間。長二丈。弘九尺。高八尺。齋火炊屋一間。長二丈。弘九尺。高八尺。

已上四人。常食㆓忌火物㆒供奉。

諸物忌小内人常宿齋舘屋一十二間。五間。各長三丈。高八尺。弘一丈二尺。七間。長二丈。弘一丈。高八尺。防徃離廻一重。長廻七十五丈。右清酒作物忌以下。御巫内人。以上齋舘院食。但齋敬供奉。與㆓大内人㆒同。

已上細子。御裝束物。顯㆓下條㆒。

一供㆓奉朝大御饌夕大御饌㆒行事〔用物〕事。

御贄清供奉。御橋一處。長十丈。弘二尺。高八尺。石疊一處。方四尺。太神宮正南御門。在㆓伊鈴御河㆒。當㆓此御門㆒。流二俣也。此中嶋爾造㆓奉石疊㆒。常（當イ）造宮使勞〔營歟〕作奉。此止由氣太神乃入坐御坐也。御橋者。度會郡司以㆓黑木㆒造奉。三節祭別。禁㆓封其橋㆒。人度不㆓徃還㆒。則齋敬供奉。十六日夕大御饌。十七日朝大御饌爾。竝御筥作内人造奉御贄机爾。忌鍛冶内人造奉御贄小刀乎立弖。志摩國神戸百姓供進鮮蚫螺等御贄乎。御机上爾備置弖。禰宜内人物忌等。御贄御前追弖持立弖。開㆓封御橋㆒弖參度弖。止由氣太神乃御前跪侍弖。則御河爾清奉弖。御膳料理畢。則如是持弖。御贄〔御〕前追弖。天照皇太神乃大御饌供奉。細子用物行事。月記具顯。

一新宮造奉時行事幷用物事。

常限㆓廿箇年㆒。一度新宮遷奉。造宮使長官一人。次官一人。判官一人。主典二人。木工長上一（二イ）人。番上工卌人參入來。卽取㆓吉日㆒。二所太神宮拜奉。卽發役夫。伊勢。美濃。尾張。參河。遠江等五國。國別國司一人。郡司一人。率役夫參向造奉。

用物九種。官庫之物請。造宮使調行。

鐵十廷。鍬五口。鋤五口。五色薄絁五丈五尺。絹二疋。木綿十六斤。麻十六斤。已上造宮使受官庫物。用新造正殿地鎭料幷山口祭。木本祭等。

紺染幕布四端。官庫之物。別正殿繙隱料庸布百卅（册イ）二端。官庫之物。此正殿地築平禰宜内人等妻子等幷所々祭。及内人物忌工等明衣料。但自餘雜物等者。太神宮司所宛行。

右雜物等。造宮使受散用行。

次取吉日。山口神祭用物幷行事。

鐵人形四十口。鏡四十面。鉾四十柄。太刀廿柄。忌手鉾一柄。小刀一柄。五色薄絁五尺。木綿二斤。麻二斤。庸布五端。給宇治大内人一人。山向物忌一人。父一人。御巫内人一人。忌鍛冶内人一人。已上人別一端。

已上授官庫之物。卽金物造忌鍛冶内人。

酒一斗。米一斗。堅魚二斤。鮑二斤。雜魚一斗。雜海藻二斗。鹽二升。雞二羽。雄一。雌一。雞卵十丸。陶器五十口。土師器五十口。

已上物。以神税。太神宮司所宛奉（行イ）。

右祭。造宮驛使忌部宿禰告刀申畢。卽山向物忌。以忌鎌草木苅初。然以後役夫等草苅木切。所々山野散遣。然宮造畢時。返祭料物如始。

次取吉日。爲正殿心柱造奉。率宇治大内人一人。諸内人等。戶人等入杣。木本祭用物注左。其柱名號稱忌柱。

鐵人形四十口。鐵鏡四十面。鐵鉾四十柄。大刀廿（ニイ）柄。忌鉾四柄。立削一柄。忌奈太一柄。忌鎌一柄。小刀一柄。鉋一柄。

已上物造忌鍛冶内人。

木綿二斤。麻二斤。五色絁五尺。庸布四端。給㆓宇治大内人。山向物忌一人。父一人。御巫内人一人。竝人別一端。米一斗。酒一斗。
雜腊一斗。堅魚二斗。(斤歟)鮑二斗。(斤歟)海藻二斗。鹽二升。雞二羽。雄一羽。雌一羽。卵子十丸。陶器廿口。土師器廿口。
已上物以㆓神税㆒太神宮司所㆓宛奉㆒。(行イ)
右祭。告刀申。造宮驛使忌部宿禰。其忌柱造奉畢。自㆑杣出。前追運來。置㆓正殿地㆒奉也。(イ无)
次取㆓吉日㆒。宮地鎮謝之用物幷行事。注㆑左。
鐵人形四十口。鏡四十面。鉾四十柄。大刀廿柄。奈岐鎌一柄。鎌一柄。鋤二柄。鍬二柄。鐇一柄。小刀一柄。五色絁一丈。絹二疋。五人之明衣料。
木綿二斤。麻二斤。
禰宜一人。大内人一人。大物忌一人。地祭物忌一人。宮守物忌一人。竝五人絹明衣給。
酒二斗。米二斗五升。雜魚二斗五升。堅魚三斤。鮑三斤。海菜二斗五升。鹽二升。雞二羽。雄一。雌一。雞卵廿丸。陶器廿口。土師器廿口。
已上以㆓神税㆒太神宮司所㆓宛奉㆒。(行イ)
右祭。告刀申。地祭物忌父仕奉。所侍造宮使。中臣忌部。然祭奉仕畢時。地祭物忌以㆓忌鎌㆒弖。宮地草苅始。次以㆓忌鋤㆒弖。宮地穿始奉。禰宜大物忌波。忌柱立始。然後諸役夫等。柱堅奉。
次取㆓吉日㆒。正殿地築平料用物幷行事。注㆑左。
庸布八十端。官庫之物。
給㆓禰宜内人幷妻子惣八十人㆒。男四十人。女四十人。
爾時役夫卜食(合イ)地土正殿地持運置。卽禰宜内人等。築平詠儛。然後日擧㆑幕。正殿隱奉。
次取㆓吉日㆒。爲㆑造㆓御船代木㆒。(入歟)率㆓宇治大内人一人。諸内人等。戶人夫〔等〕㆒。杣山。木本祭用物幷行事。注㆑左。
鐵人形四十口。鏡四十面。鉾四十(十イ)柄。立削二柄。乃保岐利二柄。鉇二柄。大刀廿柄。忌鎌二

柄。奈太二柄。乃未二柄。前鎹二柄。支利二
柄。小刀二柄。鎹二柄。已上作忌鍛冶内人。五色絁五尺。木
綿二斤。麻二斤。庸布六端。給二宇治大内人一人。山向物忌一人。父一人。御巫内人一人。工二人。已上六人明衣料。人別一段。
已上官庫物。
酒一斗。米一斗。鮑二斤。堅魚二斤。雑魚腊一
斗。雑海菜二斗。鹽二升。雞四羽。雞卵廿丸。
陶器廿口。土師器廿口。
已上以二神税一太神宮司所二宛（行イ）奉一
右如之祭。告刀申二御巫内人一。畢時。山向物
忌。先以二忌鎹一ヲ。木本切始。然後神服織。神
麻績。内人戸人并諸役夫等切下造ヲ奉御船一代
料材上。自レ杣出時。前追運ヲ進正殿地一之。
造奉物。
正體御船代一具。長七尺五（三イ）寸。内五尺七寸。内深一尺四寸。廣二尺五寸。高二尺一寸。内弘二尺。
御樋代一具。深一尺四寸。内八寸三分。徑二尺。内一尺六寸三分。
相殿坐神御船代二具。長各七尺六寸。内七尺六分。廣一尺五分（寸イ）。内一尺五分（寸イ）。高一尺九寸。内一尺。　山造并庭造工二人給二明衣料一。庸
布二端。各一端。官庫物。
造宮使造奉物。
御琴一隻。　燈臺伍具。　御調納辛櫃一合。
御鎰納櫃一合。　幣帛机二具。　御床三具。太神一具。相殿坐神（机イ）二具。　天井一條。　平釘打短御床二
具。　御饌奉机二具。
宮造奉畢時。正殿東西妻御形（鏡イ）穿初仕奉。地祭物
忌父仕奉。若物忌父遭レ故時者。禰宜仕奉。
一新宮餝奉。使官小辨已上一人。史生一人。鍛冶
長上一人參入。賷二塗銀釘九十六隻。御床三具料。并雑
金物等一。正殿餝奉。
新造宮御装束用物事。
太政官大史一人。史生一人。神祇官大史一人。
史生一人。賷ヲ持御装束物一百三（四イ）十六物。漆韓
櫃八具。太輿籠三具。禰宜内人物忌等明衣百五
十二具一。

右太神宮幷荒祭。月讀。伊雑。大歳。瀧原六所神宮御裝束物。具注ㇾ左。

一新宮遷奉御裝束用物事。

紫衣笠二口。各裏。緋綾。組八條。赤。紫。緋綱四條。長各二丈。二條衣笠料。二條菅笠二柄料。紫刺羽二柄。菅刺羽二柄。菅御笠二口。絹垣帳一條。長六丈。弘三幅。道長九十五丈。敷用調布廿三端三丈。

太神正殿裝束六物。

壁代生絁御帳二條。長各二丈二尺。弘各廿六幅。天井生絁御帳一條。長三丈六尺三寸。弘九幅。內蚊屋生絁御帳二條。高各一丈三寸。弘各十二幅。御幌帳一條。長七尺三寸。弘四幅。

御床裝束四種。

御床土代敷細布御帳一條。長二丈八尺。弘六幅。生絁帳一條。長一丈三寸。弘四幅。生縒〔縫イ〕絁御被一條。長九尺。弘四幅。納ㇾ綿廿屯。小窠錦〔御〕被一條。長九尺。弘四幅。納綿廿屯。緋裏。

樋代御裝束六種。

小文〔紋イ〕紫御被一條。長五尺。弘二幅。納綿八屯。小文〔紋イ〕緋御被一條。長五尺。弘二幅。納綿八屯。小文〔紋イ〕緋一疋。折累。敷料。表覆帛被二條。長各一丈。弘四幅。各納綿十屯。五窠錦御被一條。長一丈。廣五〔三イ〕幅。納ㇾ綿廿屯。緋裏。

出坐御床裝束物七十二種。

御床敷細布帳一條。長一丈。弘四幅。生絁御帳一條。長九尺。弘四幅。生縒絁御被一條。長九尺。弘四幅。帛御被一條。長九尺。弘四幅。屋形錦御被一條。長九尺。弘四幅。小文紫御衣二具。長各三尺五寸。納綿一屯。白裏細〔紐イ〕子。色衣色同。小文紺御衣二具。長各三尺五寸。納綿一屯。白裏細子也。色衣色同。帛御衣四具。長各三尺五寸。或云。納綿一屯。白裏細子。衣色同。帛單御裳四腰。腰〔幷〕須蘇高五尺。紫羅御裳二腰。腰幷須蘇五尺。裏縹。紫御裳帶六條。高七尺。幅四條。生絹御比禮八端。須蘇長各五尺。弘二幅。帛御意須比八端〔條イ〕。長各二丈五尺。弘細布御巾四具。長各五尺弘一幅。帛御巾四具。長各五尺。弘一幅。御帶貳拾條。紫六條。緑十四條。或云。長各七尺。弘一寸八分。錦御沓二疋。錦御襪八兩。兩別。九寸五分。或云。高七寸五分。帛御絲八條。長各二尺。御櫛囊一口。納筥御櫛八枚。御加美結紫糸八條。長條別三尺。御加美阿豆練絹八條。（長條別三尺。）白玉嚢二口。（各生絁方三尺。）
納白玉一兩三分。（二嚢中分。）納已上納方七寸筥。
錦御枕二基。（納白筥一合。）
相殿坐神御裝束嚢二口。（員八種。）
坐東神御形納奉生絁嚢一口。（長七尺二寸。廣二幅。）坐
西神御形納奉生絁嚢一口。（長四尺二寸。廣二幅。）
寶殿二宇。御幌二帳。（長各六尺三寸。弘四幅。）
御門四間。生絁御幌四帳。
瑞垣御門帳一條。（長七尺八寸。弘四幅。）番垣御門帳一條。（長八尺八寸。弘五幅。）玉串御門帳一條。（長八尺八寸。弘五幅。）玉垣御門帳一條。（長七尺四寸。弘三幅。）
寶殿物十九種。　金銅揣二基。（右延暦四年宮遷時。依神祇官符載言上解文。即被供奉。）御鏡二面。（各徑九寸。）麻笥二合。加世比二枚。鏄二枚。銀銅揣一基。麻笥一合。〔銀銅〕加世比二枚。鏄一枚。弓廿四枚。矢二千二百隻。玉纏横刀一柄。須加流横刀一柄。雜作横刀廿柄。比女靫廿四枚。蒲靫廿枚。革靫廿四枚。鞆廿四枚。楯廿四枚。戈廿四竿。
給二禰宜内人等一明衣六十五具。生絁男衣三領。袴三腰。（一具給禰宜。一具給宇治大内人。一具給宮守物忌子。）生絁女衣二領。裙二腰。（一具給大物忌子。一具給地祭物忌子。）白布男衣卌領。袴卌腰。（給大内人二人。物忌父。小内人十六人。禰宜内人等子弟十二人。已上人別一具。）白布女衣卌領。裙卌腰。（給禰宜内人等妻子卌人。人別一具。）
已上遷奉人恒料。

一皇太神御形新宮遷奉時儀式行事。

常以九月十四日。正殿内壁代帷。寶殿御幌并禰宜内人等明衣乎波。自御裝束使所〔令イ〕分請。以十五日巳時。齋内親王參入坐於太神宮。暫時〔侍イ〕坐於外川原殿院。即自手輿參入坐舊宮御門外。自手輿下豆參入。侍坐與玉垣瑞垣間東方。女孺二人從侍。即太神宮司太玉串并蘰木綿乎捧。第三御門爾候。即女孺一人罷出豆受取。其太玉串并蘰木綿乎持參入。爾時親王受取着蘰木綿。太玉串捧持拜奉給畢。即親王

還ヲ出度會郡離宮ニ之。以ニ十六日一御裝束物等秡清弖。驛使王一人。神祇官副已上一人。忌部一人。太神宮司共令レ參ヲ入外院太玉串所一。然先禰宜內人幷人垣可ニ仕奉一男女等。以ニ戌時一悉皆大宮以西川原大秡清。卽給ニ明衣一畢。以ニ亥時一始弖。然卽御裝束物等。皆悉持參ヲ入弖內院中御門一。使中臣告刀申。新宮仕奉弖遷奉狀幷御裝束儲備奉進狀如之申畢弖。使中臣一人幷太神宮司御裝束物乎〔竝〕令レ持弖。新宮爾參入弖。正殿御橋下侍。東。使中臣。西。太神宮司。爾時大物忌先參上。手付初。次禰宜參上天。正殿戸開奉天。正殿內四角。灯油燃天御裝束具進畢。皆悉罷出。但使波外直會殿坐。然太神宮司。人垣仕奉人等召集弖。卽衣垣。衣笠。刺羽等乎令レ持弖。人垣仕奉男女等仁。太玉串令ニ持捧一弖。左右分立弖。太神宮司率參入弖。正殿乃御橋許候侍。爾時行幸道布敷。卽大物忌御鎰被レ賜弖。正殿戸開奉。先大物忌戸手付初。次禰宜參上戸開。卽正殿內灯油燃。御船代開奉弖。正體乎波禰宜頂奉。相殿神東方坐宇治內人頂奉。西方坐大物忌父頂奉。遷奉行幸時。立先禰宜。次宇治內人。次大物忌父。次諸內人物忌等及妻子等。人垣立弖。衣垣曳弖。蓋。刺羽等捧弖幸行。道長九十五丈。敷ニ調布廿七端一丈二尺一。令ニ幸行一時爾。新宮玉串御門仁立留弖。三遍音爲ニ弖發一令ニ幸行一。至ニ瑞垣御門爾一留弖。又三遍音爲弖。稱ニ其音一如ニ雞加初鳴一。卽御河橋本留弖。〔又三遍音〕。使中臣侍弖參入。進ニ玉串一御門爾侍。令ニ幸行坐一。爾時禰宜正殿乃內仁令ニ〔物イ〕入坐一畢。卽內御門爾油火炬弖。御裝束初如ニ〔常イ〕注文一讀申弖。令レ進ヲ納御床代一畢時爾退出弖。當ニ告刀地一弖。八度拜奉弖罷出奴。卽驛使母直會院坐。卽禰宜率ニ諸內人等一。湯貴供奉。其行事具所レ錄ニ祭行事條一。

一管神宮肆院行事。

造奉荒祭宮一院。在ニ太神宮以北一。相去廿四丈。稱ニ太神宮荒魂宮ニ御形鏡坐。

正殿一區。長三丈一尺。弘一(三イ)丈四(二イ)尺五寸。高一丈三尺。〔御床一具〕。

瑞垣一重。長廻十六丈。高一丈一尺。御門一間。長一丈。弘七尺。高九尺(一丈三尺イ)。

宿衛(侍イ)屋貳間。長各一丈二尺。弘一尺。高七尺。

月讀宮一院。在ニ太神宮以北一。相去三里。

正殿四區之中。三間。長各一丈七尺。弘一丈。高六(八イ)尺。一間。長八尺。弘六尺。高六尺。

此一稱ニ伊弉諾尊一。次稱ニ伊弉冊尊一。已上奈良朝庭御世定祝。次稱ニ月讀命一。御形馬乘男形着ニ紫御衣一。金作帶大刀佩之。次稱ニ荒魂一。已上内人。物忌定供奉。御床四具。御倉一宇。長一丈六尺。弘一丈四尺。高八尺。玉垣四重。長廻卅二丈。御門二間。弘七尺。高九尺。

伊雜宮一院。在ニ志摩國答志郡伊雜村一。太神宮相去八十三里。稱ニ天照太神遙宮一。御形鏡坐。

正殿一區。長一丈五尺。弘一丈二尺。高八尺。御床一具。瑞垣一重。長〔廻二十丈。高〕八尺。御門一間。長七尺。高九尺。玉垣一重。長十二〔廻廿イ〕丈。高九尺。御門一間。高九尺。弘八尺。幣帛殿一間。長二丈四尺。弘一丈六尺。高八尺。御倉一宇。長一丈三尺。弘一丈一尺。高八尺。

瀧原宮一院。伊勢志摩兩國堺大山中。在ニ太神宮以西一。相去九十二里。稱ニ天照太神遙宮ニ之。御形鏡坐。

正殿一區。長一丈五尺。弘一丈一尺。高八尺。御船殿一宇。長一丈五尺。弘四尺。高六尺。御床一具。長八尺。弘四尺。厚一寸半。瑞垣一重。長廻十二丈。高一丈。御門一間。長八尺。高一丈。玉垣一重。長廻廿(卅イ)丈。高九尺。御倉一宇。長一丈二尺。弘九尺。高八尺。

竝宮一院。

正殿一區。長一丈五尺。弘一丈一尺。高八尺。御床一具。長八尺。弘四尺。厚一寸半。瑞垣一重。長廻十二丈。高一丈。御門一間。長八尺。高一丈。玉垣一重。長廻廿丈。高九尺。

鎭ヲ祭荒祭。月讀。瀧原。伊雜四宮地一用物幷行事注レ左。

鐵人形卌口。地別十口。鉾卌柄。如レ上。鏡卌面。如レ上。

大刀卌柄。如レ上。忌鍬四柄。地別一柄。奈太四柄。如レ上。鎌四柄。如レ上。鋤四柄。如レ上。鍬四柄。如レ上。麻四斤。如レ上。木綿四斤。如レ上。五色〔薄〕絁二丈。地別五尺。庸布十二端。給ニ宮別内人一人。物忌一人。父一人。合十二人一明衣料。人別一端。

已上官庫物。

酒二斗。地別五升。米二斗。如レ上。腊魚二斗。如レ上。海菜四斗。地別一斗。鹽四升。地別一升。堅魚四斤。如レ上。鮑四斤。如レ上。陶器卌口。如レ上。土師器卌口。如レ上。雞八羽。地別二羽。雞卵卌丸。如レ上。

已上以二神税一太神宮司所二宛奉一。

又金物作忌鍛冶內人給。官庫〔物〕。庸布一段。明衣料。其祭告刀申二內人一。然後以二物忌一令二地穿始一。後返鎮如レ始。

一荒祭宮正殿〔遷奉時〕裝束。　合廿種。

御床一具。蚊屋一條。長七尺六寸。弘十二幅。內蚊屋一條。長七尺。弘二幅。御床下敷細布帷一條。長六尺。弘二幅。生絁御被一領。長七尺。弘三幅。納綿八屯。帛御被一領。長七尺。弘三幅。納綿八屯。緋綿御衣一領。長二尺。錦綿御衣一領。長二尺。生絁綿御衣一領。長二尺。緋御裳一腰。長須蘇四尺。錦御裳一腰。長二尺。帛御裳一腰。戸帳〔張イ〕一張〔帳イ〕。長六尺。菅蓋一柄。口徑五尺五寸。金飾。緋覆一領。長四尺。弘四幅。〔同〕柄。長八尺。漆塗。御櫛筥一合。納二櫛四枚一。紫本結二條。長四尺。紫帶二條。長各二尺。横練絁〔絹イ〕帊一張。長九尺。弘四幅。

神財八種。大刀七柄。金作一柄。黑作六柄。楯一枚。長四尺五寸。桙一枚。長一丈六尺。弓二張。胡錄三具。皮作一具。黑葛作二具。吳床一具。漆塗。長三尺三寸。青毛土馬一疋。高一尺。鞍立髮金餝。鏡一面。徑三寸。納二緋嚢一。

一月讀宮遷奉裝束。　合十四種。

兩面覆横一備。正殿四宇。御床四具。土代生絁帷四張。三張。長各一丈。一張。長八尺。弘各三幅。生絁御被四領。各長六尺。弘三幅。帛御被四領。長弘如レ上。戸張四張。三張。長各六尺。弘三幅。一張。長五尺。弘二幅。青甲纈錦御衣四領。長二尺。生絹單御衣四領。長各二尺。練綿御袴三腰。長一尺六寸。御裳二腰。紫一腰。帛一腰。長各一尺六寸。須蘇長四尺。綠帶八條。長四尺。紫本結八條。長各四尺。御櫛十六枚。納二筥四合一。

神財十六種。金作大刀二柄。在二東一殿一。黑作大刀六柄。正殿三宇。各二口。小刀二柄。在二西一二殿一。各一柄。弓六枝〔枚イ〕。西二殿二枝〔枚イ〕。東二殿二枝〔枚イ〕。東一殿二枝〔枚イ〕。胡錄六具。各矢五十。東一殿二具。西二殿二具。

〔東〕二殿二具。楯四枚。西二殿二枚。東一殿二枚。桙四枚。東一殿二枚。西一殿二枚。鏡九面。徑各二寸。西一殿二面。西二殿四面。東一殿三面。鈴一口。徑一寸。在二東一殿一。木絡紩二具。在二西一殿一。研四面。高二寸。徑六寸。別殿一面。青毛土馬一疋。高一尺。鞍立髪金餝。在二東一殿一。桶二合。在二西一殿一。御鞍二具。西二殿一具。東一殿一具。五色玉一連。長二尺。在二西一殿一。大笥七合。各納二小笥二合一。三殿各二合。一殿一合。

一瀧原宮遷奉時裝束。合十七種。

蚊屋一條。長七尺。弘二幅。御床張一條。長五尺五寸。弘三幅。土代白細布帳一條。長七尺七寸。弘二(三イ)幅。緋御衣一條。長二尺。紫單御衣一條。長二尺。帛御衣一條。長二尺。比毛立御裳一條。長二尺。帛御裳一條。長二尺。腰弘二尺。下須蘇弘四尺。練御被一條。長七尺。弘五幅。荒衣帳一條。長七尺七寸。弘三幅。荒衣天井蚊屋一條。長七尺六寸。弘十二幅。御櫛八枚。納二筥一合一。紫本結糸一條。長四尺。緑帯二條。長四尺。弘二寸。イ无〔緑イ〕

神財。御筥一合。銀鐵一柄。高四寸。銀桶一口。徑一寸半。銀桙一枚。長六尺。銀櫛筥一合。納二櫛四合一。鈴二口。徑一寸。弓三枝。大刀二柄。胡籙三具。各矢卅箭。桙二柄。長一丈六尺。青毛土馬一疋。高一尺。鞍立髪金飾。

一瀧原竝宮神遷奉御裝束。合十一種。

正殿生絹蚊屋一條。長五尺。弘十二幅。天井蚊屋一條。長五尺。弘十幅。荒衣御被一條。長六尺。弘三幅。緋御衣二條。長各二尺。紫紗裳一條。長二尺。練〔御〕裳一條。長二尺。練御被一條。方各二尺三寸。門張帳一條。長六尺。弘三幅。御櫛四枚。紫御本結糸二條。長四尺。緑御帯二條。長四尺。納二筥一合一。

一伊雑宮遷奉時裝束。合十四種。

正殿〔御床〕蚊屋一條。長七尺六寸。弘十二幅。又一條。長七尺。弘二幅。生絁〔御〕被一條。長七尺。弘三幅。帛御被一領。長七尺。弘三幅。細布土代帳一條。長八(七イ)尺。弘二幅。緋單御衣一領。長二尺。帛單御衣一領。長二尺。錦御裳一腰。長二尺。帛御裳一腰。長二尺。紺御裳一腰。長二尺。緋御床敷一幅。長六尺。戸張(帳イ)一張。長六尺。弘三幅。御櫛四枚。納二筥一合一。紫御本結糸二條。長各四尺。

神財九種。金絡綵二足。高四尺。金桶二口。高一寸。徑一寸半。金桙一枝(枚イ)。長六尺。金高機一具。本高三寸。五色糸織初在。鏡四面。徑各五寸。黑作大刀三柄。弓三張。胡籙三具。矢各卌箭。鞆〔良イ〕一口。
佐美長神社祭行事。　御饌稻廿束。從二伊雜宮一宛行。木綿一斤。麻一斤。天枚瓫一口。酒缶一口。酒坏四口。竈戸一口。已上物從二太神宮一宛行。
以前管四神宮御裝束幷神物員如レ件。
一管度會郡神社行事。
合四十處之中。官帳社廿五處。未レ〔入〕二官帳一社十五處。
瀧祭神社。在二太神宮北〔西イ〕川邊一。無二御殿一。
小朝熊神社一處。　稱二神櫛玉命兒。大歲兒。櫻大刀自一。形石坐。又苔虫神形石坐。又大山罪命子朝熊水神形石坐。倭姬內親王御世定祝。
正殿一區。長一丈四尺。弘一丈一尺。高八尺。御床一具。玉垣二重。〔各〕長七丈。各高一丈。御門二間。高各一丈。弘各八尺。御倉一宇。長一丈四〔三イ〕尺。弘一丈。高八尺。前〔社〕一處。長一丈二尺。弘五尺。坐地八町。四至。東。大山。南。公田。西。宇治大川。北。御竈嶋。
薗相神社一處。　稱二大水上兒。曾奈比々古命一。形石坐。同內親王定祝。
正殿一區〔三イ〕。長九尺。弘七尺五寸。高四尺六寸。玉垣一重。長八丈。坐地十町。四至。東。川。南西。大山。北。公田。
鴨社一處。〔來田鄕山上村在〕。　稱二大水上兒。石己呂知居命一。形石坐。同內親王定祝。
正殿二區。長各一丈。弘九尺。高五尺。玉垣二重。長九丈二尺。坐地五町。四至。東南西。山。北。公田。
田邊神社一處。〔來多鄕矢野村在〕。　稱二太神御倉川神一。形鏡坐。大長谷天皇御宇定祝。
正殿一區。長一丈。弘九尺。高五尺。御床一具。長四丈〔尺歟〕。高五尺。弘二尺五寸。前〔殿〕一宇。長四尺。高二尺。弘三尺六寸。御門一間。長四尺。弘七尺。玉垣二重。長八尺。坐地一町九段三百卌步。四至。東。限二五百木部淨人家。幷小道一。南。限レ道。西北。限二公田一。
蚊野〔神〕社一處。〔田邊鄕蚊野村在〕。　稱二太神御蔭川神一。形鏡坐。大長谷天皇御宇定祝。
正殿一宇。長一丈。弘九尺。高五尺。御床一具。長四尺五寸。弘二尺。高一尺。瑞垣一重。長三丈。高七尺。御門一間。長八尺。弘四尺五寸。高七尺。玉垣一重。長三丈。高七尺。前殿一宇。長三尺五寸。弘二尺四寸。高七尺。坐地二町。
四至。東。澤井畠。南西。道。北。畠。
湯田〔神〕社一處。〔湯田村在〕。稱ニ鳴宸電一。又太
歲御祖命。形無。同御宇定祝。
正殿二區。長各四尺五寸。弘四尺。高三尺。玉垣一重。長三丈五尺。高七尺。
御門一間。高九尺。弘八尺。坐地二町五段。四至。東南。川。西北。公田。
已上六箇處社。造神宮使造作奉也。
大土神社一處。稱ニ國生神兒。大國玉命一。次水
佐々良比古命。次佐々良比賣命。形石坐。倭
姫內親王定祝。
正殿一宇。長六尺七寸。弘六尺六寸。高六尺。玉垣一重。長一丈二尺。高六尺六寸。
坐地八段。四至。東。公田。南。即神御刀代井溝。西。家田堰井大川。北。百姓畠。
國津御祖社一處。稱ニ國生神兒。宇治比賣命一。
形石坐。又田村比賣命。形無。同內親王御世
定祝。
正殿一宇。長七尺。弘四尺。高五尺。以レ草葺奉。玉垣一重。長四丈四尺。高六尺七寸。坐地大土神社之四至〔同イ〕內。

久麻良比〔比賣イ〕神社一處。稱ニ大歲神兒。千依比賣〔千依比古命イ〕
命一。形石坐。同內親王御世定祝。
正殿一宇。長七尺。弘四尺。高五尺。以レ板葺奉。玉垣一重。長三丈六尺。坐地二段。四至。東南。公田。西北。溝。
宇治山田神社一處。稱ニ大水神兒。山田姫命一。
形無。同內親王御世定祝。
正殿一宇。長七尺。弘四尺。高五尺。以レ板葺奉。御垣二重。一重玉垣。長四丈八尺。高八尺。一重柴垣。長二十五丈。高一丈。坐地二段三百步。四
至。東。道。南。宇治大川。西。澤井畠。北。大道。
津長大水神社一處。稱ニ大水上兒。栖〔柄イ〕長比女
命一。形石坐。倭姫內親王代定祝。
正殿一宇。長六尺。弘四尺。高六尺。玉垣一重。四方各二丈。坐地三
町。四至。東。道。南西北。山。
堅田神社一處。稱ニ東方堅田神社一。形石坐。同
內親王定祝。
正殿一宇。長四丈二尺〔四寸〕。高六尺五寸。弘五尺。玉垣一重。長四丈二尺。高八
尺。坐地一町三百步。四至。東。山。南。公田。西。溝井百姓家。北。大海。

大水神社一處。稱二大山罪乃御祖命一。形無。同内親王祝定。
正殿一宇。長六尺。弘四尺。高六尺。玉垣一重。四方各二丈。坐地二町五段。四至。東。道。西南北。山。
江神社一處。稱二天須婆留女命兒。長口女命一。形在レ水。又大歳御祖命。形無。又宇加乃御玉。同内親王定祝。
正殿一宇。長四尺。弘五尺。高六尺。玉垣一重。長四丈。高一丈。坐地一町。四至。東。溝井郷。南西。山。北。神田。
神前神社一處。稱二國生神兒。荒前比賣命一。形石坐。同内親王定祝。
正殿一宇。長四尺。弘五尺。高六尺。玉垣一重。長四丈。高八尺。坐地一町二百歩。四至。東北。大溝（海イ）。南西。山。
粟御子神社一處。稱二須佐乃乎命御玉。道主命一。形石坐。同内親王定祝。
正殿一宇。長四尺。弘四尺五寸。高六尺。玉垣一重。方各四丈。坐地八段。四至。東西。大溝。南北。山。

川原神社一處。稱二月讀神御玉一。形無。同内親王定祝。
正殿一宇。長四尺。弘三尺。高六尺。玉垣一重。四方各二丈。坐地九（八イ）段。四至。東西北。大川。南。畠。
久具〔神〕社一處。稱二大水上神御子。久々都比女命一。又久々都比古〔命〕。形石坐。同内親王定祝。
正殿三宇。長四尺。弘三尺。高六尺。玉垣一重。四方各二丈。坐地九段。四至。東西北。大川。南。畠。
楢原神社一處。稱二大水上兒。那良原比女命一。形石坐。同内親王定祝。
正殿一宇。長六尺。弘四尺。高七尺。玉垣一重。四方各二丈。坐地五町。四至。竝大山。
榛原神社一處。稱二天須婆留女命御玉一。形無。奈良朝庭御代定祝。
正殿二宇。長各六尺。弘各四尺。高七尺。玉垣一重。四方各三丈。坐地三町。四至。東南。松原。西。澤岡。北。道公田。

御船神社一處。〔有爾鄕土羽村在〕。稱二大神乃御蔭川神一。形無。倭姫内親王代定祝。
正殿二(一イ)宇。(長七尺。弘五尺。高八尺。)玉垣一重。(四方各二丈。)坐地二町。四至。(東南。公田。西。百姓家。北。御刀代田。)
坂手神社一處。〔田邊鄕田邊村氏社北岡在〕。稱二大水上兒。高水上一。形石坐。同内親王定祝。
正殿一宇。(長五尺。弘三尺三寸。高四尺二寸。)玉垣一重。(四方各二丈八尺。)坐地五町。四至。(東。林。南。道。西。林。北。公田。)
狹田神社一處。〔湯田鄕田丸在〕。稱二須麻留女神兒。速川比古。速川比女。山末御玉三柱一。形無。同内親王定祝。
正殿一宇。(長六尺。弘四尺。高七尺。)玉垣一重。(四方各二丈。)坐地一町五段。四至。(東南。百姓地。西北。公田。)
瀧原神社一處。〔三瀬村在〕。稱二麻奈胡乃神一。形石坐。同内親王代定祝。
正殿一宇。(長六尺。弘四尺。高七尺。)玉垣一重。(四方各二丈。)坐地三町。四至。(東。道。南。山。西北。大川。)

以上十七箇處神。國津社。
右社隨二破壞之時一。國郡司以二正稅稻一修造如レ件。
以前祝部等。太神宮司卜食定任之狀。移二送伊勢國司一之。
一未二官帳入一田社事。
鴨下神社一處。　大水上兒。石己呂(和イ)君(居イ)。鴨比古。〔鴨比〕賣命。形無。
右神社太神宮造奉使〔造奉〕而祝。形無。
津布良神社。　大水神兒。津布良比古。津布良比賣命。形無。
葭原神社。　大歲神兒。佐々津比古命。形石坐。又宇加乃御玉御祖命。形無。又伊加利比女。形無。
小社神社。　大水上兒。高水上命。形石坐。
許母利神社。　粟嶋神御玉。形無。
新川神社。　大水上神兒。新川比賣命。形石坐。
石井神社。　大水上兒。高水上命。形石坐。

宇治乃奴鬼神社。大水上御兒。高水上。形石坐。
加努彌神社。大歳神兒。稲依比女命。形石坐。
川相神社。大水上〔神〕御子兒。細川水神。形
石坐。
熊淵神社。大水上〔神〕御子。〔兒イ〕多支大刀自神。
形無。
荒前神〔社〕。國生神兒。荒前比賣命。形石坐。
那自賣神社。大水上御祖命。形石坐。又同御
玉。御裳乃須蘇比女命。形石坐。
葦立弖神社。宇治都比女命兒。玉移良比女
命。形石坐。
牟〔於イ〕彌乃神社。大水上兒。寒川比古命。寒川比
女命。形無。
以上十五前神社。
右神社倭比賣乃御時仁祝幷御刀代田宛奉也。
未祝乃傜不免。仍號ニ田社一弖爲ニ供奉一。定祝同。
一職掌雜任卅三人。禰宜一人。大内人三人。物忌十三人。物忌父十三人。小内人十三人。

天照坐太神宮。廿一烟。禰宜一人。大内人三烟。物忌十一〔九〕烟。〔小内人八烟〕。
所管四宮。九烟。内人五烟。物忌四烟。
禰宜。大初位上神主公成。
右人禰宜仁卜食定。補任之日叙ニ從七位上一。後
家之雜罪〔事〕祓淨。忌火飯食弖見レ目聞レ耳言
辭齋敬。宮内雜行事管職掌諸内人。物忌等乎
率弖。明衣冠着弖。木綿多須岐懸弖。度會郡司乃
佃奉禮留御田稲乎。物忌乃子等仁令ニ舂炊奉一弖。
志摩國神戸百姓乃進雜御贄乎。三節乃祭。朝夕
御饌供奉。又每年六月祭仁。己之家仁養蠶乃絲
一絇捧持弖。祭之日告刀申弖。祈年御調進。又每
年九月己之家仁養蠶乃赤引生糸九絇織奉。太
神御衣仁供奉。祭之日。其宛ニ度會郡丁九人之
料一。又雜行事齋敬供奉。具顯ニ上條幷月記條一。
宇治大内人。無位宇治土公磯部小紲。
右人卜食定。〔補イ〕神任之日。後家之雜罪祓清。忌
火飯食忌愼。職掌。三節祭幷春秋神御衣祭。

及時々幣帛驛使時。太玉串幷天八重榊儲備供奉。及內親王御坐。及倍〔陪膳〕從諸司鋪設散敷。亦月別（中イ）・宮守護宿直長番長忌敬仕奉。

內人。外正八位上荒木田神主家守。

右人卜食定。補任之日。後家雜罪事祓淸。職掌。三節祭乃國々。所々神戶百姓所ㇾ進。湯貴神贄。神酒等。撿挍散奉。又月別宮護宿直番長忌敬仕奉。

內人。無位神主廣川。

右人卜食定。補任之日。後家雜罪事祓淸。職掌。三節祭。內親王及諸司供給儲備事爲㆓專當㆒。又月別宿直番長忌敬仕奉。

大物忌。無位神主小淸女。　父。無位同黑成。

右二人卜食定。補任之日。後家之雜罪〔事〕祓淸。齋愼供奉職掌。天照太神朝御饌夕御饌供奉。此初太神乎頂奉齋倭姬內親王。朝廷還參上時仁。今禰宜神主公成等先祖。天見通命乃孫。川姬命。倭姬乃御代仁大物忌爲弖。以㆓川姬命㆒大神乎令㆓傅奉㆒弖。從㆓其時㆒始弖。太神專手附奉弖傅奉。今從㆓齋內親王㆒。大物忌者於㆓太神㆒近傅奉。晝夜不ㇾ避。迄㆓今世㆒最重。仍大物忌元發由如ㇾ件。亦父毛子共忌愼供奉。具顯㆓月記條㆒。

宮守物忌。無位礒部鯵麻呂。　父。無位礒部四五麻呂。

右人卜食定。補任之日。後家雜罪事祓淸。職掌。相殿東方坐神朝御饌夕御饌。忌愼供奉。亦父毛子共忌愼供奉。具顯㆓月記條㆒。

地祭物忌。無位礒部宮成女。　父。無位礒部子松。

右〔二〕人卜食定。補任之日。後家雜罪事祓淸。供奉職掌。相殿西方坐神朝御饌夕御饌。忌愼供奉。亦父毛子共忌愼供奉。具顯㆓月記行事㆒。

以上三人物忌等波。宮後川不ㇾ度。若誤度時波。更不㆓任用㆒。卽却。

酒作物忌。無位山向部古曽女。　父。無位山向部虫麻呂。

右二人卜食定。補任之日。後家之雜罪事秡淸。供奉職掌。陶内人作進酒甈三口仁 酒釀備供奉。亦父毛子共〔忌〕愼供奉。〔具〕顯ニ月記條ー。

淸酒作物忌。〔無位〕礒部大河女。　父。無位礒部稻守。

右二人卜食定。補任之日。後家之〔雜罪〕秡淸。愼忌供奉職掌。陶内人 作進甈三口仁。碓舂白御酒備儲供奉。亦父毛物忌共忌愼供奉。具顯ニ月記條ー。

瀧祭物忌。無位礒部鹽曽女。　父。無位礒部古麻呂。

右二人卜食定。補任之日。後家之雜罪秡淸。供奉職掌。陶土師内人物忌等作進器受取。種種祭物備供奉。亦父毛子共 忌愼供奉。具顯ニ月記條ー。

御鹽燒物忌。無位神主稻刀自（百イ）女。　父。從八位上神主牛養。

右二人卜食定。補任之日。後家秡淸。供奉職掌。朝夕御饌幷處々神宮御饌鹽燒備忌敬供奉。亦父毛子共毛忌愼供奉。具顯ニ月記條ー。

土師器作物忌。無位麻續部春子女。　父。無位麻續部倭人。

右二人卜食定。補任之日。後家〔雜罪事〕秡淸。年中五處神宮供奉職掌。朝夕御饌器三千二百六十・口（四イ）。御食神祭物。御竈卌二口。御己曾岐卌二口。御與己倍卌二口。御保止岐卌二口。御波佐布卌二口。御波志卌二口。御碓卌二口。御枳根卌二口。御箕卌二口。已上朝夕御食之湯貴之神祭物四百六十二口。大宮。荒祭宮。月讀宮。瀧祭宮。伊雜宮幷五處神宮料。（所別各祭別。朝夕御饌各一具。）供給料。水戸十二口。水眞利三百口。高佐良二百卌口。片佐良三百六十口。酒坏四百五十口。已上人給料器一千二百六十二口。禰宜以下雜任物忌以上十三人給。三節祭別忌竈料。竈戶卌二口。橧十五口。水戶十五口。保止岐十五口。奈戶九口。以上器八〔九イ〕十七口。荒祭宮物忌給。忌竈戶三口。橧三口。保止岐十五口。奈戶三口。以上〔二〕十二口。志麻國與二伊勢國一二國之神堺之神祭物。竈戶十二口。奈戶十二口。坏卌口。已上神祭物六十〔五十四イ〕六口。度會宮進御食神祭物。御竈十五口。御竈戶十五口。御保止岐十五口。御奈戶十五口。御〔橧イ〕槽十五口。御波佐布十五口。御波志十五口。御碓十五口。御箕十五口。已上朝夕御饌湯貴神祭物百六十〔卅イ〕五口。同宮禰宜以下高宮物忌以上合六人給。忌竈戶十〔廿イ〕七口。橧九口。保止岐九口。奈戶十八口。水戶九口。以上器七十二口。同宮供給料。水戶十二口。水眞利六十口。高佐良卌〔卅イ〕二〔三イ〕口。片佐良百廿口。以上供給料。三百五十四

口。同宮月別一度進上。一年料御食料之御水戶廿四口。御高佐良卌八口。御片佐良百廿口。御水眞利百廿口。御坏三百六十口。御保止岐十二口。以上御食料器。六百八十四口。

御笥作內人。無位礒部稻長。

右人卜食定。補任之日。後家祓淸。齋愼供奉職掌。御饌料木器合百五十具。御飯笥六十合大。卌合。小。卌合。折櫃卌合。御食机卌具。御贄机卌具。太宮三前。祭別一前。朝夕御食。食別各一具。荒祭宮幷瀧祭二所。所別一前。祭別朝夕乃大御饌。饌別各一具。又餘祭雜行事。每レ事與二大內人一同忌愼供奉。具顯二月記條一。

忌鍛冶內人。無位忌鐵〔鍛冶イ〕師部正月麻呂。

右人占食定。補任之日。後家〔雜罪事〕祓淸。齋愼供奉職掌。作進雜金物四百卌六柄。御食料之御贄小刀十五柄。祭別大宮三柄。荒祭。瀧祭。祭別各一柄。御波志十五〔柄〕。祭別大

宮三柄。荒祭宮。瀧祭。祭別各一柄。每年二月之祈年祭。忌鍬一口。忌鎒一口。神祭大刀八柄。鉾斧前卌六枚。鏡卌六枚。人形卌六口。已上件祭物百十八口供奉。每年四月九月合二時。服織神部之御服供奉所仁。作奉御小刀卅〔卌歟〕八柄。御錐卅八柄。御杖前卌八口。御針卌八隻幷件御服之加物百九十二柄。又同時同前仁神部等用使物大鎒二柄。立義鎒二柄。前鎒八柄。大乃未八柄。鉋二柄。大錐十柄。中錐八柄。三俣錐八柄。小刀廿四柄。已上用物九十六柄。忌愼供奉。具顯二月記條。

陶器作内人。無位礒部主麻呂。

右人卜食定。補任之日。後家〔雜罪事〕祓淸。齋愼供奉職掌。陶器物作進。五所宮之雜器物。合四百六十五口。御食料御酒缶九口。御𤭖六口。御波佐布六口。御比良加廿一口。御〔酒〕坏百廿口。已上御食料器物百六十二口。

大宮。荒祭宮。瀧祭宮〔月讀イ〕。瀧原宮。伊雜宮。幷五所之料者。祭時之奈保良比供給料。酒缶廿一口。酒坩六合。鹽舂六合。鹽坏六十合。洗佐良六口。箸坩六十口。已上供給料器物百五十九口。止由氣宮仁進上御食料。御酒缶六口。御𤭖六口。御比良加十五口。御水麻利卅合。御波佐布六口。已上御食料器六十三口。供給料。酒缶十五口。鹽舂三口。酒坩六合。洗佐良六合。鹽坏卅合。箸坩卅口。已上供給料器九十口。志麻國與二伊勢一二國之神堺之海山神之祭物。此太神宮之禰宜内人物忌父等。每祭之時退入之湯貴御贄。漁時祭用物。缶十二口。坏卅口。已上神祭之物五十口。以前器六月祭料。九月十二月祭器亦同。

御笠縫内人。無位郡〔部イ〕乙淨麻呂。

右人卜食定。補任之日。後家〔雜罪事〕祓淸。齋愼供奉職掌。御笠廿二蓋。御蓑廿領。忌敬供奉。具顯ニ月記條ー。
日祈内人。無位神主宮守。
右人卜食定。補任之日。後家〔雜罪事〕祓淸。忌愼供奉職掌。已後家蠶養糸一斤。以ニ六月祭日之夕御食進時ー。卽禰宜宇治内人共。爲ニ惡風雨不ㇾ吹。祈申告刀申進。又〔餘〕祭雜行事。與ニ大内人ー同齋愼供奉。具顯ニ月記條ー。
御巫内人。無位礒部足國。
右人卜食定。補任之日。後家〔雜罪事〕祓淸。預齋愼供奉職掌。三節祭。六月十五日夜以ニ亥時ー。第二御門令ㇾ侍。木綿蘰御琴給而。請ニ太神御命ー。以ニ十六日朝ー。所祟出罪事。自ニ禰宜館ー始。内人物忌四人。館乃種々罪事祓。卽西川原仁弖。禰宜内人物忌等。皆悉召集而。此從ㇾ宮西〔方〕川相之川原仁。各奴佐麻令ㇾ持而。先宮東方皆悉令ニ向侍ー而。人別宮庤幷後家穢雜事令ニ申明ー。然於ニ御巫内人ー各其所ㇾ持之奴佐麻一條分授。卽御巫内人管集取持。其人別所ㇾ申穢事。細久令ニ傳申明ー。卽於ㇾ川皆悉立退。於ニ西方ー下(シモサマニ)向持。各令ニ申明解除ー。卽川原仁侍而。奈保良比酒幷菜。從ニ禰宜ー始皆悉給。行事供奉。
山向物忌。無位礒部祖繼。父。無位礒部繼麻呂。
右二人卜食定。補任之日。後家〔雜罪事〕祓淸。齋敬供奉職掌。太玉串幷天八重榊取備供奉。職掌忌敬供奉。齋内親王二枝。太神宮司二枝。禰宜四枝。宇治内人八枝。竝枝別木綿懸ㇾ之。卽第三重御門東方一列八枝。八枝八重數六十四本。右方亦如ニ左員ー。竝高四尺。枝別木綿懸ㇾ之。此太玉串幷天八重佐加岐乃元發由者。天照坐太神乃高天原御坐時爾。素盞烏尊依ニ種々荒惡行事ー。天磐戸閇給時仁。八十万神。會ニ於天安河邊ー。計ニ其可ㇾ禱之方ー。時仁。天香山仁立弖。〔帘イ〕堀賊 握ニ眞坂樹ー弖。上枝懸ニ八

咫鏡一。中枝懸二八咫縵〔坂瓊歟〕乃曲玉一。下枝懸二天眞廱
木綿一弖種々祈申支。此今賢木懸二木綿一太玉
串止號レ之。以レ此天乃八重佐加岐幷禰宜乃捧
持太玉串仁。大中臣隱侍弖。天津告刀乃太告
刀乃。厚廣事遠多々倍申。玉串發由如レ件。亦
父毛子共忌愼供奉。

御馬飼内人。外從七位上磯部淸人。

右二人始卜食定。補任之日。後家〔雜罪事〕祓
淸。供奉幷上下番。以二御馬飼丁一番別御馬令
レ飼。幷宿直職掌忌愼供奉。

右大内人物忌以下。御馬飼内人以上。掛畏皇太
神宮臨ヨ興此土一。建二大宮一。初八十支部卜食補任
日。後家祓淸。迄二今世一。重預職掌供奉。行事具
件如レ前。又上下具顯二祭行事條一。

一年中三節祭時給儲備幷勞〔營歟〕作雜器事。

合貳仟肆百參拾玖具。

結机捌具。　上板机玖具。　中〔板〕机拾伍前。

机代貳百拾前。　中折櫃七百五十合。　下折
櫃貳百五十四合。　裹飯仟貳佰十五裹。

六月祭料漆佰玖拾八具。　九月祭料八百四
十二具。　十二月祭如二六月祭一之。

齋内親王御膳二具。　結机造仕奉。　齋宮寮頭。
内侍〔上イ〕。國介。幷三人料。上板机三具。副机。幷六
位以下國判官一人。御母四人。幷五人料。板机
五前。諸司官人幷一等女孺料。机代七十一前。
二等女孺幷諸司番上。二箇郡司次第〔子弟歟〕及諸刀禰
等料。中折櫃二百卅合。官人以下〔上イ〕徒〔從歟〕幷諸司擔夫
已上及二箇郡歌人。歌女。鳥子名等料。下折櫃
五十七合。裹飯四百裹。已上六月祭之。

齋内親王御膳二具。結机造仕奉。勅幣帛使料。結机二
具。齋宮寮頭。内侍〔上イ〕。國介。幷三人料。上板机三具。
副机。幷六位已下判官一人。御母四人。幷五人
料。板机五前。諸司官人幷一等女孺。及驛〔大イ〕使從
料。机代七十合。二等女孺。幷諸司番上。二箇郡

司子弟及諸刀禰等料。中折櫃二百五十合。官人
已上從幷諸司擔夫已上及二箇郡歌人。歌女。鳥
子名等料。下折櫃八十二合。裹飯四百裹。
已上九月祭之。十二月祭。如二六月祭一之。
造儲雜器事。
結机八具。　板机十一前。　机代折櫃八十
合。　中折櫃三百合。　魚机十一足。　高机
八足。　中取十足。　木杪廿柄。　〓(ナリヒサコ)廿柄。
交易土師雜器四千五百口。
右三節祭供給儲備。禰宜大内人。幷物忌。物
忌父。諸内人等。各戸人率以弖(營)勞造親器。明
松薪處々山野海河散遣。於二志摩國一買ヲ交—
易種々味物一。儲備仕奉。
一初神郡度會多氣飯野三箇郡本記行事。
右從二纒向珠城朝庭一以來。至二于難波長柄豐前
宮御宇　天萬豐日(所)天皇御世一。有爾鳥墓村　造二神
庤一弖。爲二雜神政行一仕奉支。而難波朝庭天下立
レ評給時仁。以二十郷一分弖。度會乃山田原立二屯
倉一弖。新家連阿久多督領。礒連牟良助督仕奉
支。以二十郷一分。竹村立二屯倉一。麻績連廣背督
領。礒部眞夜手助督仕奉支。同朝庭御時仁。初太
神宮司所稱神庤司。中臣香積連須氣仕奉支。是
人時仁。度會山田原造二御厨一弖。改二神庤止云名一
弖號二御厨一。卽號二太神宮司一支。近江大津朝庭天
命開別天皇御代仁。以二甲子年一。小乙中久米勝
麻呂仁。多氣郡四箇郷申割弖。立二飯野高宮村屯
倉一弖。評督領仕奉支。卽爲二公郡一之。右元三箇
郡攝二一處一。太神宮供奉支。所割分由顯如レ件。
一供ヲ奉朝大御饌夕大御饌一料地祭物本記事。
朝夕御饌。箕造奉竹原幷箕藤黑葛生所三百六
十町。在二伊賀國名張郡一。亦朝夕御饌供奉。年魚
取淵。梁作瀨一處。亦御栗栖二町(三イ)。在二伊賀郡一。
右五處此伊賀國造等之遠祖奉地。注顯如レ件。
一神田行事。

合陸町九段。竝在二度會郡一。
見佃御田二町四段。荒木田。一町。宇治田。一町。竝二町御膳料。
四段荒祭宮料苅稻一千六百八十束。以二六把一
爲レ束。所用稻一千六百八十束。用盡之。九月神嘗供
奉。拔穗稻卌束。三節祭湯貴神淸酒料二百四
十束。祭料〔別欤〕八十束。宮四方地祭料稻六十束。祭別廿束。湯貴
御贄採海往。禰宜內人小內人及祝部等率二伊勢
國與二志摩國一堺戶嶋神祭幷奈保良比料稻百
五十束。祭別五十束。瀧原奈保良比料稻百廿束。祭別四十束。
祭每月十六日。川原禰宜內人物忌等身祓所奈
保良比料稻六十束。祭別廿束。田作功料稻五百七十
六束。町別二百四十束。荒祭宮湯貴淸酒料稻六十束。祭別廿束。
五月朔〔日〕白散料四十束。七日料十四束。十五
日料十三束六把。三月三日料卌束。五月五日料
卅五束。禰宜內人物忌等祭時食給稻二百卅一
束四把。板立御馬秣地田一町一段。價直六十
束。卽御馬飼禰宜內人等給三町四段。禰宜。一町四段。宇治內人。一町。二人內人一町。各五段。

右神田所レ用如レ件。
一御調荷前供奉行事。
赤引生糸四十斤。神郡度會郡。調先糸。
右以二五月卅日一。御調專當郡司幷調書生及鄕長
服長等。爲二大解除一忌愼侍。亦郡內諸百姓等。
人別私家解除淸弖。御調糸持。參ヲ向太神宮司
仁。卽太神宮司卜〔食〕定弖。糸遠令二編定一。御調
櫃入弖。鹽湯持弖淸弖。御調倉進納畢。以二六月
十七日朝時一。從二御調倉一下弖。預度會多氣郡司
幷調書生服長等。御前追持。參ヲ入太神宮一。供奉
行事波。神服織神麻續御衣供奉行事〔止〕同。
亦御調荷前絹一百疋。
右絹勘備奉行事。赤引糸奉時止同。又荒祭宮。月
讀宮。瀧原宮。伊雜宮供奉荷前絹。具注二月記條一。
一供奉〔御〕幣帛本紀〔記イ〕事。
供二奉皇太神一　勅幣帛遠。卽朝庭使告刀申。正

殿進納畢。其正殿院參入。太神宮司。禰宜。內人。物忌。但使不二參入一。其行事祈年使同。

春宮坊幷皇后宮幣帛幷東海道驛使之幣帛。及國々處々之調荷前雜物等。納二外幣帛殿一。踰レ年禰宜給レ之。

正殿。寶殿。三殿。亦荒蔡〔祭歟〕宮鎰。奉レ置二西四御倉一。卽其御倉鎰。封二太神宮司御厨一置レ之。

禁二斷幣帛一王臣家幷諸民之不レ令レ進二幣帛一。重禁斷。若以二欺事一幣帛進人遠波。准二流罪一勘給之。

一年中行事幷月記事。

正月例。

以二朔日一。禰宜內人物忌等皆悉〔神イ〕參集。入二南門五重一侍旦。太神拜奉。次荒祭・拜奉。次御酒殿奉拜。然卽白散〔皆イ〕御酒供奉。次禰宜內人等。直會殿被レ給畢。卽悉宮司御厨參向。朝庭拜奉。卽大饗被レ給畢。時禰宜內人等。大直會倭儛仕奉。

以二三日一齋宮參向。內親王拜奉。

年中給二禰宜內人物忌一粮稻四千五百八十四束五把五分。禰宜一人。四月六月合五十九箇日。食稻廿三束六把。日別四把。物忌四人。起二四月一盡二十月卅日一。食稻二百卅二束九把六分。日別。〔人〕別一把六分。大內人物忌父小內人卅七人。食稻四千三百廿三束。日人別四把。

宮守護奉宿直歷名進二宮司一。番畢事申二〔宮〕司一。禰宜。長上。〔上イ〕番長宿直人。大內人一人。番長。諸內人六人。戸口三人。中番下番直〔事〕幷如二上番一。

右以二十日一爲二一番一仕奉如レ件。

荒祭宮宿直事。　上番。內人一人。戸口一人。下番。物忌父一人。戸口一人。

月讀瀧原伊雜三箇宮宿直事。荒祭宮同。

右以二十五日一爲二一番一宿直仕奉如レ件。

以二先卯日一禰宜內人物忌等率造二御杖一。供二奉太神宮幷荒祭宮一。

七日。新菜御羹作奉。太神宮幷荒祭宮供奉。

十五日。御粥作奉。太神宮幷荒祭宮。
以同日禰宜內人等。御竈木六十荷奉造。
右三箇日節每供奉禰宜內人物忌等集酒殿
院。被給大直會。
二月例。
以朔日宮守護奉宿直〔人〕歷名進宮司。番畢
事申宮司。禰宜。長上。番上宿直人。大內人一
人〔番長〕。諸內人六人。戶口三人。中番下番宿直
事。亦如上番。
荒祭宮。月讀宮。瀧原宮。伊雜宮三〔四歟〕箇〔宮〕宿直
如上同〔正月〕。
太神宮御田佃始時。忌鍬料鐵一廷。又神田祭料
稻廿束。以神稅宛太神宮司。
所管神社廿五處幷神田祭料絹一疋〔丈イ〕五尺。木綿
八斤。麻八斤。雜菜漬料鹽五斗。已上所宛太神宮司。〔別行歟〕以十
二日年祈幣帛使參入坐弖。幣帛進奉時行事。
幣帛使與太神宮司共。神宮外院參入侍弖。即
禰宜內人等候侍弖。山向物忌父我造奉留太玉串。
宇治大內人二枝捧弖。太神宮司仁給。即宮司手
拍給弖。禰宜生絹乃明衣幷冠着。左右肩仁木綿多
須岐懸弖。太玉串四枝。手拍弖給弖捧持弖。左方
立。宇治大內人。太玉串八枝捧持。右方立。共發。
禰宜先前左方立。宇治大內人右立。次太神宮司。
次幣帛捧持內人等立。次御馬飼內人御馬曳立。
次驛使。次內人等立。如此立列參入。第三重告
刀之版位就。公進之東端御馬進二丈許立。次驛
使。次太神宮司。次禰宜。次宇治內人。次二〔人〕
大內人。以上六人。正殿向跪列。就版位侍。內
物忌子等。御門腋東西頭侍。內物忌父四人。諸內
人物忌父等。以〔以下恐脫下字〕西玉垣門二丈許內方進。向東
跪列侍。即太神宮司從版位進告刀申。畢時仁
波返就本座。即宮司之手捧持太玉串二枝波。宇
治大內人小紲。自版位發受取弖。同就本座
而捧持。即禰宜召大物忌父。令進第三御門

之左（右イ）ニ置進。次召ニ宮守物忌父一。其禰宜捧ヲ持太玉串四枚一進。同御門右方爾進置。次召ニ地祭物忌父一。此宇治大内人加捧持太玉串。分ニ四枝一令レ進。同御門左方爾進置。卽玉串進畢。四段拜奉弖。短手二段拍。一段拜。又更四段拜奉。短手二拍弖。一段拜奉畢。卽罷出弖荒祭宮版位就座。四段拜奉。短手二段拍畢。卽使幷太神宮司外直會殿就座。卽禰宜内人。荒祭宮參入供ヲ奉行事一。宇治大内人太玉串四枝捧持弖。先其宮物忌父。御鎰持前立。次其宮内人立。次宇治大内人立。次禰宜立。次二人大内人幷諸内人等立。卽正殿幣帛奉入畢。卽罷出弖。使幷宮司直會給。手二段拍。物給畢弖。後手一段拍弖罷ヲ出御厨仁一。以ニ十三日一太神宮廻神百卄四前祭始。所管所々宮幷社〔々〕神奉行事。具所レ宛ニ神税太神宮司一。先始來子日。太神宮朝御饌夕御饌供奉御田種蒔下始。禰宜内人等率ニ山向物忌子一。湯鍬山爾參登時波。忌鍛冶内人乃造奉留金人形幷鏡。鉾。種々物持弖。山口神祭。然到ニ櫟木本一。卽木本祭。祀物具如ニ山口祭一。然其木本乎山向物忌仁。令下以ニ忌鍬一弖切始上弖。然卽禰宜内人等加戸人夫等仁令レ切弖。湯鍬仁造持弖。諸禰宜内人等波。眞佐岐蘰爲弖下來。太神乃御饌所乃御田仁〔到歟〕致立。酒作乃物忌乃父仁忌鍬令レ採弖。太神乃御刀代田耕始。卽田耕歌弖田儛畢。然卽諸神田耕始。幷諸乃百姓乃田耕始。又秋収時爾。小内人祝部等乎率弖。太神乃御田乃稻乎。拔穗仁拔弖。長楉乃末仁就弖。御田乃頭仁立弖。卽臨ニ九月祭日一弖。酒作物忌父爾令レ捧弖。太神宮乃御倉仁奉上。三節祭朝御饌夕御饌供奉。

三月例。

以ニ朔日一宮守護奉宿直人歷名進ニ宮司一。番畢事申ニ宮司一。禰宜。長上。番上宿直人。大内人一人。番長。諸内人六人。戸口三人。荒祭宮。月讀宮。瀧原。伊雜宮。四箇宮宿直。正月同。中番下番宿直事。竝如二上番一。

三日節。新草餅作奉弖。太神幷荒祭宮供奉。然後。禰宜内人物忌等集二酒〔殿〕院一直會被レ給。

四月例。

以二朔日一宮守護奉宿直人歷名進二宮司一。番〔畢〕事申二太神宮司一。禰宜。長上。番上宿直人。大内人。番上〔長歟〕。諸内人六人。戸口三人。管四宮。正月同。中番下番宿直事。竝如二上番一。

以二十四日一神服織神麻績神部等造奉太神御服供奉時爾。玉串行事。太神宮司幷宇治内人等加行事波。二月月次驛使告刀〔止イ〕與同。但神服織織女八人。神麻績織女八人。已上女人波明衣着。皆悉玉串給。即行列參入。即宮司常例告刀申。畢弖持參入。東寶殿奉上罷出訖。就レ座弖拜奉。二月行事同。荒祭宮御衣奉行事。二月驛使時乃行事與同。

同日。以二御笠縫内人造奉御蓑廿二領。御笠廿二蓋一。即散用〔奉〕。太神宮三具。荒祭宮一具。大奈保見神社一具。伊加津知神社一具。風神社一具。瀧祭社一具。月讀宮五具。小朝熊社二具。伊雜宮一具。瀧原宮二具。園相社一具。鴨社一具。田邊社一具。蚊屋社一具。

五月例。

以二朔日一宮守護奉宿直人歷名進二宮司一。番畢事申二太神宮司仁一。禰宜。長上。番上宿直。大内人一人。番長。諸内人六人。戸口三人。荒祭宮幷四宮宿直。正月同。中番下番宿直事。竝如二上番一。

四日。年中祈料赤引調糸二絇。神郡度會郡。

右從二七月一日一始。迄二八月卅日一。日祈内人。朝夕止二惡風一弖。天下百姓五穀助給弖〔止イ〕祈申。

五日節。菖蒲蓬等供奉。太神幷荒祭宮。月讀宮。瀧原宮。伊雜宮及諸殿仁供奉。然則藥御酒。神宮幷荒祭宮供奉。然後禰宜内人物忌等集二御厨院一。菖蒲蘰。藥酒直會被レ給畢。即御厨參向弖。大饗被レ給畢。時禰宜内人等直會倭儛仕奉。正月元日與同。來六月月次祭。爲ニ供奉一禰宜内人等。皆悉於ニ太神宮司一參集弖。度會河晦大祓供奉。然卽御厨饗給之。

六月例。

以ニ朔日一。宮守護奉宿直人歷名幷番畢事申ニ太神宮司一。禰宜。長上。宿直人。（番上脫歟）大内人一人。番長。諸内人六人。戶口三人。荒祭。月讀。瀧原。伊雜宮宿直。正月同。中番。下番宿直事。竝如ニ上番供奉一。

赤引御調糸卌絇。依レ例度會郡所レ進。卜食太神宮司。

祭料。太神宮司宛奉用物。酒作米千石。神祭料米三石三斗。木綿十斤。供給料米廿五石。鹽一石麻廿一斤六兩。神酒廿缶。神御贄廿五荷。鐵一廷。六月月次祭行事爲ニ供給一。太神宮司初宛奉神酒料。幷供給料米請弖。神酒幷人給料酒造奉。禰宜幷宇治大内人。日祈内人。已上三人。己之家養蠶乃糸一絇乎備奉弖。祭之日仁告刀申。天下百姓作食五穀。平助給祈申。以ニ十五夜乃亥時一。第二御門仁。御巫内人仁。御琴給弖。太御事請弖。以ニ十六日一。從レ宮西河原仁退出之。御巫内人乎志弖。卽禰宜。内人。物忌等之後家之雜罪事令ニ申明一。解除幷淸大祓畢。然卽以ニ同日一。此禰宜。内人。物忌父等引率。正殿院參入。御内淨仕奉畢。山向物忌之天八重佐加岐令ニ差立一。林餝奉。幷宮之御垣之廻。令ニ差立一林餝奉之。則此從ニ宮司一宛納木綿令ニ掛附奉一。以ニ同日夜一。此禰宜。内人。物忌等。從ニ湯貴御倉一下宛奉大御饌。朝夕大御饌。二時之料。御田苅稻乎以。是禰宜。内人四人伊（伊イ）。大物忌幷物忌父引率。宮司所レ給明夜（衣イ）服縫服。又木綿蘰多須岐爲之。件御饌稻乎大物忌子請弖。土師物忌作奉淨御碓幷杵。箕持舂備奉之。大物忌忌竈仁炊奉。御笥作内人作進上御饌笥仁奉納備進。又禰宜。内人等。以ニ祭之月十五日一。退ヨ入志摩國神堺海一。雜具物爾滿生御雜贄漁。幷從ニ志摩國神戶百姓一進上干生贄。及度會郡進上贄乎。此御笥作內人作進上御贄机爾置之。忌鍛冶內人之作奉御贄小刀持切備奉。御鹽燒物忌之燒備進上御鹽乎會備奉。土師物忌。陶內人作進上御坏爾奉納滿備進。又酒作物忌。淸酒作物忌。陶內人作進上御酒缶爾。酒釀漬奉酒乎。土師陶之御坏爾奉納滿備進之。此以ニ月十六日夜一湯貴御饌祭供奉。又宮守物忌幷地祭物忌及酒作物忌。淸酒作物忌等合四人毛。大物忌幷父等如此之。同共供奉行事具。同日夜半仁人別令ニ備滿持一弖。朝大御饌夕大御饌。禰宜大內人四人幷物忌五人。及物忌子五人。合十四人。常參ニ入內院一供奉。然卽於ニ太神御前爾一共列。四度拜〔奉〕。手四段拍。又後四度拜奉。手四段拍畢退。以ニ十七日平旦一。朝御饌毛如ニ上件一。引率具備供奉。

又荒祭宮幷瀧祭。合二所御食波。其當宮物忌。內人等。此太神宮之如ニ御食一。同日夜具令ニ備持一。此禰宜內人四人引率參入。祭供奉拜奉。行事太神宮同。然從ニ其瀧祭之地一。於ニ太神宮一奈保良比所仁參入來。以ニ同日夜一。御食奈保良比。禰宜大內人幷諸物忌內人等。及物忌父母等。戶人男女等。皆悉參集侍。然卽奈保良比御歌仕奉。其歌波。佐古久志侶伊須々乃宮仁御氣立止。宇都奈留比佐婆宮毛止々侶爾。次儛歌令ニ仕奉一。其歌波。毛々志貴乃意保美也人乃多乃志美止宇都奈留比佐婆美也毛止々侶爾也。供奉御儛自ニ禰宜一始。內人。物忌父等。齋內親王。以ニ十七日午時一參入坐弖。川原殿輿留弖。手輿仁移坐弖參入。到ニ第三重東殿一就ニ御座一。卽西殿波女孺侍。卽太神宮司以ニ御蘰木綿一參入弖。正道同重跪。向ニ太神宮一侍。卽命婦退出受取奉ニ親王爾一。卽親王拍レ手弖取ニ木綿一着レ蘰。太神宮司復執ニ太玉串一弖。參入弖。跪同侍。卽命婦亦出受取奉ニ親王爾一。卽親王拍レ手弖自執弖捧。參入內玉垣御門就二座席一。（命婦二人授レ之。）卽避レ席進レ前。再拜兩段訖。卽命婦一人進。受ニ太玉串一。授二大物忌子一。卽大物忌子受。立二瑞垣御門西頭一進置畢。卽親王還ニ本座一就。然後禰宜着二明衣冠一。木綿多須岐左右肩懸弖。宇治大內人爾毛。又如二禰宜一裝束。卽纏木綿幷太玉串捧持。太神宮司跪。手一段拍給。次禰宜毛同給。宇治大內人毛同給留。已上三人波。太玉串給時爾。人別拍手弖給。先禰宜左立。次宇治大內人右立。次太神宮司立。次赤曳御調糸乎諸內人等持立。如是立列弖參入。致二三重一弖御調進。版位二丈許就レ列。如二祈年祭版位一。卽太神宮司進二版位一跪。告刀申畢。卽返ヨ就本座一。宮司之手捧ヨ持玉串一。宇治大內人立。太神宮司太玉串取。〔還〕二本座一侍。卽禰宜召二大物忌父乎一。卽太玉串給。立御門東頭進置。還二本座一侍。又宇治大內人立。禰宜太玉串受。本座還侍。

卽禰宜召二宮守物忌父乎一。太玉串給。卽立御門西頭進置。畢本座返侍。禰宜又召二地祭物忌父一。卽宇治大內人。太玉串四枝給。卽立御門東頭進置。還二本座一侍。卽宇治大內人捧二太玉串乎一。自進御門西頭進置。畢本座返侍。卽禰宜御鎰給。大物忌乎先率立弖內院參入。次太神宮司。次大內人等明曳御調糸參入。然卽大物忌父開二東寶殿一。御調糸進入畢。卽罷出就二本座一訖。卽四段拜奉。八開手拍弖。短手一段拍拜奉。又更四段拜奉。八開手拍弖。短手一段拍。卽一段拜奉弖罷出。向二荒祭宮一。四段拜奉。短手二段拍。一段拜奉。（但內親王不レ向二荒祭宮一。）然畢時。諸司若官人等幷諸刀禰等。皆悉直會殿付坐。太直會被レ給畢。時後手一段拍。卽太神宮司官人等更發。第五重參入就レ座。卽倭儛仕奉。先太神宮司。次禰宜。次大內人。次齋宮主神司。諸司官人等。（其儛畢。人別直會酒。采女二人侍。御用拍〔角柏イ〕盛給。）然男官儛畢。卽禰宜大內人等妻。儛次齋宮女孺等儛畢。卽禰宜。內人。物忌等爾祿給弖。卽內親王離宮還坐。

十八日行事。　以二同日辰時一。神宮廻神祭百廿四前祭料下レ從二外幣帛殿一。神酒二缶。神贄二荷。

右祭。御巫內人幷物忌父等四人。共率班祭。

荒祭宮。神酒一缶。神贄一荷。

瀧祭物忌所〔神社神〕酒一缶。贄一荷。

月讀宮。酒一缶。贄一荷。

瀧原宮。酒一缶。贄一荷。

伊雜宮。酒一缶。贄一荷。

大歲社。酒一缶。贄一荷。

右所々神祭。酒幷贄等宛班畢。

以二同日一荒祭宮仁祭供奉禰宜內人幷物忌父妻子皆悉參集仕奉行事。向二正殿一四段拜奉弖。短手拍。又再拜奉畢。先其宮內人等儛仕奉。次物忌父儛。次禰宜儛。次大內人儛。次諸內人。物忌父等。人別次々儛畢。卽後手拍二一段一罷出。

以二十九日巳時一瀧祭直會行事。

右祭。荒祭宮直會與同。但不レ仕二奉儛一。

以二同日未時一月讀宮祭行事。

四神殿。在二西宮〔方イ〕一二〔神〕殿。一殿。坐二伊佐奈岐尊靈一。一殿。坐二伊佐奈美尊靈一。東方二神殿在之中。一殿坐二月讀神一。一殿坐二同神荒魂一。此先西宮拜奉畢。卽退東方宮向。禰宜告刀申。申畢朝庭幣帛幷御馬等波。卽其宮內人爾預供奉。但御鎰波。同內人持治。亦朝御饌夕御饌幷直會人賜。卽儛仕奉事波。荒祭宮乃行事與同。

以二廿日一大歲神社祭行事。

右祭。瀧祭神祭直會行事與同。

以二廿三日一瀧原宮祭供奉行事。

右宮祭波。朝御饌夕御饌幷朝廷幣帛供奉。告刀申。申畢卽直會被レ給。儛仕奉。月讀宮行事與同。

以二廿五日一伊雜宮祭供奉行事。

右宮祭波。朝御饌夕御饌幷朝庭幣帛供奉。告刀申。中畢直會儛等。瀧原宮行事與同。
亦佐美長神社一處。御前四社。此三節祭使附。
宛㆘奉従㆓太神宮〔司〕㆒供奉調度㆖合十種。但御
饌稲波。伊雑宮乃稲廿束下宛奉。
　右神祭波。一事以上。伊雑宮祭與同供奉。
管四所神宮宿直行事。
宮別上番。内人一人。戸口夫一人。下番。物忌父
一人。戸口夫一人。竝如㆓太神宮番上㆒。以㆓十五日㆒爲㆓一番㆒。供奉。月次
幣帛使參入テ幣帛供進時行事。具如㆓二月月次
幣帛供進時㆒。行事同。
七月例。
以㆓朔日㆒宮守護奉宿直人歴名幷番畢事申ㇾ司。
禰宜。長上。上番宿直人。大内人一人。番長。諸内
人六人。戸口三人。中下番宿直事。六月與同。
荒祭宮宿直。内人。戸口一人。
以㆓朔日㆒受㆓司幣帛㆒祈ㇾ日申行事。
　右禰宜率㆓日祈内人㆒。月一日起盡㆓卅日㆒。朝夕
　風雨旱災爲㆓止停㆒祈申。
八月例。
以㆓朔日㆒宮守護奉宿直人歴名。番畢事申ㇾ司。
禰宜。長上。番上宿直人。大内人。番長。諸内人六
人。戸口三人。中下番宿直事。七月與同。
荒祭宮宿直。内人一人。戸口一人。
祈㆓八月風雨㆒。幣帛絹二丈五尺。麻八斤。太。木
綿八斤。太。已上禰宜率㆓日祈内人㆒。爲㆓風雨災
鎮㆒祈申。依㆓九月祭供奉事㆒。禰宜内人等皆悉參
集。與㆓太神宮司㆒共度會川臨。晦大祓仕奉。然
御厨大饗給。
九月例。
以㆓朔日㆒宮守護奉宿直人歴名幷番畢事申
ㇾ司。禰宜。長上。番上宿直人。大内人一人。番長。
諸内人六人。戸口三人。中番。下番宿直事。竝
如㆓上番㆒。　荒祭宮宿直。内人一人。戸口一人。
供奉織㆓御衣㆒料糸壹拾貳絇。供㆓奉太神宮㆒絹

一百七疋二丈。調絹荷前料一百疋。御衣料三疋。五色料一疋。御幌料三疋二丈。御門四間別五丈。
管四處神宮調荷前絹四疋。荒祭宮一疋。月讀宮一疋。瀧原宮一疋。伊雜宮一疋。
供二奉太神宮一處々神戸荷前物。
絹二疋。白一。赤一。絲三約。綿五十三屯。神衣料。白布一端。麻六斤。木綿三斤。
已上伊賀尾張三河遠江四箇國神戸供進。
腊魚卅斤。熬海鼠十五斤。鹽二石。堅魚廿斤。油六升。海藻根卅斤。鮑八十斤。
伊勢國司供進荷前絹一疋。中男作物。雜魚腊左〔九歟〕十斤。〔大イ〕左。祭日料物。酒米十石。神祭料三石三斗。供給料米三十五石。木綿十斤。麻廿六斤。神酒貳拾參缶。伊勢國神戸十五缶。神服織。神麻續二缶。度會宮根倉物忌供奉一缶。伊賀國神戸二缶。尾張三河遠江三國神戸各一缶。御贄廿七荷。
縣稅稻一千四百卌七束。　半斤細稅二百廿束。以二三把一號二一束一。大半斤百八十束。以二五把一號二一束一。　大斤千卌七束。　度會郡九百廿束。　多氣郡廿束。　神麻續百束。大半斤。細稅百束。　神服織八十束。大半斤。細稅八十束。　飯野神戸十一束。大半斤十束。細稅十把。　飯高神戸六束。　壹志神戸六束。　安乃神戸六束。鈴鹿神戸六束。　河曲神戸六束。　桑名神戸六束。　伊賀神戸卅束。細稅。　尾張神戸廿束。三河神戸十束。　遠江神戸廿束。
散用。　太神宮千三百十七束。　荒祭宮五十束。月讀宮卅束。　瀧原宮廿束。　瀧祭社十束。
小朝熊社十束。
右當二祭之日一懸二御垣一盡畢。
鋪設。　長茵廿張。　短茵廿張。　麻薦四張。　縄薦廿張。　麻簀三張。　前簀廿張。　蒲立薦三張。
以上宛二太神宮司一。以二祭日一敷用。
甕一口。　𤭯二口。　陶水眞利三具。　陶酒坏三具。　菓子佐良三具。　酒壺三口。　食單料調布一端。　鐵一廷。　忌砥一面。　鹽五斗。
已上宛二太神宮司一。以二祭祀一用之。
茵二枚。　敷簀二枚。

已上神服。麻績二氏神部仕奉。
賜二禰宜內人物忌一衣服絹六十疋。綿五十二屯。
禰宜幷大物忌二人賜絹六疋。人別三疋。大內人
三人絹六疋。人別二疋。綿六屯。人別二屯。宮守物忌一
人。地祭物忌一人。御鹽燒物忌一人幷三人
賜絹四疋三丈。人別一丈三尺。綿三屯。人別一屯。大物忌一
人。父一人。清酒作物忌一人。父一人。酒作物
忌一人。父一人。宮守物忌父一人。地祭物忌
父一人。山向物忌一人。父一人。瀧原物忌一
人。父一人。御鹽燒物忌父一人。御筥作內人
一人。忌鍛冶內人一人。陶器作內人一人。御
笠縫內人一人。日祈內人一人。土師器作物忌
一人。父一人。御馬飼內人二〔一歟〕人。御巫內人一
人。幷二十二人賜絹廿二疋。人別一疋。綿廿二屯。人別
一屯。荒祭宮內人。物忌一人。父一人。幷三人賜
絹四疋三丈。內人一人二疋。物忌一人一疋三丈。父一人一疋。〔綿歟〕絹四屯。內人二屯。物
忌幷父各一屯。月讀宮內人。物忌一人。父一人。御巫

內人一人。幷四人賜絹五疋三丈。內人一人二疋。物忌一疋三丈。
物忌父一人。御巫一人。各一疋。綿五屯。內人二屯。物忌一人。父一人。御巫內人一人。各一屯々。
伊雜宮內人一人。物忌一人。父一人。幷三人賜
絹三疋。人別一疋。綿三屯。人別一屯。瀧原宮內人一人。
物忌一人。父一人。幷三人賜絹三疋。內人一人三丈。物忌
幷父各一疋。綿三屯。人別一屯。禰宜幷大內人四人妻賜祭
日餝裝束料絹五疋。禰宜妻二疋。大內人三人妻三疋。
以二十四日一神服織。神麻績。神部等造奉。太神
御衣服幷荒祭宮神御衣服供奉時乃太玉串幷告
刀種々行事。四月御衣服供奉同。
神嘗祭供奉行事。
以二十五日一先二神郡所々神戸人夫等加所レ進
榊爾。木綿作內人乃作奉禮留木綿。幷太神宮司乃
所二進留一木綿乎以弖宮餝奉畢。志摩國神戸人夫
等所レ進湯貴御贄。又度會郡諸鄉百姓等所レ進
雜御贄。禰宜內人物忌父等。志摩國與二伊勢
國一神堺嶋村々罷行弖。漁雜御贄物等。御鹽燒

物忌乃燒進〔奉〕留御鹽等乎。禰宜內人等悉進
集。自㆑宮西川原爾大贄乃淸乃大祓仕奉。幣帛殿
爾進納畢。卽供㆓奉御饌㆒。以㆓同日夜亥時㆒。御巫內
人乎第二門爾令㆑侍弖。御琴給弖。〔以㆓十六日㆒〕
請㆓天照坐太神乃神敎㆒弖。卽所㆑敎雜罪事乎。自㆓
禰宜舘㆒始。內人物忌四人舘別。解除淸畢。卽
禰宜內人物忌等。皆悉自㆑宮〔西〕方川原集侍弖
先向㆓神宮㆒。人別罪事乎明申畢。卽向㆑川御巫
內人解除。告刀申畢。皆悉率正殿院參入掃淸
奉畢。卽罷出之。宇治御田苅拔穗稻乎。大物忌。
宮守物忌。地祭物忌。荒祭宮物忌。幷四人爾自㆓
御倉㆒下宛奉。御笥器忌鍛冶內人作忌小刀。陶
內人作奉陶器。土師內人作奉器。御鹽燒物忌燒
備奉御鹽等乎。已上種々物忌等爾下宛奉。又志
摩湯貴本御贄種々下宛奉。上件器盛滿弖。內院
御門爾持參入弖。亥時始至㆓于丑時㆒。朝御饌夕御
饌二度供奉畢。亦酒作物忌乃白酒作奉。淸酒作
物忌作奉黑酒。幷二色御酒毛。大御饌相副供奉
畢。次根倉物忌乃仕奉禮留神酒供奉畢。卽四段
拜奉弖。內院御門閉奉弖。外院罷出。禰宜內人物
忌等。大直會被㆑給畢。倭儛仕奉畢。歌詠六月祭
大御饌歌同。

以㆓同夜㆒瀧祭行事。

右祭。太神宮御饌祭同。直會人〔別〕給畢。但
禰宜宇治內人新稻酒飯食始。但不㆑爲㆑儛。

十七日辰時。國々所々神戶人夫等所㆑進神酒幷
御贄等乎。自㆓御厨㆒奉入。次二箇神郡幷國々所
所神戶所㆑進縣稅幷 神服織 神郡 等所㆑進縣稅
乎。內外重玉垣懸奉畢。

以㆓同日午時㆒ 齋內〔到獸〕親王參入坐㆓川原御殿爾㆒。御
輿留弖手輿坐弖。致㆓第四重東殿㆒就㆓御座㆒。卽太
神宮司御蘰木綿捧。向㆑北跪侍。內侍罷出弖受弖。
轉㆓親王㆒奉。卽親王手拍受。宮司又 太玉串捧
持。向㆑北跪侍。又內侍罷出弖受弖。轉㆓親王㆒奉。

即親王手拍受テ。即内親王自發二内玉垣御門一
就二座席一。（命婦又從レ之。）即避レ席進レ前。再拜兩段訖。即
命婦一人進。受二太玉串一轉授二大物忌子一。即大
物忌子受。立瑞垣御門西頭進置。即親王還二本
席一坐畢。即山向物忌作奉太玉串ヲ太神宮司
給。次禰宜給。次宇治大内人給畢。先禰宜前左
立。次宇治大内人右立。次太神宮司。次忌部幣
帛捧持立。次御馬。次驛使中臣。次王。次内人
等。次齋〔到賊〕宮諸司等。（但齋宮諸司者。板垣御門内分頭侍。）如レ是立列參
入。然致二第三重一就訖。從二版位一一丈許進。忌
部大幣帛捧跪侍。即驛使中臣進二版位一跪。告
刀申畢就二本座一。次太神宮司進二版位一跪。常例
祭告刀申畢。即禰宜召二大物忌父一。宇治大内人
立テ宮司乃太玉串ヲ給返二本座一侍大物忌父給。
即受御門東頭進置。本座還侍。即宇治大内人
立。禰宜捧持玉串受本座還侍。禰宜即召二宮
守物忌父一。玉串受御門西頭進置。即本座還侍。

禰宜即召二地祭物忌父一。宇治内人玉串四枝受。
御門東頭進置。還二本座一侍。即宇治大内人捧二
太玉串一。自立御門西頭進置。還二本座一侍。禰宜
先立。御鎰大物忌子持テ。前率立テ内院參入。次
宇治内人。次太神宮司。次大内人參持物ハ。忌
部乃進置ル朝廷幣帛幷御馬鞍具。然禰宜開二正
殿一テ幣帛物奉入畢。次織御衣服。此禰宜仕ト
奉織二御衣一絹二疋上。又宇治内人織御衣絹一疋。
次大物忌父開二東幣帛殿一。御馬鞍具進上。畢時
罷出テ致〔到賊〕ヨ付本座一訖。即諸刀禰等共四段拜奉
テ。八開手拍。即短手一段拍テ。一段拜奉。又更
四段拜奉テ。八開手拍。次短手一段拍。一段拜
奉畢。即罷出テ。向二荒祭宮一テ。四段拜奉。短手
一段拍拜奉畢。（但親王不下向二荒祭宮一給上。）即驛使幷齋宮諸司
等。皆悉就二食座一。但禰宜内人等ハ。荒祭宮正殿
開テ。朝庭幣帛幷神衣絹一疋進上畢。即還テ大
直會被レ給畢。後手一段拍。更發二第五重御門一

參入就レ座。卽進ニ第四重一。倭儛仕奉。先勅使中臣。次使忌部。次王。次大神宮司。次禰宜。次大内人。次齋宮主神司。次諸司等。其直會酒波。采女二人第四御門東方侍弖。御角柏盛弖。人別捧給。然男官儛畢。卽禰宜大内人等加妻儛。次齋宮女孺等儛畢。卽禰宜内人物忌等爾祿賜弖。卽内親王御輿離宮還坐。

以ニ十八日巳時一宮廻神祭。酒二缶。贄二荷。瀧祭。酒一缶。贄一荷。荒祭宮。酒一缶。贄一荷。月讀宮。酒一缶。贄一荷。瀧原宮。酒一缶。贄一荷。伊雜宮。酒一缶。贄一荷。大歲社。酒一缶。贄一荷。

以ニ同日午時一荒祭宮祭供奉行事。

右如ニ六月祭行事一供(仕イ)奉。

以ニ十九日巳時一瀧祭行事。

右如ニ六月祭行事一供奉。

以ニ同日一月讀宮祭供奉行事。

右祭如ニ荒祭宮一供奉。但神御衣絹一疋。又朝庭幣帛御馬一疋。又糸一絇。供進如レ件。

以ニ廿日一大歲神社祭行事。

右如ニ六月祭一供奉。

以ニ廿三日一瀧原宮祭行事。

右如ニ六月祭一供奉。但神御衣絹一疋。朝庭幣帛糸一絇幷供奉如レ件。

以ニ十(廿イ)五日一伊雜宮祭行事。

右如ニ六月祭一供奉。但神御衣絹一疋。朝庭幣帛糸一絇幷供奉如レ件。

以ニ廿七日一班ニ管神社廿四處一料絹一疋一丈五尺。社別三尺。木綿。麻如ニ六月祭一。

右神社供奉。禰宜自親率ニ祀(祝歟)部一。卽社別巡(遞イ)供奉。

朝大御饌夕大御饌御田二町四段。二町太神宮料。四段荒祭宮料。

右御田者。每レ年郡司專當。佃苅供進。卽禰宜預勘積ニ御倉一。供ニ奉御膳一盡。

十月例。
以㆓朔日㆒〔宮〕守護〔奉〕宿直人歷名幷番畢事。
〔申㆓〕宮司㆒申（イ无）。禰宜。長上。番上宿直人。大內人
一人。番長。小內人六人。戶口三人。中番下番宿
直事。竝如㆓上番㆒。荒祭宮宿直。內人一人。戶口
一人。
十一月例。
以㆓朔日㆒宮守護〔奉〕宿直人歷名幷番畢事申㆓
宮司㆒。禰宜。長上。番上宿直人。大內人一人。番長。
小內人六人。戶口三人。中番。下番宿直事。竝
如㆓上番㆒。荒祭宮宿直。內人一人。戶口一人。依㆓
十二月祭供奉事㆒。禰宜。內人等。皆悉司參集。與㆓
太神宮司㆒共度會川臨之。晦大祓仕〔奉〕。然御
厨大饗被㆑給。
十二月例。
以㆓朔日㆒宮守護〔奉〕宿直人歷名幷番畢事。
〔申㆓宮〕司㆒申（イ无）。禰宜。長上。番上宿直人。大內人
一人。番長。小內人六人。戶口三人。中番。下番宿
直事。竝如㆓上番㆒。荒祭宮宿直。內人一人。戶口
一人。
祭時供奉。神酒造奉。幷諸內人等勞供給料米。
及雜物一事。已上如㆓六月祭行事㆒同供奉。
月次幣帛供進。行事如㆓月次幣帛㆒。供奉行事。
與㆓二月月次㆒同。
祭料酒米拾石。神祭料米三石三斗。供給料米廿
五石。鹽五斗。木綿十斤。麻廿一斤六兩。鐵一
庭。神酒廿缶。御贄廿五荷。卅日灯酒七升。
右宛㆓奉太神宮司㆒。卽預㆓禰宜內人等㆒供進。
以前供㆓奉　天照坐皇太神宮㆒儀式。幷年中三
節祭。及年中雜神態。顯注如㆑件。仍注㆓具狀㆒謹
解。

延曆廿三年八月廿八日

大內人無位宇治土公礒部小紲

禰宜大初位荒木田神主公成

太神宮司正八位下大中臣朝臣眞繼

文和三年甲午四月十九日。於二伊勢國度會郡繼橋郷河原村吹上一書寫畢。爲レ令二神事興行一。申二出村松長官家行神主御本一。勵二老眼一畢。

圖書助通俊

俗名權禰宜度會神主實相

右以弘文院本書寫以一本校正

更以異本挍合了

群書類從卷第二

神祇部二

止由氣宮儀式帳

度會宮禰宜內人等解申止由氣太神宮儀式并禰宜內人物忌等年中行事事

合玖條

等由氣太神宮院雜行事壹條
供奉二所太神朝夕御饌并雜行事壹條
造奉新宮時行事并雜用物事壹條
新造宮御裝束物并雜行事壹條
供奉御形新宮遷奉時行事壹條
所管度會郡神社祭事壹條
供奉職掌禰宜內人物忌等年中雜行事壹條
年中三節祭時供給儲備事壹條

三節祭并年中行事月記事壹條

一等由氣太神宮院事。今稱二度會宮一。在二度會郡沼木鄉山田原村一。

合陸院。

天照坐皇太神。始テ卷向玉城宮御宇ス天皇御世。國國處々大宮處求賜時。度會乃宇治乃伊須々乃河上乃(爾イ)大宮供奉。爾時大長谷天皇御夢爾誨覺賜天。(久イ)吾高天原坐弖。見志眞岐賜志處爾。志都眞利坐奴。(岐イ)然吾一所耳坐波甚苦。加以大御饌毛安不二聞食坐一故爾。丹波國比治乃眞奈井爾坐我御饌都神。等由氣太神乎。我許欲止誨覺奉支。爾時天皇驚悟賜弖。卽從二丹波國一令二行幸一弖。度會乃山田

〔乃〕原。下石根爾宮柱太知立。高天原爾知疑高知旦。宮定齋仕奉始支。是以御饌殿造奉旦。天照坐皇太神乃朝乃大御饌。夕〔乃〕大御饌乎日別供奉（タテマツル）。

大宮壹院。　正殿壹區。（長三丈。廣一丈六尺。高一丈。）　同殿坐神參前。（稱二相殿一申。）　寶殿貳宇。（長各一丈六尺。廣一丈二尺。高一丈。）　御饌殿壹宇。（長一丈。廣一丈。高一丈。）　幣帛殿壹宇。（長一丈。廣一丈二尺。高一丈。）　齋內親王殿壹宇。（長四丈。廣二丈。高一丈。）　女孺侍殿壹間。（長四丈。廣二丈。高一丈。）　御門肆間。（長各二丈。廣各一丈五尺。高各一丈。）　瑞垣壹重。（廻長五十丈。高一丈。）　宿直屋參間。（長各一丈四尺。廣各八尺。高各六尺。）　玉垣貳重。（一重廻垣長六十二丈。一重廻長九十六丈。高各一丈。）　板垣壹重。（廻長百十六丈。高一丈。）　蕃垣參重。（長各二丈。）

御倉壹院。　倉參宇。（長各一丈六尺。廣各一丈四尺。高各一丈。）　一宇納二正殿寶殿御鎰一。　一宇納二懸稅幷御田苅稻一。　一宇納二鋪設一。　廻玉垣壹重。（廻長卌丈。高一丈。）　御輿停殿壹間。（長三丈四尺。廣一丈五尺。高一丈。）　御廐壹間。（長三丈五尺。廣一丈六尺。高一丈。）

直會所壹院。　五丈殿貳間。（一長四丈。廣一丈六〔五イ〕尺。高一丈。一長六丈。廣二丈。高一丈。）　九丈殿壹間。（廣二丈。高一丈。）　直會御門。（長一丈三〔三イ〕尺。廣一丈。高一丈。）

齋內親王御膳〔殿脫歟〕壹院。　御膳殿壹間。（長二丈。廣一丈二尺。高八尺。）　御炊殿壹間。（長一丈八尺。廣一丈二尺。高八尺。）　廻板垣壹重。（長八丈。高八尺。）

御酒殿壹院。　御酒殿壹間。（長二丈五尺。廣一丈六尺。高九尺。）　務所廳壹間。（長三丈五尺。廣一丈六尺。高一丈。）　盛殿壹間。（長三丈。廣一丈六尺。高九尺。）　禰宜齋〔殿イ〕院壹間。（長三丈。廣一丈六尺。高九尺。）　齋火炊屋壹間。（長一丈六尺。廣一丈二尺。高八尺。）　祭大炊屋壹間。（長三丈五尺。廣一丈六尺。高九尺。）　倉二宇。（長各一丈六尺。廣各一丈四尺。高各一丈。）　一宇納二神酒幷御贄等類一。　一宇納二雜器幷米鹽等類一。　厨屋壹間。（長三丈。廣一丈六尺。高八尺。）　防徃離壹重。（廻長卌〔冊イ〕五丈。）

齋館壹院。　御饌炊殿壹間。（長二丈〔一丈イ〕二尺。廣一丈二尺。高八尺。）　物忌大內人三人宿館屋參間。（長各二丈。廣一丈二尺。高各八尺。）　物忌五人宿館屋伍間。（長各二丈。廣各一丈二尺。高各八尺。）　齋火炊屋伍間。（長各一丈六尺。廣各一丈。高各八尺。）　物忌父小內人等宿館屋伍間。（長各二丈。廣各一丈。高各八尺。）　倉一宇。（長一丈六尺。廣一丈四尺。）

高一丈。納二木器一。防往籬壹重。廻長十五丈。物宮廻防往籬貳佰漆拾餘丈。禰宜内人等戸人夫搆造二百丈。多氣郡并神戸人夫搆造七十餘丈。馬集廐貳間。長各四丈。廣二丈。高八尺。幣帛御馬隱廐壹間。長二丈。廣一丈二尺。高七尺。

管高宮壹院。等由氣太神宮之荒御玉神也。

正殿壹區。長二(二イ)丈四尺。廣一丈二尺。高一丈。瑞垣壹重。廻長十二丈。高一丈。玉垣壹重。廻長十八丈。高一丈。御門壹間。長二丈。廣一丈四尺。高一丈。

已上細子用物裝束物。顯二下條一。

二所太神朝御饌夕御饌供奉行事。

御饌殿一宇。用物肆種。調絹貳疋。御幌并二所太神。及相殿神御座料。調布捌端。殿内天井。壁代。二所太神。及相殿神座下敷并敷布。御巾内等料。麻席參枚。二所太神。御壁(床土イ)代敷料并相殿神御料。麻席三枚。二所太神御簀。相殿御簀料。

右件用物太神宮司。年別九月祭所二宛奉一。

供膳物。

天照坐皇太神御前。御水四毛比。御飯二八具。御鹽四坏。御贄等。

止由氣太神御前。御水四毛比。御飯二八具。御鹽四坏。御贄等。

相殿神三前。御水六毛比。御飯三八具。御鹽六坏。御贄等。

右大物忌父我佃奉抜穗乃御田稻乎。先穗乎波抜穗爾抜弖。九月神嘗祭八荷供奉。一荷懸二八把一。然所レ遺稻乎以弖將來。至二于九月十四日一。御炊物忌爾令二春炊一弖。御鹽燒物忌乃燒奉御鹽并志摩國神戸人夫等奉進御贄等乎持弖。御炊物忌爾令二頂持一。大物忌御机副弖。禰宜大内人等御前追弖。御饌殿乃前爾持參入弖。大物忌御炊物忌乎奉入弖。日別二度奉。畢時三八遍拜奉罷退。此御膳器造奉土師物忌。并度會郡徭丁。

一新宮奉造時行事并用物事。

限二常廿箇年一一度遷奉新宮造之。

造宮使罷來時。取二吉日一二所太神宮拜奉。

次使之宛ニ奉用物玖種ニ。官庫之物請ニ造宮使一所レ行。
鐵陸廷。鍬三口。鋤三口。五色薄絁三丈伍尺。絹壹疋。木綿拾陸斤。大。麻拾六斤。大。
右物等新造正殿地鎮料幷山口祭木本祭等料。
紺染幕布肆端。　官庫之物。
右正殿隱料。
庸布陸拾段。〔官庫之物〕。
右正殿地築平(トコロツキ)。禰宜內人等妻子卌人。幷所所祭。及內人物忌工等明衣料(キヨキヌノ)。但自餘雜物等者。太神宮司所ニ宛行一。
次取ニ吉日一山口神祭用物幷行事如レ左。
金人形廿口。金鏡廿面。鉾廿柄。太刀廿柄。鎌一柄。奈岐鎌一柄。手鉾一柄。小刀一柄。五色薄絁五尺。木綿二斤。小。麻二斤。小。庸布四段。(給ニ大內人一人。菅裁物忌一人。父一人。御巫內人一人一。各一段。)

已上雜物官庫之物。
酒一斗。米一斗。雜腊一斗。堅魚二斤。鮑二斤。海菜一斗。鹽二升。土師器五十口。陶器五十口。雞二羽。(雄一。雌一。)雞卵十丸。
已上以ニ神稅一太神宮司所ニ宛奉一。
右件物祭奉畢時。御巫內人告刀申。畢卽菅裁物忌以ニ忌鎌一且草木苅始。然以後諸役夫等。草苅木切所々山野散遣。然宮造畢時。返ニ祭料物一如レ始。
次取ニ吉日一爲ニ正殿心柱造奉一。率ニ大內人一人。諸內人等。戶人夫等一參入レ杣。木本祭奉用物如レ左。(其柱名曰ニ忌柱一。)
金人形廿口。金鏡廿面。金鉾廿柄。太刀廿柄。小鉾一柄。大鉾一柄。奈岐鎌一柄。鎌一柄。立削鉾一柄。小刀一柄。鉇一柄。
已上物造忌鍛冶內人。
木綿二斤。麻二斤。五色薄絁五尺。庸布四段。

給二大內人一人。菅裁物忌一人。御巫內人一人。父一人并四人一。各一段。　已上官庫物。
米一斗。酒一斗。雜腊一斗。堅魚二斤。鮑二
斤。海菜一斗。鹽二升。
　已上物以二神稅一太神宮司所二宛奉一。
如レ之祭畢。告刀申御巫內人。
次取二吉日一。宮處鎭謝之用物并行事如レ左。
金人形廿口。鏡廿面。鉾廿柄。太刀廿柄。奈岐
鎌一柄。鎌一柄。鋤二口。鍬二口。小鑇〔四イ〕一柄。
小刀一柄。五色薄絁一丈。絹一疋。木綿二斤。
麻四斤。禰宜一人。大物忌一人。竝二人絹明衣給。菅裁物忌一人。父一人。竝二人明衣給。　庸布
二段。　已上官庫物。
酒二斗。米二斗五升。雜腊二〔一イ〕斗五升。堅魚三
斤。鮑三斤。海菜二斗五升。陶器五十口。土師
器五十口。雞二羽。雄一。雌一。雞卵廿〔十イ〕丸。
　已上以二神稅一太神宮司所二宛奉一。
其祭告刀波菅裁物忌父申。祭供奉所侍造宮
使。中臣。忌部。然祭仕奉畢時。菅裁物忌以二淨鎌一旦

宮地草苅始。次以二淨鋤一旦宮地穿始奉。禰宜。
大物忌波忌柱立始。然後諸役夫等諸柱〔座敷〕堅奉。
次取二吉日一。正殿地築平。用物并行事如レ左。
庸布卌段。　官庫之物。給二禰宜內人并妻子
等惣卌人一。男廿人。女廿人。
爾時役夫取二卜合地土一。正殿地持運置。禰宜。
內人等築平詠儛。然後日擧レ幕正殿隱奉。
次取二吉日一。爲レ造二御船代木一。率二大內人諸內人
等戶人夫一入レ杣。山口祭用物并行事如レ左。
金人形十口。鏡十面。鉾十柄。太刀十柄。鎌一
柄。奈岐鎌一柄。小刀一柄。小鑇一柄。五色薄
絁五尺。木綿一斤。麻一斤。庸布五段。給二大內人一人。
菅裁物忌一人。父一人。御巫內人一人。工一人并五人明衣料一。各一段。　已上官庫物。
酒五升。米五升。雜腊五升。堅魚一斤。鮑一
斤。雜海菜一斗。鹽一升。陶器十口。土師器十
口。　已上以二神稅一太神宮司所二宛奉一。
祭畢。告刀申御巫內人。

木本祭用物幷行事如レ左。

金人形十口。鏡十面。鉾十柄。太刀十柄。小刀一柄。鎌一柄。奈岐鎌一柄。小鉇。大鉇一柄。立削鉇一柄。鉋一柄。木綿一斤。麻一斤。五色薄絁五尺。　已上官庫物。

酒五升。米五升。腊五升。堅魚一斤。鮑一斤。雜海菜一斗。鹽一升。陶器十口。土師器十口。

　已上以二神稅一太神宮司所二宛奉一。

如レ之祭。告刀申二御巫內人一畢時。菅裁物忌先以二小鉇一。已上。木本切始。然後役夫等切造。造奉物。

正體御船代壹具。（長六尺。廣二尺四寸。）　御座壹基。（高一尺。徑七寸。）

相殿・御船代貳具。（神イ）（長四尺。廣一尺五寸。）高宮御船代壹具。（長四尺。廣一尺五寸。各一段。官庫物。）

　庭造工二人給二明衣料一。庸布二段。

高宮宮地鎭祭用物幷行事如レ左。

金人形十口。鏡十面。鉾十柄。太刀十柄。奈岐鎌一柄。鎌一柄。鋤一口。鍬一口。小刀一柄。木綿一斤。麻一斤。五色薄絁五尺。庸布二段。（給二高宮物忌一人。父一人明衣料一。各一段。）

　已上官庫之物。

酒五升。米五升。腊五升。海菜一斗。鹽一升。堅魚一斤。鮑一斤。陶器十口。土師器十口。雞二羽。（雄一。雌一。）雞卵十丸。

　已上以二神稅一太神宮司所二宛奉一。

其祭告刀申物忌父。然以卽物忌令レ穿始。後鎭物如レ始。

忌鍛冶內人給明衣料。庸布一段。種々金物造仕奉明衣。官庫物。

造宮使奉物。

御琴壹隻。燈提伍具。御調納辛櫃壹合。御鎰納櫃壹合。幣帛机貳具。御床肆具。（大宮料三具。高宮料一具。）天井壹條。平釘壹佰伍拾隻。短御床貳具。御饌殿奉御机貳具。（已上二種物。御饌殿用物。）

正殿造奉時。東西妻鏡形穿奉始。菅裁物忌父。

若其人遭レ故時者。禰宜穿始奉。宮造奉畢。次後返祭幷山口祭仕奉用物如レ始。然天平賀宮柱諸木本。別置ニ員貳仟餘口ニ造。多氣郡宇貳鄉人夫等。

一新造宮御裝束用物事。

止由氣太神御裝束物。　壁代生絁帷貳帳。高各一丈一尺。各廿一幅。上張帳壹張。長二丈四尺三寸。八幅。蚊屋帷貳張。一張十四幅。一張七幅。高一丈四寸。天井料。　御幌帳壹條。長七尺三寸。四幅。殿戶上間張帳壹條。長八尺五寸。三〔二イ（式同）〕幅。寶殿一〔二イ〕間御〔幌〕帳貳條。長各八尺。各四幅。已上生絁。御床於敷細布御帳壹條。長八尺。四幅。帛御被壹具。長八尺。四幅。刺車錦御被壹具。長八尺。四幅。御船代內敷小綾帛御被貳具。別長各八尺。二幅。於覆帛御被一具。長八尺。四幅。　次小綾紫御被壹具。長八尺。四幅。次刺車錦御被壹具。長八尺。四幅。　緋錦御衣壹領。紺御衣壹領。小綾綠御衣壹領。生絁御衣壹領。已上錦御衣。長各三尺。各裏綿一斤。　吳錦御衣壹領。小綾紫御衣一領。小綾帛御衣壹領。緋御衣一領。已上錦御衣。各長一尺五寸。裏綿一斤。　緋御裳壹腰。帛御裳壹腰。紺御裳壹腰。生絁御裳壹腰。已上單御裳。別須蘇長五丈。腰長一丈三尺。　吳錦御裳一腰。小綾紫御裳一腰。紺御裳一腰。帛御裳一腰。倭文御裳一腰。已上單御裳。須蘇長二丈五尺。廣一尺五寸。腰長七尺。生絁比禮四具。長各二尺五寸。廣隨レ幅。帛絁忍比四具。長各二丈五寸。廣隨レ幅。帛絁御巾二條。長各五尺。廣隨レ幅。　細布御巾二條。長各五尺。廣隨レ幅。御枕二基。帛御袜四具。錦襪二具。錦御沓二兩。紫御帶二條。御櫛筥〔イモ〕一合。納ニ御櫛四枚一。　紫刺御本結四條。紫盖一口。紫刺羽一柄。菅刺羽一柄。菅御笠一口。

相殿坐神三前御裝束物。　帛御被三具。生絁御被三具。已上各長三尺五寸。廣二尺三寸。綿五斤。　帛御衣三領。生絁御衣六領。已上各長一尺。綿六兩。生絁御裳九腰。各須蘇長一丈。廣一尺〔丈イ〕。腰長三尺。腰廣一〔三イ〕尺。

高宮坐神御裝束。　帛御被一具。生絁御被一具。已上各長四尺五寸。廣三尺。綿各五斤。御衣御裳不レ繼進料。緋一尺。錦二丈。絁一疋。蚊屋帳二張。高八尺。廣十六幅。天井帷一張。長八尺。三幅。御幌一張。長八尺。三幅。
新宮遷奉時用物。　太神行幸道敷調布拾捌端。
太神坐奉草筥三具。廣各一尺八寸。生絁衣垣（スヽシキヌノキンカキ）一條。
長六尺。三幅。　禰宜一人。大物忌一人。給生絁明衣二
具。男衣一領。袴一腰。女衣一領。裳一腰。人垣仕奉內人等幷妻子
等。惣六十人。男卅人。女卅人。給明衣六十領。袴。裳六
十腰。男衣卅領。袴卅腰。女衣卅領。裳卅腰。
內人。物忌。幷人垣仕奉人夫蘰。幷玉串着木
綿捌斤。板立御馬一疋。自朝庭進入。
高宮坐神遷奉時。物忌一人。父一人給白布明衣
二領。男衣一領。女衣一領。
　已上皆官庫之物。
一御形新宮遷奉時行事。
常以九月十三日。正殿內壁代帷。寶殿御幌。幷
禰宜內人等明衣乎波。自御裝束使所令請弖。
以十四日正殿內餝奉畢。以十五日御裝束物
等秡淨弖。驛使。王。神祇官副已上。中臣。忌部。太
神宮司共。令持參入外院玉串所。然先禰宜。
內人。幷人垣可仕奉男女等爾明衣給畢。然卽
御裝束物等皆悉持參入弖。參弖入內院中門。使
中臣告刀申。新宮仕奉弖可遷奉狀。幷〔御裝束
儲備奉進狀如之申畢弖。使中臣幷大神宮司〕
御裝束物乎令持弖。新宮爾參入弖。正殿御橋〔階イ〕下
侍。東使中臣。西太神宮司。爾時禰宜上參入弖。正殿戶開奉弖。
正殿內四角燈油弖。御裝束具進畢。皆悉罷出。
但使波侍外直會殿。然太神宮司。人垣可仕
奉人夫等乎召集。大秡爲弖。卽衣垣。衣笠。刺羽
等令持弖。人垣仕奉男女等爾。太玉串令持捧
弖。左右分立。太神宮司率參入弖。正殿乃御橋〔階イ〕許
候〔侍イ〕時。爾時行幸道布敷。卽禰宜御蘰被賜弖。正
殿戶開奉弖燈油。然御船代開奉留。正體乎波禰宜
頂奉。相殿坐神三所乎波。大物忌。大內人〔等〕頂
奉弖。先立太神宮司。次禰宜。次物忌。次大內
人立烈弖。新宮爾令行幸畢。時始太神宮司

弖。人垣仕奉諸人夫等波罷出奴。卽驛使母舘舍還宿。然更禰宜率二諸內人等一。湯貴供奉。其行事具所レ錄二行事條一也。

一所管度會郡神社事。

合貳拾肆處。載二官帳名一社十六處。未レ載二官帳名一社八處。

月讀神社。　正殿貳區。長各六尺。廣各四尺。高各三尺。　玉垣壹重。長八丈。高八尺。御門一間。長八尺。廣六尺。

草奈支神社。　正殿一區。長六尺。廣四尺。高三尺。　玉垣一重。長七丈。高八尺。御門壹間。高八尺。廣六尺。

大間國生神社。　正殿二區。長各六尺。廣各四尺。高各三尺。　玉垣一重。長八尺（丈歟）。高八尺。　御門壹間。高八尺。廣六尺。

右三所神社造宮使造奉。此祝死闕替申二送太神宮司一。卽卜食定二其後家一。秡淸預二供奉事一。

度會之國都御神社。　度會之大國玉姫神社。

田上神社。　蔀野井庭神社。

大河內社。　淸野井庭神社。

高河原社。　川原社。

川原淵社。　山末社。

宇須乃野社。　水戶御食都神社。

小俣社。　正殿拾參區。長各五尺。廣各三尺五寸。高各三尺。　玉垣十三重。廻長各六丈。高各八尺。御門拾參間。高各八尺。廣各六尺。

右十六社。官幣帛宛奉。　但十三社者國宛レ料。令レ造二奉於祝人（又イ）一。春秋幷三度祭者。節別。禰宜。內人等率二祝等一供奉。此祝死闕替。禰宜等申二送太神宮司一。卽卜食定。其後家秡淸。預二供奉事一。

伊我理神社。　懸（縣イ）（無懸イ）神社。

井中社。　打懸社。

志等美社。　毛（志イ）理社。

大津社。　土賓屋社。

右八社。未レ載二官帳名一。但社無レ料。祝造奉。但年中三度祭者。禰宜。內人等。率二祝等一供奉。此祝同如レ上卜食定。

一職掌禰宜內人物忌事。

合貳拾壹人。禰宜一人。大內人三人。物忌六人。物忌父六人。小內人五人。〔六イ〕惣戶
壹拾五烟。竝貫ニ度會郡一。連供奉戶人九十餘人。
中男已上。

禰宜。正六位上神主五月麻呂。長上。
右人行事補任日。叙ニ正八位下一。後家之雜罪事祓淨弖。佗人火物不レ食。見レ目聞レ耳言語忌敬弖。宮內供奉。幷雜行事管掌。幷諸內人。物忌等乎率弖。着ニ明衣一。木綿手次〔タスキ〕懸弖。三節祭幷時々幣帛使參入。時爾太玉串捧持齋敬仕奉。又率ニ諸物忌等一。二所太神乃朝大御饌。夕乃大御饌。日別齋敬令ニ供奉一。又所レ管神社廿四社祭率ニ諸內人祝等一。每年三度祭供奉。又率ニ諸內人等一。宮守護宿直仕奉。又率ニ諸內人等一。聖朝庭常磐石堅磐石爾令ニ大坐一。天下令レ有ニ太平一止祈申。
又九月祭乃織乃大御衣二疋織儲弖。正殿奉上。此度會郡調。先レ玆織奉。

大內人。無位神主御受。
大內人。無位神主牛主。
大內人。無位神主山代。
右三人行事。任日。後家雜罪事祓淸弖。見レ目聞レ耳言語忌弖。率ニ諸小內人等一。每月十日爲ニ一番一。宮守護〔宿〕直仕奉。又率ニ番小內人幷物忌等一朝乃大御饌。夕乃大御饌乎番別催供奉。又三節祭雜行事。與ニ禰宜一共副齋敬仕奉。又時々幣帛使參入時。忌部乃奉レ置幣帛乎待受弖。內院持參入弖。正殿戶邊奉レ置。

大物忌。無位神主岡成女。
右人等行事。卜定任日。後家雜罪事祓淸弖。他人火物不レ食。宮大垣內。立ニ忌庤一造。不レ歸ニ後家一宮侍弖。拔穗御田稻乎御炊物忌爾令ニ舂炊一弖。御鹽燒物忌燒仕奉留御鹽。幷志摩國神戶人夫進御贄乎。土師物忌造儲備奉雜器爾盛奉弖。着ニ明衣一木綿手次前垂懸弖。天押比蒙弖。

洗レ手不レ干レ之弖。二所太神乃朝大御饌夕大御饌乎日別齋敬供奉。又三節祭幷時々幣帛使參入時。率二諸物忌等一。第二御門齋敬侍。

父。無位神主諸公。

右人行事。與二物忌一共副。雜行事齋敬仕奉又明衣着。木綿手次懸弖。朝〔大〕御饌夕〔大〕御饌持參入。御前追仕奉。又御炊殿造改掃淨仕奉。又每年拔穗御田乎。從二春時一至二于秋時一齋敬佃奉。又御炊殿爾御薪每日奉レ進。又每月以二十箇日一爲二一番一。宮守護宿直仕奉。又三節祭。湯貴爾御贄徧〔編イ〕備奉レ進。又三節祭幷時々幣帛使參入時。太神宮司幷禰宜乃捧持在太玉串乎受取弖。第二御門內奉レ進。

御炊物忌。無位神主河刀自女。

右人行事。卜定任日。始弖後家雜罪事祓淨弖。立二忌館一造。大物忌父佃奉禮留拔穗乃御田稻乎春奉炊奉弖。御鹽燒物忌乃燒奉禮留御鹽幷志摩國神戶人夫進御贄乎種々儲備奉弖。頂持弖。與二大物忌一共副。朝乃御饌夕乃御饌乎日每齋敬供奉。又三節祭幷時々幣帛使參入時。第二門與二大物忌一共齋敬侍。

父。無位神主乙麻呂。

右人行事。與二物忌一共副。御饌前追仕奉。又大御饌爾供奉。御枚手五十六枚。日別奉レ進。又御井掃淨奉。又御井與二御炊殿一。往還間道百廿丈。橋十五丈。此月每修理掃淨仕奉。又三節祭湯貴進御笥卅具造進。祭別十具。又湯貴進御枚手。合千二百六十枚奉レ進。祭別四百廿枚。又湯貴供奉御箸造儲奉レ進。又月別十箇日爲二一番一。宮守護宿直仕奉。

御鹽燒物忌。無位神主乙繼女。

右人行事。卜定任日。後家雜罪事祓淨弖。立二忌館一造。卽御鹽殿奉弖御鹽燒弖。朝御饌夕御饌爾日每供奉。又三節祭時。湯貴乃御鹽爾燒儲備供奉。又三節祭幷時々幣帛使參入時。第二御門與二大物忌一共齋敬侍。

父。無位神主虫麻呂。

右人行事。與二物忌一共副仕奉。又御鹽山木乎御鹽殿爾切運弖。荒鹽爾燒儲弖。御鹽堝作儲弖。物忌爾令レ燒弖。朝御饌夕御饌爾日別奉レ進。又濱御鹽燒殿幷廻垣修理掃淨仕奉。又月別十箇日爲二一番一。宮守護宿直仕奉。

菅裁物忌。無位神主米刀自女。

右人行事。卜定任日。後家雜罪事祓淨弖。立二忌舘一造。別春始二所太神宮乃大御饌處爾佃奉。拔穗乃御田始奉時爾。禰宜率二菅裁物忌幷諸內人等乎一。湯鍬山爾參上時爾。山口祭供奉。其祭物。金人形廿口。鉾廿柄。鏡廿面。木綿。麻。雜贄。海菜。酒等以弖祭供奉。畢時。告刀申二御巫內人一。祭畢卽深山祭弖。櫟木本到弖木本祭。供奉物如二山口祭一。其告刀申二菅裁物忌父一。申畢時。菅裁物忌淨鎌以天其木切始。然後禰宜內人等我戶人夫等。祭時共起一時令レ切天。湯鍬爾造持弖。眞佐支乃蘰乎人別給弖。菅裁物忌乎前率立弖。諸禰宜內人等〔行脫〕弖下來弖。二所太神乃御饌處乃御田爾下立弖。先菅裁物忌湯鍬持弖東向耕佃。湯草湯種下始。然畢時諸內人等我戶人夫以令レ爲二耕殖狀一。卽菅裁物忌父田儛仕奉。次大物忌父。次小內人等儛畢。然卽禰宜內人等皆悉集侍弖。大直會被レ給。然畢時歲實蘰給畢。皆悉罷去。然後禰宜內人物忌幷諸百姓等。私田耕始之。又新宮造時。宮處草木苅裁始。又〔山野イ〕野山草苅裁始。又新宮正殿鏡形穿始。又三節祭時幷時々幣帛使參入時。與二大物忌一共。第二御門齋敬侍。

父。無位神主長麻呂。

右人行事。與二物忌一共副。雜行事齋敬仕奉。又三節祭幷時々幣帛使參入時。太玉串造仕奉。又月別十箇日爲ニ一番ー。宮守護宿直仕奉。
根倉物忌。無位石部稻依女。
右人行事。卜定任日。後家雜罪事祓淨弖。立ニ
忌舘ー造弖。年別從ニ春始〔時イ〕ー忌敬弖。根倉乃御刀
代御田乎佃奉弖。其御田稻乎神酒造奉弖。神嘗
祭爾二所太神。湯貴乃大御饌。〇下闕。
又三節祭幷時々幣帛使參入時。與ニ大物忌ー
共忌齋敬侍。
父。無位石部吉繩。
右人行事。與ニ物忌ー共副齋敬仕奉。又根倉
社。二所神殿造理掃淨奉弖。年別〔祭〕供奉。
年中〔脱字歟〕度。又十箇日爲ニ一番ー。宮守護宿直仕奉。
高宮物忌。無位神主種刀自女。
右人行事。卜定任日。後家雜罪事祓淨弖。立ニ
忌庤ー造。御刀代田從ニ春始時ー至ニ于秋時ー佃
奉弖。其稻乎春炊奉弖。御鹽燒物忌燒備奉御
鹽以弖。朝御饌夕御饌乎每月六度供奉。高宮。

又三節祭。湯貴乃御饌毛始〔如歟〕ニ上件ー供奉。又三
節祭。幷時々幣帛使參入時。與ニ大物忌ー共。
第二御門齋敬侍。
父。無位神主夫獻。
右人行事。與ニ物忌ー共副。雜行事仕奉。又御
刀代田乎從ニ春始時ー至ニ于秋時ー齋敬佃奉弖。
高宮乃朝御饌夕御饌供奉。又御炊殿幷廻垣。
月修理掃淨仕奉。又每月十箇日爲ニ一番ー。宮
守護宿直仕奉。
御巫內人。外從八位上石部老麻呂。
右人行事。卜定任日。後家雜罪事祓淨弖。每
年三節祭仕奉時。湯貴御贄祓淨仕奉。又朝御
饌夕御饌爾仕奉留御井幷高宮御井神祭仕奉。
年中六度。又大物忌乃佃奉拔穗御田神祭仕奉。年中三度。
又御酒殿始弖宮廻神惣二百餘前祭供奉。年中三度。
又禰宜。內人。物忌等忌庤晦別祓淨之。又三
節祭供奉時。禰宜內人物忌等庤秡淨之。又正

殿院掃淨奉^(牟土之天)。先諸内人等我身罪祓淨之。又以二十箇日一爲二一番一。宮守護宿直仕奉。

木綿作内人。無位石部淨人。
右人行事。卜定任日。後家雜罪事祓淨弖。三節祭供奉木綿作儲弖。二所太神宮奉レ進。惣二千二百五十枚。太神宮一千二百枚。度會宮一千五十枚。祭別三百五十枚。又以二十箇日一爲二一番一。宮守護宿直仕奉。

忌鍛冶内人。無位敢石部廣公。
右人行事。卜定任日。後家雜罪事祓淨弖三節(祭脱歟)祭仕(供イ)奉御贄作奉。淨小刀幷金御箸作奉弖。別小刀三柄。御箸四口。又高宮湯貴御贄作奉。淨小刀幷御箸作仕奉。祭別小刀一柄。御箸二口。又年別菅裁物忌春始由鍬山祭(參イ)上時。由鍬木切始。忌鍒幷山口祭。木本祭用雜金物作仕奉。金人形廿口。鏡廿面。鉾廿柄。鍬一口。鍒一口。又大物忌乃御歳木切始時忌鍒一口作仕奉。又新宮造奉時。所々祭用種々金物作仕奉。又以二十箇日一爲二一番一。宮守護宿直仕奉。

御馬飼内人。無位神主豊繼。
右人行事。卜定任日。後家雜罪事祓淨弖。常板立。御馬二疋。此牽二己戸人夫幷多氣郡司一貢上丁(飼丁イ)飼仕奉。又三節祭行事佗内人共仕奉。又三節祭幷年祈幣帛御馬奉時。御馬口曳仕奉。又以二十箇日一爲二一番一。宮守護宿直仕奉。

御笠縫内人。無位石部宇麻呂。
右人行事。卜定任日。後家雜罪事祓淨弖。太神乃御笠。御簑。高宮御笠。御簑幷所管神社廿四所神御笠。御簑乎作儲弖。毎年四月十四日奉レ進。又三節祭雜行事他内人共(仕イ)供奉。又以二十箇日一爲二一番一。宮守護宿直仕奉。

一年中三節祭時供給儲備事。
合貳仟肆佰參拾玖具。
結机八具。上机九具。板机十五前。机代二百十前。中折櫃七百五十合。下折櫃二百五十四合。裹飯千二百餘。六月祭料。七百九十八具。九月祭料。八百卅餘具。十二月祭料。如二六月祭一之。

齋內親王御膳二具。結机造仕奉。齋宮寮長官。國介。內侍幷三人料。上板机三具。副机。幷六位已上國判官一人。御母四人幷五人料。板机五前。諸司官人幷一等女孺（ヒトシナノメノワラハベ）料。机代七十餘合。二等女孺幷諸司番上。二箇郡司次第（下文作下）及諸刀禰。禰宜料。中折櫃二百卅（卅イ）合。官人已上從幷諸司擔夫已上。及二箇郡歌女。鳥子名等料。下折櫃五十七合。裹飯四百裹。

已上六月祭之。

齋內親王御膳二具。結机造仕奉。勅幣帛使料。結机二具。齋宮寮長官。國介內侍（國脫歟）。幷三人料。上板机三具。副机幷六位已上判官一人。御母四人幷五人料。板机五前。二等女孺幷諸司番上。貳箇郡司次第。及諸刀（司歟）禰等料。中折櫃二百五十合。官人已下從幷諸子擔夫已上。及二箇郡歌人女歌女。鳥子名等料。下折櫃八十三合。裹飯四百裹。

已上九月祭之。

又十二月祭。如二六月祭一之。

造儲雜器。

結机八具。板机十一前。机代。折櫃六十合。中折櫃二百餘合。切机十足。高机八足。中取十足。木女（杈イ）神廿柄。蕣（ナリヒサゴ）廿柄。交易土師雜器四千餘口。右三節祭供給儲備。禰宜大內人幷物忌父小內人等。各戶人率以弖。勞（營歟）造雜器明拾（松イ）薪。處[々]山野海河散遣。於二志摩國一買交易種々味物儲仕奉。

正月例。

三節祭等幷年中行事月記事。

以二朔日卯時一禰宜內人物忌等。皆悉參二集神

宮ニ拜奉。向ㇾ南。御門外。次高宮拜奉。向ㇾ南遙拜。次御酒殿拜
奉。然卽白散御酒供奉。次禰宜內人等直會酒被
ㇾ給畢。卽皆悉御厨參向。卽太神宮司率ニ二所太
神宮禰宜內人幷二箇郡司及諸刀禰等ヲ。二所太
神宮拜奉。次朝庭拜奉畢。卽御厨大饗給之畢。時
禰宜內人等。大直會倭儛仕奉。先禰宜。次大內(オンタカラ)
人。服織麻績神部。次郡司等宮守護奉宿直人夫
歷名進ニ太神宮司ニ申。番長大內人等。上番宿直
人十六人。禰宜一人。長上大內人一人。番長。小內人三人。戸人八人。高宮宿直人
三人。小內人一人。戸人三人。中番下番宿直事。如ニ上件ニ。
以ニ三日ニ參ヲ向齋宮ニ。拜ヲ奉內親王ニ之畢。卽大
饗給ㇾ之畢。時祿給。禰宜大內人三人。各調布
一端。御衣一人。小內人十一人。各糸一絇給畢。
時各太神宮宿所還之。
以ニ先卯日ニ造ニ御杖ニ。神宮幷高宮奉ㇾ進。太神宮八枚。高宮四枚。
以ニ七日ニ新蔬菜羹作奉。二所太神宮供奉。御饌殿。

以ニ十五日ニ御粥作奉。二所太神宮供奉。御饌殿。
右三箇日節每供奉禰宜內人物忌等。直會被
ㇾ給。
二月例。
以ニ朔日ニ宮守護宿直人歷名進ニ太神宮司ニ申。
番長大內人。上番宿直人十六人。禰宜一人。長上。大內人一人。番長。小內人三人。戸人八人。高宮宿直人三人。小內人一人。戸人二人。中番下番宿
直事。如ニ上件ニ。
年祈幣帛使參入テ幣帛進時行事。(アリサマ)
幣帛使與ニ太神宮司ニ共神宮外院參入來。爾時
卽禰宜內人等玉串所候侍テ。菅裁物忌父造奉
留太玉串乎。禰宜捧テ太神宮司爾給。(シノビテ)短手一段拍
受取。禰宜毛共同被ㇾ給テ卽發。先前禰宜立。次
太神宮司。次幣帛捧持大內人。御馬飼內人率ニ
御馬ニ。次驛使。(次イ)諸內人等。如ㇾ此立列參入致(到歟)ニ中
重ニ。太神宮司禰宜正道竝雙分頭跪侍。使中臣東
方石疊跪侍。物忌者第二御門西方向ㇾ北侍。大

內人小內人物忌父等。四御門內方進。向東列
跪侍。卽太神宮司上〔登イ〕版位告刀申。申畢時大物
忌發。太神宮司禰宜乃捧持弖留太玉串乎受取。第
二御門奉置。先向太神宮司東方。禰宜西方。然卽四段拜奉弖。短
手二段拍。一段拜奉。又更四段拜奉。短手二段
拍弖。一段拜奉畢。卽罷出向高宮。四段拜奉。
短手二段拍畢。卽使幷太神宮司外直會殿就
座。卽給直會。短手二段拍畢。時後手一段拍。
罷出內宮參入。時勅使幣帛使參入弖。幣帛奉
進行事乎。月次幣帛進時行事同。但幣帛物等
波。正殿開奉弖進入。月內取吉日。所管諸社十
六處。幷宮廻神二百餘前。御井二所神。御田神。
所々小社〔五イ〕九所神乎。春年祈祭供奉。至于二月
上旬。禰宜內人等勘挍供。供奉用物四種。絹五丈一尺。木綿四斤。麻十斤。鐵一廷。
以先子日二所太神乃朝御饌夕御饌供奉。御
田種下始行事。

禰宜內人等。率菅裁物忌。湯鍬山爾參登。爾時
忌鍛冶內人加造奉留金人形。鏡。鉾幷種々物持
弖山口神祭。然弖櫟木本祭奉。祀物如山口祭。然其木本乎
菅裁物忌忌鉏以弖切始弖。然卽禰宜內人等我戶
人夫等爾令切。湯鍬爾造持弖。諸禰宜內人等波
眞佐支乃蘰爲弖。自山下來弖。二所太神乃御饌
所乃御田爾〔到歟〕致立弖。先菅裁物忌湯鍬以弖耕始弖。
湯種下始。然卽其御田乎令爲耕作殖狀畢。
卽諸內人等田儛仕奉弖。直會被給留。然後。禰
宜內人等。各私種下始。諸百姓等種下始。太神
宮司奉進春菜漬料鹽二〔斛歟〕解。
三月例。
以朔日宮守護奉宿直人歷名進太神宮司。
番長大內人。上番宿直十六人。禰宜一人。長上。大內人一人。番長。小內人三人。戶人八人。高宮宿直人三人。小內人一人。戶人二人。中番下番宿
直事。如上件。
三日節。新草餅〔ヘツ〕作奉弖。二所太神宮供奉御饌

殿一。然後禰宜內人物忌等直會被レ給。
始二三月一至二于十月一。禰宜內人等皆悉集侍弖。
正院內生草不レ生掃淨奉。
四月例。
以二朔日一宮守護宿直人歷名進二太神宮司一。番長大內人。上番宿直人十八人。禰宜一人。長上。大內人三人。番長一人。祭日內各一日不レ闕仕奉。小內人三人。戶人八人。高宮守護奉宿直人三人。小內人一人。戶人二人。中番下番宿直事。如二上件一。
以二十四日一御笠縫內人作奉禮留御笠。御蓑進奉。如(始賤)太神宮高宮。次諸所管神社廿四處奉レ進。
五月例。
以二朔日一宮守護奉宿直人歷名進二太神宮司一。番長大內人等。上番宿直十六人。禰宜一人。長上。大內人一人。番長。小內人三人。戶人八人。高宮宿直人三人。小內人一人。戶人二人。中番下番宿直事。如二上件一。
五日節。菖蒲并蓬等。神宮并高宮及諸殿供奉。
然卽藥御酒(オホミキ)殿神宮供奉。然後禰宜內人物忌等。

菖蒲蘰被レ給。卽藥酒直會被レ給畢。卽御厨參向弖大饗給畢。時禰宜內人等直會倭儛仕奉。先禰宜。次大內人。次服織麻績。次郡司等。
月內取二吉日一。禰宜內人等養虫乃糸先乎神宮并高宮及宮廻神奉レ進。次所管諸神社夏祭仕奉。
禰宜內人等率二祝部一仕奉。
次取二吉日一。郡內人夫乃所レ進年祈料。明曳糸一(ヒト)約(スガ)乎捧持。天下百姓乃佃(ツクリダマ(ハル))食五穀乎平慈那給部止。
禰宜告刀申弖供奉。來六月月次祭爲二供奉一。禰宜內人等皆悉太神宮司共參集弖。臨二度會河一。
晦大祓仕奉。然卽御厨大饗給布。
六月例。(文興九月條有出入增損宜參考)
以二朔日一宮守護宿直人歷名進二大神宮司一。番長大內人。上番宿直人十八人。禰宜一人。長上。大內人三人。番長。大內人一人。祭月各一日不レ闕仕奉。小內人三人。戶人八(ニイ)人。高宮守護宿直人。小內人一人。戶人八(ニイ)人。中番下番宿直事。如二上件一。
六月月次祭爲二供奉一太神宮司宛奉雜用物。

酒米十解〔斛歟〕。神祭料二石。供給料米廿五石。鹽一石。麻十斤。大。木綿四斤。大。神酒十二缶。鐵一廷。炭六籠。

以十五日先所々戶人夫幷二箇郡鄉々人夫等所進榊爾。木綿作內人之作奉禮留木綿幷太神宮司乃所進木綿乎持弖宮餝奉畢。然卽志摩國神戶人夫所進雜贄。又度會郡鄉々所進御贄。又禰宜內人等我戶人夫乃志摩國與伊勢國神境嶋々爾罷行弖仕奉禮留雜御贄。又御鹽燒物忌乃仕奉禮留御鹽等取進畢。時爾禰宜內人等。皆悉自宮北河原罷出弖。大贄乃淨米乃大祓仕奉。然湯貴備奉所爾持參入。然所々神爾分奉弖大物忌父御炊物忌父御巫內人等。御井爾參向弖祭仕奉。畢弖更內院乃御門爾持參入弖。御炊物忌父我造奉御筥。幷陶士師內人等加造奉禮留器爾盛滿弖。始亥時至于丑時。朝乃大御饌夕乃大御饌二度間量供奉。此號由貴。次大物忌佃奉禮留拔穗乃御田稻乎火無淨酒造奉弖供奉。次太神宮司乃所宛奉二箇神郡人夫乃所進庸米乎火向神酒造奉弖供奉畢。卽四段拜奉。然罷出弖外院侍弖。禰宜內人物忌等直會被給。此時禰宜大物忌。新年中物食始。

以十六日朝國々處々神戶人夫等所進神酒幷御贄等乎自御廚進入。次齋內親王參入坐。致〔到歟〕板垣御門弖御輿留弖。手輿爾移坐弖參入坐。致〔到歟〕中重殿就御座。卽太神宮司。御蘰木綿幷太玉串乎捧持弖。第三御門內爾候。卽命婦罷出弖。共御蘰木綿幷太玉串乎受取弖。內親王乃御在所爾持參入候侍。爾時內親王御蘰木綿奉〔捧イ〕弖發。內重御門爾參入坐弖就席座。然卽命婦乃捧持〔出イ〕留太玉串乎受取給弖。捧持弖四段拜奉。然卽還去給弖就本御座。爾時菅裁物忌父造奉留太玉串。禰宜捧弖太神宮司爾給。司短手一段拍受。次禰宜毛共被給弖。共發弖列立。先禰宜立。次太神宮

司。次多氣度會二箇神郡所レ進明曳調糸乎内人
等持立。如レ是立列弖參入。致（到歟）ニ中重一。太神宮司幷
禰宜正道就ニ石疊一跪侍。大物忌波諸物忌等乎率。
第二御門西方侍。内人物忌父等波。西玉垣御門
内方列。東方向跪侍。齋宮諸司等波。第三御門東
西分頭跪侍。爾時太神宮司登ニ上版位一祭告刀
申。告刀畢。卽大物忌父發。太神宮司幷禰宜二人
所ニ捧持留一太玉串乎受取弖。第二御門内方進置。
先太神宮司（東方）（東イ）。次禰宜持西方。卽禰宜發。御鎰所レ給弖。大物
忌乎先率立弖内院參入。次太神宮司。次大内人
三（二イ）人。明曳御調糸持參入。然太神宮（司イ）・波内院御門
内跪侍。禰宜波開ニ東寶殿一御調糸進入。員卅絇。
見進入廿八絇。高宮御（神イ）料分二絇。奉入畢。卽罷出。先太神宮司。次
禰宜。次大物忌。次大内人等。然就ニ本版位一。卽
諸刀禰等共發。四段拜奉弖八開手拍。次短手一
段拍弖一段拜奉。（以下廿一字イ无）又更四段拜奉弖八開手拍。次
短手一段拍弖一段拜。又更四段拜奉弖八開手
拍。次短手一段拍弖。次一段拜奉。然罷出。先太
神宮司。次禰宜。次内人等。向ニ高宮一四段拜奉弖。
短手二段拍一段拜奉。但内親王不レ向ニ高宮一。然
畢諸司人等幷諸刀禰等。皆悉直會殿就レ座給ニ
大直會一。短手二段拍。先向始拍。太神宮司。次齋宮司官人已上。次諸刀禰等。被
レ給畢。時後手一段拍。卽二箇郡歌人歌女等發。
板垣御門内西方侍弖。先御饌歌供奉。次伊勢歌。
次儛歌仕奉。然太神宮司諸官人等更發。第三御
門參入就レ座。卽儛仕奉。先太神宮司。次禰宜。
次大内人。次齋宮（主イ）・神司。次諸司官人等。其儛直
會酒采女二人侍。御角柏盛。人別捧給。若齋宮不
レ坐時。禰宜内人等妻子仕奉。然男官儛畢。卽禰
宜大内人等妻儛。次齋宮采女五節儛畢。卽禰宜
大内人物忌等爾祿給。禰宜。大物忌。女儛人。各御衣一領給。小物忌五人。各給ニ綿一屯一。大
内人三人。調布一端。給畢卽内親王離宮還坐。然後禰宜内人
等酒殿院侍弖。後直會仕奉。
以ニ十七日一高宮祭供奉。告刀申ニ物忌父一。禰宜

内人等妻子。皆悉參集拜奉。然卽大直會被レ給。其直會人給飯者。宮炊諸内人幷刀禰等給。又禰宜内人等妻子各熟食備。人別被レ給畢。時倭儛仕奉。先高宮物忌父。次禰宜。次大内人。次小内人等。次諸刀禰等仕奉畢。卽更宮地神爾神酒一缶供奉畢。卽禰宜内人物忌諸刀禰等。直會被レ給。

以二十八日一月夜見神祭供奉。禰宜内人等參集。率レ祝仕奉。其直會料米者。祝受作熟食。參集禰宜内人幷諸刀禰給。又六月月次幣帛使參入。幣帛奉レ進時行事。二月月次幣帛進奉時同二行事一。

七月例。

以二朔日一宮守護宿直人歷名進二太神宮司一。番長大内人等。上番宿直人十六人。（禰宜。長上。大内人一人。番長。小内人三人。戸人八人。）高宮宿直人三人。（小内人一人。戸人二人。）中番下番宿直事。如二上件一。

八月例。

以二朔日一宮守護宿直人歷名進二太神宮司一。番長大内人等。上番宿直人十六人。（禰宜一人。長上。大内人一人。番長。小内人三人。戸人八人。）高宮宿直人三人。（小内人一人。戸人二人。）中番下番宿直事。如二上件一。

祈二八月風一幣帛。絹一丈五尺。木綿一斤。

將レ來九月祭爲二供奉一禰宜内人等皆悉太神宮司共參集。臨二度會河一。晦大祓仕奉。然御厨大饗給。

九月例。

以二朔日一宮守護宿直人歷名進二太神宮司一。番長大内人等。上番宿直人十八人。（禰宜一人。長上。大内人三人。番長一人。祭月各一日不レ闕仕奉。小内人三人。戸人八人。）高宮宿直人三人。（小内人一人。戸人二人。）

中番下番宿直事。如二上件一。

神嘗祭爲二供奉一太神宮司宛奉雜用物。

〔調〕絹二疋。調布八端。麻薦三枚。麻簀三枚。（已上御饌殿餝奉料用物。）御衣料絹二疋〔五色料絹一疋リノイ〕。・御門御幌料絹二疋三丈。高宮御衣料絹一疋。五色料絹一疋。所管諸神社幣帛料絹五丈一尺。御酒米十斛。神祭料米貳斛。供給料米卅五斛。木綿四斤。大。麻十斤。大。鐵一廷。忌砥一面。炭二斛。鹽一斛。神酒十二缶。敷布料調布一端。長茵廿枚。短茵廿枚。綱薦廿枚。麻簀三枚。前簀廿枚。蒲立薦三枚。端裏茵二枚。陶水眞利三具。陶酒坏三具。菓子佐良三具。葦簀四枚。麻筵三枚。酒壺三口。甕二口。神酒缶十口。

懸税稲六百七十束。伊勢國神戸六百十束。伊賀尾張三川遠江四〔ケ〕國神戸六十束。

以二十三日一多氣郡度會郡二〔ケ〕神郡。國々所々神戸人夫。常所レ進御調荷前進奉。員五十疋。奉二上東寶殿一。其行事。二月月次幣帛進時行事同。

賜二禰宜内人物忌一衣服。絹廿九匹三丈。綿廿七屯。

禰宜給絹三疋。綿三屯。大内〔人〕三人。物忌一人幷四人給絹八疋。人別二疋。綿八屯。人別二屯。御炊物忌一人。御鹽燒物忌一人。高宮物忌一人。根倉物忌一人。菅裁物忌一人幷五人。絹七疋三丈。人別一疋三丈。綿五屯。人別一屯。大物忌父。御炊物忌父。御鹽燒物忌父。菅裁物忌父。根倉物忌父。高宮物忌父。木綿作内人。御巫内人。忌鍛冶内人。御笠縫内人。御馬廿内人幷十一人。絹十一疋。人別一疋。

賜二禰宜幷物忌一粮稲九十八束三把二分。

禰宜一人。四月六月。合五十九箇日食料廿三束六把。日別四把。大物忌一人。御炊物忌一人。御鹽燒物忌一人。幷三人。起二正月一日一盡二十二月卅日一食料。百七十四束七把二分。人別。日一把六分。

太神宮司奉レ進。伊賀尾張三河遠江志摩國等神戸人夫所レ進御調荷前物。

絹二疋。糸二絇。綿五十二屯。荒太倍一端。木綿二斤。麻五斤。雜腊廿斤。鹽四斛。熬海鼠〔イリコ〕十斤。耽羅鮑十斤。堅魚十五斤。海藻根卅五斤。
又神服織神部等奉進物六種。
神酒一缶。御贄一荷。懸税太半稲卅束。細税
稲卅把。茵一枚。下敷簀一枚。
神麻績神部等奉進物六種。
神酒一缶。御贄一荷。懸税大半稲卅束。細税
稲八十把。茵一枚。下敷簀一枚。
又神嘗祭供奉時行事。
〔又與六月例有出入宜攷験〕以ニ十五日一先所々神戸人夫幷二箇神郡郷々人
夫等所レ進榊爾木綿作内人乃作仕奉禮留木綿幷
太神宮司乃所ニ宛奉一留木綿乎以宮餝奉。然志摩
國神戸人夫等所レ進雑・贄〔御リノイ〕。又度會郡郷々人夫
乃所レ進雑御贄。又禰宜内人等戸人夫乃志摩國
與ニ伊勢國一神堺嶋々爾罷行弖仕奉禮留雑御贄。
又御鹽燒物忌乃〔宮リノイ〕仕奉禮留御鹽等所進畢。時卽禰
宜内人等。皆悉自レ・北河原罷〔臨イ〕出弖大贄乃淨米
乃大秡仕奉・〔弖イ〕。然湯貴・〔物儲リ〕備奉所爾持參入弖。所々

乃枝神爾分奉弖。大物忌父。御炊物忌父。御巫
内人等。御井爾參向弖祭仕奉畢弖。更内院御門
爾持參入弖。御炊物忌父加造奉禮留御筥。幷陶土
師内人等我造奉禮留器爾盛滿弖。始ニ亥時一至ニ
于丑時一。朝乃大御饌夕乃大御饌二度間置供奉。
次大物忌父我佃奉禮留抜穂乃御田稲乎。火無・〔神リ〕酒
造奉弖仕奉。次太神宮司乃所ニ宛奉一二箇神郡
人夫乃所レ進庸米乎火向神酒造奉弖供奉。次根
倉物忌乃作仕奉禮留御酒供奉畢。卽四段拜奉弖。
内院御門立奉弖。外院罷出弖。禰宜内人物忌等
大直會被レ給。此時禰宜大物忌二人。新年飯酒
食始。
以ニ十六日朝一國々處々神戸人夫等所ニ仕奉一御
酒幷御贄等乎自ニ御厨一奉入。次二箇神郡。國々
處々神戸所レ進懸税稲乎千税餘八百税爾懸奉。
其奉時。禰宜太玉串捧持弖。懸税先立參入。大
内人大物忌父等。幷戸人夫等。懸税稲乎百八

十荷持參入弖。抜穗稻乎波內院持參入弖。正殿乃下奉レ置。懸稅稻乎波玉垣爾懸奉。爾時齋內親王參入坐。致〔到賦〕ニ板垣御門爾一。御輿留弖。手輿爾移坐弖參入坐。致〔到賦〕ニ中重殿一就ニ御座一。卽太神宮司御蘰木綿幷太玉串乎捧持弖。第三御門內爾候。卽命婦罷出弖。其御蘰木綿幷太玉串乎受取弖。內親王乃御在所爾持參入候侍。爾時內親王御蘰木綿奉弖發。內重御門爾參入坐弖就ニ薦座一。卽命婦乃捧持・〔留上文〕太玉串乎受取給弖。捧持四段拜〔擧リ〕・。然卽還罷出給弖。就ニ本坐御座一。爾時菅裁物忌父造仕奉太玉串乎。禰宜捧弖太神宮司爾給。司短手一段拍受。次禰宜母・給弖。〔被リ〕共發弖列立。先禰宜。次太神宮司。次忌部捧ニ幣帛一立。次御馬。次使中臣。次使王。次大內人等。次齋宮諸司等。如レ是立列參入。然致〔到賦〕ニ中重一就ニ正道石疊一。竝雙分頭跪侍。東一使王。次中臣。次太神宮司。次禰宜等。大物忌波率ニ諸物忌等一矣〔平賦〕。第二御門

西方列侍。大內人幷物忌父小內人等。西玉垣御門內東向列跪侍。齋宮諸司等。第三御門西分頭跪侍。爾〔時脫賦〕使中臣登ニ上版位一。幣帛告刀申畢。卽大物忌父發。太神宮司幷禰宜乃捧持太玉串乎受取弖。第二御門內進置。先太神宮司。東方。次禰宜。西方。然卽禰宜發。御鎰被レ給弖。大物忌乎前率立弖內院參入。次太神宮司。次大內人等參入。此大內人等持參入勅〔物一〕。朝庭奉レ進幣帛一筥。絹一疋。糸一屯。又太神宮司進御衣料絹二疋。五色料絹一疋。禰宜織奉織乃太神御衣絹二疋。又御馬鞍一具受。太神宮司波內院御門內跪侍。禰宜波正殿乎開奉弖。件幣帛進入。大內人波西寶殿開弖御馬鞍調度進上畢。卽開〔閇イ〕ニ殿戶一罷出。先太神宮司。次禰宜。次大物忌。次大內人等。皆悉罷出弖。就ニ本版位一。卽諸刀禰等共發。四段拜奉弖。八開手拍。次短手一段拍弖一段拜奉。又更如レ上拜拍畢卽罷出。先使王。次中臣。次忌部。次太神宮

司。次禰宜。次大內人等。如是罷出弖。〔向〕高宮四段拜奉。〔又更如上拜奉〕弖。短手二段拍一段拜奉。（但內親王不向高宮。）畢卽始使。幷齋宮諸司等。及至于諸番上。皆悉就直會殿給大直會。先短手二段。先太神宮司幷齋宮主神司。次驛使已下。齋宮諸司已下。次諸司番上已上。幷諸刀禰等被給畢。時後手一段拍。爾〔時〕二箇郡歌人。歌女等。〔發〕板垣〔御門〕內。西方參入弖。先御饌歌仕奉。次伊勢歌。次儛歌仕奉。然更太神宮司。驛使幷齋宮諸司官人等（更イ）發。第三御門參入就座。卽倭儛仕奉。先幣帛使中臣儛。次忌部。次使王。次太神宮司。次禰宜。次大內人。次齋宮主神司。次諸司官人等。其直會酒波。采女二人東方侍弖。御角柏爾盛弖。儛畢人別捧給。但齋宮不坐時。禰宜內人等妻儛。次齋宮采女等五節官儛畢時。禰宜內人等妻子仕奉。然男儛畢。卽禰宜內人物忌等爾祿給。禰宜大物忌

儛人。幷三人。各御衣一領。大內人三人。各調布一端。小物忌五人。各綿一屯給畢。則內親王御輿離宮還坐。然夕（後イ）時。更禰宜內人等。御酒殿院侍弖。後直會仕奉。

以十七日高宮參供奉。告刀申。物忌父禰宜內人等妻子皆悉參集拜仕奉。然卽直會被給。其直會人給飯宮炊給。禰宜內人等妻子等各熟食備。人別被給畢。卽倭儛仕奉。先高宮物忌父。次禰宜。次大內人。次小內人等。次諸刀禰等仕奉畢。卽更太宮地神爾湯貴神酒一缶仕奉畢。卽禰宜內人物忌等幷諸刀禰等大直會被給。

以十八日月夜見神祭供奉。禰宜內人等皆悉參集。率祝仕奉。其直會料米者。祝受熟食作弖。參集禰宜內人幷諸刀禰等給。

月內取吉日。所管神社及宮廻神。御田神。處處枝神祭仕奉。禰宜內人等巡勘共供奉。（但諸社。祝告刀）

申。宮廻神。御田神。處々枝神。御巫内人告刀申。用物三種。絹五丈一尺。木綿
四斤。麻十斤。
十月例。
以㆓朔日㆒宮守護宿直人歷名進㆓太神宮司㆒。番
長大内人。上番宿直人十六人。禰宜一人。長上。大内人番長。小内人三人。
戸人八人。高宮宿直人三人。小内人一人。戸人二人。中番 下番宿直
事。如㆓上件㆒。
伊勢國奉ㇾ進中男作物。荷前物雜魚腊供奉。
十一月例。
以㆓朔日㆒宮守護宿直人歷名進㆓太神宮司㆒。番
長大内人等。上番宿直人十六人。禰宜一人。長上。大内人一人。番長。小
内人三人。戸人八人。高宮宿直人三人。小内人一人。戸人二人。中番下番宿
直事。如㆓上件㆒。
將ㇾ來十二月月次祭爲㆓供奉㆒。禰宜内人等。太
神宮司共臨㆓度會河㆒。晦大祓仕奉。然御厨大饗
被ㇾ給。
十二月例。
以㆓朔日㆒宮守護宿直人歷名進㆓太神宮司㆒。番
長大内人。上番宿直人十八人。禰宜一人。長上。大内人三人。番長一人。祭
月一日不ㇾ闕。小内人三人。戸人八人。高宮宿直人三人。小内人一人。戸人二人。中番
下番宿直事。如㆓上件㆒。
十二月祭用物。
木綿四斤。大。麻拾斤。大。鹽一石。鐵一廷。神
酒十二缶。酒米十石。神祭料米二石。供給料
米廿五石。
十二月祭供奉行事。同ㇾ與㆓六月祭行事㆒。
月次幣帛持〔使イ〕參入。幣帛進奉行事。同ㇾ與㆓六〔二イ〕月祈
年使參入時行事㆒。
以㆓晦日㆒太神宮司所㆓下宛㆒油五升以燈油供㆓
奉内院并諸院㆒。
以前。度會乃等由氣太神宮儀式并禰宜内人物忌
等。年中種々行事。錄顯進上如ㇾ件。仍注㆓具狀㆒。
謹解。
延曆廿三年三月十〔廿イ〕四日

禰宜正六位上神主五月麻呂
太神宮司正八位下大中臣朝臣眞繼
内人無位神主山代
内人無位神主御受
内人無位神主牛主
神祇官撿
從四位上行伯兼〔右イ〕左京大夫勳十一〔二イ〕等多治比眞人
大副從五位下大中臣朝臣
從六位上行〔守ィ〕少副大中臣朝臣
正六位上行大祐忌部宿禰比良麻呂
從六位上行少祐多朝臣總名
正六位上〔行〕大史忌〔部〕飛鳥田首野守
正七位上行少史伊勢朝臣
承久四年十一月廿九日。雖レ遂二寫繕之功一。聊依レ有二不調之事一。自二中奥方所一令二改書寫一也。

于時嘉禎四年二月二日。於二宿館一書二寫之一。
一禰宜貞雄先祖相傳書也。仍元材外祖父五禰宜貞材神主承繼之間。以二去承久年中一爲レ備二神宮之後覽一寫レ之。件本所管度會神社事書落之間。又承暦三年借二請一禰宜頼元本一。季生令二書入一之由被二記付一也。于時有行自二外叔父一相傳之。
于時延文二稔丁酉正月十一日書寫之。
挍點同十三日　圖書助通俊沙彌曉縁
本名權禰宜度會神主實相
右儀式帳以弘文院藏本挍合畢
更以林讃岐守康滿縣主本及皇字沙汰文等加一挍了

群書類從卷第三

神祇部三

太神宮諸雜事記第一

垂仁天皇。壽百卅。
天皇卽位廿五年丙辰天照坐皇太神天ヨリ降坐於大和國宇陀郡ニ。于時國造進ニ神戸等ト。今號ニ宇陀神戸ト是也。是已皇太神宮始天降坐本所也。其後奉レ令レ鎮ニ坐伊勢國度會郡宇治鄉五十鈴川上下都磐根御宮所ト也。抑皇太神宮勅託宣偁。我天宮御宇之時。天下四方國攝錄可天下宮所。放ニ光明ヲ見定置先畢。仍彼所可ニ行幸御ト之由宣。倭姬內親王奉レ載天。先伊賀國伊賀郡一宿御坐。卽國造奉ニ其神戸ト。次伊勢國安濃郡藤方宮御ニ坐三年之間ト。國造奉レ寄ニ神戸六箇處ト也。所謂安濃一志鈴鹿河曲桒名飯高神戸等也。次尾張國中嶋郡一宿御坐。國造進ニ中嶋神戸ト。次三河國渥美郡一宿御坐。國造進ニ渥美神戸ト。次遠江國濱名郡一宿御坐。國造進ニ濱名神戸ト。從ニ此等國ト更還天伊勢國飯高郡ニ御坐。三月之後差ニ度會郡ト。宇治鄉五十鈴之川頭仁進參來。稱申云。此河上宸勝地侍。其妙不レ可レ比ニ他處ト。早速可下垂ニ照鑒ト御上也。卽奉レ迎。而大田命神御共奉仕。令ニ照鑒ト早畢。于時皇太神宮託宣偁。此地者於ニ天宮ト所ニ見定ト之宮所是也者。奉ニ鎮座ト既畢。卽神代祝大中臣遠祖天兒屋根命神。禰宜荒木田遠祖天見通命神也。宇治土公遠祖大田命神。當

土乃土神也。然而爲二玉串大内人一。卽與二荒木田禰宜一相竝供二奉於祭庭一之例也。

景行天皇。壽百六十歲。

卽位三年癸酉始令レ祀二神祇一。仍定二置祭官職一人。今號二祭主一是也。卽位廿八年戊戌當二唐章和十二年一九月十三日差二遣五百野皇女一。奉レ令レ載二祭伊勢天照坐皇太神宮一也。齋内親王供奉之始也。

雄略天皇。壽百四歲。

卽位廿一年丁巳當二唐大和元年一也。而天照坐伊勢太神宮乃御託宣偁。我食津神波坐二丹後國與謝郡眞井原一須。早奉レ迎二彼神一。可レ奉レ令レ調二備我朝夕御饌物一也。託宣賜既了。仍從二眞井原一奉レ迎天。伊勢國度會郡沼木郷山田原宮仁奉レ鎭給倍利。今號二豐受太神宮一是也。其後皇太神宮重御託宣偁。我祭奉レ仕之時。先可レ奉レ祭二豐受神宮一也。然後我宮祭事可二勤仕一也云々。彼宮禰宜仁八天村雲命孫神主氏乎別定置令二供奉一也。卽依二託宣一。豐受神宮之艮角造二立御饌殿一。每日御朝夕御饌物調備令二捧賷一。令レ參二向太神宮一。爾時太神宮禰宜天見通命孫神主氏乃禰宜請レ預二供奉之例一也。但皇太神宮天降御坐之後經二四百八十四年一。然後彼天皇卽位廿二年戊午七月七日。豐受神宮於波被レ奉レ迎也。

用明天皇。

卽位二年丁未聖德太子與二守屋大臣一合戰。其故者。太子修二行佛法一我朝欲レ弘レ法爪。大臣我朝偏依レ爲二神國一欲レ停二止佛法一志天成。欲レ誅二殺太子之命一。爾時年十六歲也。爰合戰之日。遂誅二殺大臣一畢。太子勝二於彼戰一畢。于時以二大錦上小德官前事奏官兼祭主中臣國子大連公一差二勅使一。令レ祈二申於天照坐伊勢皇太神宮一給倍利止云々。

孝德天皇。

大化元年。蘇我入鹿大臣已爲二謀反之企一。仍公家爲二其御祈一。被レ進二於伊勢太神宮神寶物等一。而間中大兄皇子。中臣鎌子連公。誅三進件入鹿大臣一既畢。同二年依二右大臣宣一。勅被レ進二伊勢太神宮御神寶物等一。不レ記二色々一。具二式文一也。

天武天皇。

白鳳二年壬申太政大臣大伴皇子企二謀反一擬レ奉レ誤二天皇一。于時天皇之御內心仁伊勢太神宮令二祈申一給。必合戰之間令レ勝御。前以二皇子一天皇太神宮御杖代可レ令二齋進一之由御祈禱有二感應一。彼合戰之日。天皇勝御世利。仍御即位二年癸酉九月十七日。天皇參三詣於伊勢皇太神宮二志天令レ申二御祈一給倍利。或本云。神宮參着了者。又或本云。從二飯高郡一遙三拜皇太神宮二歸御之由具也。件記文兩端也。記日本紀也。白鳳四年甲戌秋九月十三日仁多基子內親王參三入於太神宮二給倍利。

朱雀三年九月廿日。依二左大臣宣奉勅一。伊勢二所太神宮御神寶物等於差二勅使一被レ奉レ送畢。色目不レ記。宣旨狀偁。二所太神宮之御遷宮事。廿年一度應レ奉レ令二遷御一。立爲二長例一也云々。抑朱雀三年以往之例。二所太神宮殿舍御門御垣等波。宮司相三待破損之時一奉二修補一之例也。而依二件宣旨一定二遷宮之年限一。又外院殿舍倉四面重々御垣等所レ被二造加一也。

持統女帝皇。

即位四年庚寅太神宮御遷宮。同六年壬辰豐受太神宮遷宮。

元明女天皇。

和同二年己酉於二太神宮外院之乾方一始立二宮司神舘一。五間一面。萱葺屋二宇。定置永例料也。同二年太神宮御遷宮。同四年豐受宮御遷宮。靈龜三年八月十六日大風洪水。仍豐受神宮之瑞垣幷御門一宇流散。但件水御正殿之許一丈際專不二流寄一志天土下涌入也。甚神妙也云々。

養老六年癸亥三月三日。大和國宇陀神戸司進ニ於神祇官ニ申文一云。年中四ヶ度御祭臨時奉幣執幣丁朔日奉稻富目。上古時爲ニ譜第之者一專無ニ他役一。而以ニ去二月廿七日一。爲ニ散位縣造宿禰吉宗ニ被ニ打損一者。仍上奏已畢。隨則以ニ同年五月七日一件吉宗被レ配ニ流隱岐國一又畢。

聖武天皇。

神龜六年正月十日。御饌物依レ例於ニ豐受神宮一調備。從レ彼賚參ニ於太神宮一之間。字浦田山之迫道。死男爲ニ鳥犬一被レ喰。肉骨分ニ散途中一。然而忽依レ無ニ遁去之道一。件御饌物乎賚徹天合期供進已了。爰同年二月十三日。天皇俄御藥。仍令ニ卜食一。神祇官陰陽寮勘申。巽方太神依ニ死觸不淨之咎一所ニ祟給一也者。卽下ニ賜宣旨於國司一。太神宮被ニ捜糺一之處。件浦田坂死人之條依レ實注申。隨則同三月十三日。依ニ右大臣宣奉勅一。下ニ勅使一。且被レ謝ニ遣件不淨之由一。且彼日御饌賚參豐受宮大物忌父止レ補。神主川麻呂。御炊内人神主弘美。及物忌子等進ニ怠狀一。科ニ大秡一。解ニ却見任一了。其後依ニ宣旨一卜定。豐受神宮ニ新建ニ立御饌殿一。可レ令レ供ニ奉太神宮朝夕御饌一之由。神祇官陰陽寮共卜申既了。仍宮司千上蒙ニ別宣旨一。致ニ不日功一。豐受宮外院。建ニ立御饌殿一宇瑞垣一重一。自レ爾以降於ニ件殿一供ニ進朝夕御饌物一。今號ニ御饌殿一是也。永停ニ止賚參之勤一。于時宮司千上有レ鑒可レ被ニ勸賞一之由公卿僉議。而蒙ニ宮司重任宣旨一已了。天平元年九月。二所太神宮御神寶等具不レ記。使右中辨。同九月十三日參宮。同三年任ニ宮司一。從七位下村山連豐家。件宮司和前司千上同母異父之弟也。而前司千上蒙ニ重任宣旨一之程煩レ病。因レ之以ニ件宣旨一讓ニ與於弟豐家一已了。依ニ彼讓狀一所レ被ニ賞任一也。

天平三年六月十六日御祭仁二見鄉長石部嶋

足。參入神宮而煩霍亂。退出之間於神宮近邊倒死亡了。而間天皇御所物恠頻也。卽神祇官幷陰陽寮等勘申云。巽方太神之御當有死穢事歟。仍所崇給也者。卽皇太子俄不豫大坐須。仍勅使令祈申於二宮給。且下賜宣旨太神宮。被尋糺死穢之事。爰嶋足頓滅事乎禰宜等注申。仍宮司上奏之。因之度會郡大領神主乙丸。少領新家連公人丸等和科大祓。太神宮禰宜神主野守。豐受神宮禰宜神主安丸等和科中祓天。差勅使令祈申於太神宮已了。而太神宮禰宜野守陳狀云。當宮禰宜等不可科祓也。何者。禰宜職是連日長番之上。企守六色之禁忌。縱件死人雖有御前之近邊。非宮中祭庭之外。禰宜內人等何輙可口入穢氣之事乎。加之。嶋足死去之所和外宮近邊字山里川原云々。須郡司嶋足之所由令取弃死屍且令祓淸也。而郡司早不申行者。彼宮禰宜幷郡司等可勤仕件祓事也。卽國宮共注此由上奏畢也。

天平十一年十二月廿三日。太神宮政印一面被始置已畢。方二寸。依神祇官解所被鑄下也。自爾以來太神宮司印傳來也。而太神宮印者。彼宮禰宜從五位下神主石門執行之時。依本宮解狀賜宣旨所被鑄下也。抑宮司家出之以前。代々宮司以神宮印公文雜務之時。禰宜共執捺之例也。

天平十四年辛巳十一月三日。右大臣橘朝臣諸兄卿參入於伊勢太神宮。其故波。天皇御願寺可被建立之由。依宣旨所被祈申也。而勅使歸參之後。以同十一月十一日夜中令示現給布。天皇之御前仁玉女坐。卽放金色光天宣。本朝和神國也。可奉欽仰神明給也。而日輪者大日如來也。本地者盧舍那佛也。衆生者悟之。當歸依佛法也。御夢覺之後御道心彌發給天。件御願寺事於始企給倍利。
天平十九年九月。太神宮御遷宮。卽下野國金上分令進給倍利。同十二月諸別宮同奉遷天。廿年一度御遷宮長例宣旨了。
天平廿年。任宮司從五位下津嶋朝臣小松。件小松以去十五年正月廿三日。度會郡城田鄕字石鴨村新築固池一處旣畢。依件成功叙從五位下之後。拜任宮司也。
天平廿一年四月日。從陸奧國金進官。是奉爲公家重寶也。仍以同年七月二日改天平勝寶元年。己丑當唐天寶八年。件出來之由二所太神宮仁令申給倍利。卽太神宮禰宜外從八位上神主首名叙外從五位下。
高野女帝皇。
天平勝寶元年己丑八月十一日。豐受宮物忌父神主世眞加神舘一宇燒亡。仍宮司小松朝臣申上本宮。隨亦上奏。世眞科中祓淸。供奉之間彼子等死去。因之又世眞解任又了。
天平勝寶六年六月廿六日夜。豐受宮御稻御倉之放棟天盜取御稻十八束畢。仍番直內人等付跡尋求之處。彼御炊內人神主元繼之私宅搜出多利。件元繼者繼橋鄕美乃々村住人也。卽元繼夫婦相共搦進於司廳。仍宮司略問之處。無同類。被迫飢渴。元繼一人盜取之由弁申世利。仍且令進過狀。且申上本官隨卽上奏。被下宣旨。元繼科大祓解任職。番直內人五人波科中祓。至于貢御稻波。宮司以他稻祓淸令進替旣畢。
大炊天皇。
天平寶字二年九月。御祭使祭主淸麻呂卿參宮之間。度會川之浮橋船亂解天。忌部隨身之上馬一疋自船放流斃亡已畢。爰上下向之間者。路次國司差祗承。迎送調備供給進夫々馬。令修造道橋等之例也。於神郡者偏宮司之勤也。而件浮橋之勤依不有如在。勅使隨身之馬者所艶損也。此尤宮司忍人不忠之所致也者。宮司爲方遁陳。且進怠狀且弁返替馬已畢。自爾以後勅使參宮之間。時宮司以騎用馬以四疋奉倣也。卽立爲恒例也。

天平寶字四年正月。皇太后宮急御藥御坐。仍令祈申於伊勢皇太神宮給之後。早令平愈給倍利。勅使祭主也。同年十二月十三日。太神宮禰宜被叙外從五位下已了。是已彼御藥之祈禱。

天平寶字六年九月十五日。洪水五十鈴川洗岸流爪。而間度會郡司依例天 太神宮御前乃御川。黑木御橋一道奉造渡之程。郡司俄落入於御川天。鹿海之前字砥鹿淵乃木根仁流懸天。僅存身命世利。流下之程五十餘町許仁不溺死事是尤奇恠事也。而人々問之處。郡司云。以去八月晦食用宍之故也者。故知。自今以後神郡司不可食用宍也。同年同月廿二日。依大風洪水之難。瀧原宮祭使太神宮大内人神主世安幷彼宮内人等不堪參宮志天。於字俱留万川之頭悠記御膳御祭直會等之勤奉仕。以同廿七日祭使隨身御調絹等天。引率内人等參宮。開正殿奉納了也。但前例禰宜之封奉付於正殿也。而今度和祭使大内人世安奉付封已畢。

天平寶字七年四月廿七日。依右大臣宣奉勅。豐受宮御炊内人神主元繼。復任本職已畢。神祇官依同年二月十五日奏狀。被下宣旨也。但以正月廿八日豐受宮禰宜言上司廳。隨則宮司以同二月二日言上於本官也。事發彼御稻盜穢天科大祓。解任之後依度々會赦也。其解狀云。方今按物情。寔元繼雖重科之坐。度々赦之後盍蒙裁許哉。會赦者罪科豈拘其身哉。就中神宮大小内人物忌等雖有員數。御炊内人彼奉備朝夕御饍之職

也。假令雖蒙重科。至于神鑒尤可有恐
畏歟。望請被官奏。以件元繼被復任本
職者。右大臣宣。奉勅。應復任。國宮宣承知
任宣行之者。件元繼以同年五月五日祓濡。
始令從神事畢。
高野女天皇更位。
天平神護二年九月　太神宮御遷宮。同七月十一
日格云。右大臣宣。奉勅。天照坐伊勢皇太神宮
禰宜。自今以後應令把笏也者。同年十二月
十八日夜子時。宮司神舘五間　萱葺一宇仁火飛
來。〔紀歟〕既以燒亡畢。件燒亡間。日本紀一部。神代
本記一卷。當年以往記文。及雜公文燒失畢。爰
神宮印一面其形不見火所。因之禰宜內人等
愁歎。而三ヶ日之間。且祈申太神宮。且觸宮
司之程。禰宜夢中被仰云。件印地底二尺許入
天在也。早可搜覓也者。禰宜夢覺之後。驚恐天
文殿之所掘求。以宛如御示現爾有。專無破
損也。具有別記文。
天平神護三年丁未七月七日。自午時迄于未二
點仁五色雲立天。天照坐皇太神宮乃鎭坐須郎
宇治五十鈴河上乃宇治山之峯頂仁懸連利。卽禰
宜內人等注具狀申於宮司。卽宮司水通錄
子細言上神祇官。隨卽官奏。仍神祇官陰陽寮
等勘申云。奉爲公家　又爲天下甚最嘉之瑞
相也者。卽依彼嘉瑞之雲可被改元之由被
下宣旨。以同年八月廿日改神護慶雲元
年。丁未件嘉雲之由被祈申於二所太神宮。勅使
中納言從三位藤原卿。令奉二宮種々神寶等
給。具不記。又禰宜等叙正五位下畢。
同年十月三日。逢鹿瀨寺。永可爲太神宮寺
之由。被下宣旨既畢。同年十二月月次祭使
差副別勅使。以逢鹿瀨寺永可爲太神宮
寺之由。被祈申皇太神宮畢。宣命狀具也。神
護慶雲二年九月豐受太神宮遷宮。

光仁天皇。

寶龜元年十二月廿一日。瀧原宮御裝束色目如本數替進既了。事發。以去年九月廿六日宮司進神祇官解狀偁。皇太神宮禰宜解狀偁。別宮瀧原宮當月御祭使。當宮大内人神主世增解狀偁。彼宮物忌父石部千妙申文云。昇殿次奉拜見御所御躰幷御裝束等。濕損御也者。撿故實。正宮別宮如是非常濕損之時。公家被奉替例多者。任本數彼新替進件御裝束矣者。而神祇官勘申云。物忌父千妙陳狀云。當宮祭使隨身太神宮禰宜之封。奉納幣物之後付封御鎰櫃之例也。仍内人物忌等御祭昇殿之日。從供奉拜見御殿内之外。敢無奉開也者。所陳申尤不當也。何者大風霖雨之時致其恐。觸案内於太神宮神主。申請神宮使相共可開封也。而不致其用意。忝奉濕損御裝束物等。既千妙之怠也者。千妙無方陳申。進怠狀。即科大祓解任了。

寶龜二年九月廿二日。大風洪水。仍瀧原宮祭使幷内人物忌等不堪參宮天。於逢鹿瀨西小野。彼御幣祭乃悠基御膳次第御神態直會勤奉仕了。同年十二月廿三日四日。惣三箇日之間。大雪降天往還不通。因之伊雜宮祭使不參志天。太神宮乃一殿仁志天。彼宮悠基御饍次第神態直會等勤依例勤仕。至于官幣者。以後日奉納了。方今撿舊例。去白雉二年九月。依洪水之難。瀧原伊雜兩宮御祭事。便所仁志天遙拜勤仕。至于官幣者。追以進納由具于記文也。

寶龜三年正月四日夜。宮司比登宿舘燒亡也。次太神宮司印幷代々公文燒亡了。

同四年十月十三日。志摩守目代三河介伴良雄。與彼國書生惣判官代酒見文正。伊雜神戸撿田程爲狩志天。伊雜宮之近邊射伏猪鹿已了。爰宮人等雖レ加二制止一專不二承諾一。仍內人等訴二申於本宮一。隨則太神宮申二上宮司一。依二宮司解一。神祇官奏二聞於公家一。卽被レ下二官使一。召二對件良雄等離宮院一。各科二大祓一。又國司科二中祓一淸已了。

同四年九月廿三日。瀧原宮內人石部綱繼。物忌父同乙仁等參宮間。逢鹿瀨寺少綱僧海圓。從レ寺出來成二口論一之間。陵二件內人等一之後。自二寺家政所一（衍歟）所注二內人綱繼等所爲之由一（虛歟）牒二送司廳一。仍召二對綱繼等一。令二申沙汰一之庭。綱繼乙仁等伏弁シ怠狀シ畢也。

同六年六月五日。神祇（衍歟）民石部楯桙。同吉見私安良等。字逢鹿瀨ヲ志天漁レ鮎之間。逢鹿瀨寺ノ小法師三人自レ寺出來。恣ニ打二陵楯桙等一已了。仍楯桙等訴二申於司廳一。申文云。二所太神宮朝夕御饍料漁進依レ有二例役一。各隨二身網鉤等一行二臨逢鹿瀨川一爲レ漁之程。件寺法師三人幷別當安泰之童子二人等出來。且打二穢所一レ取二御贄一。且陵二礫神民等一也者。隨則以二同七年二月三日一訴二申於神祇官一。仍奏二聞於公家一。隨則左大臣宣。奉勅。永可レ停二止神宮寺一。飯高郡可レ被レ越。宣旨已了。官使左史小野宿禰也。

寶龜十年八月五日夜丑時。太神宮正殿。東西寶殿及外院殿舍等皆悉燒亡畢。于時御正躰幷左右ノ相殿御躰。併錦御衾中被二纏裹一御乍シラ。從二猛火中一飛出御天御前松樹乃上懸御世利。仍宮司忽造二假殿一。奉レ安二鎭御躰一。以二同七日一言二上本宮一。隨則上奏。因レ之以二同月十日一被レ差テ二下勅使神祇大副右大史及官掌等一。先御燒亡之由來幷所二燒亡一種々神寶殿裝束物等。色目一一勘記天上奏早了。隨亦被レ下二官符於伊賀伊勢美濃尾張三河五箇國一天。仰二正殿東西寶殿及重々御垣門外院殿舍等早速可レ奉レ造之由一也。其官符狀偁。以二當年正稅官物一應二造進一也。仍件五箇國司等各進二參神宮一。勵二不日之功一奉レ造。即修理職大工物部建麻呂。小工長上幷五百餘人。各急速仁奉レ造既了。抑件御燒亡之由來。以二彼夜戌時許一宮司廣成爲レ成二私祈禱一參二拜神宮一。及二于亥剋一退出之間。其炬自然落散出來火也。

同十一年庚申正月廿日格云。二所太神宮禰宜應レ叙二內位一也。同年九月十日。被レ進二種々神寶色々御裝束物等一。同月廿六日。依二宣旨一。宮司廣成幷番直大內人三人。小內人七人各科二大祓一解任。但禰宜神主首名陳申之旨依レ無レ怠。科二上祓一不二解任一也。大工建麻呂叙二從五位下一。小工長上皆預二勅祿一已了。同年十二月二日。任二太神宮司從七位下中臣朝臣繼成一。同十二年辛酉正月一日改二元天應元年一。

桓武天皇。

延曆四年九月。太神宮御遷宮也。而依二大風洪水難一。以二十八日一所レ奉レ遷也。即齋內親王參仕。件以二十九日一離宮豐明奉仕。即日歸御畢。

延曆十年八月五日夜子時。太神宮御正殿。東西寶殿幷重々御垣御門及外院殿舍等。併掃レ地燒亡。爰御正躰幷左右相殿御躰。同以從二猛火之中一飛出御天。御前乃黑山頂放二光明一懸御世利。錦綾色々御裝束。幣物乃辛櫃八合。調絹千四百疋。同糸四百六十絇。太刀六百九十腰。弓箭楯桙御鏡。種々神寶物等。千万併燒亡畢。仍宮司且急造二假殿一奉レ鎮二御躰一。且注二其由一言二上於神祇官一。隨則上奏。仍以二同月十三日一被レ差二下勅使神祇少副一人。左少史等一也。勘二記燒亡根元幷神寶物等色目一上奏。正税官物如レ本。奉レ始二正殿一天。內外殿舍等被レ令二造進一天。以二八月十四日一天共由令二祈申一給布。勅使參議右左イ大弁正四位上行左近衞中將春宮大夫大和守紀朝臣古佐美。中臣祭主參議神祇伯從四位下兼行左兵衛督式部大輔近江守大中臣朝臣諸魚。忌部外從五位下行神祇少副齋部宿禰人上。卜部長上從八位上直宿禰宗守等於差使。令祈申非常御焼亡之由給倍利。被差下造宮大工外從五位下物部建麻呂。少工三百人等也。同年九月二日官符。推問使祭主諸魚卿。左大史船木宿禰一麻呂。右少史良峯朝臣佐比雄等到來。任宣旨推問宮司禰宜度會郡司等。言上畢。件御焼亡之發者。以彼夜子時數多盜人參入於東寶殿。盜賜御調糸等也。而件盜人之炬。發遣於殿內天所出來也。

同年十月五日。依宣旨大內人三人。度會郡司等。科大祓解任。番小內人五人。同前科祓解任。宮司野守科中祓。禰宜科上祓　祓清供奉。大工物部宿禰建麻呂叙內階。少工番長等差勅使賜勅祿已畢。

延暦廿年正月十三日。太神宮大物忌父礒部鯵丸幷內人。同田丸等神舘焼亡。仍當番直大內人三人。小內人六人。科上祓畢。件鯵丸等二人。又同前也。

同年四月十四日格云。太神宮事異於諸社。雖有餘剩非改減之限矣者。

奈良天皇。

大同二年九月十七日夜中。荒祭宮御前方仁黑斑文牛一頭倒亡斃畢。仍同十八日。彼宮御祭直會行事。於太神宮神司殿奉仕。但宮司代以大中臣氏安令供奉畢。被宣旨云。宮司補任之間。以氏安可令勤仕神主者。爰件牛斃事。禰宜司代共申上本官。因之彼宿直內人三人。科中祓畢。

同三年九月四日。大原內親王參着於齋宮。但本院相副令下坐給。故號本院宮也。

嵯峨天皇。

弘仁元年九月。太神宮御遷宮。同年十二月十九日夜。太神宮大内人外少初位上宇治土公石部小繩神舘一宇燒亡。又山向内人無位神主乙公舘同燒亡畢。仍禰宜從七位下神主公成申上宮司。上奏之日被下宣旨。件二人科大祓解任了也。

同三年九月。豐受神宮遷宮。抑件御遷宮仁須祭主可供奉也。而依有當日暇日不供奉。仍宮司一人供奉。件祭主者。致仕大臣一男。故阿波守正五位下大中臣朝臣宿奈麻呂之三男也。而彼阿波守以九月十五日卒去。仍不供奉歟。

弘仁四年九月十六日。豐受宮大内人神主眞房妻。參詣於彼宮御祭天。祇候玉垣下之間。件女乍坐産生畢。卽赤子搔入袖天退出也。仍宮司註具之由上奏早畢。因之以同月廿九日被祈申件非常產觸之由。勅使王散位從五位下節職王。中臣正五位下行主稅頭大中臣朝臣淵魚。忌部等也。件眞房夫妻共科大祓解見任已畢。自今以後。姙胎女不參入於鳥居内也。卽起請被下宣旨又了。

弘仁五年甲午。六月御祭仁齋宮寮依例參宮。而太神宮御祭夜直會三獻之間。寮頭藤原朝臣尙世與禰宜公成俄成口論。爰御遊之後不賜禰宜之祿物。齋王令還向給已了。仍任禰宜解狀。宮司上奏又了。以同七月廿三日被下官使。被對問寮頭尙世與禰宜公成之處。寮頭陳申之旨不分明也。禰宜弁申之旨無過怠。因之寮頭官人共狀弁怠狀了。其後以同八月十五日從齋宮大盤所召禰宜公成賜恩言。被物御衣一襲給畢。爲禰宜面目在了。

淳和天皇。

天長三年七月十三日。宮司菅生道成科大祓解任。事發。以去六月十一日豐受太神宮朝御饍汚穢已畢。依二過怠狀一。大物忌父子宮司幷三人各科二大祓一解任也。但禰宜科二上祓一祓淸供奉。而間宮司以二同日一遭二父喪一畢。

天長六年九月。太神宮御遷宮。同年五月三日。參宮勅使王散位從五位下信忠王。中臣正六位上大中臣朝臣定實。忌部也。而件勅使參宮奉幣之間。俄雷電鳴響。天地共震。雨下如レ沃。卽一時之間洪水洗レ岸。於レ爰自二同六月五日一。天皇御藥切々也。仍本宮幷陰陽寮勘申云。巽方太神依二不淨事一祟歟。卽日天皇御示現告二汚穢事一。條々示給倍利。仍夢想之告恐御天。被レ下二宣旨一尋糺之處。前日勅使中臣定實加離宮宿坊仁。隨身駄落胎由具也。而定實隱二忍件事一。竊令二堀埋一天參宮之由無二事隱一也。度會郡司驛專當等進二上其申文一已了。因レ之國宮司等副二件申文一上奏了。但王信忠。中臣定實等付二官使一歟。追二下離宮院一。以二同年七月十九日一信忠科二上祓一。定實科二大祓一被レ令二謝遣一。且以二同日一勅使參宮被レ祈二申汚穢之由一了。同八年九月。豐受太神宮遷宮。

文德天皇。

仁壽元年八月三日。終日大風吹。洪水。卽國內堂塔倒伏。人宅損亡。牛馬共斃畢。而件大風夜。豐受宮禰宜神主土主住宅狼入來。生年十三歲之童男一人喰畢連里。家中男女敢不レ知也。明朝見波。髑髏與二左方足一竈前殘連里。家主禰宜見レ之天。急退二出住宅一之後。經二三七日一歸二入於宅一天。卽供二奉神事一。而間以二同年九月十四日一件禰宜土主之男子死亡。又以二同月廿三日一家女頓滅了。同二年六七月之間。頻天變之上。御藥度々御也。仍令二卜食一給之處。神祇官陰陽寮勘申云。巽方太神若觸二死穢事一神事供奉歟。仍重所二祟給一也。又令二返問一給。巽方內外太神御二坐何神宮一乎者。勘申云。外宮之祇民歟。仍下ヲ遣官使一被レ尋ヲ糺本宮一之處。去年八月三日夜。犲狼喰ヲ損童一之由勘注上奏了。仍同八月十九日。禰宜從五位下神主土主科ニ大祓一解ヲ却見任一既了。其官符云。太政官符ニ伊勢國幷太神宮司一。應レ科ニ大祓豐受太神宮禰宜神主土主一事。使中臣蔭孫從六位下大中臣朝臣眞助。卜部從八位下卜部宿禰直忠。右依ニ度々天變恠奇一。令レ卜ヲ食於神祇官陰陽道一之處。豐受神宮禰宜神主土主以ニ不淨之身一供ヲ奉神事一之由御祟者。就ニ於在國官(宮イ)司等一令ニ勘申一之日。土主過怠其旨尤重者。右(左イ)大臣宣。奉レ勅。科ニ大祓一。兼解ヲ却見任一者。差ニ件等人使一發遣如レ件。國宮承知依レ宣行レ之。符到奉行。　參議從四位下兼行右近衞中將守右大弁藤原朝臣氏宗。右大史正六位上山口宿禰稻麻。

仁壽二年八月十九日者。　同日宣旨云。左弁官下ニ伊勢國太神宮司一。應レ勘ヲ取進一上豐受神宮禰宜外從五位下神主土主位記一事。右依レ有ニ彼宮神之祟ニ可ニ勘申一之由。被レ下ニ宣旨於伊勢國幷太神宮司一已了。爰去七月十日追勘狀云。禰宜土主以ニ去仁壽元年八月一觸ニ死人穢一。忩調ヲ備御饍一供ヲ奉神事一。其過怠違例之由。勘申言上具也。仍科ニ大祓一可レ解ヲ却見任一之由畢者。右大臣宣。奉レ勅。仰ニ彼宮一。付ニ祓使一應下勘ヲ進土主位記一隨科中大祓上者。抑件土主以ニ去承和六年九月廿七日一依ニ汚穢之過怠一科ニ上祓一。五箇月之間停ヲ止釐務一解ヲ却職掌一。以ニ同七年正月廿八日一被レ還ヲ復本職一畢。卽其宣旨偁。左弁官下ニ伊勢太神宮。應レ令ヲ依レ例職ヲ掌一供一奉豐受宮禰宜神主土主一事。右得ニ今月十六日宮司眞仲解狀一云。蒙ニ去九月廿七日宣旨一偁。可下且科ニ上祓一祓ヲ清彼家口共ニ其身一且停中止五箇月間職掌上豐受神宮禰宜神主汚穢過怠事。須ニ永解ヲ却見任一也。然而皇太神宮事異ニ諸社一者。科ニ上

祓一。且祓三清家口共二其身一。且可レ令レ停三止五箇月間職掌供奉一。追任二官裁一從レ事。國幷太神宮宜承知依レ宣行レ之者。去九月以後已及二于五箇月一不レ令二從事一。有レ限宮中神事供奉。朝夕御膳勤。何無二其恐一哉。望請官裁。隨二裁報一預三仕神事一。令二國家祈禱一者。左大臣宣。奉レ勅。依レ請。令三如レ本供二奉於職掌一。國幷太神宮司承知依レ宣行レ之者。其後限二十箇年一。又件死穢事出來。科二大祓一被二解任一也。

仁壽二年九月日。任二豐受宮禰宜外從五位下神主河繼一畢。件河次自二仁壽二年一至二于貞觀五年一奉仕也。仁壽三年八月廿八日。大風洪水間。月夜見伊佐奈岐宮等神寶物御裝束。玉垣瑞垣門等已流失幷正殿二宇同以流亡御畢。于時內人神〔和イ〕主正見奉レ戴二兩宮之御躰一奉レ鎮已了。但本自私氏神主氏相竝昇殿供奉之例也。而內人〔和イ〕私氏不二參會一也。仍正見一人奉レ頂二兩宮一。隨則私氏內人蒙二不忠之咎一。永被レ停三止職掌一既了。

以㆓同年九月二日㆒依㆓大風洪水難㆒。月夜見伊佐奈岐兩宮非常顚倒之由。司解進二於神祇官一之日。爲レ遁二後代之厄一。可レ被レ改三建正殿於他所一之由上奏。因レ之尋二便所一。且注進且可レ卜三定吉凶一之由。以二同九月八日一被レ下二宣旨於神祇官一早了。仍下二符於太神宮司一。宇治鄉十一條廿三布施里。同條廿四川原里等之間。依レ有二穩便一。以二同九月廿七日一注二司解一。言三上於本官一上奏了。爰同年十一月一日宣旨。宮司伊度人。於二件兩里間一奉レ改三造彼二宮正殿一連里。但其賞可二延任一之由宣旨具也。至二于神寶御裝束物等一者。任二先例一注三進色目一畢。

齊衡二年九月廿日。奉レ遷二月夜見伊佐奈岐宮一也。種々神寶御裝束物。依レ員被レ奉レ送也。御遷宮夜。大內人神主正見奉レ戴二二所御正躰一畢。

同三年丙戌二月廿七日。太神宮司印一面被㆓下置㆒了。即神祇官下㆓太神宮司㆒符云。太政官去齊衡二年八月十日下㆓中務省㆒符云。得㆓太神宮司從八位下大中臣朝臣伊度人。去仁壽二〈三イ〉年十一月三日解㆒偁。太神宮司印依ㇾ無㆓分附㆒。司中公文田圖名籍符返抄等捺㆓太神宮之印㆒也。今以商量。於㆓事情㆒不當。望請停㆓宮印㆒被ㇾ下㆓公印㆒者。官加㆓覆審㆒。所ㇾ申有ㇾ實。謹請㆓官裁㆒者。右大臣宣。奉ㇾ勅。依ㇾ請者。省宜承知依ㇾ宣行ㇾ之者。鑄㆔作件印㆓已了。宜ㇾ付㆔下彼宮司㆒者。送遣如ㇾ件。宮司宜承知依ㇾ件順用。符到奉行者。從五位上行大副兼内藏頭大中臣逸志。正六位上行大史奈男代海山者。抑按㆓舊記㆒云。寶龜三年正月四日夜。宮司比登舘燒亡次。司印公文共燒亡了。其後代々宮司以㆓太神宮印㆒捺㆓公文㆒來也。然間宮司伊度人與㆓神主㆒有ㇾ訴。所ㇾ申㆔下印㆒也。但爲㆓氏人等㆒依ㇾ有㆓辱耻㆒。所ㇾ不ㇾ申㆓燒亡之由㆒也云々。

天安元年九月八日。太政官符偁。應ㇾ預㆓把笏㆒荒祭月夜見伊佐奈岐瀧原竝宮伊雜多賀宮等内人事。右得㆓神祇官解狀㆒偁。太神宮司解狀偁。太政官去大同三年九月一日符偁。右大臣宣。奉ㇾ勅。太神宮大内人三員。度會宮大内人三員。自今以後。宜㆘預㆓外考㆒幷令㆗把笏㆖者。（而脫）與太神宮所攝件六處神宮内人等未ㇾ預㆓此列㆒。祭禮之日拱ㇾ手從ㇾ事。儀式之塲吏民無ㇾ判。望請官裁。同預㆓把笏㆒。以增㆓神威㆒者。大納言正三位兼行右近衞大將民部卿陸奥出羽按察使安部朝臣安仁宣。奉ㇾ勅。依ㇾ請者。宜㆔承知依ㇾ宣行ㇾ之立爲㆓恒例㆒矣。

清和天皇。

貞觀二年四月二日。瀧原宮物忌子自㆓彼宮㆒退出間。於㆓字御瀨川㆒流死了。仍父石部高益以㆓同五月廿八日㆒解任。同二年十一月九日格云。

神戸百姓不レ可二割取一。凡太神宮事異二於諸社一。宜下依二延暦廿年四月十四日格一永無中改減上。若有二乖忤一科二違勅罪一也者。

同五年八月八日。任二豐受神宮禰宜外從五位上〔恐有衍字〕下神主眞水一。同年九月十三日。因三准太神宮例一。豐受神宮乃政印可レ被レ置之由。依二彼宮禰宜神主眞水之解狀一。神祇官上奏。被レ下三置印一面一也。件年旱魃疾病洪水既畢。年穀不レ登皆以損年也。貞觀六年九月十五日。依レ例齋内親王御三行於離宮院一之程。齋宮東字鉗田橋桁損天。女官一人乘馬共落入了。仍過二次第祭日一之後。以二同廿六日一召三取宮司峯雄一。於二齋宮寮一勘之〔云イ〕。齋王參宮之時。路次道椅修造。偏宮司勤也。而無二其勤一間。女官一人落被レ疵還留了者。宮司懈怠不レ可二勝計一者。爰宮司峯雄無二遁方一。進二怠狀一。隨則寮解上奏之。於二官庭一被二召問一。宮司蠹務停止宣旨了。

同七年五月十三日。宮司蠹務被レ免之由。被レ下二宣旨一了。

貞觀十一年九月。外宮御遷宮。　同十一年十一月十三日。豐受神宮大内人實世白地進三向河曲郡二之間。守目代散位源朝臣榮相會二途中一。不レ論二是非一陵三礫件實世一了。仍宮司注二此由一奏三聞公家一。卽以二同年十二月廿一日一被レ下二官使一。任二宣旨一召三問件榮相於離宮院一。科二大祓一令レ進二位記一了。國司科二中祓一又了。

同十三年三月八日。瀧原宮燒亡了。仍彼宮内人神主是次。以二同年五月十六日一依二宣旨一科二大祓一解任又了。

同年正月廿八日夜。强盜帶二兵杖一亂三來高宮正殿一。御板敷〔故イ〕天。調絹糸等搜取已了。仍宮司上奏。隨彼宮内人直丁并十人。及豐受神宮番撿内人等科二中祓一了。又彼盜人搜取給之御絹糸等。頓仁令二愼替進一已了。但太神宮禰宜眞水不

ㇾ科ㇾ祓也。
同十五年八月十三日。大風洪水間。豐受宮重々御垣流失。件水正殿之許一丈不ㇾ寄志天。如ㇾ井志天地底流入甚奇異也。件河東西人家牛馬多流失了。
同年九月十六日朝仁。外宮一鳥居之許。新髑髏犬咋持來。然而祭使參宮。齋宮如ㇾ例供奉。其後自ニ同年十月十七日一。天皇御藥御坐須。本官陰陽寮勘申云。巽方太神依ニ汚穢事一令ㇾ祟給也者。依ニ宣旨一搜糺之處。件穢事明白也。仍同年十二月廿七日。禰宜宿直內人等科ニ中祓一。且其由被ニ祈申一。勅使參宮了。
同年六月三日宣旨偁。應ㇾ復ヲ任瀧原宮內人神主是次職掌一事。右得ニ神祇官解一云。得ニ天照坐皇太神宮司去四月廿日解狀一云。得ニ皇太神宮別宮瀧原宮內人神主是次解狀一云。是次依ニ不意之過一。以ニ去十三年五月一科ニ大祓一解任。自下被ニ使責一之日上以後。愁度未ニ袖于(千歟)一。難炎者肝難消。而間去十四年會ニ大赦一。免ヲ除科罪一之輩。其員幾哉。會ㇾ赦之人復ヲ任於本位一例。古今多存乎。仍是次度々雖ㇾ進ニ申文一。未ㇾ蒙ニ裁報一。抑謹撿ニ故實一。天照坐皇太神宮天降坐之時。天兒屋根命。天見通命。天村雲命等。彼爲ニ輔佐之神僕一同時天降也。而彼代以後。兒屋根命之孫賜ニ中臣之姓一。厥見通命幷村雲命孫等賜ニ神主之姓一。始ㇾ從ニ天宮一傳來無ㇾ止。祭庭供奉職之氏也。寔依ニ愚意之犯過一雖ㇾ坐ニ重科一。尙於ニ神監一不ㇾ可ニ恐畏一乎。被ニ早官奏一。申ヲ下復任宣旨一者。依ニ解狀一撿ニ事情一。所ㇾ申非ㇾ無ニ其由一。就中皇太神宮事異ニ於諸社一也者。彼神收(奴)之氏人行(何歟)無ニ差別一乎。將蒙ニ復任宣旨一令ニ職掌供奉一矣者。大納言正三位兼行陸奧出羽按察使源朝臣多宣。奉ㇾ勅。依ㇾ請。應ニ復任職掌供奉一者。同十八年三月六日。瀧原宮帛御被二條。生絹被二條。天井絹一條。蚊屋絹一條。幣絹七疋等盜取已畢。仍宮司注二子細一言二上本官一。隨則上奏。爰宿直內人物忌父石部全雄等科二中祓一。且任二先例一。以二內人等一令三頓納二上件盜失物等一已了。

陽成天皇。

元慶七年正月廿三日。太神宮大內人荒木田益延與二司鎰取麻呂近貞一互口論間。爲二件益延一被レ打二陵近貞身一了。仍宮司言二上神祇官一。隨則上奏天。益延科二中祓一。近貞科二下祓一。各祓淸供二奉職掌一也。

光孝天皇。

仁和二年九月。太神宮御遷宮。　同三年正月十日。瀧原宮神寶。尺御鏡一面。梓弓一張。金桶一口。幣絹二尺。糸三絇等於盜人參二入於正殿內一盜取了。仍宿直內人石部千永。同忠良。仕丁金主。兵杖坂田正月丸等。依二司勘事一。且進二怠狀一且言二上於公家一。仍千永忠良等科二大祓一解任了。同三年四月四日夜子時。諸星差二東方一流行。同年五月十三日。始レ自二午時一迄二于申刻一。日蝕如二闇夜一。仍乍二兩度一本官陰陽寮勘申。巽方太神依二神事違例一祟給。於二公家一御煩歟者。卽差二勅使一令レ祈二申於二宮一給倍利。同年十一月廿七日。依二宣旨一瀧原內人石部千永等。同忠良等。復二任本職一畢。

宇多天皇。

寬平三年六月十四日酉刻。太神宮之乾方路頭雷電落。男一人。黑斑文牛一頭。共解斬已了。因以二明十五日早朝一。禰宜注二子細一申二送於祭使幷宮司之許一又了。禰宜內人等贄海仁供奉。卽達レ道天從二宇石田山之西峯一往反也。爰彼度祭使神祇少副大中臣時常幷宮司良臣等。於二路頭一號下不レ可レ有二穢氣一之由上。從二本道一參宮了。同七八月間。天皇御所仁物恠頻也。仍令二卜食一之處。神祇官陰陽寮勘申云。巽方太神依二死穢事一御祟歟。仍同年八月五日。下二宣旨於太神宮司一。被レ尋二搜件死穢不淨一之處。以二上件六月死人事一注申了。因レ之差二勅使一被レ祈二申於二宮一了。勅使王。中臣神祇大祐中臣安則等也。卽六日祭使時常。宮司良臣等科二上祓一。但禰宜內人等。違レ道依下供二奉贄海一之忠節上。不レ科レ祓也。

寬平四年六月十一日。太神宮坤方淵仁男子一人水溺死已了。禰宜以二此由一申二送祭使幷宮司等一。因レ之忽石田山之西腰新道作天。齋內親王幷祭使宮司等參宮。但齋宮者一殿之西砌仁御輿寄天。九丈殿西砌仁志天。寮司共御祓了。祭使又同前也。

醍醐天皇。

延喜十七年四月十三日。修行僧之寄二宿於瀧原宮神舘一之間。其中一人頓滅已了。仍番直內人五人進二怠狀一。卽科二中祓一已了。其後依二宣旨一件神舘相共正殿三町建立已了。

延喜廿二年。六月御祭。齋王御參宮之間。依二洪水之難一留二坐於離宮院一。以二同廿一日一參二入二宮一。卽直會大饗如レ例禰宜等祿物等畢。離宮豐明仁寮官(宮イ)等不レ可二差坐一也。

延長五年四月廿三日。太神宮北御門偸開竊盜參入。正殿北方御板敷放上天。盜二給御壁代絹一間。(准絹五丈四尺八寸。)御調絹九疋。御糸等一已了。仍宮司上二奏此由一。隨被レ差二下使神祇大副從五位下大中臣奧生一。且令レ實二撿盜失御調物等一且令レ祈二謝其由一給。卽以二同年六月三日一。大司良扶幷宿直大內人物忌等九人令レ科二大祓一解二却見任一。至二于權大司幷少司禰宜從五位下神主最世等一者科二中祓一又了。於二盜失物一者。依二同六月九日宣旨一被二替進一早了。

同年九月。伊雜宮御祭料。志摩國例進之幣帛。幷御調種々御贄等。依レ例爲レ令二調備一。太神宮禰宜大小內人物忌。及當宮內人物忌。相共引二率神戸神民一。進ヲ向志摩國府一。爰國司氏胤申云。件御贄等須ニ任例備進一也。而以ニ昨日夜一氏胤妻産畢。仍不レ堪ニ備進一也者。禰宜等勘云。國守所レ陳不當也。御祭之勤既式日有レ限。又國司之勤恒例事也。何召ヲ仰廳官人等一無ニ其用意一哉。無レ止供祭物闕怠之咎尤有ニ國司一者。卽注ニ子細一進ニ於司一。仍宮司定臣等上ヲ奏公家一。卽以ニ同年十月十三日一被レ下ニ宣旨狀一云。應レ令ニ志摩守氏胤祓清調備一也者。使中臣神祇權大祐大中臣賴基。卜部節行等到ヲ着於離宮院一。召ヲ取守氏胤一。任ニ宣旨一科ニ上祓一。祓清令レ調ヲ進件御贄注云。幣絹一疋。干鯛五斤。荷前身取鮑五斤。鰹魚五斤。干鱒五斤。鹽五斤。滑海藻五斤。海松五斤。和布五斤。雜腊五斤。雜海藻五斤。膝付庸布五反。膳部信乃布二反等也。等一。卽氏胤停ヲ止釐務一之由被レ下ニ宣旨一了。

同六年四月十三日。一志神戸嶋祓御厨預等申文云。當神戸者是二宮御鹽調備供進之所也。而御鹽濱四至。阡陌所レ指有レ限。爰彼御鹽濱之內有ニ不意之死人一。不レ知ニ誰人一。若有ニ神戸之內住人一者。以ニ彼所由一且令レ取ヲ弃其屍骸一且可レ令レ祓ヲ清御鹽濱一者也。然而依レ不レ知ニ由來一。雖レ令レ觸ヲ知在郡司一。專無ニ肯承引一。況乎神戸住人等各稱ニ禁忌之由一早不ニ掃弃一之間。朝夕之勤闕怠。而宮司以ニ此由一雖レ示ニ在郡司一。遁ニ事於左右一依レ不ニ承引一。牒ヲ送國衙一之處。國司賜ニ廳宣於郡司一擬レ令ニ掃弃一之間。件死人爲ニ犬烏一被ニ喰散一云々。恐此穢氣及ニ于數月一。御鹽勤懈怠也者。爰始レ自ニ同年八月中旬比一。天皇御藥坐。仍被ニ卜食一之處。勘申云。巽方太神依ニ神事違例一御祟也者。仍被レ尋ヲ搜其由一之處。注ヲ申上件死人條ニ了。隨則以ニ同年十月廿八日一國司幷郡司等科ニ上祓一。於ニ離宮院（件イ）一勤了。使中臣大中臣正廉。卜部氏吉等也。但國司依レ有ニ病惱一不參。以ニ目代一所レ令ニ勤仕一也。

朱雀天皇。

承平四年六月。御祭之間。大洪水頻志天枳。祭使祭主以十六日到着於離宮院。即依例參宮。又齋內親王者從齋宮直道仁豐受宮參宮給。即其夜一殿御夜宿。因之宮司所勤之供給物等從離宮運進天勤仕畢。是依先例也。十七日波依例太神宮仁參入御之處。御輿宿院內仁和依有鹿之穢氣天。御輿遠九丈殿西砌仁宿置多利。

承平四年九月御祭仁齋內親王依例參入二宮給倍利。而太神宮御祭直會三獻之間。以亥時許天神宮酒殿預荒木田希繼與齋宮寮門部司長佐伯眞道俄成口論之間。件希繼悉以被陵礫畢。即付希繼之呼響天神民（氏イ）與寮人已下併亂合成鬪亂。于時寮頭糺問本末之程。禰宜最世不聞其沙汰。俄取合於寮頭成亂間。勅使王中臣等立座天入彼此之中障故仁。忽雷電鳴騷天大雨如沃。參宮人十方不論貴賤。恐畏迷心神。退出宮中之間。御川水出湛天人馬不堪渡行。而間寮人隨身馬二疋乍置鞍走失不知行方。如此騷動志天。恒例倭儛御節酒立等不供奉爪。時刻推移。禰宜宮司等以明十八日卯時次第神態奉仕寮人退出之間。門部司者一人於宇治山落馬死了。寮頭注子細上奏於公家畢。仍以同十月廿三日被下宣旨。左衞門尉府生各一人到着於寮廳。被對問禰宜與寮頭之處。禰宜所爲甚非常。無陳遁所。進怠狀已畢。又寮頭於無止之祭庭。寄事於鬪亂不令供奉神事之由無所遁。進怠狀又畢。隨則以同年十一月十三日差下使中臣神祇權大祐正六位上大中臣朝臣賴基。卜部正六位上宮主卜部宿禰茂行等且被令祈申其由。禰宜科上祓。寮頭科中祓。門部司長貞道科大祓天勤仕。即至于貞道者追却寮中畢。

承平五年六月。祭使祭主神祇大副奥生參二着離宮院一。而十五日夜。彼宿房仁隨身馱落胎已畢。仍恐二件穢氣一不二參宮一。過二七ケ日一。以二同廿一日一參宮奉二納官幣一畢。爰傍官幷大中臣氏人等内奏云。皇太神宮御祭式日有レ限。官幣進納之例不レ過二祭日一者也。而祭主奥生朝臣忩稱二故障之由一。乍レ着二離宮院一更過二七ケ日一參宮奉二納官幣一。此神事違例也。若有二穢氣一者。可レ從二公家裁下一歟者。以二同廿九日一被レ下二宣旨一。祭主奥生宮司時用等參上。於二官庭一陳二申件馬落胎之由一。爰祭主奥生弁申旨有レ釁無レ怠。卽奉公之忠可レ被二勸賞一之由。公卿僉議之由云々。

承平七年三月七日。依二神事違例一糺正之間。大司時用無二陳遁方一。仍被レ停二止時用之釐務二ケ年一。以二同八年十二月一件宮司科二大祓一。解任既了。

天慶二年。任二祭主一。從四位下行神祇大副大中臣朝臣賴基。

同二年二月九日。被レ進二於二所太神宮種々神寶物等一。件神寶物等波東賊平將門西賊純友餘黨共可レ被二追討一之由依二祈禱一也。使參議從三位王中臣祭主賴基等也。

天慶三年庚子三月七日。東土凶賊平將門幷輿世王討滅之由。大將軍參議從三位行修理大夫藤原朝臣忠文進二解文一レリ。件解文仁藤原秀鄉平貞盛等加二連署一之。仍以二秀鄉一叙二從四位下一。以二貞盛一叙二從五位下一。修理大夫別賞在。日記在二別紙一。

天慶四年三月廿八日。以二員弁郡一被レ奉レ寄二太神宮一已了。又依二官省符一。尾張參川遠江等郡。神封戸各拾烟被レ奉レ寄二於太神宮一已了。今號二新神戸一是也。

二所太神宮禰宜各賜二一階一了。是則依二將門追討之御祈禱一也。又七道諸國神社被レ增二奉位階了。
天慶六年九月。太神宮御遷宮。同八年九月。豐受太神宮御遷宮。
邑上天皇。
天暦七年九月。神服神麻績二機殿例貢神御衣調備賛參之間。五十鈴川俄洗岸。洪水出來。徃還不通。因之神部人面等乍奉持神御衣等。三員宮司相共二ケ日夜之間逗留宇治山。以同十六日乘船奉渡件神御衣奉納了。
天暦八年五月十七日。太神宮神主進於宮司注文云。注進依舊例。以度會郡司合期令造進酒殿一宇狀。右撿古實。宮中色々雜事。役番宿直之勤。偏郡司所役也。其御酒殿毎年九月以前造立恒例也。御前黑木御橋已鎭之勤也。爰以去寶龜年中宮司神舘燒亡次。文殿一宇同以燒亡。忽叵改之間。以郡司雖非如法所令造進也。而彼文殿破壞濕損之間。公文古記等朽損也。豈以誰人可令改造乎。近則以去承和四年三月七日禰宜神主繼麿申上神祇官之日被下宣旨狀云。宮司承知。任舊例可令改造者。而擬申國司之間。自然一在任終也。爰後司之時又號不蒙別宣旨之由。毎任不改造件文殿酒殿等。彼此尤要樞之所也。仍以郡司令彼造之處。申云。宮司料神舘燒亡之後。偏郡司毎祭造進之例也者。非例之所役繁多。更不及其力者。依一定被裁許者。隨則司廳宣云。文殿改造事。申請於公家可隨裁定也。但至酒殿者無止貢御所也。早以郡司任先例可令造進也。於司料神舘者。不可郡役。早停止畢者。
天德二年十二月。祭主神祇少副從五位下大中臣朝臣公節。任三（二イ）年。同三年九月廿三日亥時。内裏燒亡。同年十月。中務宮燒亡。天下旱魃疾穢燭也。仍公家驚御天。下ニ宣旨於神祇官陰陽寮ㇾ被ニ卜食一之處。勘申云。若異姓人供ニ奉神事ㇾ咎歟。因ㇾ之巽方太神依ニ其違例一御祟歟者。而間本官并大中臣氏人等奏狀云。祭主公節朝臣既橘氏人也。卽付ニ公節之自筆消息一具也。又宮司氏高是清原氏豐之男子也。氏高之母前宮司邦光之女子也。仍請ニ母方姓ニ號ニ大中臣氏之由一也。以ニ如ㇾ此異姓之輩ニ被ㇾ補ニ任祭主宮司一之故。天下不ㇾ靜也。被ㇾ始ニ置祭主職一之後。於ニ大中臣氏一之外。以ニ他姓者一未ㇾ被ニ補任一之例乎者。依ニ件奏聞一。以ニ天德四年十月三日一公節宮司氏高等之釐務停止之後。以ニ同十一月十日一永停止了。

應和二年八月。祭主元房參下間。齋宮下部一人參ニ會於途一。申云。齋宮南門御階下打ニ入髑髏一也。仍宿直人々今朝見付侍。雖ㇾ然寮頭被ㇾ參云。專不ㇾ可ㇾ有ニ觸氣一之由被ㇾ定了。仍齋王令ニ參宮一給之由一定了者。爰祭主被ㇾ問ニ件事一。不ㇾ被ㇾ着ニ座於離宮一志天別宿。卽被ㇾ示ニ於太神宮〔參歟〕司一云。五躰不具者忌七日也。而齋內親王御祭宮之由云々者。有ニ彼穢氣之恐一寮官共不ㇾ可ㇾ列ニ坐大祓一也者。宮司可ㇾ被ニ量行一歟者。而間齋宮令ㇾ着ニ坐於離宮一了。仍宮司以ニ此由一申ニ送寮頭一之處。返事云。髑髏事實正也。然而彼波外門之事也。加之以ニ今朝一令ㇾ取ニ弃之一者。不ㇾ令ニ歸參一也者。有ニ何等穢氣一哉者。宮司不ㇾ隨ニ身寮官一志天奉ニ仕大祓一之後。忌殿之前仁立ニ寮官穢氣之札一天。寮人不ㇾ令ニ往反一須。因ㇾ之齋內親王留ニ坐於離宮院一。過ニ七日一之後。以ニ廿二日一祓清。令ㇾ參ニ於二宮一給已了。而後齋宮注ニ此由一奏聞。仍被ㇾ下ニ宣旨一。祭主宮司寮頭共被ニ召上一天。於ニ官庭一以ニ同七月廿三日一被ニ對問一之處。祭主元房陳申旨尤有ニ奉公之忠節一者。卽公卿僉議云。祭主尤可ㇾ蒙ニ褒賞一也者。又宮司南門御橋之許打二入髑髏一。有二沙汰一天不レ被二免下一也。

冷泉天皇。

安和二年。左大臣源高明公被レ企二謀反一之由有レ聞天。以二同年三月廿五日一中務少輔從五位下橘朝臣敏延。相撲介藤原千晴。僧蓮茂等於被二追捕一天。敏延於被レ籠二置於左衞門弓場殿一。又千晴。蓮茂等於波左右獄被二禁固一被二勘問一。以見之由所二指申一也。同年四月廿六日。左大臣殿被レ配二流太宰府一。敏延者配二流土佐國一。千晴隱岐國。蓮茂佐度國了。抑大司(宮脱)仲理者。彼左大臣殿相傳御家人也。而件謀反企可レ被二成究(就イ)一之由。日夜朝暮祈二禱於二所太神宮一之由有二其風聞一。可レ處二重科一之由被レ下二宣旨一了。爰被二尋問一之處。至二伊勢太神宮司一者。未レ見下被二配流一之例上者。卽被レ令レ勘二罪名一之處。當二除名之罪一由。勘申云。仍以二同二年三月廿九日一太政官被レ下二式部省一符偁。應レ補二任伊勢太神宮司正六位上大中臣朝臣公頼一事。右大臣宣。奉レ勅。伊勢太神宮司等。冣是自レ非二公家御祈禱一之外。輙不レ可レ致二臣下之祈禱一矣。而如レ聞者。彼宮司仲理與二黨謀反一。已致二不善之祈一也。仍停二止仲理之職一。以二件公頼一宜レ補二任其替一者。省宜承知依レ宣行レ之。符到奉行。右中弁正五位下兼春宮學士美濃介大江朝臣齊光。正六位上行左少史伴宿禰保在者。依二件官符一仲理已停止了也。

圓融院。

天元四年九月。太神宮御遷宮。九月十四日。外院有二馬產事一。過二三日一。以二十七日一奉レ仕遷宮事一。

一條天皇。

長保二年九月。太神宮御遷宮。而永頼祭主依二病惱一不レ仕二供奉一。因レ之美作前司從五位下大中臣朝臣輔親代官止志天。蒙ニ宣旨一勤ヨ行御遷宮事一。後古物分配之イ无日者。縫殿助宣茂祭主一男也。爲ニ祭主目代ニ執行了也。

寛弘二年十一月十五日。内裏燒亡。卽内侍所神鏡燒損畢。因件神鏡可レ被ニ鑄替一由。且陣定被レ行且吉凶卜定。神祇官陰陽寮幷諸道博士等公卿僉議未レ詳。卽各奏申。件寶鏡者是非ニ人間之所爲一。天地開闢之時。於ニ高天原一天。鏡作遠祖天香古山命乃以レ銅天八百万神達共仁鑄造神鏡也。或云。天香古山命共鑄作鏡也者。件鏡元和三面也。廣皆以方尺也。一面伊勢國坐須。一面紀伊國坐須。一面内侍所坐須。是件イ此鏡也。子細具不レ記。加之鎭ヨ置於本所一可也云々。寛弘二年十二月。祭使祭主輔親朝臣也。而祭庭供奉奏了之後。廿一日歸京。而同廿五日。爲ニ臨時奉幣使一參下。以ニ同廿八日一參宮之後。不レ堪ニ歸京一天留天。祭主參ヨ向於太神宮ニ志天。與ニ太神宮司佐國朝臣一共仁。一レ殿仁志越天年。明正月一日。祭主宮司共仁元日神拜了被レ歸ヨ着於一殿一天。神主獻ニ酒肴一了。

三條院。

長和二年九月。祭使王從四位下行神祇伯秀賴。中臣祭主從五位上行神祇大副大中臣朝臣輔親。忌部正六位上齋部宿禰春光。卜部兼光等也。卽依レ例以ニ十五日一到ヨ着於離宮院一。大祓直會了之後。明十六日朝仁。忌部春光宿居イ房仁。隨身駄落胎事於見付多利。爰祭主聞ニ件事一天。先驛使院之門於全令ニ塞固一天。依レ有ニ穢氣一天。雜人等不レ可ニ往反一之由立レ札天。司中兄部案主等仁尋ヨ問先例一之處。度會郡大領新家望尋男同貞昌之許與利。奉ニ古記文一通一。醍醐天皇御代柔子内親王御時。延喜二年六月御祭。十五日早旦仁。離宮院内板敷下仁。犬死事有利。仍内院南西御門遠塞固天。不レ令レ往ニ人等一。依レ有ニ先例一天。齋王宿ヨ坐於祓殿院一志天令ニ參宮一天。豐明之神事和。依レ例於二川原殿院一被二勤仕一了。又仁明天皇御時久子齋王御時。承和七年十二月十四日。離宮寮司院仁牛斃世利。仍寮頭幷次第官人等不レ寄二於彼院一志天。祓殿幷可レ然之便宜仁寄宿志天參宮了。但內膳炊部等。爲二例所一奉二仕御膳二了。又桓武天皇御代朝原齋內親王御時。延暦五年九月御祭。十六日未時。脚力自レ京參下申云。內侍從五位下藤原朝臣榮子乃親父左京大夫。以二今月十四日酉時一卒去者。卽乍レ驚內侍朝臣者自二離宮內院一退出了。因レ之主神司遠召天祓清天齋王御參宮。如レ例者。件日記文遠被二曳勘一天。彼驛使院內仁同宿。王忌部卜部等和不二參宮一志天。卜部代仁和太神宮司卜部行正遠以二二所御川之御祓遠被二勤仕一。官幣遠波衞士捧持天。宣命詔刀之時仁和二宮內人物忌父仁令二捧持一天奉仕了。卽件日記和祭主納給了。

後一條院。

寬仁三年九月。太神宮御遷宮也。而件御遷宮夜。大雨以レ水如レ沃。寂無二間斷一也。仍以二十七日寅剋一天奉レ遷天。御饌供奉同時也。既雖レ有（イ无）二非例事一依二洪水難一也。祭主輔親宮司爲淸供奉如レ例也。治安元年九月。外宮御遷宮如レ例也。

長元四年五月日。伊賀守從五位下朝臣光淸被レ配二流伊豆國一。發二彼國神戶一。御酒田一町苅取了。因レ之二所太神宮御神酒已以闕怠。仍神戶預注二子細一。訴二申於太神宮司一。隨則且牒二送國衙一沙汰且上二奏於公家一之程。訴神民之中仁。偸爲二國司一被二殺害一之由具也。依二彼訴一天國司所レ被二配流一也。

長元四年六月。祭使祭主□〔正脫〕四位下行神祇伯大中臣朝臣輔親。依レ例到二來於離宮院一了。齋王亦依レ例被レ着二於離宮一天。十五日夜。大祓直會無二逗留一久勤仕畢。而明十六日朝與利細雨蕭蕭。然而祭主宮司寮方。任レ例豐受太神宮御祭仁供奉。次第神態直會之間無事了。十七日太神宮御祭也。仍齋内親王依レ例〔宮殿〕參宮着二於齋王殿一。又男女官等同參詣。祭主官司參宮了。而御玉串供奉以前仁忽大雨降天雷電穿レ雲。光騷天天地震動。仍參詣衆人迷二心神一成レ恐之間。齋王俄放レ音叫呼給。祭主輔親朝臣遠召須。仍祭主禰宜等引率齋王殿參。而爰齋王御託宣云。我皇太神宮之第一別宮荒祭宮也。而依二太神宮勅宣一天。此齋内親王仁所二託宣一也。故何者。寮頭相通并妻藤原古木古曾。及數從者共仁年來間狂言之詞巧天。我夫婦仁和二所太神宮翔イモ付御奈利。男女之子共仁荒祭高宮乃付通給也。女房共仁和。今五所別宮乃付給也止號志天。巫覡之事遠護陳天。二宮化異之由遠稱須。此尤奉ヲ爲二神明一仁毛。奉ヲ爲二帝王一仁毛。極不忠之企也。皇太神宮高天原與利天降御之後。人間仁未二寄翔御一須。而件相通夫婦仁。件無實之詞稱出天。以二狂言一驚二人間之耳目一事和。甚無禮之企也。須ヨ一旦仁與二神罸一也。然而爲二後代一。爲二天下一仁。無レ止祭庭仁志天。齋内親王令二託宣一也。是則以二件相通等一令レ處二重科一天欲レ令二配流一也。依二伊賀神戸之訴一。伊賀守光清被二配流一。謂二其根元一極雖レ有二狹少事一。依二神事御イモ事之嚴一也。何況今夜託宣尤神妙奇怪イ特事也。祭主輔親以二我託宣旨一早可レ上ヨ奏公家一也者。其御託宣間仁。御神殿御酒召古止數十杯也。其次和歌一首令レ詠御須。御酒盞於祭主仁下賜之。隨則祭主依レ宣天。件御盞賜カヘシ預天。三獻。即御和歌進上既了。御託宣之旨。條條雖レ有具不レ記。爰寮頭相通妻子共。即時仁從二神宮一差レ使。宮官イ掌大内人度會弘行。大小内人祝部等。追ヨ越御川一之間。洪水俄湛天。人馬雖レ不二徃反一。依レ恐二御託宣一天。不レ廻二時刻一追渡了。即以二寅時一御祭。次第神事任レ例勤了。但齋内親王乃御玉串不下令二奉仕一給上。何況酒立御節不供奉。寮官人不着於直會之座。倭儛不供奉也。御託宣之中雖無其制。偏依恐上件條々事等所不供奉也。以明十八日辰時許天内親王御心地平氣給天。四御門遠東妻乃玉垣二間遠破開天。御輿遠寄天。内親王於奉令退出已了。抑御前仁和御輿者有制法天。肩輿於用之例也。然而依有件事。御垣遠破開天御輿波所寄也。自昔依有禁制。御門與利者不寄也。而依洪水難御行不早志天。以酉時離宮院仁令歸着給。祭主幷宮司同供奉仕了。豐明乃解祭直會以亥時奉仕。但齋王不着座川原殿。寮官主神司件直會不坐列。以同十九日祭主記件御託宣之由。三員司幷太神宮神主。寮官主神司進着名天。祭主解狀幷寮解等相副天上奏了。内侍別當女房。一被奉御消息於本院又了。以同日亥時齋王歸着齋宮了。其後以七月六日巳時太神宮六禰宜正六位上荒木田神主延基。權禰宜大物忌父同氏貞。大少内人等五人。祝部等。外宮五禰宜正六位上度會神主常親。權禰宜大物忌父氏茂。大少内人五人。祝部等。寮頭館仁到着天。寮頭乃造立秃倉(イ无)二宇城外時出令人四保住人燒掃既了。是則依祭主下文。二宮神官所行申也。件秃和。荒祭高宮御殿號造立也。同年八月四日。宣旨到來偁。右大臣宣。奉勅。齋宮頭藤原相通幷妻子等尋捕。慥加守護。依有可糺定事。宣仰彼國尋捕其身加守護。隨彼仰參上。同月十二日。宣旨到來偁。右大臣宣。奉勅。件宣旨者寮頭被配流之由也。寮頭相通者佐度國。妻古木古曾子者隱岐國仁。宣旨具也。同十八日。宣旨到來偁。右大臣宣。奉勅。領送流人藤原相通等小木古曾等之使。左衞門府生秦茂近。右衞門府生淸内永光等。(追歟)于今遲怠。早不進發之由有聞。仍早爲令進立也

云々。使使部伴安枝。越知若光等也。永光遣隱岐國使。茂近遣佐度國使。同月廿日宣旨偁。右大臣宣。奉勅。流人藤原
相通可配流佐度國之由。給官符先了。而
可配流伊豆國。宜加下知。先出伊勢國堺。
暫留路次國。相待後官符。令發向配所者。
同廿三日官符偁。右爲領送流人藤原相通。
差件等人發遣如件。遣伊豆國官符也。同
廿九日參宮勅使。參議正四位下行左大弁兼近
江權守源朝臣經頼。王散位從四位草イ單王。中臣正
六位上行神祇權大祐大中臣朝臣惟盛等。件勅
使氏房。號五十七日御託宣之御祈也。卽祭主
被寮大別當補已了。
長元四年九月十六日。二所太神宮禰宜等加階
榮爵已了。具不記。
同七年八月廿八日與利初七ケ日間。祭主正四
位下行神祇伯大中臣朝臣輔親。寵候於太神
宮天。少司氏房共公家御祈禱所被申也。是

則依宣旨也。而間御前乃松樹仁志天。松子中仁
有以碧玉一丸於見付天。乍驚仁祭主仁奉
授。于時祭主被命云。掛畏皇太神之廣前仁日
來祇天。公家乃御祈於仕間。此乃嘉瑞乃寶玉於得
多利。此由尤可上奏也者。注具由。勅使祭主
幷神主等皆署。件玉進官了。隨則被下宣旨
於神祇官陰陽寮。被令卜食之處。甚大吉之
由勘申了。仍以同年十月日祭主於者被叙從
三位。少司氏房被叙從五位下畢。而同年十
二月御祭仁少司氏房五品之由遠號志天。與大
司永政座論。然而祭庭行列之時。猶依大少次
第供奉了。
長元八年。九月御祭。依例齋內親王參宮之間。
度會川東西岸洗溢流。爰依件洪水恐。從字郡
內川歸着於離宮院天。以同廿一日二宮參
宮給。但祭使乃祭主。宮司式日參宮了。十八日。
豐明直會。齋王乍御坐離宮不供奉御。寮官

同前也。廿一日御參宮之次。勅使宮司神主等例祿給了。祭主例祿料者助灋常清令レ持所ニ送遣一也。

太神宮諸雜事記第二

東三條後朱雀院。

長曆元年月日。依ニ宣旨一太神宮ノ正殿ノ堅魚木ノ木尻ノ貫木左右端。泥障板左右端。鞭懸端等乃金物等被レ奉レ加レ粧。又月與見伊佐奈岐宮等乃造檝并御垣御門扉等被レ令ニ改造一了。已依ニ神主解狀一。祭主乃改而所レ被ニ申加一也。抑造宮使爲信以ニ鈴河山之木一內宮御垣外院殿舍等之材木仁造天。或所曳置或宇治河仁流寄了。而間有官散位氏人等。件材木非例之由內奏。隨則他杣之材木早可ニ停止一之由被レ下ニ宣旨一了。仍止レ之了。

長曆二年六月。祭使祭主正三位行神祇伯大中臣朝臣輔親參下之間。自ニ途中一病惱シ天。祭使代官仁八。從五位下行神祇少副大中臣朝臣輔宣遠以。從ニ宇岸江殿一令レ着ニ於離宮一。二宮御祭之勤令供　　件岸江ヨリ石出仁到來天日來病惱。以ニ同廿二日一卒去了。長曆二年七月日勅使參宮。宣命狀云。公家可レ有ニ御愼一之由頻卜申。仍御封百戶所レ奉レ寄也。又二宮禰宜等賜ニ一階一了。御封近江廿五戶。美乃國參河上野等國各廿五戶。官省符到來了。

同年九月。太神宮廿年一度御遷宮也。而件九月神甞祭乃官幣依レ例天祭主爲レ使可ニ參下一也。而以ニ今月十日夜一天內裏穢氣出來。不レ被ニ奉幣一。爰新祭主佐國內奏云。當月是恒例神甞祭之上。皇太神宮乃廿年一度遷宮也。件遷宮事祭主乃申行之例也。縱依ニ內穢氣一雖レ不レ被レ立ニ官幣一。罷下天彼遷宮仁可ニ供奉一也者。爰公卿口宣

仁依天祭主下向シ天・九月十五日到ヨ來於離宮院ニ了。然而房裝束供給雜事之勤。宮司專所(ノカリ)レ不レ藝也。仍祭主以ニ此由一示ヨ送於宮司許一之處。返事云。今尋ニ先例ー祭主補任之時。以ニ官符ー令レ承ヨ知ー奉ー行宮司ー之後。從ニ神事ー之例也。而件官符未レ到。加之內裏穢氣出來天。止ニ官幣ー不レ被レ奉之由云々。仍所レ不レ致ニ供給之儲ー也者。卽大祓乃所仁祭主不レ可レ被ニ坐例ー之由乎陳天。三員宮司依レ例天大祓畢天。各籠ニ於忌殿ー了也。祭主波召ニ太神宮司詔刀師種光ー天。手祓奉仕之由云々。十六日豐受太神宮御祭仁。三員司依レ例供奉。但祭主波 一鳥居之許氐仁志神拜畢天。祭庭仁不レ參志天。直仁參ヨ入於太神宮ー之由云々。爰外宮御祭畢天。宮司等參ヨ入於 太神宮ー志天。御鹽湯所仁宮司立。以ニ宮掌大內人荒木田久常ー天。神主之許仁被レ命云。早御鹽湯所仁被ニ來集ー天。任レ例御遷宮之勤可レ被ニ申行ー也者。爰一禰宜利方神主返事云。祭主波一殿仁被レ坐也者。一所ニ被ニ參集ー天。御遷宮仁可ニ昇殿ー禰宜內人等事可レ被ニ定行ー也者。卽宮司返事云。離宮院ニテ沙汰了。就中口宣乎蒙天下向之由所レ被レ陳也。而依ニ內裏穢氣ー不レ被レ立ニ官幣ー也者。彼觸ニ穢所ー人乃被ニ口宣ー多利。尤可レ謂レ同ニ穢所人ー也。官符未レ到之間。專祭主止不レ可レ被レ稱。若押天强被ニ供奉ー波。宮司等波更不レ可ニ供奉ー也者。尋ニ先例ー仁(在イ)。祭主不ニ供奉ー志天遷宮之例波有利。宮司不ニ供奉ー志天奉レ遷之例波無志。何者。祭主此祭使也。宮司波御鎖鑰等封納乃職也者。如レ此爭論之間。迄ニ于寅時ー天仁。宮司等無ニ承引心ー。因レ之以ニ大中臣賴經ー天宮司代官止志天。祭主佐國件御遷宮事乎被ニ申行ー了。而間祭主乃傍親乃有官散位之輩。祭主郎等如レ此乃人々。件昇殿乃禰宜等之中仁相交天。或正殿之內入亂天。搜ヨ取古物錦綾ー之間。忝毛奉レ踏ヨ損種々神寶物等ー。或高欄御階之上ニ登立天。禰宜等乃肩當錦綾乎奪取之間。御躰ヲ奉レ令ニ傾動一レリ。仍禰宜等退天。彼亂行之交名ヲ注具。上ニ奏於公家一。且觸ニ訴於祭主ニ之處。忽不レ被ニ沙汰一。已推ニ移日月一也。

長曆三年二月十五日。太神宮禰宜等京上了。一禰宜正四位下荒木田神主利方。二禰宜從四位上延滿。三禰宜從四位上重頼。權禰宜從五位上延長。權禰宜從五位下宮常。宮掌大内人從五位下度會弘行。引率之神民不レ可ニ計盡一也。抑神宮乃訴十三箇條也。第一去年御遷宮夜昇殿亂入事。第二同度祭幣馬不レ被レ進祭使途中留置事。第三以東以西神・田可レ被レ寄事。第四鳥名子男女十六人青褶衣裳可レ着事。第五可レ被ニ加ニ置二宮仕丁一事。第六宇治沼木兩郷浪人雜事可レ被ニ免除一事。第七二宮禰宜等給奉合期可レ被ニ宛行一事。第八禰宜内人給分神田官物同氏人等不ニ弁濟一事。第九伊介二見郷々調鹽二百十斤不ニ弁濟一事。第十神服麻續二織殿神部等不レ備ニ進饗饌一事。第十一二所太神宮榧御馬飼蒭秣等不ニ弁濟一事。第十二太神宮氏人可レ裁ニ預朝臣一事。第十三太神宮司與禰宜可レ被レ定ニ當移牒官一事。件條々中十二箇條。裁許被レ下ニ宣旨一已了。但朝臣乃條追有ニ沙汰一云々。仍早不ニ裁許一。

長曆三年三月廿七日。依ニ宣旨一。去年御遷宮乃夜。昇殿亂入之輩。於ニ大膳職一天被ニ糺問一。使史長者惟宗朝臣義賢也。頭弁源朝臣經長勘文子細別日記在。依ニ件畧問一天。三員司被レ停ニ止釐務［　］間依ニ四月神御衣祭幷六月荷前赤良曳御調糸等之□一。大司忠頼所レ被ニ免下一也。

同三年三月十二日。依ニ宣旨一科レ祓人々廿一人之中。豐受太神宮大物忌父度會貞時。太神宮大内人荒木田氏晴。同氏公。同貞公。同茎本。宮掌大内人同利岑。同久常。大物忌父同兼頼。長上宮主日置惟時。直野今友。已上十人。科ニ大祓一解ヲ却見任ニ了。前大宮司永政。前大司爲清。（祭主一男）也。木工允大中臣賴成。造太神宮使同義任。同判官宗孝。齋宮助同奉方。追捕使同成佐。前齋宮助伴爲利。佐伯秀高。藤原眞任。多治武近。姓名不知一人。已上廿一人。科ニ上祓ニ了。（是等皆祭主傍親等也。）件祓波依ニ去年御遷宮亂入之訴（愁イ）一。所レ被レ行也。祓使大中臣神祇大副兼興朝臣。卜部神祇權大副兼忠宿禰等也。長曆三年三月十三日宣旨偁。二所太神宮禰宜等。自今以後不レ得ニ入京一。若有下背ニ此旨一之輩上者。永此停ヲ止見任一。若有ニ可レ訴事一者。權任禰宜一人聽ニ上道一者。同年四月一日午時。齋宮內侍從五位下源朝臣託宣偁。我波皇太神宮第一別宮荒祭宮也。而依ニ太神宮乃勅宣一天所ニ託宣一也。何者去年遷宮之間。非例乃事甚巨多也。其中昇殿亂入之事。寔祭主宮司ノ所爲不レ可ニ勝計一。是非ニ他事一。以ニ無レ止之錦綾一天。奉ヲ納於正殿一之故也。依ニ此錦綾之悕望一。將來必如レ此非常事等可ニ出來一也。自今以後此錦綾乎正殿仁不レ可ニ奉納一。永以停止早可ニ別納一者。就中於ニ今度乃遷宮一者。祭主佐國之不忠有ニ於期一リ。公家全被ニ糺正一天早停ヲ止所職一任ニ次第一天可レ補ヲ任祭主職一也。條々具不レ記。爰寮頭從五位下源朝臣賴兼注ニ具之狀一ヲ。以ニ同二日一相ヲ副寮解一上奏了。仍同十五日以依ニ宣旨一寮頭參上シテ託宣狀分明返奏天。隨則以ニ同月卅日一且被レ停ヲ止祭主一。且罪名ヲ被レ下ヲ勘於明法一早了。同年五月十二日宣旨偁。內大臣宣。奉レ勅。二所太神宮官幣式日。臨時幣物。自今以後永應ニ東寶殿奉納一。已以爲レ例矣者。同廿二日。太神宮禰宜等奏狀云。官幣幷織御衣等奉ヲ納正殿一之次。奉レ拜ヲ見濕損一者也。而依ニ宣旨一被ニ停止一也。待ニ廿年御遷宮一可レ被レ開ニ正殿一歟。然則縱雖御坐非常濕損□其由哉。縱雖レ不レ奉二納官幣一。恒例御祭。勅使參宮御參宮之時。任レ例奉レ開二正殿御門戸一。其次奉レ拜二見御所濕損一者。內大臣宣。奉レ勅。九月御祭幷勅使參宮之時依レ請者。六月廿三日宣旨也。同六月三日任二祭主一。兼興朝臣也。同月廿六日前祭主佐國被レ配二流伊豆國一已了。同月廿七日夜子時內裏燒亡畢。同年七月十四日勅使參宮。王內膳長致通王。中臣祭主正五位下行神祇大副兼興等也。件內裏燒亡事。所下令二祈禱一給上也。同年七月十六日。齋宮內侍ノ託宣偁。我是皇太神宮ノ第一別宮荒祭宮也。而依二皇太神宮勅宣一。今更所二託宣一也。天下四方乃人民。皆皇太神宮乃御寶也。其中大中臣幷荒木田氏。皇太神宮天宮ヨリ天降坐時ヨリ繼レ氏繼レ門天代々世世奉仕來輔佐ノ神民也。因レ之自二往代之時一。公家モ未レ被レ處二重科一者也。而去年遷宮之時。件佐國加身有レ怠。仍可レ處二重科一之由神宣揭然也。仍所レ被二流罪一也。怠天多人民等カ爲レ可レ有二其規模一也。早遣二寮使一可二召返一也云々。仍寮頭賴兼朝臣。且以二主神司中臣淸佐幷史生百濟末永等一天。召二返件佐國一。具注二託宣之狀一。奏二聞於公家一了。隨則以二同廿九日一被レ下二宣旨一。召二返流人佐國一。賜二位記一已了。抑佐國被レ送二配所國一之間。老病難レ堪。途中三重郡河後鄉數日逗留之間。依二件託宣一被二召返一也。寮使中臣淸佐郎佐國之孫也。抑依二件遷宮之亂行一天。爲レ令レ謝二其由一。去五月十九日宣命之勅使以二同廿一日一天參宮。使參議從三位行修理大夫兼侍從備中權守藤原朝臣經任。王致通王。中臣正六位上行神祇少祐大中臣朝臣元範等也。種々神寶幣物。御馬銀師子ハ。依二託宣一荒祭宮二令レ進給也。仍勅使宰相依二宣旨一參二入荒祭宮一給ヘリ。但王中臣ハ不レ參ト。件宣命狀。遷宮濫行之由依二禰宜等之申狀一。或停レ職或科レ祓。

至ニ于祭主佐國一者。且釐務停止了。而驚ニ託宣一
之。共明法令ニレ勘ニ罪名一天。欲處［　］。亦幣帛
等永以東寶殿可ニ奉納一也云々。同年八月。祭主
兼興朝臣ヲ被ニ停止一。以ニ即日一被レ遷ニ任若狹
守一既了。以ニ同月十八日一差ニ勅使一令ニ祈申一
給。宣命云。前祭主佐國罪名令ニ勘申一天雖レ令ニ
配流一。依ニ去七月十六日之託宣一即復ニ本位一。自
レ路召還早了者。祭主兼興ヲモ依ニ託宣一停ニ止其
職一。又尋ニ舊例一天。他官遷任又了。掛畏キ皇太神
此狀ヲ平ク聞食。無ニ咎祟一ク護幸給倍止申。使王
內膳長信清王。中臣少祐元範等也。同年八月廿
九日辰時ニ中宮俄ニ倒臥天令ニ頓滅一給了。關白
殿ノ御養子也。而御產之後經ニ十日一天。御沐浴
之間。雷電震動大雨如レ沃シ天天地共不レ靜。仍
中宮御湯殿ヨリ登御之間。所下令ニ頓滅一給上也。
同年十二月廿六日。神祇大祐大中臣永輔蒙ニ
祭主宣旨一天。明年二月之祈年祭之勅使トシテ。祭

主永輔參下。初參九日也。抑前祭主兼興。被
レ遷ニ任若狹守一之後。有官散位氏人競望如レ雲。
因レ之於ニ神祇官一被ニ卜食一之後。以ニ丙合者一可
レ被レ補ニ祭主一之由兼日勅定畢。爰內裏燒亡之
後。公家御ニ坐京極一給ヘリ。即依ニ宣旨一。大副卜
部宿禰兼忠。中臣官人等參集シ天卜食之處。件
大祐永輔丙合被ニ祭主補任一了。
長曆四年六月。祭使祭主永輔依ニ洪水之難一
天。着ニ布衣烏帽一天參宮。而度會河船渡之間。
祭主與ニ寮掌千利一俄口論之間。寮人等出來天。
祭主之郎等眷屬打損明白也。仍祭主忿怒シ天。
河東ヨリ隨ニ身官幣一天歸ニ着於離宮一天。爲ニ寮人
等ニ官幣被ニ打穢一之次。執幣火長等被ニ打綾一之
由。觸ニ訴於寮頭一之處。寮頭賴兼朝臣云。被レ陳
之旨尤有レ私。件事更不ニ知行一事也。若有ニ寮人
之過怠一者。乍レ居ニ河東一可レ被レ示ニ案內一也。無
レ止官幣ヲ自ニ途中一持返天被レ示之旨非レ他。計

□親王吹毛之企也。奉爲神明公家旁不忠之藝也。持返官幣之例有無如何者。就中被召問千利之處。申云。祭主宮司參宮之時。自離宮院各束帶被參宮之例也。被渡船之間。更祭主不知之程。下人等中申無禮之詞天。互以雜言。供奉所司乃下部等。已祭主眷屬皆着蓑笠天。其貌何人不見弁間出來事也者。爰寮頭被命云。寮人等無過怠。若可被官奏者。寮又可上奏也。而間宮司兼任祭主云誘天。奉爲神明。奉爲公家。奉爲齋王。又爲祭主已以尤不穩事也。早和平天可被參宮也者。祭主就件詞。宮司共束帶參宮了。

長暦四年七月廿六日夜子時。西風俄吹。豐受太神宮正殿。東西寳殿。瑞垣御門等拂地顚倒給既畢。仍當番大物忌父度會春眞。御炊物忌父同吉元。權禰宜一兩人等也。洪水洗山西風拂地天。敢人馬往反不通。然而祭主永輔波。自野依村乘海船。字山田川原仁着。宮司兼任波。自小社乘少船。山田乃古川差入。神宮北御門乃社許着。奉拜見。更無爲方術天。仍御氣殿忽洗淨天。以同廿七日戌時天。正殿幷三所相殿乃御躰乎奉遷鎭畢。而遠所外宿乃禰宜等不參會天。昇殿供奉乃處仁。禰宜乃所用不足。仍御炊物忌父吉元。祭主俄授登。號權禰宜職天。昇殿之役令供奉。左右前後乃取物。御寳殿等不如法。只絹垣許歟已以略。以同廿八日御稻御倉乎洗淨。奉遷神寳物利。鋪設御倉乎洗天御糸絹乎奉納了。外幣殿乎洗淨天。朝夕御饍乎奉備利天。祭主注事由。且上奏公家。且奉造假殿已畢。隨卽以八月七日被下宣旨天。奉遷於假殿已了。而今年是廿年一度御遷宮乃年也。仍造宮使散位從五位下大中臣朝臣明輔。彌以所奉忩造也。同九月九日御遷宮料裝束。御神寶物依レ例調天。以二神祇權大副從五位下大中臣朝臣輔宣一天。差二定辨代一天。史一人幷官掌等差副天。件神寶物奉二出立一已了。而後同日夜之子時。內裏燒亡。因之當月之恒例官幣。依二件穢氣一不レ可レ進之由公定了。爰有レ限御遷宮乃勤也。縱雖レ不レ被レ奉二官幣一。至二于祭主一可レ下之由內奏之處。所レ申有レ理。早可三參下供二奉遷宮一之由。被レ下二宣旨一已畢。仍祭主以二十五日夕部一任レ例着二到於離宮院一天。大祓仁坐烈天。件遷宮夜事依レ例申行仁。二宮乃玉串供奉。石壺之座烈。直會三獻。御遊乃名召。倭儛及離宮之解祭。豐明乃供奉如二恒例一也。同年九月廿九日。參宮勅使參議從三位行右近衞權中將藤原朝臣良賴。王致通。中臣神祇權大副輔宣朝臣等也。宣命狀仁豐受神宮非常顚倒之由被二祈申一也。又內裏之燒亡之由同前也。

長元〔久歟〕三年閏九月十二日。大宮司兼任遭二母喪一服解。抑件兼任者任二彼宣旨一服解之間以任二用宮司等一令二推行一天。復任之後可レ遂二件重任一也。而依二競望輩之訴一。被レ尋二神祇官一之處。勘申云。件宮司上代三人服解之後永不二復任一。中間三人服解之後既復任具也者。爰陣定云。件復二任宮司一之時。天下不レ靜之例等多者。依二件定一天。兼任朝臣復任停止之由。公卿僉議既了。但以二重任宣一將來所望歟。仍以二同四年二月廿二日一被レ補二任從五位下大中臣朝臣明輔一已了。

同年四月三日。太神宮假殿遷宮了。抑撿二先例一。二所太神宮及七所別宮御濕損之時。以二次第一解狀上奏シ天申二請修理使一。隨二宣旨一奉二仕假殿遷宮一之例也。而祭主永輔朝臣不レ上二奏於公家一シ天。以二私物一奉二仕御修理一。兼又新古兩宮色々用途物等モ不二申請一シ天。祭主宮司共所レ宛ヨ用私物等一也。諸事如レ恒之。

同年六月御祭。齋內親王依レ例外宮參宮之間。依ニ洪水之難一。字郡戸川原ヨリ離宮院ニ歸御シ天。以ニ十七日一二宮參入給天。御玉串直會饗祿如レ例。

同五年二月廿三日。二所太神宮禰宜等加階榮爵了。件位記使。王致通。中臣正六位上輔兼等也。

（同歟）六年十一月六日。臨時勅使參宮。王正親長信淸。中臣祭主永輔朝臣也。抑件使參宮シ天詔刀之間。官幣奉納之程。俄雷電鳴響天大雨如レ沃。卽令ニ驚恠一之程。彼此云。祭主請ヨ預官幣一參下之程。以ニ今月二日一字伊栗野ニシ天。戒者法師乃上道之間。彼等隨身乃物衞士奪取天。走前コト已了。時法師路邊留居。待ヨ付祭主一天訴云。前陣罷侍執幣ノ爲ニ被ニ奪取一物中。裹物一丸同被ニ押取一已了。彼ハ不淨ノ物也。早被ニ糺返一者。問云。何者ソト。法師乃云。安西郡之住人字・甲イ賀介藤原惟盛加妻加骸骨也。依ニ存生之遺言一天。比叡乃法華堂ニ爲レ安持上也ト申畢。乍レ驚鈴賀川山中ニ追付天。召ヨ問衞士男一之處。實正之由陳申了。因レ之卜部神祇少副伊岐宿禰則政ヲ以天度々祓淸天下向之間。公家令レ進ニ於神宮一給御馬。從ニ山中一俄病腦（惱歟）シ天水草ヲモ不レ食。僅飯高驛家押付天。供給ノ郡司ニ預天祭主離宮院ニ到着シ天。經ニ三箇日一天。御馬ヲハ押付リ。タルナ若依ニ如レ此穢一天所ニ雷電大雨一歟ト云々。仍內宮一禰宜延滿神主乍レ候ニ宮中一不ニ供奉一也。

寬德二年正月十八日。參宮勅使王正親長致通王。中臣神祇大副輔宣等也。件勅使天皇御藥極重御坐ニ依ニ其御祈禱一也。爰外宮乃御鹽所ニシ天。御幣遠開封之處。太神宮乃御幣ヲ取違天持參ケリ。仍勅使神主等驚恠天。更衞士ヲ尋返天。如レ元ニ外宮乃御□取天供奉之間。時尅自然推移レ

リ。抑禰宜等云。前皇御藥時□寮頭兼興御祈禱乃勅使トシ天參宮之間。太神宮正殿御戶早不ニ開給一シ天。時剋推移。神主等相搆天奉レ開。奉ヨ納官幣一。其後不レ經レ幾。前皇崩給ヘリト云々。同年正月十五日。齋內親王奉レ授二一品位一給已了。以二同十六日酉時一。天皇御位下御坐。即日號レ院。同十九日午時。齋內親王御匣殿ニ下坐。是則本院御以二十八日亥時一依ニ參着一也。件日天皇崩御早了。同年四月廿八日。齋內親王歸京了。永承元年春之比。豐受太神宮御氣殿。貂テン參入シテ。二宮朝夕御膳物ヲ悉喰散セリ。因レ之宮人神主內人等。相搆天雖レ塞レ穴モ。件御膳猶每日喰損。仍一貂ヲ狩出天雖ニ打殺一。五六十乃貂倍來更不レ留。仍宮司兼日御材木造儲天。一時之內天井奉レ造レリ。是則雖レ有ニ非例事一。爲レ防ニ件貂一也。但件夫工宮司以ニ澤衣一充下。所レ令ニ勤仕一也。

同三年六月御祭。二所太神宮禰宜等加階榮爵已了。具有ニ別日記一也。同九月八日。嘉子內親王參着。齋宮群行。中臣祭主從五位上行神祇大副永輔朝臣也。即祭使。寮頭正五位下平朝臣雅康。兼齋宮覆勘使史件兼國等也。仍宮司明輔依レ爲ニ造宮使一。二ヶ度供給勤仕。抑齋宮御群行之間。非常事多々出ニ來ヲレリ。九月八日。粟田口ニシ天馬足犬蹈斃。甲賀頓宮ニハ長奉送使乃侍從中納言藤原朝臣信長乃御房馱斃。鈴河頓宮ニハ女別當雜色與ニ寮頭雜色一打合天。各頓血流出。一志頓宮ニハ使部等隨身馱俄斃亡。是則十三日朝見付ナリ。仍十五日御祭參宮事。祭主可ニ定申一之由。案內被レ仰之處。祭主申云。尤可レ爲ニ穢氣一也者。而撿非違使右衞門尉惟宗公方申云。更不レ可レ爲レ穢。早可レ有ニ御參宮一也。何者依ニ件定一內親王參宮一定畢天。竹河乃御祓之後。齋王俄御汙ニ御坐了。因レ之齋宮西鳥居許暫御輿奉下居天。中納言殿幷左少弁近江守藤原朝臣泰憲。此由ヲ議定給天。直御汗殿御輿ヲ可奉仕之由被定之處。寮頭被申云。御汗殿如此非常乃御汙御遷座之由云々。而何事乃宸初先穢所殿着御哉。於事尤有憚。猶今日許御殿乃內令入座給天。以明日御汗殿可遷座之由具也。依件定着給。以十四日卯時。御汗殿移坐給已了。又十三日夜子時許。撿非違使忠方カ隨身馱䭾已了。仍忠方迷心神天垣外曳出早了。

同年十月廿八日夜。太神宮二禰宜宮眞神主被殺害了。仍七道諸國件犯人可追捕進之由。被下宣旨畢。

同四年六月御祭。齋內親王依例爲御參宮被着於離宮院天。大祓之後。齋宮御汗殿下坐之。仍廿三日可被參宮之由一定畢。而間寮頭雅康朝臣被問於祭主永輔朝臣天云。以去十五日午時許。太神宮神主等進於寮牒狀云。至于寮頭女別當。不可被參宮也者。具不記。如件牒狀者。齋王御參宮之間。非常事可出來歟如何者。祭主云。更不可被信用。早可被參宮也。仍以廿三日齋宮參宮參入乃間。宮中二鳥居許內人物忌等數十人。引率祝部等天云。女別當幷彼家司乃平三致重等。不可參入於宮中也者。爰寮方云。女別當依月障不被供奉。致重又不參入也者。仍無事被供奉已了。以丑時許太神宮參宮給天。齋王齋王殿參入給天。女房女官後天參入之間。荒祭神拜所數多內人物忌等出來天。每手炬火天女別當幷平三致重等號尋求之由。無止女房女官乃中入亂天尋求。因之內侍朝臣幷諸女房達退歸已了。隨卽齋內親王モ御出給。寮頭次第官人諸司共退返亦了。于時祭主命於二宮神主云。齋王參宮所出亂行之企何者。神

主陳狀云。寮頭女別當ノ被レ行之旨。奉ヨ爲神宮一非常事等條々也。何者太神宮御領字志貴御薗預麻績近吉ヲ。女別當ノ家司平致重。任レ意天捕縛天。且令レ食ニ犬屎一。且禁ヨ固其身一天于今不レ免。又同御粥見御園司時季ヲ殺害セル犯人。丹生出山住人紀重常。同常晴。爲直等也。而令レ號ニ寮威一天。不レ被レ令ニ糺正一。又豐受太神宮御領。志摩國伊志賀所々見御厨ヲ。寮頭麻生御浦之內ト號天。致ニ執論一天所レ被レ妨ニ供祭之勤一也。仍寮頭女別當不レ可レ被ニ參宮一之由所ニ申行一也者。仍祭主遣ニ下文一天。且召ニ件亂行內人等一。可レ沙ヨ汰是非一。且寮頭上ヨ奏於公家一云々。

同年九月十三日。依ニ宣旨一天。左少弁近江守藤原朝臣泰憲。右大史中原朝臣實定幷史生官掌使部等齋宮ニ到着天。以ニ使部一大司美任許遣ニ內案之狀一云。以ニ去六月一天。齋王參宮之間。禰宜等成ニ亂行一セリ者。爲レ被ニ件事糺問一。依ニ寮解一所レ被ニ差下一。早催ヨ具禰宜等一。宮司共參向可レ申ニ件沙汰一也者。宮司申之。舊妻死去輕服之間不レ堪ニ沙汰一云々。禰宜等申云。御祭以後過ニ廿五日一。祭主宮司神主共可ニ申沙汰一也云々。而間以ニ十五日一。祭使王範輔王。中臣祭主永輔。忌部卜部等離宮院到着。權司忠賴。少司時經等。齋內親王寮男女官。勅使右少弁。右大史。史生。官掌。使部等。倂以參宮已了。卽宣命狀ニ。依ニ件亂行一齋內王乃無レ止恒例神態ヲモ不ニ奉仕給一。退還之由聞食驚天令ニ祈申一給也。以ニ同廿六日一。祭主。宮司。神主等共參ヨ集於齋宮驛舘院一天。件沙汰弁定勘記畢。具不レ記。

同五年正月廿日。太神宮一禰宜延滿神主。三禰宜氏範。四禰宜延長等。引ヨ率大少內人。祝部。神民七百餘人一シ天京上了。事發者。去年六月齋內親王御參宮之間。亂行沙汰之條。勅使右少弁與ニ祭主永輔一成ニ同心一天。神主申文ヲ不レ進レ官之由。爲レ奏二聞於公家一也。
同六月十一日。朝乃御饌令レ頂二持於大物忌父雅用之子。傍物忌父氏助吉元等一。共持參之間。奉二泛穢一已了。仍上奏已了。同六月祭使神祇少祐正六位上大中臣朝臣公輔也。祭主永輔朝臣。依二神宮之訴一所レ不レ被レ下也。同七月一日宣旨偁。應レ注二進神事違例一也者云々。不レ記。件違例。去月十一日日御饌奉レ誤事ヲ被レ令二卜食一依二勘申一也。件神事違例條々中。永承二年春比ヨリ御饌料乃御井水旱失已了。仍土ノ宮乃御前乃水汲天御饌ヲ備進也。抑皇太神宮天降御之時二。始天御饌ヲ備進乃水。非二當朝乃水一。天村雲命ノ太神乃詔勅ヲ蒙天。高天原乃天忍石乃長井水ヲ持下天。其上分ヲ八盞盛備進天。殘ノ水以二天忍井水一宜天。豐受神宮乃坤方ノ岡ノ片岸二。御井ヲ新堀天。其御井底天忍井水ヲ入加天常朝ノ水二和合シテ。末ノ世ノ御饌備進料移置給水也。仍以二彼水一天。自レ爾以降所レ奉レ調二御饌一也。但以二去寛平八年三月之比一。件御井水俄干失之時。禰宜等上奏之日。且差二勅使一令二祈申一給。且大物忌父三人科二上祓一。祓清被レ令二供奉一之由具也。

同八月十七日。勅使參宮。正親正成淸王。中臣權大祐惟經宣命狀。件御饌奉レ誤之由乃御祈也。辭別申賜フ。去年六月御祭。齋王參宮之間。神民等亂行之由。同年九月御祭之次雖レ令二召問一。訟訴猶遺天。令二問注一テ弁決之間。依レ實可二決給一之由乃御祈等也。具不レ記。同日左少弁藤原朝臣師家。左少史惟宗。史生。官掌。使部等離宮院到着了。祭主爲二件沙汰一被二免下遣一。隨則太神宮一禰宜延滿。二禰宜延基。三禰宜氏範。四禰宜延長。五禰宜重經ヵ。六闕。祭主陳申天勘記畢。子細在二別日記一。具不レ記。

同九月。祭使王孝資王。中臣神祇權少副元範等

也。祭主永輔依ニ上奏沙汰一不レ被ニ免下一。同廿五日依ニ平野御行幸之御(御歟)一勅使參宮。王正親正成清王。中臣少祐公輔等也。而以ニ午時一豐受太神宮參入。即玉串供奉之時ヨリ大雨如レ沃シ天。俄洪水如レ海。字小田橋流浮天。宇治河水洗レ岸天人馬不レ通。仍件勅使外宮ニ一宿シ天。以ニ明十六日一內宮參宮已了。同年十月日。太神宮權禰宜正五位下荒木田神主言頼。隨身大小內人。神民卅餘人京上已了。事發。祭主乃所爲上ヨ奏於公家一也。即立ニ公門一申訴之間。被レ下ニ宣旨一云。祭主永輔所爲任ニ申狀一應レ令ニ糺定一也。至ニ于數多神民一者。早可ニ下遣一也。但可レ然神民一人許罷留。可レ承ニ件沙汰一也者。仍神民返下了天。言頼一人留了。同十一月廿一日。寮頭雅康幷內侍共京上了。其故齋宮本院內大殿ノ依ニ仰事一。山城守藤原爲輔朝臣下向シ天。以ニ助外從五位下河內宿禰弘重一令レ執レ印天。押ヨ行寮務一天。即印ニ件爲輔朝臣付レ封天。更寮頭不レ令ニ執行一也。仍京上也。但內侍寮頭妻也。人々乃說云。山城守乃下向シ天。印付レ封事。頗可レ有レ愼歟者。同十二日。祭使權少副元範參下。祭主同前依ニ沙汰一所レ被ニ免下一也。同六年九月。祭使王致資王。中臣權少副元範等也。而始レ自ニ十三日一雨降天。十四日大風洪水。所々道橋流浮天郡々ノ驛家不レ着シ天。相搆天雖ニ忩下一モ。遂十五日ノ離宮ノ大祓不ニ來會一。仍宮司依レ例天勤仕了。十六日戌時許。勅使到ヨ着離宮院一セリ。宮司等不レ相ヨ待勅使一シ天。早豐受太神宮乃御祭事了天。亥時許離宮院ニ返來。即勅使乃中臣乍レ驚觸ニ於案內宮司ニ之處。大司義任返答云。致ニ于大司少司一者。爲レ奉ヨ納御衣一。以ニ今朝一天參ヨ入太神宮一已了。即彼御衣勤畢之後。外宮ニハ所ニ參入一也。而權大司忠頼ヲ留ヨ置離宮院一天。且奉レ待ニ勅使一。且調ヨ備荷前御調絹等一天。豐受宮ニハ可ニ

參入一之由成二約束一天所二參宮一也。而權司外宮二參入云。祭使參否之由不レ聞二案內一者。依二勅使遲參一天無レ止荷前御調物等ヲ不レ可二延引一也ト思天所二參入一也者。爰神主ノ陳狀云。如レ此祭使遲參之時。早恒例之御祭ヲ被二奉仕一之後。於二官幣一者退被二奉納一之例也。式日在レ限。御祭次第神態等可二奉仕一之由。依二神主口狀一所二勤仕一也。卽以二明十七日一。依二司符一天外宮神主注進古記文云。以二去長保三年六月一天祭使宮司等依二洪水難一。乍レ坐二離宮院一不レ被二參宮一。因レ之以二大中臣良明一天爲二司代一勤ヨ仕御祭事一了。彼時禰宜彥時（晴）。滋兼。秀光。氏忠等也。沙汰之間事具不レ記。別在二日記一。仍以二今日一二宮可レ被二參入一之由。勅使宮司議定畢之後。未時許太神宮神主注文到來云。今朝御饌供進シ天。禰宜等退出之間見レハ。古宮鋪設御倉之跡東方。馬落胎明白也。卽勅使宮司大驚天。重被レ尋二先例一之間。勅使宮司各束帶シ天。日終件返答被二相待一之處。已無音也。重遣二司使一天。僅以二戌時許一天。司目代撿非違使新家範經。參ヨ向於勅使御許一申云。一禰宜延滿神主口狀云。落胎實正也。但穢氣乃有無。神主等難二定申一也云々。勅使命云。神主乃思得天陳申之旨。更不レ可二思慮一也云々。如レ此沙汰之間。件夜御祭已以闕怠畢。以二明十八日辰時一。目代範經又參ヨ入中臣坊一申云。夜部申送之旨依レ無二所據一。今朝重擬遣尋シ天。昨日乃後司符請文見待レハ。以二其狀中一云。如レ此觸穢出來之時。穢所乃道ヲ違退テ被二參宮一之例也。早任二先例一可レ被二參宮一之由見也。而入レ夜之間。文乃小狀許ヲ見天。右狀ヲ不二見徹一シ天。只付二使者男口狀一天所レ申。極荒凉事也者。爰勅使雖レ被二驚命一。甚無益也。其後以二同日午時許一天。從レ宮送二大司御許一消息云。依二馬產事一。御祭解怠已了。至二于今一。過二穢日一可レ被二參宮一也者。卽副ヨ迻去天元四年九月御遷宮之時例文一其狀云。九月十四日。外院有二馬産事一。過二三日一。以二十七日一奉コ仕二遷宮事一云々者。依二件例一可二參宮一也云々。仍以二同廿二日一參コ入宮豐受太神宮一天。玉串供奉官幣奉納。直會王獻二饗饌一之勤如二御祭例一。至二于御遊次第鳥子名等之勤一者。十六日勤仕了。以二申尅一參コ入太神宮一。勅使宮司神主依レ例玉串行事了天。參コ入於御前一之間。雨少々降天。四御門砌各行烈。于時一禰宜延滿神主申云。如レ是雨氣之時。於二齋王殿一奉コ仕宣命詔刀御玉串一之例也。至二于御遊一者。四御門左右立天奉仕之例也者。爰勅使中臣元範朝臣申云り。今度御祭每事相違セリ。猶至二于宣命一。任レ例石壺ニシ天欲二奉仕一也云々。而雨氣頻問斷。勅使成從石壺シ天。宣命詔刀玉串行事如レ恒シ。官幣奉納。直會饗饌次第。御遊名召。鳥子名之勤。如二御祭一奉仕了。離宮解祭。豐明。遠江神戶僻等。任レ例奉仕之後。大雨如レ沃也。祭主永輔猶依二同前沙汰一。所レ不レ被二免下一也。

同六年十一月七日宣旨。同十八日到來偁。權中納言藤原朝臣經輔宣。奉レ勅。爲レ被レ告二齋王卜定之由一。欲レ奉コ遣幣帛使一之處。頻有二觸穢一悉以延引。仍令二卜食一。神祇官勘申云。奉コ爲公家一無レ咎。依二神宮神事違例之上寮中不淨一所レ致也者。神事違例之祟不レ可レ不レ愼。是宮司神主等不レ致二齋敬一。蔑コ如祭祀一之所レ致也。以往當二於如レ此之時一。可レ注コ申違失事一之由雖レ令二下知一。偏指下陳取二諸身一之意趣上。不レ注下申爲二違例一之神事上。何只立二己心一更踈略亡二公務一。爲二齋誠祈禱之職一。豈致二神事違例之咎一哉。不行之甚。責而有レ餘。宜仰二彼宮一殊致二精誠一。件事愼而後莫レ令二違越一者。宮司宜承知依レ宣行之。同廿日。太神宮禰宜等依二件宣旨一。進二於官庭一奏狀云。依二宣旨一撿二案內一。前祭主輔親卿卒去之後。祭主永輔始從レ事之時。先申二下二所太神宮禰宜等越奏停止之由宣旨一也。其後偏施二祭主之威勢一。恣令レ抑二屈神部神戸住人等一。所二張行一神事違例。已以繁多矣。因レ之曩代以後。無レ止供神祭料物等都以闕怠。宮中嚴重之神態動懈怠也。爰禰宜等依レ守二齋誠禱祀之職掌一。奉二爲神明一。奉二爲公家一。條々注二具由一雖二上奏一。默而無二裁糺一之間。連年宮中物恠託宣太度々也。仍以二去年一具注二條々一。着二權禰宜荒木田神主言頼一雖レ令二上奏一。未レ蒙二裁報一。然而至二于言頼一。在二京于今一。而永輔朝臣身者乍レ居二京都一。放誇了。使二神郡神戸一令二呵責一。神民等如レ踏レ斂。如レ此依二不堪之勘責一。有レ限供祭物重以懈怠。就中禰宜內人等。正戸寄戸所レ當官物依レ例收納。令レ進二於二宮一升合無レ殘矣。然而宮司義任。卽兼二任祭主目代之職一。以二件正戸寄戸等一。代宛二祭主給物等一也。供祭正納之由雖二陳訴一。

併以勘返。況乎二宮常供節供料田業及禰宜內人分給神田。併號二祭主宮司名田一恣收公。是皆至二于官物上分一者。備二進供祭一之先例也。凡至二于神事違例一者。祭主宮司所レ致也。糺正之日禰宜等條々可二陳申一也。但去九月神嘗御祭式日闕怠事。第一神事違例也。是已非二他事一。只宮司義任爲二神宮事蔑爾一之故。何者出二來外院穢氣一之時。前々除二穢所一。違レ道被二供奉一之前例〔二宮禰宜等。任二古日記一注進已了。然而宮司件注文不二開見一。而以二荒凉之詞一申二送勅使許一。令レ拘二留恒例御祭幷官幣等一也。豈非二正宮御祭次第神態。六所別宮。離宮院々解祭直會。御遊皆延怠一也。彼宮司所爲哉。方今神郡神戸。是自レ爾以降祭主宮司等管レ政之處。已耀二神威於遐邇嚴重別區之境一也。而祭主永輔朝臣深休二神德一恣愕二神民一。重耽二賄賂一令レ致二民之愁一。宮司義任高戴二神恩一强貪二供祭一。鎭有二執魚之計一。盖如二忘レ筌之輩一也。前々注二違例由一雖二言上一。祭主宮司恣取捨。不レ上二奏禰宜注文一云々。仍積二習前事一。今度申文二通之中。進二一通宮司一。一通自然洩奏而已者。同年十二月。御祭使權大祐惟經參下也。祭主永輔朝臣。內宮神主注二申神事違例祭主所爲條々一之由幷前齋宮參宮。亂行沙汰未レ被レ決。所レ不レ被二免下一也。同七年二月。祈年祭使權少祐元範朝臣參下也。祭主依二同前沙汰一所レ不レ被二免下一也。同三月廿七日。太神宮一禰宜延滿。三禰宜氏範。四禰宜延長。五禰宜重經等。引二率大小內人祝部神民八百餘人一。重上已了。祭主沙汰早速依レ不レ被レ決也。同六月御祭。使前駿河權守大中臣朝臣賴宣參下。祭主依二同前沙汰一所レ不レ被二免下一也。同九月御祭。使王成清王。中臣少祐公輔等也。抑祭使依二去五月六日大赦一赦免。祭主永輔朝臣可レ被二免下一之由云々。而太神宮神主等之

愁云。皇太神宮異二於天下諸社一也者。以二會赦人一未レ令レ供二奉祭庭一也者。依二件奏狀一所レ不レ被レ下也。同年十二月五日。勅使參宮。參議從三位行右衞門督源朝臣經成。但撿非違使別當。王致輔王。中臣散位從五位下大中臣朝臣賴宣。令三奉二給四神寶御馬等一。具不レ記。抑官幣奉納之間。一禰宜延滿神主參二寄於勅使座一。給二石壺之許一天。祭主永輔所行非例一々申了。具不レ記。同十二月。御祭使權大祐惟經參下。祭主依二同前沙汰一。所レ不レ被二免下一也。

同八年正月六日夜。大司義任宿宅燒亡之次。度會多氣飯野三ヶ郡文圖田籍。安乃三重朝明員弁四ヶ郡。及當隣國神戶文圖帳等。惣司中代々公文。皆悉燒亡失了。

天喜元年四月廿八日。丁酉豐受太神宮假殿遷宮也。依二件遷宮行事一。祭主永輔朝臣纔所レ被二免下一也。件祭主從二去永承四年六月一以來。仝五

ヶ年所レ不レ被ニ免下一也。而今度纔所レ被ニ免下一也。

同二年七月日。齋内親王乃御内戚伯父前式部卿入道宮入滅給了。爰齋内親王。齋院。皆是以レ日易レ月例云々。今依レ此天八月御禊。九月御祭參宮給已了。其間免無事也。

同四年六月十九日。恒例伊佐奈岐月讀宮乃御祭也。而伊佐奈岐宮物忌大宇羽西員成昇殿供奉之次。御衾盜給已畢。仍太神宮禰宜從四位下荒木田神主延基。捕ニ搦員成身一令ニ略問一之處。依レ實承伏。過狀早了。仍上ニ奏於公家一又畢。隨則被レ令ニ卜推一之處。神祇官陰陽寮共勘申云。奉ニ爲公家一無レ咎也。但本所神民之中。神事違例口舌事出來歟云々。具不レ記。

同四年九月。神御衣奉レ織之間。日來大雨頻降天。人民乃作田畠物。併皆損了。是則依ニ度々洪水之難一也。而恒例式日。件御衣爲ニ供進一亡。麻續乃船人等傭雇天。十四日朝出立之程逗留在天。麻續機殿御衣奉ニ納辛櫃一。櫛田川西岸出立畢。神服機殿御衣。未ニ出立給一天機殿御坐。以ニ十五日一。兩機殿御衣同時櫛田川奉レ渡天。同日戌時進ニ納於神宮一已了。一年之内二度御衣。既式日過事。尤重違例也云々。同祭使。祭主從四位下神祇大祐永輔。王致資王。忌部賴友。卜部權大副兼親宿禰等。到ニ着離宮院一早了。齋内親王依レ例着給天。十五日乃夕部乃大祓依レ例座烈了。而大祓以前。祭主與ニ大司兼任朝臣一俄口論之間。時尅推移天。千万上下乃人々併驚ニ耳目一天。既口舌少事與リ甚極大事出來レリ。始從ニ戌時一迄ニ子子畢一天互惡言云々。具不レ記。僅事停天。大祓如レ例。二宮乃御祭勤仕了。以ニ同廿一日一。祭主宮司各京上。即上ニ奏於公家一之次。二機殿乃神部加。式目違例シ天御衣供進之條。宮司懈怠之由。具ニ于祭主申文一也。

同年十一月日。以二神祇少祐公輔朝臣一。被レ改ヲ補造太神宮使一已了。仍以二同廿一日一。三頭乃工等給二饗祿一又了。其故祭主與二宮司一成二口論一天。互以二不善所爲企之由一天上奏之間。停二宮司兼任造宮使一天。以二公輔朝臣一所レ被二改補一也。各訴之趣具不レ記。而間同五年正月。公輔加外戚伯父卒去。仍造宮使停止了。同二月三日。散位從五位下大中臣永淸被二改補一了。祭主之一男也。同月祈年祭使二天祭主參向之次。以二同十三日一。己未三頭工等給二饗祿一天始造作事了。大司依二祭主之訴一不レ被レ下シ天。始レ自二去九月晦一。釐務被二停止一已了。祭主放二下文於諸郡一天。宮司納所乃稻米之類。宮司可二下レ符進一支齋宮御服土毛。仕丁等之代及男女官人等カ年々乃未行之代。拂レ底天下行已畢。祭主乃使檢非違使等所二散行一也。同四月十三日。宣旨到來偁。大宮司兼任奏狀偁。爲二祭主一恣檢ヲ封諸郡納所米七百餘石。出擧稻四万餘束一。下ヲ用太神宮造料工夫等食料一。又頂戶三烟。或暗掠領。或無レ由裁ヲ宛他人々一之旨不レ安者。右大臣宣。奉レ勅。有二事實一者可二返行一也者。官使下ヲ向於祭主許一。然而無實之由進二請文一畢云々。具不レ記。

同五年六月。祭使權少副公輔參下也。須二祭主下向一也。而以二去年九月十五日一。祭主宮司口舌。仍各上ヲ奏於公家一之間。被レ停ヲ止宮司釐務一了。而祭主今年二月下向之天。宮司納物等悉以且下用。爰依二宮司奏狀一。慥可二糺返一之由被レ下二宣旨一也。其沙汰之間所レ不レ被レ下也。同七月十五日。祭主下向了。此太神宮乃遷宮近々也。件造宮事爲レ令二忩造一所レ被レ下也。但依二宣旨一所二下向一也。同八月廿日。大司下向了。是又依二件遷宮之勤一也。同九月五日。祭主上道。爲二祭使一爲二下向一也。

同九月十三日。宮莊覆勘使參下。勅使弁代神祇少副元範。左大史中原師範。史生。官掌。作物。一門長上等。依レ例一々勤了。覆勘又了。同九月十四日。恒例神御衣式日闕怠不二供奉一。事ノ發ハ。字鍬方御厩生園預清原秀延加出來天。太神宮乃天平賀奉造料乃板負タル駄。横切放已了。仍大司差二撿非違使常忠一天尋二糺眞僞一之間。秀延烈隱天不二參會一。使者仍撿二封彼住宅一也。于時大神部重友。少神部兼友等申之。可レ奉二御衣織一料乃御厩。乍レ置二於秀延住宅一被二撿封一也。仍御衣不レ可二供奉一之由陳訴天。過二日來一之程仁。神服乃御衣式日。出立進天字稻木川原ニシ天。厩續御衣相待之間。時剋式日已過タリ。仍十五日午時許。祭主被二下向一之程。太神部常枝等訴二申於祭主一。卽被レ命云。服二御衣一無レ愁歟。然則早可二供奉一也者。仍以二十五日夕部一奉納已了。但御衣權司所二供奉一也。大司少司。離宮院大祓供奉。祭使達座烈如レ恒。齋內親王寮官同前也。

抑齋王御外戚伯母。以二去八月下旬一入滅已了。仍八月御禊ニハ。九月四日於二南門一被二奉仕一已了。御參宮之條者。祭主可二定申一之旨。從二關白殿一被二仰下一之日。齋宮齋院如レ此傍親乃御忌服之條。以レ日易レ月乃例也者。任二先例一可レ下令二參宮一給上之由進二上請文一了。仍以二件請文一所下令レ進二於齋宮一御上也。因レ之豐受太神宮仁御參宮如レ恒。又太神宮御遷宮之勤如レ恒。同五年十二月十八日。參宮勅使。王致資王。中臣元範朝臣等也。宣命云。去九月十四日。神御衣宮司神民ト向背乃氣在天。荒妙御衣服闕怠之由云々。以二來廿二日一令二供奉一之由云々。不二具記一。抑件御衣。以二件廿二日一成二神部代一令二備進一天所レ被レ令二供進一也。詔刀畢之後。東寶殿奉納シ天。一宿之後禰宜等給了。荒祭宮御科（料歟）。御前御棚忩結天其上奉レ置。同一宿之後。內人物忌等給畢。卽件大少神部等預。內戶田當年官物。宮司放使勘納早了。
同六年七月廿七日宣旨偁。應早撰補替人來九月御祭供進去二年十二月同三年六月兩度闕怠飯高神戸御神酒事云々。不記。事發。前大宮司義任。彼神戸撿田行之由愁訴天闕怠御神酒也。以去三年六月二日依宣旨天左大史中原師範。右史生惟宗資行。件成道等ヲ差使天。以同月七日天。義任與神戸預河內惟清被對問之處。惟清所爲前後相違。既成故入人罪之重也。仍被停止件惟清職掌。被科大祓已了。同年七月廿七日宣旨。件惟清科大祓事也。使中臣大中臣公庭。卜部神祇大祐卜部兼國等也。宣旨狀偁。內大臣宣。奉勅。件惟清等。去天喜二年十二月同三年六月兩度御祭之間。寄事於訴訟闕怠御神酒。須任格條專科上祓也。而猥依故入人罪之謀略。忝致無止神事之闕怠。況寵公田爲私領。徒假神戸威不致司庫之弁者乎。仍科大祓。差件人發遣如件云々。依件宣旨。以同年八月二日。撿非違使河內重清。被改補神戸預已了。

同年八月廿九日宣旨依天。祭主永輔朝臣。宮司兼任朝臣等乃罪名所被令勘申也。事發者。以去九月。神服衣式日不令供進。又荒妙御衣闕怠之咎也。但至祭主者不可懸件事也。然而神麻續機殿神部等京上シテ愁於祭主之日。須早裁下令致件勤也。然而與宮司相違之間出來天。宮司令處重科ト思。專裁許之間。宮司之許無其隱シ天。件荒妙神衣闕怠之事。祭主之企也ト被定天。祭主乃罪名共被令勘也。何况件大少神部等。同前被令勘罪名也。

同年九月。祭使王成清王。中臣少副元範朝臣等也。祭主依神御衣沙汰。停止祭主宮司之釐務一。所レ被レ令レ勘二罪名一也。仍所レ不レ被レ下也。而今度幣馬之中一疋。於二鈴河驛家一俄病煩。仍勅使被レ召二問先例於郡司幷衞士等一之處。申云。如レ此幣馬病惱之時。被レ預二郡司等一天。損平之時被レ令二送進一之例也。近則去寛仁治安之比。十二月祭使シ天。故三位祭主之御時。件幣馬立煩不レ行。仍預二留郡司之許一。令二勞飼一之後。追被レ進例也者。卽就二件申狀一天。取二郡司請文一被二預置一已了。仍爲二後代一所二記置一也。

天喜六年戊戌八月廿九日。改二康平元年一。

康平元年十月廿八日。豐受太神宮乃新宮心柱立進レリ。御榊ヲ放牛喰損已了。仍上二奏公家一。隨則神祇官陰陽寮勘申云。奉レ爲二公家一無レ咎。本所神事違例之故也云々。

同年十二月五日。參宮勅使參議從三位行備中權守藤原朝臣經秀。王致輔王。中臣權少副公輔也。大宮司兼任依二件御衣沙汰一所レ不レ被二免下一也。仍權大司等所二供奉一也。

同二年二月。祈年祭使祭主永輔參下。抑依二去天喜五年九月十四日荒妙御衣之勤一依レ有二闕怠一。祭主幷宮司等罪名被レ令レ勘之處。祭主贖銅卅斤。宮司同前也。至二于大少神部二人一者。科二大祓一解二却見任一畢。而後被レ下二於法家宣旨一云。祭主宮司等會赦之後可レ從二神事一哉否。勘申云。祓清テ可レ從也者。仍祭主科二上祓一。宮司科二中祓一天。各祓清之後所レ被二免下一也。

同二年三月十九日。豐受太神宮乃東寶殿棟持柱二本。高宮棟持柱二本。及本宮ノ外院ノ御材木百餘物。自二慥柄小川一以二數百人夫等一奉レ流之間。瀧本ニシ天男一人流天死去已了。于時五六町許持去天弃置又了。仍造宮使神祇少副元範朝臣。乍レ驚尋二先例一之處。上代之比。太神宮御造作之時。忌屋殿乃御材木宇川合淵ニ置天。經二日來一見二件材木一之時。材木下ニ死人有。不レ知二姓名。而間造宮使俄死去了。其替以大中臣氏彝被改補造宮使了。仍氏彝上奏此由。依宣旨作替材木天奉造了。年記不明。又長曆年中。當宮造宮使大中臣朝臣明輔之時。御殿材木字流置於尻瀨川天欲曳上之程。當宮權禰宜從五位下秀賴神主。以七月七日天臨于件川上字樋手淵天沐水之間流死已了。乍驚造宮使件材木忽流下天。宮川尻廻入天。字驛家瀨上仁曳上天。造作已了。因之造宮使元範朝臣注子細上奏早了。仍以同年三月十九日被下宣旨。召上大司兼任被沙汰之處。度會郡權大領新家惟長。內人阿古光等。依實彼日事弁申了。隨則宮司兼任所申荒涼无實也。早造宮使元範無懈怠可奉造。但至于棟持柱堅魚木者內院料也。造替佗木可勤仕之由宣旨已了。同年二月卅日。臨時勅使參宮。然而件大司兼任。彼檝柄小川乃死人依荒涼之沙汰。所不被免下也。

同六月廿四日。造物所長上等下向。是則准太神宮例。豐受太神宮正殿御金物可被奉莊也。仍寸法爲注所被下也。造宮使元範朝臣所申請也。

同七月廿日夜。外宮乃心柱乃覆榊。爲放牛仁又被喰損已了。仍造宮使元範朝臣上奏之處。早可立替之由宣旨畢。即如前禰宜與山向內人。任宣旨奉替已了。

同九月十二日。宮庄使參宮弁代從五位下行神祇少副大中臣朝臣公輔。右少史惟宗朝臣員國。史生。官掌。木工長上等任宣旨奉莊。兼又覆勘畢。但正殿乃金物并四面高欄。御階男柱等。今度初所被奉莊也。元範朝臣爲造宮使所被申如也。同十四日。神御衣麻續大神部重友。少神部兼友等。復任本職。供奉既了。

同九月。豐受太神宮遷宮平安勤仕畢。而六神主賴元既六位也。仍任二式文一令三位袍帶一。可レ被レ令レ供ヨ奉於遷宮一之由。祭主經二奏聞一早了。而位記到來之前有レ限。御遷宮今夜也。因レ之祭主賜二下文於太神宮司一。卽奉行之後。件賴元帶二位袍一昇殿供奉已了。式文云。二所太神宮禰宜。遷宮之時宜下帶二位袍一供奉上者。

同十月廿三日。祭主乃宅別當散位從五位下大中臣朝臣賴經。被レ籠二於左衞門弓場一已了。事發。宇治鄉度會宮時俄狂言云。我皇太神宮乃第一別宮荒祭宮也。而祭主永輔朝臣乃年來神事違例至セリ。託宣之詞條々也。具不レ記。而件宮時ヲ賴經朝臣祭主乃目代トシ天。放二撿非違使新家成貞一追捕之間。彼隨身乃箭ニ中天件宮時死去了。依テ沙汰所レ被二召上一也。同十二月五日。陣頭乃御定。件成貞既犯人也。其罪不レ輕。然而神民非二從罪之限一者。放二下文一令三射殺一。宮時賴經朝臣尤當二張本一者。罪科不レ輕者云々。

同年十二月十日宣旨云。應レ令レ參下上太神宮司大中臣朝臣兼任。禰宜荒木田神主延基幷祝ヨ聽神民進時所レ申詞一輩等上事。左右大臣宣。奉レ勅云々。具不レ記。仍同三年二月日。一禰宜延基參上了。以二同三月十九日一。於二右中弁藤原朝臣伊方之許一天。宮司神主等ヲ被二對問一僻。左大臣宣僻。須レ任レ例令ヨ所司之便所召ヨ問神主等一也。然而至二于伊勢太神宮禰宜一者異二於天下諸社一。御太神宮乃昇殿供奉者也。仍加二會釋一。於二私所一シ天所二召糺一也。宮時之託宣幷所二殺害一之條。無二表裏一慥可二弁申一也者。各陳狀。具不レ記。

同六月。祭使少副元範參下。抑件夏世間既飢饉セリ。因レ之外宮直會酒肴也。內宮乃直會。祭使幷三人宮司。寮官人。主神司許坏飯也。至二于所司一分等一皆酒肴也。

同年六月十二日己巳未時。太神宮乃御前松樹乃巽方差タル枝。從二本之土際一五尺許登天。俄折落タリ。仍宮司神主上奏。以二同廿三日一被二卜食一之處。神祇官陰陽寮勘申云。奉三為公家一無事。本所神事違例并依二汚穢事一齋內親王可二愼御一也。又天下口舌鬪亂兵革可レ有歟云々。

同七月十四日。豐受太神宮朝夕御饌。依レ例天御氣殿仁膳進上了。而二宮正躰乃御飯十六坏之內二坏失給了。依レ任二宮司一。神主注文上奏。爰被レ令二卜食一之處。勘申云。依二神事違例一所二祟給一也。又公家重可二令レ愼給一也云々。

同三年八月三日。伊勢守義孝被レ配三流於隱岐國二已了。事發以二去元年七月一天。件守爲二撿田一入三部一志郡一之處。郡司伊元宿禰之住宅ヲ燒拂已了。而件宿禰乍レ爲二郡司一。豐受太神宮之御領字阿射賀御厨司兼任也。仍供祭物徵納之間。同以燒失了。依二卽件訴一天被二配流一也。

同九月。祭使王延清王。中臣權少副公輔朝臣等也。齋內親王以二今月九日一下三坐於御汗殿一給。任レ例過二七日一後十六日直道參宮。但以二申時一天離宮乃大祓所御輿寄供奉。諸司共御祓參宮了。

同年十月九日。太神宮二禰宜氏範神主上洛已了。依二宣旨一宮時之沙汰爲レ申也。卽氏範陳狀具不レ記。

同十二月十三日。豐受太神宮乃御氣殿備進レリ。御饌乃御飯六坏已失給ヘリ。仍上奏之處。卜申云。本所并齋內親王殊可二令レ愼給一也。又天下病患飢渴兵革事等可レ有歟者云々。

同四年五月十二日。同御氣殿ニシ天。如レ前御饌乃御飯廿四坏失給了。仍上奏。隨則又被レ令二卜食一之處。本所乃神事違例也。又疾病兵革等也。就中公家尤可二愼御一也者。同六月晦日。祭主永輔朝臣乃宅伐拂已了。事發。關白殿御車。築垣遺形懸遺天令レ傾給。又御共乃小野宮乃中納

言殿御車。同前ニ天破損已了。因レ之從ニ關白殿ー遣ニ撿非違使三人ー天被ニ伐拂ー已了。就中山井大納言殿御薨去之間。無憚覺作事甚非常也云々。但件宅材木獄所修理料ニ放免。着馱等ヲ以テ被レ令ニ運移ー已了。卽造所目代幷大工木イ三人等被ニ追捕禁固ニ了。但件大工依レ有ニ神民ー天。不レ被レ遣ニ獄所ーシ天。使所禁固云々。

同四年七月十九日。賴經朝臣可レ被レ除之由。被レ下ニ宣旨ー已了。以ニ同廿一日ー天下大赦已了。

同十月九日宣旨云。可レ令レ停ニ止供奉神事ー。豐受太神宮一禰宜常親神主ー事。件神主爲レ疾癈疾者。不レ可レ預ニ神事ー之由依ニ神宮之訴ー也。是則癩病也。

同五年六月。御祭之間。神宮坤方宇川合淵ニシ天。馬洗小男一人放レ馬溺死去已了。仍以ニ十六日早旦ー天。神主注ニ此由ー申ニ送於宮司ー。仍乍レ驚被レ尋ニ問先例ー之處。件川合淵度々人流死之時多々也。然而入天一殿乃西砌ニシ天。御祓奉仕シ天被ニ參入ー之例也。又宮中之間幷內人等乃宿舘。牛馬落胎斃損之時。違レ道參入供奉之例也。仍代々古記文具也。是既院々事也者。今度モ違レ道可レ被ニ參入ー之由所ニ申送ー也。祭使。齋內親王。宮司同以參宮。但任レ例馬津俱志與リ參入シ天。一殿ノ西砌ニシ天御祓奉仕シ天被ニ供奉ー了。更無事也。權頭伊勢守藤原朝臣忠高。初參。正頭兼懷朝臣同供奉了。

同六年二月。祈年祭使少副元範參下。抑件祭ニ勅使參入。豐受太神宮宣命詔刀畢天。直會三獻始之間。高宮內人申云。高宮御幣請取天只今奉ニ拜見ー之處。生絹乃御幣一色ハ片端令ニ燒損ー給也者。乍レ驚召ニ問神部執幣衞士等ー之處。申云。近江國栗太郡乃貫首之宅ニハ。勅使乃御供給房裝束等儲タリ。治田郷專當之許ニハ。神部衞士等加料儲也。仍進ニ向彼所ー天。御幣ヲハ門內乃桑上

捧置天。假屋之內可レ奉レ宿ニ御幣ヲハ一御棚可レ造
之由。令レ仰ヨ知下人等一之間。不意火事出來天
燒亡了。乍レ驚官幣ヲハ荷持天退去已了。仍任ニ
實正ニ在郡司等進ニ其由申文一也。更件官幣何
可ニ大厄侍一哉者。太神宮官幣奉納之間無事也。
注ニ此由一勅使上奏之處。被レ下ニ宣旨一偁。件燒
亡事。使已逗ヨ留途中一天。言ヨ上事由一。可レ隨ニ裁
定一也。不レ問レ事參宮尤有レ怠也。仍進ニ怠狀一
了。但以ニ同月五日一差ニ使少祐大中臣輔長等一。
件御幣被ニ替進一已了。

康平六年五月廿六日。齋內親王御字修學院阿
閣梨入滅了。然而齋宮齋院。祖父母及兄弟乃忌
服不ニ御坐一之例也。以レ日易レ月之前例。所謂
服五月五日。服三月三日。服一月一日。是承前
之例也。仍其間御匣殿ニ御坐天。內膳炊部司等乃
御膳物不レ供シ天。只進物所與リ御飯御菜等進
了。但本服五月也。仍五箇日所ニ下坐一也。

同六月。祭使神祇少祐輔長參下。齋內親王參宮
了。但去晦日御禊。以ニ今月十日一奉仕天令ニ供
奉一給也。依ニ以レ日易レ月之例一也。

同八年四月十九日。公卿勅使參宮。參議正三位
行右大弁兼近江權守源朝臣隆俊。王內膳正致
資王。中臣權大祐惟經。忌部卜部等也。子細宣
狀具也。

治曆元年八月十一日。太神宮鎰取秦宗常、散位
高橋瀧成等科ニ大祓一解任了。使權大祐惟宗。卜
部兼懷宿禰等也。事發者。去年正月一日乃二
所太神宮御膳乃白散闕怠之咎依天。下ニ宣旨一所
レ被レ行也。

同年五月六日與リ七月マ天大旱魃シ天。豐受太神
宮乃御饌乃御井水失之由。依ニ神主注文一宮司上
奏。仍被ニ卜推一之處。公家御愼之上。天下疾病
也云々。

同年九月廿四日宣旨偁。應レ令ニ如レ舊勤ヨ行飯

高神戸預職河内維清ニ事云々。具不レ記。去天喜三年十二月。同二年六月御祭。彼神戸恒例神酒闕怠了。仍依ニ件咎ニ以ニ去康平元年七月廿七日ニ科ニ大祓ニ解任早了。而今年所レ被ニ復任ニ也。

同二年五月十三日。丙申氷降天。雷電振動シ天。四方如ニ暗夜ニシ天。午時與リ迄ニ于未時ニ。大柑子許ノ氷降天。牛馬犬ハ人ノ中走迷。田夫殖女ハ衣服笠ヲ被ニ打破ニ。大小鳥飛落天被ニ打殺ニ之事等。有ニ宮司上奏ニ畢。

同二年八月廿五日。丁未太神宮假殿御遷宮也。爰祭主依ニ故宮時之沙汰ニ。至八箇年之間所レ不レ被ニ免下ニ也。而依ニ太神宮解状ニ。爲レ令レ勤ヨ仕件御遷宮之雜事ニ。所レ被ニ免下ニ也。爰以ニ八月十七日ニ。兼日祭主下向シ天。大司乃伊蘇舘宿居了。而間始レ自ニ同廿三日朝ニ天細雨降天。廿四日大雨降天。既大洪水出湛天如レ海。宮川乃水甚猛ニシ天。大少船所レ不ニ思懸ニ也。祭主宮司相搆。宮川ヲ渡天神宮參入。而ルニ河西ノ大少内人物忌等。人馬共仁徃還不レ通之間不ニ參宮ニ。仍職掌供奉乃人々既以不足也。又御修理之夫工同以不足也。雨乃降事以レ水ヲ如レ沃。因レ之遷宮時尅相違シ天。以ニ巳時ニ天御出奉レ遷之間乃雨彌倍シ天無ニ間斷ニ。仍以ニ菅御笠ニ天御躰之上差隱奉天。假殿仁渡御坐之間。御被并御装束神寳物等。併以濕損御シ天。御正躰奉レ始天。左右相殿乃御躰。同以濕氣御坐之由云々。已遷御之間。雷電穿レ雲天。供奉職掌人々。迷ヨ以心神ニ天。行歩不レ靜シ天。儀式作法毎事相違已了。如レ此事等神郡乃有官散位乃中臣氏人等内々密奏。因レ之彌祭主之咎不忠之由已有レ聞天無レ隱。

同二年九月。御祭使王致資王。中臣權大祐惟經等也。齋内親王御參宮如レ恒。祭主件御遷宮之間違例依レ有ニ沙汰ニ。不レ被ニ差下ニ也。

同年十一月廿一日。參宮勅使參議從三位行右(左歟)

大弁齋宮大別當藤原〔泰〕憲。王信淸王。中臣少祐元範等也。宣命狀云。去八月廿五日假殿御遷宮乃違例之由令ニ祈申一給也。以ニ同廿八日一件勅使參ニ入於齋宮一。先西陣寮頭兼懷朝臣。助文。季永。主神司中臣範任等各束帶シ天。西陣參着シ天。西陣開天西(南イ)面妻戸許令ニ參入一給天。下板敷侍坐。縹綢端疊二帖。茵一枚。從ニ本院一兼日所レ被レ下也。從ニ御前一被物。五重襲織物。紅御袴。裳唐衣也。寮頭給天勅使奉了。卽勅使退立天。南面御前ニシ天奉ニ拜賀一了天。卽進物所退出天。東帶ヲ解置天。冠直衣着天坐。縹綢端疊二帖。上筵一枚。紫端二帖。左右卽高坏三本立天獻ニ御酒等一。于時勅使寮頭給ニ織物女房裝束一具一。主神司中臣範任。給ニ蘇芳褂一襲一。助文。季永。給ニ黄褂一襲一。一番刀自給ニ單襲等一。更又西面參坐給天。女房御對面萬事令レ聞給了。

同二年十二月。祭使權少副公輔朝臣參下。齋內親王依レ例參ニ着離宮院一。十五日大祓依レ例了。以ニ十六日朝一勅使以ニ撿非違使時武一差ニ使神主許一示云。昨日自ニ飯高驛家一利立天。御幣令レ持神部等ヲ前陣ニ立天參下。勅使遙曳後天參下之間。前立衞士返對申云。着ニ綴牛皮兵仗等一之者主從四人打合天。專不レ致ニ禮敬一シ天過通候之程。執幣衞士乃咎侍之間。件騎兵等不レ論ニ是非一。衞士ヲ射危天罷過也。後々來郎等乃男共ニ此由ヲ令ニ仰知一之程。權追捕使藤原高行被ニ射落一已了。又撿非違使武時加隨身男一人被ニ刄損一タリ。如レ此合戰之間。件騎兵一人被ニ射殺一已了。又步兵二人捕得之由云々。此既後陣來レリ。下人等乃所爲也。仍乍レ驚御幣隨身シ天前立天進來也者。卽神主乃返答云久。件事左右禰宜等難ニ沙汰一事也。執幣衞士最前被ニ射危一ナリ。縱雖レ不レ中ニ件箭一トモ。猶被ニ參宮一有レ憚。加之後々人人所爲合戰之程射ニ殺人一セリ。此尤不レ穩事也。

被二參宮一事可レ依二公家定一也者。仍參宮留畢天。勅使注二解狀一言上已了。

同年十二月廿六日宣旨。明正月五日到來。使神祇權大祐大中臣惟經。右史生佐伯親籠。使部二人等也。件勅使等不レ着二於離宮院一シ天。小俣村乃小人乃宅來着シ天。二宮神主宮司祭使權少副共。任二宣旨一件合戰亂行之由。弁定使二勘記一云々。具不レ記。

同三年二月十日宣旨偁。應レ令レ奉レ供二去十二月月次御幣一事。右權中納言藤原朝臣經輔宣。奉レ勅。下二知使等一。今度御幣相共奉幣者。宮司宜承知依レ宣行之者。同年二月十日。勅使王。中臣少祐輔長也。抑參宮之間。去年十二月御祭權少副共々仁石壺二着天。先十二月御幣乃詔刀申了。後今度乃勅使乃御幣ノ宣命申了。宣命狀無二佗事一。件御幣途中ニシ天穢氣出來天。不二進納一由ヲ令二祈申一給ヘリ也。抑古記文云。醍醐天皇御代。昌泰元年十二月十三日。祭使下向之間。鈴河山內白河ニ強盜出來天。上道乃人物取天彼此合戰之程。勅使乃郎等一人來會天。中レ矢天死去。又盜人乃方ニ二人被二射殺一已了。仍使衞士前立天過通後。後來此事有。仍官幣進納已了。其後使奏二聞件事一。仍以二同年二月廿一日一。使王。中臣神祇大祐良□等參宮。宣命狀云。去十二月月次乃幣帛。依レ例差レ使奉書立給。而使參下乃間。途中ニシ天非常事有ケレトモ。使衞士等幣帛令二捧持一天。彼危ヲ遁退天守二式日一如レ跡クニ全奉仕事。寔皇太神乃無レ限御領乃所レ致也。悅申給天云云。具不レ記。宇多天皇御代仁和四年十二月廿三日。勅使參宮。王神祇伯雅望王。中臣大祐時常。忌部小祐齋部祐雄等也。而度會川御祓之間。祐雄カ從者童俄馬被レ蹈天頓滅已了。仍祐雄急佗馬乘替天參宮已了。陽成院御代元慶二年九月。祭使王資公王。中臣神主神祇大副有本朝臣也。而十六日參宮之間。度會川洪水。仍船渡之間。勅使幷宮司貞世同船シ天渡之程。川中ニシ天死人流下天。件船流懸天早不ニ流下一。因レ之佗船ヲ招寄天乘替。東岸渡屆天卽數度祓清天參宮供奉了。但官幣忌部衞士共前陣渡也。卽使等歸京シ天奏ヲ聞具由一。仍被レ令ニ卜食一。奉ヲ爲公家一無レ咎。天下疾疫兵革事出來者。仍其由御祈禱勅使參宮。具不レ記。抑依ニ件穢氣一天祭使公輔朝臣。始レ從ニ去十二月十五日一迄ニ于今年二月十四日一。離宮院被レ宿天。其間朝夕供給太神宮司勤仕了。又四所領等之勤無ニ間斷一。撿非違使追捕使等造巡天宿直。就中郡司驛專當等之勤無ニ懈怠一也。

同九月。祭使王正親正信淸王。中臣權少副公輔等也。齋王依レ例參ヲ着離宮院一給天。十五日夕大祓了。明十六日巳時御汗殿下坐了。仍以ニ同廿五日一天二宮參宮已了。

同年十二月。左衞門尉平季衡科ニ上祓一。使神祇大祐大中臣惟經。卜部權大副兼懷等也。事發者。今年三月三日。奄藝郡坐稻生社乃祭日也。而撿非違使河内常重。駿河前司平惟盛朝臣乃從者。又件左衞門尉乃從者共口舌之間。恒重幷男子從者惣三人被ニ射損一已了。其中從者男矢庭死去了。常重父子僅存命セリ。件下手人等。三重郡字衣比原御厨住人等也。仍祭主永輔年來蒙ニ勅勘一。此九ケ年之間雖レ不ニ下向一。依ニ祭主下文一令ニ追捕 之間。御厨内住人二百餘家内外共損亡了。仍主人各依ニ宣旨一科レ祓勤仕了。又被ニ殺害一之神民以ニ替人一天被レ令ニ弁替一已了。是則河曲神戸預太鹿武則被ニ殺害一之時。故越前前司正度朝臣。依ニ宣旨一令ニ弁替一也。仍任ニ其例一。且任ニ式條一。取ニ弁替一已了。

同四年正月一日。甲戌時未二點ヨリ申尅マ天。日蝕如レ暗ナリ。同二日戊時大地振動。同三日終日大

風吹。所々人家吹倒セリ。但至于日蝕者。兼日依卜申。以去年十二月十七日天。勅使神祇少祐大中臣輔長以令祈申給。宣命狀云。明年正月一日。日蝕可有之由。即御躰御愼可有之由。所被祈申也。同四年二月。祈年祭使少副元範參下也。而臨于八日晩景天。豐受太神宮一禰宜康雄。神主宮司送消息狀。今月八日辛亥。是神宮恒神態也。而荒垣外御氣殿艮方當天。牛產事侍者。宮司宣衡朝臣。以件書狀祭使觸聞之處。返答云。大垣之內如此穢氣出來ニハ。朝夕御饌之勤供奉哉否。又外宮穢氣出來之時ハ。過外宮天。直道太神宮仁參入之例有哉否如何。神主依先例憶可注進也者。神主曳勘先例天云。如此荒垣之外穢氣出來之時。專不及官奏。只過三ケ日。御饌供奉之例。往古近代之流例。又臨時奉幣使恒例祭使乃當參宮之時天。未出來穢。仍前例難尋。又過外宮天。如此勅使直道被參入於太神宮之例未聞。但以件事至于被奏聞者。左右勅使御心也。於神主者不能是非也。就中當月乃先子日ヘ鍬山乃御神態也。是則年一度定日也。然而依此穢氣不可奉仕也者。又太神宮神主之申云。如此不意穢氣出來之時。當宮之例退去彼穢氣之所天。違道神事供奉乃先例多々也。但過外宮直道被參入於當宮之例未聞事也。於被官奏者。勅使御在也者。因之過三箇日參宮了。隨即注其由。宮司共官奏已了。同四月十九日。天皇崩御給了。同廿三日。齋王下坐了。同四年六月。祭使神祇少副從五位上元範朝臣也。抑祭主永輔朝臣。始自康平二年十二月御祭迄于治曆二年。惣八ケ年之間。依故宮時殺害之沙汰。不被下遣シ天。僅太神宮假殿乃御遷宮。以去二年八月被免下之後。依被遷宮違例之沙汰不被下遣。而及三ケ年之程。天下改御坐セリ。而猶前帝之時勅勘ニ依テ。新王御代ニモ所不被免下也。抑當月祭使爲被定下。以今月九日被下神祇官宣旨偁。祭主永輔朝臣。年來之間不被差遣祭使。依何等之過怠哉。其由勘錄可言上也者。爰返奏狀偁。前帝之御時。祭主永輔依無罪名。不堪定申彼咎誤也者。于時公卿之僉議云。縱雖無指過怠。既不從神事。空過十ケ年也。而何新皇之御代被令供奉於祭庭哉。於事無穩便。尤似可有憚也者。以次官人被下遣可宜也者。因之以少副元範朝臣所被差下祭使也。卽請官幣之日。別宣旨偁。以今月廿一日神祇官御行幸可有也。件日又奉幣使可被立也。件日行幸公役。元範可勤仕也。早可參會也者。仍參下。二宮御祭無事奉仕了。同十八日夕部同十九日及于兩度。早々可參上之由。召使頻下向。仍以夜繼日。廿日夕入京已了。廿一日御行幸乃公役勤仕了。爰元範朝臣以御麻天於神祇官門進之處。被宣旨偁。今度奉幣使ニハ以元範爲祭主可令下向伊勢太神宮也者。卽勅使被立。王從五位上正親正成淸王。中臣祭主從五位上行神祇權少副大中臣朝臣元範。忌部致良等者。卽參宮了。

同七月一日。辛未始行祭主務。先二宮權禰宜職ヲ補任之例也。仍太神宮大内人荒木田友延。豐受太神宮大内人度會則雅等補任已了。件日卽新皇御卽位之日也。

同年九月。御祭使王内膳長章資王。中臣祭主神祇少副元範等也。抑太神宮參入之間。祭使宮司等到宇治岡天。例乃浦田加坂爾不向シ天。件宇治岡乃東字湯田片岸ト云道仁懸天。井面ト云所乎徹天川上參宮セリ。其故ハ字奈宇志禰止云所居住下人死去了。仍彼死去之門許爲違。先例任神主注文所參宮也。十四日神御衣同前參宮了。
治曆四年十二月御祭。祭主元範朝臣參宮也。抑祭主以去十一月大嘗會之日。任先例加階正五位下。爰今月官幣請天退出之後。同日乃未時許。內裏燒亡了。至于祭主者。依例十五日到着於離宮院之間。大司公義。權司信通。少司如範。司中雜職人乃安匡。撿非違使惣上中下。倂以天祭主御許見參了。以酉時許例大祓事擬被奉仕之間。神祇官鎰取一人。隨身伯御消息一封天到來。件消息狀云。日上傳宣。奉勅偁。祭主元範之宿所死人穢事有。而隱忍天請預官幣天下向也云々者。至于官幣者。途中之便所置天隨沙汰可左右也者。卽祭主之御坊參入之人々三員。上中下人々。倂觸穢之內成了天。件大祓不勤仕。何況乎祭主宮司共參宮事停了。但式日有限。御祭乃事依不可懈怠。前々少司致時尋出天。司乃代官天。二宮祭庭乃事令勤仕了天。十八日解祭主。豐明乃神事者。度會川乃西頭字大牛草天勤仕了。仍十二月晦日從離宮院可出立進白散年魚鮨之勤也。件大牛草造假屋令勤仕了。正月元日乃恒例乃大饗。朝拜踏歌之勤。同大牛草天立司代勤仕了。但十二月晦夜乃御燈油之勤。往古近代宮司之所課也。然而依件穢氣天闕怠了。在京乃無止恒例神事也。依件穢氣天懈怠之由云々。是則依權少副公輔朝臣之內奏也。爰祭主乃御宿所乃家主右馬寮屬姓不知光則付撿非違使天。召籠天被糺問件穢氣之處。弁申之。祭主元範白地之間來宿於光則之私宅天經廻之程。光則之許候今來乃下女一人病惱過一兩日。而恐非常之事天。早可令退出之由祭主被申。光則心內依存思給天。件病女下女令負擔天。使人之許宿遣之

程ニ。少家乃人申云久。宅主近來熊野參向之間也
者。佗所可レ宿之由申侍ケレハ。求ニ便所一天臥置
事了。是則傍隨近乃者。往還人々具所ニ見知一
也。專非ニ死人一申了。然而爲レ決ニ其眞僞一。件病
女負擔ヘル女ヲ召對天。任レ法被ニ糺正一之處。專
非ニ死人一。乍レ生負出之由依ニ實正一陳申了。況
乎近邊往還人々。乍レ生出置之由實也ト證申
了。仍公輔朝臣乃內奏无實之由具也。仍其由過
狀早了。爰祭主元範朝臣依ニ件沙汰一。隨ニ身官
幣一シ天。自ニ去年十二月十五日一明二月廿六日
マ天離宮院ニ祗候。其後二月廿一日。勅使參宮。
使王俊清。中臣主殿少允大中臣親長等也。件十
二月御幣ニ今度幣ヲ添令ニ進給一之由具也。宣命
狀不レ記。但宣命狀云。其說縱橫シ天指南トシ難
奈リ。仍爲レ決ニ眞僞一神祇官陰陽寮令ニ卜食一處。
共皆有ニ穢氣一由申セリ。因レ之云々具也。依ニ件沙
汰一。去二月祈年祭使ニハ。前出雲守賴宣朝臣參
下也。

治曆五年己酉四月。改ニ延久元年一。

延久元年六月。祭使散位大中臣永淸參下。至ニ
祭主一依ニ彼死人沙汰一不レ被レ下也。

同年七月一日。乙丑時巳始迄ニ于未一點一天日蝕。
如ニ暗夜一云々。同廿日。始被レ下ニ宣旨於太神宮司一天。河
俣山追討使等差遣天。伊賀伊勢志摩大和紀伊國
等乃要害等令レ問天。彼山乃惡人散位紀爲房。同
近助。同宗近朝臣及各等男女子共被ニ追討一已
了。但同年九月三日ヨリ始天。同廿二日戮了天進
官又了。大將軍左衞門尉從五位下源朝臣家宗。
件判官從ニ大和國一入ニ件山一。副將軍前駿河守平
惟盛朝臣。自ニ伊勢國飯高郡一入ニ件山一リ。件平
前司隨兵三千餘人也。於ニ步兵一者不レ知ニ其數一
也。依ニ件事一天太神宮司被レ下ニ宣旨一。已及ニ于
五ケ度一也。是爲レ令レ支ニ神郡之要害一也。

同年九月。御祭使王正親正信淸王。中臣前出

雲守親長。賴宣朝臣等也。十六日。豐受太神宮御祭ニ祭使宮司共依レ例天參宮了。玉串行事宣命詔刀了天。爲レ奉ニ納官幣一。正殿ヲ奉レ開之處。御鎖澁固天更不ニ被レ開給一。仍始レ自ニ一禰宜康雄神主一。一々六員神主各立代奉レ開。更不ニ被レ開給一。然間時尅推移天夜漸臨ントニ于後夜一欲。仍神主等勅使宮司ニ申云。正殿巽方東寶殿之中ニシ天。以ニ御炊物忌父度會久忠一天。及ニ于數度一天令ニ祓淸一天。又六員禰宜等皆參登天開奉。遂不ニ被レ開給。因レ之禰宜等罷下天。一禰宜申云。去長曆年中御遷宮以後。公家乃被レ進官幣物等。永應レ奉レ納ニ東寶殿一之由。被レ起ニ請一申於二宮一早了。而依ニ禰宜等申請狀一天。九月御祭幷公卿勅使參宮之日。正殿奉レ開天。且奉ニ拜見一。濕損有レ實。且官幣應ニ奉納一之由所レ被ニ改定一也。而今度正殿已不ニ被レ開御一者。雖レ有ニ非例一。依ニ便宜一天東寶殿奉納如何者。勅使承諾。仍奉納了。臨ニ于曉一天次第神事勤仕。太神宮御祭任レ例奉仕了。但以ニ件事一勅使幷宮司神主上奏了。

同年閏十月七日。參宮勅使。王兼長王。中臣少祐輔長等令レ進給。金銀御幣御馬等也。宣命狀云。去九月御祭。豐受太神宮乃正殿御鎖乃不ニ被レ開給一之由。令ニ祈申一給フト云。具不レ記。但以ニ去十二日一天。同大神寶物等令レ奉給ヘルニ如ニ九月御祭一正殿乃御鎖猶澁固天不ニ被レ開給一サリケレハ。同東寶殿奉納セリ。其等御祈也。件太神寶乃使。中臣權大祐惟經等也。具不レ記。

同十一月十二日。甲辰公卿勅使參宮。參議正三位行春宮權大夫藤原朝臣良基。王從五位下兼則王。中臣祭主正五位下行神祇少副大中臣朝臣元範等也。卽被レ下ニ宣旨一同十一月八日。偁。權大納言朝臣經長宣。奉レ勅。早祭主宮司禰宜等相共搆開如レ舊修ニ補件豐受宮正殿鎖一云々。具不レ記。宣命狀。件御鎖乃事等所下令ニ祈申一給上也。仍勅

使宮司共。豐受太神宮參入シ天玉串供奉。宣命詔刀如レ例了天。祭主御内ニ參入シ天。御前乃御階之許ニ候天。六禰宜外從五位下賴元神主ヲ以。令レ隨ヨ身鉗ニ天參登ラシ天。御鎖構開天令ニ實撿ニ之處。已四舌乃御鎖乃舌一方被レ押。惣天令レ澁給ヘリ。其外破損ナシ。卽實撿之後。〔宗賦〕立鍛冶内人安光幷鍛冶大中臣吉友ヲ召天。卽日内令ニ修補ニ天。如レ元所ニ奉納ニ也。但其間外宮ニハ權司信通ヲ令レ候天。大司公義。少司如範等。勅使仁奉レ俱天。太神宮ニ參入供奉了天。從ニ内宮ニ歸參シ天。件御鎖ヲハ所レ被ニ奉納ニ也。卽共由解文官奏已了。

此古記文者。故從ニ致士官長德雄神主ニ以往相傳來也。其後故興忠官長。其男氏長官長。其男延利官長。其子延基官長相傳天。各自ニ筆日記ニ。而延基神主男故延清四神主宿館ニシ天。外院燒亡之次。於ニ正文ニ者燒失已了。

此記文。寬治七年宮沙汰被ニ召上ニ之後。同八年所レ被ニ返下ニ也。

右太神宮諸雜事記。堤氏荒木田盛澄神主之以ニ御本ニ令ニ書寫ニ畢。卷一大司精長之御手跡。卷二予染ニ禿筆ニ者也。然卷第二之間雖レ爲ニ中絶ニ。盛澄神主以ニ博學餘力ニ再出。誠傳者神忠不レ遑ニ嘉行ニ者歟。可祕々々。

旹承應乙未暮春下旬。川氏源良家令ニ書寫ニ也。

一本

久安二年十一月十六日。天晴。内宮假殿御遷宮。曉無事遷御。巳剋爲ニ計返ニ奉レ開ニ御殿ニ之處。不レ被レ開ニ御鏁ニ。仍各評定拔ニ打立ニ奉レ開畢。卽以ニ造物所鍛冶ニ令ニ修補ニ也。申剋以後細雨降。秉燭以後大雨大風。雷電洪水殊甚。夜半以後天晴還御。祭主清親卿。宮司公宗。造宮使公宗男也。入ニ押紙ニ也。

右太神宮雜事記以林祭酒本挍合了

群書類從卷第四

神祇部四

神宮雜例集卷第一

御鎮座事付改ニ宮地一事
二宮朝夕御饌事
御井社ノ事
神封事付神田幷御領

第一御鎮座事付改ニ宮地一事。

太神宮。在ニ五十鈴ノ河上一。

皇太神宮幷皇御孫命。筑紫日向襲高千穗槵觸嶽爾天降坐須。爾時天兒屋根命。國常立尊八世孫。中臣遠祖。天牟羅雲命。國常立尊十二世孫。度會神主遠祖。御共ニ奉仕ル。

神武天皇以後九代之間者。皇太神乎天皇乃同宮内相殿令レ坐奉レ齋也。崇神天皇御代爾波。宮中大庭ニ穗椋ヲ作令ニ出坐一奉レ齋。皇女以ニ豊鋤入姫命一供奉。

垂仁天皇卽位二十五年丙辰歲。五十鈴宮爾鎮リ御マス。于時國摩大鹿嶋命。天兒屋命十世孫。中臣遠祖。天見通命。天兒屋根命十二世孫。荒木田神主遠祖。大若子命。天牟羅雲命七世孫。度會神主遠祖。御共ニ供奉。

一神服麻續兩機殿。

神服機殿。在ニ多氣郡流田郷服村一。　麻續機殿。在ニ同郡井手郷一。

右兩機殿。皇太神宮御鎮座之當初建立ス。而ニ麻續機殿ヘ承曆三年被レ下ニ宣旨一移ニ造之。見下改ニ宮地一部上。

一齋宮寮在ニ多氣郡竹郷一。　天長二年乙巳。差ニ遣勅使於伊勢國。撰定勝地於多氣郡。始建齋宮寮院。
　于時氏子內親王群行。

改宮地事。

中臣氏祖神。
正一位勳一等　鹿嶋神宮。坐常陸國鹿嶋郡。
正一位勳一等　香取神宮。坐下總國香取郡。
正一位勳三等　平岡大神。坐河內國河內郡。
相殿姬神。
　此神者。件三所明神神殿內相住給。別無宮殿（社イ）。
元明天皇和銅二年己酉。都在奈良京之時。近奉崇居春日神社也。爾時遷都之由。被祈申太神宮。勅使祭主神祇伯中臣朝臣東人參神宮也。
聖武天皇天平十二年庚辰四月五日。春日御社奉遷壽久山御社。是右大臣大中臣清万呂卿致仕。籠居攝津國嶋下郡壽久鄉之間。住家近所奉崇也。
孝謙天皇天平勝寶八年丙申三月十一日。春日御社奉祭鎮於伊勢國度會郡津嶋崎也。是宮司從五位下津嶋朝臣子松所申請也。
桓武天皇延曆十六年丁丑八月三日官符。移立離宮院於度會郡湯田鄉之時。件社自津嶋崎奉遷鎮彼院西方也。于時祭主參議正四位下行神祇伯大中臣朝臣諸魚。宮司正六位上中臣朝臣眞魚等也。

離宮院。
延曆十六年丁丑八月三日官符。從度會郡沼木鄉高川原移造於同郡湯田鄉宇羽西村畢。造宮使大中臣（下欠）
（此間脫）
　十二月六日庚子。　時巳二點。　若申。
　立柱次第。先西。次東。次南。次北。
右內大臣宣。奉勅。宜仰彼宮任日時早令移立者。宮宜承知依宣行之。

承曆三年十一月十二日　　大史小槻宿禰
右少弁藤原朝臣

第二二所太神宮朝夕御饌事。

一供奉始事。

大同二年二月十日。太神宮司二宮禰宜等本記十四ヶ條內。朝夕御饌條云。皇太神宮倭姫命戴奉天。五十鈴宮爾令入坐坐鎭理給時爾。大若子命乎大神主止定給天。其女子兄比女乎物忌定給天。宮內爾御饌殿乎造立天。其殿爾爲天。拔穗田稻乎令拔穗拔天。大物忌大宇禰奈止共爲天。令舂炊供奉始支。又御酒殿乎造立。處々神戶人夫進神田。以稻神酒作天。先大神供奉。次倭姫命奉。殘者仕奉物部人等給支。其時御船乘給。御膳御贄處定幸行。嶋國國埼嶋鵜倉慥柄等嶋爾。朝御饌夕御饌止詔而。由貴潛女等定給且還坐時。神堺定給支。戶嶋志波埼佐加太伎嶋定給而。伊波戶居而。朝御饌夕御饌處定奉。然倭姫命御船留而。鰭廣魚。鰭狹魚。貝滿物。息津毛。邊津毛依來爾。海鹽相和而淡在支。故淡海浦止號支。伊波戶居嶋名戶嶋號支。波刺處名柴前號。從其以西乃海中爾在七箇嶋。從其以南海鹽淡甘支其嶋乎。淡良伎之嶋止號。其鹽淡滿浦名乎伊氣浦號久。其處參相天御饗仕奉神乎淡海子神止號久。社定給支。其處乎朝御饌夕御饌嶋定支。還行幸其御船泊留在志處乎。津長原止號支。其處爾津長社定給支。自爾以來太神主爾仕奉氏人等。以女子乃未夫婚。物忌止爲天令供奉。是後雄畧天皇御夢爾。皇太神乃敎覺給久。高天原坐我見志末岐宮處爾鎭理坐天後。經年間。吾一所耳坐禮波。御饌安不聞食。吾高天原在時。素戔嗚尊帶十握劔索取。三段打折爲。所生三女神乎。葦原中國宇佐嶋降居道中。奉助天孫而。爲天孫所參止詔之神。今丹波國與佐乃比治乃眞井坐。道主王子八乎止女乃齋奉御饌都神止由居乃神乎。吾坐國欲誨覺給支。爾時天皇驚給。度會神主等先祖大佐々命召天。差使布理奉止宣支。仍退往布理奉支。是豐受太神也。卽度會乃山田原爾。荒御魂宮。和御魂宮造奉天。令鎭理定理坐。其宮之內艮角御饌殿乎造立天。其殿內爾天照坐皇太神御坐奉。東方止由居太神御坐奉。西方又御伴神三前御坐下奉流。大佐々命乃定奉扱穗田乎。從春始神主等勞作天。扱穗爾扱天。神主乃女子等未夫婚乎物忌爾定。令春炊戴持。神主御前追天。物忌子乎御饌殿奉入天。土師物忌之造進御器爾令盛奉奉了天。物忌去出リ。神主物忌乎率。其殿前侍祈禱白久。朝庭天皇常石堅石爾護幸江奉賜比。百官爾仕奉人。及天下四方國人民乎爾愍給止申拜奉。天照坐皇太神八度。止由居太神八度。御伴神八度。每日朝夕爾供奉。又三時祭波。每官夕朝供奉。此乎由貴奉夜止號也。自定幸云々至此三十七行。延佳本以大同本紀補之。今依此爲。以下脫簡。

造入堝一口物。

槽七口。臼七口。杵七口。箕七口。桶七口。提七口。酒坏七口。御箸七前。棙七口。桛七口。津身於志七口。手代七口。津身七口。鎚七口。岐沼以太七口。毛扱七口。波佐美七口。世古惠七口。

造入堝一口蓋覆。二度不披見奉燒供進云々。

件勤九月上番長。十二月中番長。六月下番長。

豐受太神宮神主。

注進當月十五日。由貴御料供物內。有爾村土師長造進種々忌物造入堝一口。幷長敢支近隨身宮河流沒事。

右當日申時。土師御器長忠近來向申云。依例在地陶土師長等造進。今夕由貴御饌料供神物等運進之間。於陶方物者。既賚參畢。土師方忌物造納堝一口。長支近隨身賚參之間。宮河洪水。參宮人倫競乘小船渡越程。河中船漂流。卽支近幷忌物堝沈沒失畢者。爰禰宜等欲蒙裁定。時刻既來至。仍各成議。尋取淸淨波爾土。令當職長敢忠近。和爾部枝恒等造調。無懈怠供祭已畢。然而如此之事不可不申。仍注進如件。

永久四年九月廿四日

禰宜度會神主

丶丶丶丶

丶丶丶丶

丶丶丶丶

第三御井社事。

一始事。

本紀云。皇太神宮皇孫之命天降坐時爾。天牟羅雲命御前立天天降仕奉。時爾皇御孫命天牟羅雲命乎召詔久。食國乃水波未熟荒水爾在介利。故御祖命御許爾參上此由申天來止詔。卽天牟羅雲命參上天。御祖御前爾。皇御孫命乃申上給事乎子細申上時。御祖尊詔久。雜爾奉牟政波行奉天在止母。水取政遺天在介利。何神乎加奉下牟止思間爾。勇乎志天參上來止詔天。天忍石乃長井乃水乎取八盛天誨給支。此水持下天。皇太神乃御饌爾八盛。又皇御孫命乃御水仁八盛獻天。遺水波天忍水止天食國乃水於爾灌和天獻初。又御伴爾天降奉仕神等。八十友乃諸人仁毛。斯水乎令飮詔天下奉支。卽受賜天持參下天獻時仁。皇御孫命詔天。從何道曾參上志止問給。申久。大橋波須賣太神幷皇御孫命乃天降坐乎恐天。從小橋參上支止申時。詔久。後仁毛恐仕奉事勇乎志止詔天。天牟羅雲命。天二上命。後小橋命止三名賜也。

又云。其後豐受神宮乃坤方乃岡片岸爾。新堀御井弖。天忍井水乎入加弖。當朝之水爾和合弖。末之世乃御膳調備料爾移置給水也。

水干事。
本紀云。其水大旱魃年毋不涸。其下二丈許下天底有水田。其田和旱魃損毛。爪禮止此御井乃水和專不干恒出。異恠之事不過於是。又他用更不可用之。
寛平八年三月之頃。件御井水俄干失之時爾。神宮司神主共上奏之日。且差勅使天令祈申給比。且大物忌父三人科上祓。祓清被令供奉。此間脫簡時不増。旱魃之時不滅（減歟）也者。仍相副言上如件者。令神祇官陰陽寮等卜申之處。官卜云。依神事違例不浄不信所致之上。可有公家御愼歟者。寮占云。公家非愼御藥事。恠所可愼火事歟。期日以後卅五日內。及明年五月六月節中。並丙丁日也者。大納言藤原朝臣忠雅宣。奉勅。宜且注進神事違例不信且祈申謝公家御愼恠所口舌火事者。宮司宜承知依宣行之。

仁安元年九月廿一日　大史小槻宿禰
右中弁平朝臣

一御井社内蛇直事。
大治三年十二月廿四日。見付御井社中蛇奈保禮留事。當日三人物忌子良爲供進夕御饌御水。參向二宮朝夕御井社。奉開御戸拜見之處。長四尺許蛇。八寸許者從土居之外指出。三尺餘許者御井社內奈保禮留之由所見付也。仍注進之後。大治三年十二月廿七日被下宣旨云。權大納言藤原朝臣宗忠宣。奉勅。宜下知彼宮司。且祈謝公家御愼。天下口舌病事。且令注申神事穢氣不浄違例者。

此間脫。
第四神封事。付神田并御領。
大寳二年七月八日格云。詔。伊勢太神宮封物者是神御之物。宜唯供神事勿令濫穢。
延曆廿年四月十四日格云。太神宮封戸非改減之限。

神戸四百十三戸。七ヶ國在二廿一ヶ處一。
三百五十三戸。（二七）本神戸。御鎭座之昔國造貢進。
卅戸新神戸。天慶三年八月廿七日符。
卅戸新神戸。文治元年九月九日符。
伊勢國百五十二戸六處。
飯高神戸。卅六戸。壹志神戸。廿八戸。安濃神戸。卅五戸。
鈴鹿神戸。十戸。川曲神戸。卅八戸。桑名神戸。五戸。
大和國宇陀神戸。十五戸。
伊賀國伊賀神戸。廿戸。
志摩國。六十六戸。
伊雑神戸。國崎本神戸。鵜倉神戸。慥柄神戸。
右伊雑神戸者。別宮伊雑宮御鎭座之地。國崎鵜倉慥柄等嶋者。朝夕御饌御贄之所也。
尾張國。六十戸。
本神戸卌戸。號二中嶋神戸一。新神戸十戸。新加神戸十戸。

參河國。卅戸。
本神戸廿戸。號二渥美神戸一。新神戸十戸。號二飽海神戸一。新加神戸十戸。
遠江國。六十戸。
本神戸卅（卌欤）戸。號二濱名神戸一。新神戸十戸。號二中田神戸一。新加神戸十戸。
伊勢國神郡八郡事。
弘仁十二年八月廿二日格云。令三伊勢太神宮司撿二納神郡田租一。
度會郡。
多氣郡。
本紀云。皇太神御鎭座之時。大幡主命物乃部八十友諸人等率。荒御魂宮地乃荒草木根苅掃。大石小石取平天。大宮奉レ定支。爾時大幡主命白久。已先祖天日別命。賜二伊勢國内礒部河以東一神國定奉。飯野多氣度會坪也。郎大幡主命神國造幷大神主定給支。又云。難波長柄豐前宮御

世。飯野多氣度相惣一郡也。其時多氣之有爾
鳥墓立レ郡。時爾以ニ己酉年一。始立ニ度相郡一。
以ニ大建冠神主奈波一任ニ督造一。以ニ少山中神
主針間一任ニ助造一。皆是大幡主命末葉。度會神
主先祖也。

太政官符伊勢太神宮。

一　多氣度會二ヶ郡堺内。授ニ受寺田幷王臣位田
及他郡百姓口分田一事。

上件三色田割ニ出神郡一。應レ授ニ他郡田一。但
禰宜祝位田者不レ在ニ此限一。

一　二ヶ神郡逃走百姓口分田地子。國司徵納混ニ
合官稻一事。

上件地子稻應レ収ニ神税一。

右二條事。國司依レ件施行。

一　勘ニ問太神宮禰宜祝内人物忌等一犯ニ過雜穢一。
以應レ科レ祓事。

右一條事。專使勘問。準レ犯科ニ祓淸二
ヶ神郡一。

以前得ニ神祇官解一偁。今月廿日供奉ル御卜ニ。所
レ祟事條如レ件者。被ニ右大臣宣一。奉レ勅。宜依レ狀
施行者。國幷司宜承知。依レ宣施行。符到奉行。

從五位上行右少弁當麻眞人永嗣

左大史正六位上曾賀臣直繼

寶龜五年七月廿三日

飯野郡。仁和五年三月十三日勅。一代之間奉レ寄。寛平九年九月十一日符。永奉レ寄。

太政官符。

應下以ニ伊勢國飯野郡一寄中太神宮上事。

右郡依ニ去仁和五年三月十三日勅一。一代之間奉
レ寄ニ彼宮一。大納言正三位兼行左近衞大將藤原
朝臣時平宣。奉レ勅。自今以後永以奉レ寄。仍預須
官（貢イ）物官舍等之類准ニ弘仁八年十二月廿五日格一
行之。

寛平九年九月十一日

已上謂ニ之神三郡一。又云ニ道後一。

封戸九百七十二烟。度會郡四百四十七烟。多氣郡三百十五烟。飯野郡二百十烟。
烟別所レ當レ濟例　祭料。二見鄉一石八斗。沼木鄉七斗二升。餘鄉三斗六升。
員弁郡。　天慶三年八月廿七日符二百烟。
太政官符民部省
應レ奉レ加二-寄伊勢太神宮一壹郡幷封戸事。
同國員弁郡。　封戸參拾戸。　尾張國拾戸。
參河國拾戸。　遠江國拾戸。
右從三位守大納言兼右近衛大將行陸奥出羽按察使藤原朝臣實賴宣。奉レ勅。件一郡幷封戸宜奉レ加二-寄彼太神宮一者。省宜承知。依レ宣行之。仍須件員弁郡官物官舍之類。准二弘仁八年十二月廿五日格一行之。符到奉行。
右少弁正五位下兼行內藏頭源朝臣
天慶三年八月廿七日　　右大史正五位上大窪宿禰
三重郡。　應和二年二月廿三日符二二百一烟。
安濃郡。　天祿四年九月十一日符三百八十九烟。
例幣宣命辭別云。辭別丑申給久。踐祚乃初與利一郡乎寄奉止。御心乃中爾令二祈申左一給岐。因レ茲天今以二安濃郡一天寄奉給布。皇太神重天平久聞食天。寶位無レ動久護助介奉給比。天長久地久支御寓止惠幸倍賜倍。又月來天變物恠妖言等。頻仁出來古止有利。此乎恐御坐古止無レ限之。如レ此乃事仁依天可レ有加良牟災難乎。未レ兆仁攘却給天。朝廷平安爾天下豊饒仁奈牟令レ有給倍止。恐美恐美毛申賜波久止申。
天祿四年九月十一日
朝明郡。　寬仁三年九月十一日符。
員弁三重朝明謂二之道前三郡一。安濃之謂二東西郡一。
飯高郡。　文治元年九月九日符。
南北兩郡。
一七ヶ國封戸。

二百九十戸。十戸。尾張國本封。年記未レ詳。或云。天慶三年八月廿七日符。是新神戸歟。卅戸。參河國本封。寛弘二年以前符。百戸。參河。近江。美乃。上野。各廿五戸。長暦二年七月符。百戸。尾張。近江。美乃。信乃。各廿五戸。永承三年十二月十日符。五十戸。遠江國。載ル二于承暦正税帳一之由。見二主税寮勘文一。

代米。烟別所レ當。調絹一疋。庸米一石二斗。中男作物油七合。租穀四石。封戸廿五烟一人。

運賃。隨レ國有レ法。但美乃副二夫領一。信乃上野副二駄賃一。仍除之。

合准米。除色代濟國分。

尾張國。本封。調絹九十疋。庸米十一石。租穀四十石。傜功米卅六石。中男作物胡麻油七升。封丁一人。新封。調絹廿五疋。庸米卅石。租穀百石。中男作物胡麻油一斗七升五合。封丁一人。

參河國。本封。調絹十九疋三丈七尺五寸。庸米廿三石一斗。傜功米七十五石。中男作物胡麻油七升。封丁一人。新封。調絹參拾漆疋壹丈壹尺貳寸五分。庸米四十二石八斗七升五合。租穀百石。中男作物胡麻油一斗七升五合。傜功米六十二石五斗。封丁一人。又云。准米三百十二石五斗九升九合。庸米六十五石九斗七升五合。雜用二百四十六石六斗二升四合使レ供二給雜事一。

遠江國五十戸。都田御厨爲使補所。

代米百六十三石五斗。治承主税寮勘文。調絹五十疋。代五十石。庸糸百絇。代十一石。中男作物油三斗五升。代十石五斗。租穀二百石。代七十八石。封丁二人。代十石。

運賃石別二斗。卅二石七斗。

合准米百九十六石二斗。

濟例。保元　宣旨天可レ濟二三百七十石一。治

承　宣旨天可レ濟二四百七十石一。
抄帳云。御上分用紙一千三百帖。中紙五百帖。
具米八百五十六石。運賃雜用如レ定。使供給卅五ケ度。
近江國五十戶。　國司支配郡鄉有二其沙汰一。
代米三百六十六石二升。久安主稅寮勘文定。　調絹五十
疋。代二百石。疋別四石。　庸米六十石。烟別一石二斗。
中男作物油三斗五升。烟別七合。升別二斗五升。　代十石五
斗。升別三斗。　租穀二百石。烟別四石。　代八十五石五
斗二升。石別四斗二升七合六夕。　封丁二人。但廿五烟一人。　代
十石。人別五石。
運賃百八十三石一升。石別五斗。
合准米五百四十九石三升。
濟例。　具米八百四十九石六斗四升二合八勺。
運賃雜用如レ定。曳出物上馬二疋。今三疋。郡々催使菜料雜
事卅度。
主稅寮
勘二申伊勢二所太神宮近江國御封所當幷能
官米差別見否一勘文事。
合五十烟。代米三百六十六石二升。
少屬　佐伯末則
允　菅乃倫時
右今年二月十八日ノ宣旨。同廿九日到來偁。左中
弁藤原朝臣資信傳宣。權大納言藤原朝臣宗輔
宣。奉レ勅。件御厨令二彼寮一宜弁申者。抑就二宣
下一謹撿スルニ二彼國文簿一ヲ。御　封所當ノ三百六十六石二
升之外。至二于自餘裝束米等一者。在國沙汰也。
非二當寮所一レ知。又以二官米一爲二能米一。以二乃米一ヲ
爲二官米一差別。式條不二分明一矣。但於二如レ此之
濟例一者。且依二先例一。且任二國例一。可レ有二裁報一
歟。仍錄シテ言上如レ件。
久安二年三月二日　　筭師同
頭兼典藥頭侍醫美作權介丹波朝臣重基
美濃國五十戶。　保元院宣以二中河御厨一ヲ爲二濟
所一ト。

代米三百六十六石二升。
濟例。　凡絹百六十疋。　准米二百八十一石五斗八升。　曳出物馬一疋。代絹五疋。
永暦元年大司公清在任以後。以八丈絹七十疋。凡絹五十疋弁濟之。在曳出物馬一疋。　仁安元年大司有長任。以八丈絹八十疋。凡絹五十疋濟之。在曳出物馬一疋。催使供給雜事幷副夫領送司庫。
信濃國廿五戶。
代米百八十三石一升。
濟例。　疋物布百卅端。　曳出物馬二疋。　卒馱五疋。　使料布八十段。　祝料布十段。
使供給雜事。
上野國廿五戶。
代米。
濟例同于信乃。
一神田事。

式云神田參拾陸町壹段。大和國宇陀郡二町。伊賀國伊賀郡二町。伊勢國卅二町一段。桑名鈴鹿兩郡各一町。安乃一志兩郡各三町。飯高郡二町。飯野郡十一町六段。度會郡十町五段。割度會郡五町四段（二町四段太神宮。三町度會宮。）令當郡司營種收穫。苗子供用太神宮三時幷度會宮朝夕之饌。自餘依當土沽賃租宛供祭料。
御常供田五十九町三段百廿歩。（代田百十二町一段九十歩。以二段為供田一段。）　度會郡三町。　飯高郡三町。（以二段為供田一段。代田六町。）　安乃郡七町三百歩。（東郡三町四段。田代五町一段。以二段百八十歩為供田一段。西郡三町六段三百歩。代田五町五段九十歩。）　三重郡十町七段。以二段為供田一段。（代田廿一町四段。）　朝明郡十四町。以二段為供田一段。（代田廿八町。）　員弁郡廿一町五段百八十歩。以二段為供田一段。（代田四十三町一段。）此内三町。天暦七年正月廿八日。大宮司大中臣中理任奉加之。
神田別宮攝社田除之。（中理奉加之田不申請。私奉寄。應和元年被停止畢。）

二宮。
伊勢國。川田神田。
伊賀國。阿保神田。
志摩國。賀茂村神田。内宮推迫神田三段。外宮三町五百廿人（五イ）又五段。
甲賀村神田。内宮五町九段。外宮二町二段。又二段。百廿人如何。（件歟）
内宮。
伊勢國。度會郡若栄神田。飯野郡池田神田。同郡稻木神田。飯高郡英太神田。同郡牟呂山神田。同郡有重神田。一志郡近運神田。安濃郡福次神田。同郡内佐宇神田。川曲郡光富神田。三重郡。米（木イ）富神田。同郡櫻田神田。朝明郡額田神田。同郡澤渡神田。同郡若栄神田。
志摩國。宿嶋出町神田。
外宮。
伊勢國。度會郡九段。同郡丹河御厨内神田。一町。多氣郡一町一段。飯野郡立野名一町。安乃郡二町。川曲郡井戸神田。
志摩國。胡佐莊内神田四町四段。
一御厨御園事。合四百五十餘處。
二宮御領百十餘所。内宮御領二百餘所。
外宮御領百卅餘所。此内志摩國牢籠御厨在之。此外伊勢國別名御園在之。
伊勢國三百餘處。二宮御領七十餘所。内宮御領百卅餘所。外宮御領百餘所。
度會郡。二宮御領。高羽江ノ御厨。大橋御園。伊介御厨。浮嶋御厨。
内宮。大淀御厨。大方御厨。鹽會（合イ）御園。野中御園。大野田御園。永沼御園。柑子御園。岡依御園。田中御園。永野御園。高柳御園。津嶋崎御園。泊浦御園（厨イ）。
外宮。牛庭御厨。丹河御厨。有瀧御厨。若田井邊御園。无漏御園。小栗生御園（厨イ）。玉丸御園（厨イ）。中屋御園（厨イ）。笠服御園（厨イ）。村松御厨。小林村。
多氣郡。

內宮御領。　池田御園。杤原御園（厨イ）。栗井御園（厨イ）。
宇保御園（厨イ）。志貫御厨。下津竹御園。當下御園（厨イ）。
前村御園（厨イ）。橋本御園（厨イ）。石取御園（厨イ）。鉢尻御園（厨イ）。河
田御園（厨イ）。音部御園（厨イ）。
外宮。　四蘭御園（薗イ）。齋宮柑子御園（厨イ）。濱田御園（厨イ）。
飯野郡。　二宮御領。黑部御厨。
內宮。　牛庭御園。魚見東御園。魚見新御園。
不世止御園。伊呂召御園。　羽禰御園。柑子御
園。泉御園。入江御園。　古川御園。　石川御園。
長倉御園。
外宮。　若菜御厨。櫛田川原御厨。　飯野岡御
園。沼田御厨。萩尾御園。鞭書御園。佐福御園。
飯高郡。　二宮御領。　勾御厨。　英太御厨。　光
用御厨。粥見御園。五ヶ山御園。
內宮。　茅原田御厨。深長御厨。菰生御厨。井
村御園（厨イ）。爪（タコ）道大藏山御園。　長峯御園。　深田御
園。岸江御厨。大墓御園。薦生御園。深田新御
園。有矢御園。高志御園。山村御園。若松御
厨。五句六拾非二ヶ里。縣御厨。眞弓御杣。
外宮。　松山御厨。梅田御園。臼井御園。忠近
御園。平丸御厨。
一志郡。　二宮御領。　蘇原御厨。箱木御園。嶋
抜御厨。甚目御園。
內宮。　波㠀御厨。生津御園。永用御厨。生田
御園。七栗御薗。若栗御薗。田尻御園。平津安
田御園。坂本御園。曹司御園。
外宮。　小社（ヲコソ）御園（厨イ）。阿射賀御厨。大小。　黑野御
厨。南北。八大御厨。木平御園。都御園。兩所。拜
野御園。北高橋御園。八大御園。見長御園。一
松御園（厨イ）。野田御園。
安濃郡。　二宮御領。　野田御園。辰口御厨。切
田御厨。

神宮雜例集卷第二

第五神宮四至事。

內宮。

四至。山遠遙阻廻。又近南西北河廻。

神堺。　東。石井嵩。赤本(木イ)嵩。朝熊嵩。黃楊嵩。尾垂峯等爲二山ノ堺一。北比奈多嶋。䑺嶋。志婆崎。酒瀧嶋。阿婆良岐嶋。大嶋。屋嶋。歌嶋。都久毛嶋。名嶋。牛嶋。小嶋等爲二海堺一。　南。志摩國鵜椋山(イ无)嵩。錦山坂。竝爲二山ノ堺一。　西。伊勢國飯高下樋小河北稱二神之遠堺一。(常入參太神宮驛使鈴口塞)飯野郡礒部河稱二神近堺一。

北。海限。

一外宮付四至內實撿幷人宅壞退事。

神祇官符伊勢太神宮司。

可レ定二置豐受太神宮四至一事。

近四至。去二神宮大垣外四方一各肆拾丈。

遠四至。東限二赤峯幷樋手淵一。南限二宮山一。西限二粟尾岡幷山幡淵一。北限二宮河一。

右得二宮司去十一月廿七日ノ解狀一偁。彼宮神主解狀偁。謹撿二按內一。太神宮四至。東南西深山無レ有二人宅一。(在歟)北限二宇治河一者。其程去レ宮一里餘。此內不レ住二人宅一。禁制尤嚴。此則爲レ禦二穢事一也。此宮四至未レ被二定置一。但去寬平五年十一月廿七日司符偁。宮近居住百姓之宅有二火失事一。殆及二宮內一。自レ今以後任二格條一。自レ宮四方各卌丈之內。居住人宅。一切禁斷。若不二擯出一。科二違格罪一。見任解却。曾不二寬宥一者。自レ爾以來。爲二近四至一也。又依二古老傳一。件遠四至內。神宮神主領シ來シ尚矣。又宮閑地等。諸人搆二公撿(驗イ)地一爭作。于時以二去延喜十九年九月十三日言上一。被レ判偁。宮四至內。不レ可レ有二公撿(驗イ)私地一。早勘制者。而猶詐作不止。又遠四至內。南方限山。無有人宅。東西去宮三四町程。此內居住百姓。或時產穢。或時死穢。擧哀葬送。此則可禁制之狀。司符度々亦々畢。爰去延喜十九年以往。穢事不糺之怠。屢被勘當宮司神主等。望請准太神宮例。將被定置遠近四至。但汚穢之時。郡司行事出四至外者。司加覆勘。所申有實。仍言上如件。望請官裁依件定。以嚴神事者。官依解狀下符如件。(宮職)官司宜承知。立彼四堺牓示。不可令致汚穢。符到奉行。

伯大中臣朝臣安則　　大祐齋部□

大副大中臣朝臣奥生　　少祐大中臣正廉

少副大中臣利世　　大史直助鑒

延長四年四月十一日　　少史戶□

(右職)左弁官下伊勢太神宮司。

應遣官使且令實撿四至內穢物有無。且注申不信不淨等事。

使右史生笠政光。　從參人。

使部貳人。　從各壹人。

右陰陽寮勘文云。日者霖雨。震兌巽乾艮方神社四至內。依有不淨物所致之上。神事違例。穢氣不淨之祟相加歟者。權大納言藤原朝臣公通宣。奉勅。宜遣官使於方々神社。且令實撿穢物有無。且注申不信不淨等者。若件等人發遣如件。司宜承知者。經彼之間。依例供給。路次之國。亦宜准此官符追下。

長寛元年八月十五日　　大史小槻宿禰

右少弁藤原朝臣長方

只可被實撿社頭候也。四至之內者可及數日歟。謹言。

八月十七日　　右大弁雅頼

大夫史殿

實撿

言上。豐受太神宮四至內穢物有無幷不信
　不淨等事。

右去月十五日　宣旨偁者。同月十七日右大弁仰偁。只可被實撿社頭也。四至之內可及數日歟者。任件等狀實撿宮中之處。穢物之條更所不見也。爰禰宜等申云。神宮事清淨爲先。自昔于今。職掌人等鎭守禁忌。殊存謹愼。祗候宮中。勤仕番直。若不慮之外。穢氣不淨事出來之時。卽莫不注言上。抑當宮近四至。自神宮大垣外四方各四十丈也。其旨載延長四年四月十一日神祇官符。其內人宅可禁斷之由見于同符。是則居住百姓。或時產穢或時死穢之故也。而東方者道路江河。南方者山岳巖谷。敢無有人宅。西北方本自有居住民烟。件在家等若爲彼四十丈內者。可相當穢氣不信不淨歟。今尤可有其沙汰也。仍任禰宜等申狀。被定實之處。西方所在人宅七宇既彼四至內也。若件輩死穢產穢之時。可爲不信不淨歟。就中月水之憚連々不絕云々。早可被破却之由禰宜等所申也。加之件四十丈之外。同西北方近邊居住之輩。自失火之時尤有事恐。同可被禁制乎。又近年以來武勇之輩。或號田畠之相論。或稱鬱憤之怨敵。於神郡之內。背嚴制動殺害神人。恣亂穢供祭。致合戰鬪諍事等。子細前々言上畢。又御鎭座山田村住人之中有癩病者之由依有其聞。令禁制之後。不憚其旨。時々猶徃反云々。神事違例。不信不淨御祟。若觸如此事歟。早可被禁遏之由。同所申也。仍言上如件。

長寬元年九月一日

豐受太神宮

禰宜從五位下度會神主宗房

禰宜從五位上度會神主俊光

禰宜正五位下度會神主彥章
禰宜從四位下度會神主忠倫
禰宜從四位下度會神主光仲
禰宜從四位下度會神主貞綱
禰宜正四位下度會神主重房

官使

右史生笠政光

左弁官下伊勢太神宮司

應下早令レ壞ニ退太神宮司言　上豐受　太神宮ノ近邊人屋等一事。

右得ニ太神宮司今月十五日解狀一偁。豐受太神宮禰宜。同月四日注文偁。內人重松之住宅。從ニ神宮大垣之外一戌亥方去二町餘許也。而今月三日巳時許。不慮之外燒亡已畢。而彼時北風頻吹之間。其炎不レ及ニ神宮一哉。抑去年十二月權神主兼輔住宅燒亡之時。其炎殆依レ可レ及ニ神官〔宮イ〕一。且任ニ祭主先日下知一。可レ壞ニ退神宮御所近邊人宅一之由。召ニ仰住人等一。且注ニ進其由一先畢。而于今未ニ壞退一之間。又有ニ此火事一。彌以其恐不レ少。仍爲レ恐ニ後日慮外事一。重注進如レ件。仍相副言上如レ件者。大納言源朝臣雅通宣。奉レ勅。宜レ令下下ニ知神宮一壞退上者。宮宜承知。依レ宣行之。

長寬三年二月十八日　　大史三善朝臣

少弁藤原朝臣

第六內侍所事。

或記云。內侍所者神鏡也。本與ニ主上一御同殿。故院被レ仰云。帝王冠巾子。左右有レ穴。是內侍所御同殿之時。主上夜不レ能ニ放レ冠給一。御眠之時御冠屢落。仍以ニ插頭花一自ニ巾子穴一通ニ御髮一也。

垂仁天皇世始御ニ別殿一。故院被レ仰云。內侍所神鏡。昔飛上欲レ上レ天。女官懸ニ唐衣一奉ニ引留一。是依ニ此緣一。女官所ニ守護一也。天德燒亡。飛出着ニ

南殿前櫻一。小野宮大臣驚稱。神鏡下入二其袖一。寛弘燒亡二始燒給。雖レ陰圓規不レ闕。諸道勘文被レ立二伊勢公卿勅使一。行成。宸筆宣命始二於此一。長久燒亡。件夜以二少納言經信一爲レ使奉レ出。女官誤先出二太刀一。次欲レ出二神鏡一之處。火已盛不レ可レ救。後朝灰有レ光。集之入二唐櫃一。自二一條院御時一始十二月有二御神樂一。代始被レ奉二卅合御供一。內藏。每月一日被レ奉二例御供一廿合。臺盤所二帖。內藏寮絹五疋爲二定幣料一。幣串八筋。黑塗平文也。絹五疋。

神宮記云。寛弘二年乙巳十一月十五日。內裏燒亡。而去天德四年以來。度々內裏燒亡之間。不二被レ燒給一佐留內侍所神鏡。今度燒亡爾被二燒損一給。因レ茲件神鏡改而可レ被レ奉二鑄替一之由。且被レ行二陣定一。且可レ被レ卜三筮吉凶於神祇官陰陽寮二之由。公卿僉議之間。各勘奏云。件神鏡者。是非二人間之所爲一。既天地開闢之初。當二於高天原一天。鏡作ノ神乃遠祖天香山命乃八百萬皇神達共爾以レ銅天鑄造之神鏡也。或云。天香山命以二古鑄一作レ之。件神鏡元三面也。廣皆方尺。而一面坐二伊勢國一須。一面坐二紀伊國一須。一面坐二內侍所一。是件鏡也。具見二于日本紀一。以レ之謂レ之。件神鏡改而被レ奉二鑄替一之事。未二分明一也。縱件御鏡雖下被二燒損一給上。尤可レ被レ奉三鎮三安-置於本所一也者。仍元神鏡御坐也云々。同年十二月十四日。公卿勅使參宮。參議左大弁從三位藤原朝臣行成。王中臣忌部卜部等也。是內裏燒亡之時。件神鏡被二燒損一給事。所レ被二謝申一也。

永曆元年二月十一日宣命云。猥以二愚昧一天忝傳二神器一多利。晨兢夕惕シ天如レ履二薄氷一シ。爰去年十二月十日。事出レ不レ圖天。兵革俄起之間。爲二凶惡之輩一。雖レ被レ掠三取內侍所ヲ一毛。依二宗廟之厚助一天。奉納之櫃雖二紛失一毛。正躰自然出來給ヘ利。王法乃不レ盡シ天。正躰乃不二紛失給一サル事ヲ深ク欣悦ヒテ。新櫃奉レ造天所レ欲レ奉レ納ナ利。王ハ兼資王。中臣權少祐爲仲。忌部孝友等也。

壽永二年七月。平家西國ヘ奉レ具。

元曆二年三月。源家尋取歸京了。

第七心御柱事。

或云。太神宮廿年可レ被ニ造替一者。十七年孟冬祭ニ山口并木本神等一。初採ニ正殿心柱一。

舊跡相違事。

應和二年七月廿七日。右大將藤原朝臣師尹令ニ文範朝臣祭主元房申一。伊勢太神宮新宮正殿心柱。相ニ違舊例一奉レ立狀文。副ニ文書一。令ニ造伊勢太神宮使大中臣善道申一。新宮心柱寄レ傍奉レ立狀文。仰云。如ニ此申狀一。依ニ舊柱穴一奉レ立。又今所レ坐宮心柱傍而奉レ立者。須レ覆ニ問元房申違レ舊之由一。

應和二年八月十六日。右大將藤原朝臣令レ申。元房與ニ太神宮司茂生一。同申ニ心柱誤由一。然則重雖レ問猶可レ申ニ此由一。差ニ遣神祇官人一。同定ニ誠實ニ可レ立歟。

應和二年八月廿六日。文範奏。神祇權大祐大中臣理明申。奏レ撿ニ太神宮正殿心柱奉レ立處并古穴勘文一。新宮正殿奉レ立程。自ニ正中之東西一寄レ北二尺二三寸。自ニ正中南北一寄レ東程二尺一二寸許。一當御坐正殿心柱奉レ立處。自ニ東西正中一北方去程七八寸許。自ニ南北正中一西方寄程一尺七八寸許。自ニ南北正中一西方寄程一尺七八寸許。副ニ太神宮司解狀一。卽給ニ左大臣許一令レ仰云。元房等申ニ新宮正殿心柱有レ誤之由一。仍遣レ使實撿所レ申如レ此。但當時所ニ御坐一正殿心柱又不レ直。若謝ニ申其由一不レ可ニ改立一。將可ニ抜替改立一否事歟。宜ニ定申一。廿七日文範令レ傳ニ左大臣報一云。改ニ立彼心柱一事甚可レ恐。若被ニ謝申一兼科ニ被誤立禰宜内人等一。如何仰依レ申令レ行。新儀式云。正殿心柱須レ令下當ニ中央一立上レ之。而近代依レ有ニ憚忌一。多避ニ本穴一立之。

已上大宰權帥大江朝臣匡房勘文内略寫之。

天仁三年。心柱朽損顚倒之時勘文也。

天仁三年正月卅日陣定文云。

祭主神祇大副大中臣朝臣言上。伊勢豐受太神宮正殿心柱朽損顚倒事。

左大臣定申云。件柱顚倒事。先例無二所見一。應和之比。雖レ有二違例事一。依二左大臣申狀一不レ被二立改一。准二據彼例一者。不レ可二立改一歟。抑占卜所レ告。咎徵不レ輕。神慮之至。是非難レ知。尙書曰。妖不レ勝レ德。帝其修レ德者。可レ令三諸道幷大宰權帥大江朝臣勘二申旨趣一歟。姬旦之籍。孔父之書。與二日月一倶懸。鬼神爭レ奧。任二彼狀迹一可レ被二計行一歟。

左大弁源朝臣定申云。件心柱者。後々遷宮之時。爲レ不レ令レ違二古宮之跡一云々。然則重被レ尋二神宮一。柱根自殘基跡不レ可レ有レ誤者。雖レ不二改立一何事之有哉。加之應和遷宮之時。有下立二誤件柱一之事上。彼時相定不レ被二直立一。聖代之間臣下其人也。被レ行之趣可レ有二由緖一歟。又行レ卜之條。如二丹波權守定申一。

丹波權守藤原朝臣定申云。件心柱。應和之間有二立誤之事一歟。而依三左大臣申二有レ恐之由一不レ被二立改一。早任二彼例一且被二解謝一。且可レ被二定行一歟。

一奉レ覆榊畜類喰損事。

康平元年十一月十八日。奉レ立二外宮造替遷宮心柱一畢。或云十月。　同十九日上レ棟奉レ葺之間。以二同廿八日夜一。從二梏中一牛入來喰二損榊葉一之由。針返內人有松同廿九日辰時所二見付一也。仍經二奏聞一之後。依二同二年正月十九日　宣旨一。奉レ替レ榊畢。先レ是被レ行二御卜一。神祇官陰陽寮勘申云。奉二爲公家一無レ咎。本所神事違例所レ致也云々。

康平二年七月廿日夜。外宮心御柱奉レ覆榊爲レ牛被二喰損一畢。仍造宮使元範朝臣上奏之處。早可レ立二替榊一之由被レ下二　宣旨一了。卽如レ前一禰宜等與山向内人奉替之。
寛治三年十一月廿四日。被下　宣旨。十二月一日。外宮假殿心柱從杣造出。安置宮處。同廿四日爲奉立。同三日令掃除次拜見處。奉覆件心柱榊葉被喰損也。如見在跡。爲牛被喰損也。辰時見付之。不奉立心柱。即日上奏之後。被行御卜也。隨殊致祈禱。可攘除其難之由。同年十二月廿四日被下宣旨也。同十一月十四日。且改下假殿事始日時。且心柱榊葉事。任康平例可宛用之由被下　宣旨也。
大治元年十二月。太神宮假殿御遷宮也。而心柱奉立了後。榊爲鹿喰損。而遷御日時依有限。不經奏聞。尋先例於二宮奉替榊葉。勤行遷宮了。
一奉卷布破損事。
久安五年十月十九日。太神宮造替遷宮。山口祭奉採心柱。于時造宮使神祇少副大中臣親章也。而件心柱奉卷布破損。不見何所爲。仍次〔以歟〕造宮使前伊勢守大中臣師親。同六年四月九日。更山口祭勤行。奉採替心柱。
安元三年四月一日庚午。外宮心柱卷布放落。物失〔矢歟〕移懸之由。物忌等見付之告知禰宜等。隨拜見之處有其實。仍注進其旨副司解。〔祭主觸穢也。〕官奏件物失〔矢歟〕鳥失〔矢歟〕鯫云々。然者爲鳥被放落訖云々。
文治三年十月廿七日甲午。太神宮造替遷宮。山口祭造宮使神祇少副大中臣公宣朝臣勤行。而心柱奉卷布事有沙汰。
一馬綱纏古宮心柱事。
外宮權禰宜彥平私馬。結合二疋於綱一筋。同宮外院放喰之間。纏古宮所心柱事。年月可尋之。
一顚倒事。
心御柱倒事。

天皇我詔旨爾掛畏支伊勢乃度會乃山田原乃下都盤根爾。大宮柱廣敷立氐。高天原爾千木高知氐。稱辭定奉留。天照坐須豐受太神乃廣前仁。恐美恐美毛申賜波久止申久。去年十二月乃比爾。宮司等乃解狀爾任天。從五位上行神祇權少副卜部宿禰兼政乎差遣天。內外宮乃殿舍乃損色乎令二撿注一志仁。豐受太神宮乃正殿乃心柱朽損顚倒世留乎。不慮乃外爾見出世利止。宮司等注申世利。此旨乎聞食驚天。且波有二咎祟一天所レ致歟卜。仰二有司一天令二卜求一奴。且波祭主宮司爾下知志氐子細乎令二勘申一之處爾。彼柱波廿年爾一度乃遷宮乃時爾。專仁儲二嚴重之禮一天。兼天有二造立之期一利。又先々顚倒乃例全無二所見一止言上世留仁依氐。彌畏懼思食天。可二改立一否乃事乎。輙久難レ量志天。令二諸道一天可二准據一支例乎勘進志女。令二諸卿一天可レ立否乃議乎定申牟留仁。其例不二相似一天準的乎難レ取止。掛畏支皇太神爾特爾奉二祈請一天後爾。令レ問二占卜一天可レ隨二吉凶一古止僉議申世利。仍氐兢惕給氐。今日與利三箇日。暫輟二朝務一天不レ視二政事一志天無レ貳(支歟)天歛情乎凝天。尤厚支冥助乎蒙牟止所二念行一天奈牟。故是以吉日良辰乎擇定天。王散位從五位下資淸王。中臣祭主從三位行神祇伯大中臣朝臣親定等乎差使天。忌部外從五位下行豐後介齋部宿禰孝茂加弱肩仁太繦取懸天。禮代乃大幣乎持齋利令二捧持一天奉出賜乎。掛畏支皇太神此旨乎平久安久聞食天心柱乎可二改立一止毛。不レ可レ改止毛。龜兆爾毛相來爾毛令レ告給倍良牟任爾。隨二卜食一天可二進止一那利抑謬天幼冲乃眇身乎以天。聖人大寶乎受多利。縱德惟菲薄卜毛。縱時屬二澆醨一止毛。鎭護乃誓乎不レ忘須。皇王乃運乎恤給天。天皇朝庭乎寶位無レ動久。常磐堅磐二夜守日守二護幸奉給天。玉躰安穩爾赤縣靜謐仁護幸給倍止。恐美恐美毛申賜波久止申。

天仁三年五月廿六日

天永元年十一月廿七日辛卯。太神宮假殿御遷宮也。寅二點奉渡御躰於假殿。且奉修補御殿。且同日入夜奉替立正殿心柱。勤後鎭祭。廿八日壬辰亥二點。奉移御躰於正殿了。是去年依心柱朽損顚倒。被行假殿遷宮也。抑去十月造替遷宮。山口祭採心柱安置宮處而假殿爲造立。於彼心柱者。依　宣旨任評定。宮地坤方松保爾安置志天。假殿造立之破退之後。如本奉安置之。

天永元年十二月廿四日戊午。豐受宮假殿御遷宮也。寅二點奉渡御躰於假殿。修補御殿。奉立正殿心柱。廿五日己未。奉移御躰於正殿了。是依心御柱朽損顚倒所被行也。抑取出心柱安置宮地之日。宮中雜人出鎭之例也。而今度可安置之宮地者。造立假殿也。仍無可安置之處。仍當廿四日。工一人給明衣。隨身荷夫入御杣。造立心柱。高宮東山口志天逗留。日晩入夜。上中下人退出之後。直持參。正殿下色節職掌人等調儲祭物。奉立心柱。勤行後鎭祭了。但准正遷宮之時例。山口祭。木本祭。地鎭祭。後鎭祭。船代祭等。依　宣旨一々勤行了。

保延五年十月廿九日。見付太神宮古宮所心柱朽損顚倒事。有御卜。

文治六年庚戌四月十一日甲午未時。內宮正殿心御柱朽損顚倒之由見付之旨。禰宜等注進之間。頭工等申云。去六日拜見御板敷本樣之時見付云々。仍祭主能隆朝臣同十三日言上。同廿日癸卯被行御卜。同廿七日大夫史廣房仰云。一任天仁天永例。可被行假殿御遷宮之處。已立新殿。卜他所可立假殿歟。一可奉渡便宜殿歟。一相待九月遷宮不可有沙汰歟。能々議定。祭主宮司可參洛也者。五月九日二宮禰宜請文云。卜他所立假殿事。御垂跡以來宮地被定二所之後。無他所之例。又便宜殿事。長暦四年依外宮正殿顚倒。遷宮御氣殿。（例歟）仁安三年依内宮炎上。遷宮忌屋殿。彼兩度倒事。依率爾不經奏聞。祭主宮司禰宜所計行也。今度例不能准據。其中内宮云。東寶殿可宜歟。又相待九月事。宮殿舍破損之時。尙不日加修造。況心御柱事。爭可無沙汰哉。就中九月遷宮以後。又輙難奉改立云々者。同五月十日。祭主能隆朝臣大司盛家依召參洛。同月廿二日乙亥有陣定。左大臣實定。權大納言隆忠。右衞門督通親。權中納言經房。權中納言親宗。左兵衞督隆房。權中納言兼光。左近中將公時。參議源兼忠朝臣定申云。應和年中雖有舊跡相違之事。空過廿年。天仁有顚倒。天永奉改立。是又送一廻。然者來九月御遷宮今兩三月也。被相待何事之有哉。但殊致祈請可被行御卜也云々者。同年八月廿五日丁未。奉遷御躰於東寶殿。改立心御柱。但件寶殿大床幷高欄御橋等。宮司准假殿造進之。先是今月十四日丙申。公卿勅使權大納言藤原賴實發遣。被祈申東寶殿遷宮之由。同年九月造替御遷宮勤行。

東寶殿可立心柱否事。

右奉遷御躰於件殿。可修造正殿心御柱之由宣下既了。而件東寶殿可立心柱哉。禰宜先日依注言上。被問諸卿之處。申狀如此。件條須決御卜也。然而於此事。先專不可然歟。云正殿云假殿。依新造必立之。舊製殿舍縱雖奉渡御躰。何及心柱哉。就中三所神殿一時立之實未曾有歟。而無先例。又乖道理。依何狐疑可決龜兆哉。重以此趣下知本宮。祭主宮司禰宜等加衆議定。不背物宜者。早存此旨經沙汰。此上有殊子細者。宜可令注進。隨其狀跡重可群議也。兼又禰宜先日被聽禁河。可參花洛之由。勅二在狀一載二請文一。若有下可二申披一旨上者可レ令二言上一。可レ不二參洛一之由爲レ被レ仰也。宜以二此旨一令二遣仰一者。　攝政殿下御氣色如レ此候也。謹言。

建久元年イ
七月二日　　左衛門權佐宗實奉

大夫史殿

太神宮神主

注進。三色物忌父等言上。今月十一日未時許當宮正殿心御柱顚倒之由奉二見付一事。

右得二彼物忌父等今月十一日申文一偁。任二先例一爲二巡撿一。開二瑞垣御門一拜二見內院一之處。件柱損南方顚倒之處今日未時許所レ奉二見付一也者。爾宜等加二實撿一之處既有レ實。其躰御柱根併依二朽損一顚倒歟。然而此旨不レ可レ不二言上一。仍注進如レ件。

文治六年四月十一日

第八天平賀事。

造進事。

御器長兼下有爾村刀禰敢貞元解申進二陳狀一事。

依二實正一陳申。御遷宮時爲二譜代一者。天平賀役勤仕子細狀。

右件事貞元爲二敢氏之相傳職一。任二先例一可二勤進一也。抑大中臣一門氏人不レ被レ兼二惣刀禰之職一志天。無下被レ供二奉天平賀勤一之事上。仍注二子細一進二陳狀一。以解。

仁安四年三月十五日

下有爾村　刀禰敢貞元

司符　飯野郡司。

可下早任二先例一進中上太神宮御遷宮料天平賀造進穴祭物上事。

鍬壹口。鋤一口。鎌一柄。木綿一斤。木柴垣四町。麻一斤。用紙一束。鐵二延。清酒五升。醴一斗。散供米一斗。綾六尺。絹二疋。

信濃布一端。調絹一疋。錦一切。白布一端。
燒木卅駄。役專當一人。

右件祭物等。任㆓先例㆒早可㆓進上㆒之狀。下符如㆑件。宜承知不㆑可㆓違失㆒。以符。

大司大中臣朝臣在判
權大司大中臣朝臣
少司大中臣

仁安四年四月日

伊志賀御厨。假屋鎭地祭物。鰒二斤。堅魚二斤。九種物雜贄等。
坂手御厨。同祭物。滑海藻二斤。雜海藻二斤。
三重郡司。竈祭物。料米一石五斗。
二見鄕。鎭地祭物。鹽三斤。

一天平賀破損例。

保安二年八月廿五日夜洪水。外宮正殿下深二尺滿ヲ入心柱廻㆒。所居天平賀內四百五十一口。瑞垣內乾角爾流寄。又令㆓破損㆒者。而件天平賀以㆑舊可㆓安置㆒歟。將可㆑奉㆓造改㆒歟之由。祭主親定卿宮司公隆等上奏之處。卽被㆑行㆓御卜㆒之後。同年十月十六日被㆓謝申㆒宣命云。仰㆓神祇官陰陽寮等㆒天令㆓卜問㆒給仁。官波以㆑舊天安置世牟可㆑宜止。寮波造改天供進世牟可㆑宜止申世利。事在㆓兩端㆒天晤難㆓一決㆒志。但於㆓神事㆒者（可イ）龜兆乎爲㆑先。仍如㆑本爾以㆑舊可㆓安置㆒志止所念行天奈牟。

保安二年十一月一日。內宮物忌父見ヲ付正殿下天平賀十九口倒伏。三口乍（矢歟）㆑居破損㆒。又御饌調備机幷御座疊筵等落ヲ懸烏失汁㆒也。天平賀倒事。若烏之所爲歟者。祭主親定卿宮司公隆上奏。卽被㆑行㆓御卜㆒之後。同十二月九日宣旨。大納言藤原朝臣家忠宣。奉㆑勅。任㆓占申旨㆒令㆖注ヲ進神事不淨㆒。兼改ヲ調机疊㆒。至㆓于天平賀破損事㆒者。言ヲ上康平三年例㆒者。神宮請文云。於㆓机疊㆒者。任㆓宣旨㆒令㆓改調㆒畢。至㆓于天平賀破損條㆒者。康平三年例。本宮所見不㆑詳。須㆑隨㆓勅定㆒者。同三年九月六日宣旨。早作改如レ元可レ安ニ置天平賀三口破損一者。
保安四年八月廿二日大風洪水。外宮正殿下深二尺八寸也。天平賀四百八口。堝七口。瑞垣內正殿東南西方爾流寄也。其中廿九口破損。荒垣廿三間。柱八本流失。八間廳舍一字。葺板破損。敷板長押下桁流損。于時宮司禰宜上　奏。同年九月二日　宣旨。右大臣宣。奉レ勅。件天平賀任ニ去二年內外宮例一。且洗ニ淨見在一。且改ニ造破損一。早可ニ安置一於ニ御垣一者。宜令ニ宮司修造一者。
保安二年十月十六日　宣命云。
天皇我詔旨度云々申久。豐受太神宮神主等解狀爾。去八月廿五日。爲ニ洪水一爾正殿下乃天平賀瑞垣乃邊爾流出多利。而件天平賀以レ舊天可ニ安置一歟。將新可ニ造改一歟止言上セ利。此旨乎聞食天。恐畏利大坐古止甚ニ於履レ薄志久。過ニ於臨レ深多利。爰仰ニ神祇官陰陽寮等一天令ニ卜問一給爾。官波以レ舊天安置世牟可レ宜志止。寮波造改天供進セ牟可レ宜志止申セ利。事在ニ兩端一天暗難ニ一決一志。但於ニ神事一者龜兆乎爲レ先。仍如レ本爾以レ舊可ニ安置一志止所念行天奈牟。故是以吉日良辰乎擇定云々。
左弁官下伊勢太神宮司。
應ニ早作改如レ元令レ安ニ置正殿下天平賀內參口破損一事。
右得ニ彼宮司去五月廿日陳狀一偁。得ニ禰宜等去三月十八日陳狀一偁。去年十二月十五日司符偁。今月九日　宣旨偁。得ニ祭主神祇伯大中臣卿去月五日解狀一偁。太神宮司今月四日解狀偁。彼宮禰宜等今月一日注文偁。今日巳時物忌父同爲ニ交替一參入之次拜見之間。正殿下天平賀少少倒伏之由依レ申。禰宜等實撿之處。十九口倒伏。三口乍レ居破損。又御饌調備机幷御座疊筵等。落ニ懸烏失(矢歟)汁一也。天平賀倒事。若是烏之所爲歟。抑件天平賀於ニ破損一者。新可レ被レ令ニ造替一歟。至ニ于倒伏一者。以レ舊如レ本可ニ直居一歟。

又机御座疊等祓清之後可レ供ニ進御饌一歟。將新可レ被レ令ニ調替一歟。彼此共經ニ言上一。來十二月御祭以前。早可レ被ニ裁下一者。同相ニ副本解等一言上如レ件者。同令ニ官寮等卜申一之處。官卜云。推之依ニ神事不淨一所レ致之上。可レ有ニ恠所病事一歟者。寮占云。推之依ニ神事不淨不信一所レ致之上。公家可レ愼ニ御御藥事一歟。期ニ恠日以後卅五日内及明年五月六月十月節中。並戊巳日一也者。大納言藤原朝臣家忠宣。奉レ勅。任ニ占申旨一。令下注ニ進神事不淨一乖改中調机疊上。至ニ于天平賀破損事一者。言ニ上康平三年例一者。謹所レ請如レ件。神事不淨事如ニ前條言上一。依ニ宣旨一度々注進之外。當時無レ所ニ存按一。令ニ相尋一之後追可ニ注申一也。於ニ机疊一者任ニ宣旨一令ニ改調一畢。至ニ于天平賀破損條一者。康平三年例。本宮所見不レ詳。須レ隨ニ勅定一者。同宣。奉レ勅。早作改如レ元令ニ安置一者。宮宜承知。依レ宣行之。

保安三年九月六日　　少史三善

中弁藤原朝臣。

左弁官下伊勢太神宮司。

仰下豐受太神宮禰宜等注申。爲ニ去月廿二日洪水一流損。正殿下所レ在天平賀坩幷荒垣等事。

天平賀四百八口。坩七口。

件天平賀流ニ寄瑞垣内正殿東南西方一也。其中廿九口破損歟。

荒垣廿三間。柱八本流失。

件御垣東面八間。未申角十三間。西面一間。北面一間。流損也者。

八間廳舍一宇。

件舍葺板三分之一破損。敷板長押下桁等流損也者。

右得ニ彼宮司去月廿八日解狀一偁。豐受宮神主等今月廿三日注文偁。從ニ今月廿二日午時一。暴風吹大雨降。同日丑尅洪水溢滿。禰宜等參集。且致二祈請一。且雖レ加二實撿一。迄二于廿三日辰時一。依二水未レ干。正殿下心御柱不二出見一者也。及二巳時一奉二拜見一之處。同殿下水深二尺八寸許也。彼殿下之所レ在天平賀幷堝等所レ流二寄瑞垣内正殿東西方一也。又御稻御倉板敷之上。水二寸許滿登。御粈少々所二濕損一也。景道季連等沙汰依レ頼。逐安西郡御神田去年所當御粈。不二供進一之上。今又有二此事一。仍御料殆可レ及二闕怠一。抑天平賀者。廿年一度御遷宮之時造調所二供奉〔進カ〕一也。至二于堝一者。毎年三度御祭。由貴御膳供進之尅。納二種々忌物一所二安置一也。又御殿南面者。御祭之間方々神事勤行處也。而可レ勤二神事一之庭。件天平賀流出散在也。來九月神嘗御祭在レ近。其以前可レ被二裁下一歟。又彼荒垣本自傾倚破損之上。依二大風洪水一。彌以損失也。番直宿衞之間。非レ無二事恐一。早可レ被二修造一之狀注進如レ件。任二件狀一爲レ被二裁下一。相副言上如レ件者。右大臣宣。奉レ勅。件天平賀任二去々年内外宮例一。且洗二淨見在一。且改二作破損一。早可二安置一。於二御垣等一者。宜令二宮司修造一者。宮司宜承知。依レ宣行之。

保安四年九月二日　　小槻宿禰

中弁源朝臣

第九政印事。

一内宮政印事。

天平十一年十二月廿三日被二始置一也。（但方二寸。）依二禰宜石門解狀一。神祇官上　奏之後所レ被レ鑄二下印一面一也。承曆三年二月十八日外院燒亡之次燒失。同七月廿三日如レ本鑄改。但以二來月八日一可レ始二行吉書請印一者。奉幣使神祇大祐大中臣惟經等。（禰宜内人等祓事。）宮司公義。少司宗道等供奉。

奉送

御印一面。　銅筥一口。　銅尺一隻。　納二朱漆箱一合。

右奉レ送如レ件。

承暦三年七月廿三日　左大史小槻宿禰祐俊

一宮司政印事。

神祇官符大神宮司。

右太政官去齊衡二年八月十日下二中務省一符云。得二太神宮司從八位下大中臣朝臣伊度人去仁壽二年十一月三日解狀一偁。太神宮司印依レ無二分付一。司中公文田圖名籍符返抄等。捺二太神宮之印一也。今以商量。於二事情一不當。望請停二宮印一被レ下二公印一者。官加二覆審一。所レ申有レ實。謹請二官裁一者。右大臣宣。奉レ勅。依レ請者。省宜承知。依レ宣行之者。鑄二作件印一已畢。宜レ付二下彼宮司一者。送遣如レ件。宮司宜承知。依レ件順用。符到奉行。

從五位上行大副兼內藏頭大中臣朝臣逸志

正六位上行大史奈男代海

齊衡三年二月廿七日

長德四年五月廿日。大宮司正六位上大中臣朝臣公忠印筒。以レ銅改鑄。元雕木也。

仁安年中。大宮司從五位上大中臣朝臣有長。造二替件櫃一。納二小刀一柄一。封紙料。

建仁二年。大司從五位下大中臣康定。件印櫃內納二小提一口一。水入料。

延久三年五月二日六ケ條　宣旨云。

一應レ令下停二止印幷文書等置二私館一。兼慥尋中進造印者上事。

右得二元範去四月廿一日解狀一偁。謹尋二根元一者。神領管多氣郡有爾鄉池上村深田之中。掘二立木佛三躰一之由有二其聞一。遣二使者一令二尋糺一之間。彼村住人大荒木恒正聞二此由一俄迯隱。而運二隱雜物一之中。取二□文櫃一合一也。其內件彫造木印出來。卽不レ知二何印一。仍二所太神宮幷太神宮司及神三郡之間。令レ尋二其本印一之處。搆二寫太神宮司印幷多氣郡印。因之雖令相糺成文幷搆寫之年限等。從父故僧仁僧法師之時依陳申相傳隨身之由。前後沙汰不知爲方。抑黨訴之間。所出來之訴。漸經數十餘年也。如此之間不知誰理之一定。方今撿案內。太神宮司印。是自上古時。奉納於離宮廳調御庫。公文請印之時。先宮司着衣冠把笏。次鎰取一人着座。對於印櫃御封申。而令鎰取請印之後更御封申畢。奉納御庫之例也。敢不奉納他所。而近代宮司等忘彼例。自着任之初。一任六年之間。奉納於私館。如此牢籠之程。寫取件木印歟。加之神領七箇郡及當隣國諸神戶文圖田籍等。同運移於私館。所申行神郡之雜務也。仍前々大司義任朝臣在任之時。運移件文圖田籍。勤行雜務之間。義任私館燒亡之次。彼文圖田籍既以燒失了。其後神郡之務。如迷暗夜。以之謂之。神事違例何事過於斯乎。望請官裁隨公定。將絕神郡之狼藉矣者。權大納言藤原朝臣俊家宣。奉勅。宜仰祭主元範朝臣令停止印幷文書等置私館。兼早尋進造印之者也。

一應尋進巧無實令騷動所部張本輩事。

一應被改行班田神領七ヶ郡所在。公治田。職位田。神社佛事田牢籠。下賜民部省圖帳制官使事。

一應被行度會多氣飯野三ヶ郡封戶計帳事。

一應被改行離宮院每年五月五日會事。

一應神宮職掌人等有雜怠時停止職掌補其替人事。

抑被下件　宣旨之後不經幾程。同年八月四日祭主元範卒去。仍件條々不被遵行。其中司印條。任　宣旨。如舊奉納於離宮院也。

一外宮政印事。

貞觀五年九月十三日被始置也。依禰宜外從五位下神主眞水解狀。神祇官上　奏。被鑄下件印一面也。件印筒朽損之由。祭主賴宣朝臣度度雖經　奏聞。無其沙汰。祭主親定卿重依經上奏。承德二年十一月十八日幷十二月十七日　宣旨。同廿六日辰時到來偁。應早令造改豊受太神宮政印納銅筒壹口事。使左史生息長吉眞。使部二人。內匠寮長上淸原國成。官人代紀武行。衞士等也者。爰權神主季生依兼大司目代。相構明衣。宛下忌鍛冶內人是重幷長上等。於一殿當日午時許始事畢。官使等寄宿下馬所北邊元時宅內。廿八日奉鑄筒了。廿九日磨調。承德三年正月一日塗滅金了。爰宮司宣孝等參宮番文之後。神主共議定。件季生神主令書銘矣。其時一禰宜賴元（光イ）神主也。同正月十二日所用也。

一神服機殿政印事。

左弁官下伊勢太神宮司。

應早令注進當宮機殿印字樣事。

右得祭主神祇權大副大中臣親隆朝臣去五月十二日請文偁。太神宮司禰宜等同月十一日注文偁。今月一日祭主下文偁。去閏四月七日宣旨偁云々者。大納言藤原朝臣師長宣。奉勅。件印紛失以後。于今不經　奏聞。其旨趣宜下知神宮令言上者。謹所請如件。然則任宣旨次第下知之狀。差神宮使令致沙汰之處。今月十日所進申文幷神部等陳狀如此。子細見于件等狀也。使權禰宜荒木田神主忠賴五月十日申文云。神服機殿神部等同日注文云。抑件印當初神服麻績兩機殿共以所被造進歟。於彼麻績機殿印者。于今見在也。至于當機殿印幷延曆式正文。神部等氏文。機殿古沙汰文書者。中頃神部近春隨身逃脫之由。先條如言上所申傳也。其後代々神部等須

レ言ヲ上共由一哉。然而爲ニ遷替職一不ニ中上一之間。自然所レ送ニ年序一歟。爰道尙等近年拜ヲ任當職一之處。爲ニ藏人大夫光隆朝臣一號レ有ニ山月寺領島宮物未進一。被レ撿ヲ封御絲奉納人面重次住宅一之尅。依レ爲ニ未曾有事一。次第言上了。雖レ然不レ被レ遂ニ沙汰節一之間。可レ注ヲ進神事違例一之由。度々所レ被ニ宣下一歟。是神令レ然之事歟。縱雖ニ中絕一。任ニ式條一以ニ三河國神調赤引御絲一。可レ被レ奉レ織ニ神御衣一由所ニ言上一也。又件印事雖ニ紛失一。且任ニ傍例一。且依ニ舊跡一。可レ被ニ造進一之旨。同以所ニ言上一也。而彼兩條代々神部等。不レ經ニ言上一之條。雖レ有ニ遲緩之恐一。繼レ絕爲レ申レ興レ廢。苟爲ニ當職一者。今所レ經ニ言上一也者。仍相副言上如レ件者。左大臣宣。奉レ勅。宜引ヲ撿本宮之文書一注ヲ進彼印之字樣一者。宮司宜承知。依レ宣行之。

嘉應二年八月廿七日　　大史小槻宿禰

少弁藤原朝臣

神服織機殿神部等解申請ニ　廳宣一事。

壹紙被レ載。可下早任ニ　宣旨。祭主下文。司符狀一令上レ注ヲ進當宮機殿印字樣一事。

傍麻績機殿印字（神麻績機殿印。）副進證文當機殿印字。（神服織機殿印。）

右被ニ今月廿六日廳宣一偁。去八月廿七日宣旨偁。今月十七日祭主下文偁。同廿七日司符偁。子細云々具也者。謹所レ請如レ件。然則件印字樣事。相ヲ尋傍機殿一之處。字樣如レ此。任ニ其例一。於ニ當機殿印字一者。可レ被レ造ヲ進神服織機殿印一哉。抑神御衣御糸事。任ニ令條幷度々　宣旨一。以ニ三河國赤引神調御糸一。可レ被レ奉レ織之由。載ニ于一紙一同經ニ言上一之處。未レ被ニ裁下一之條。且爲レ恐且爲レ愁。何者。縱雖レ不レ被レ載ニ于式條一。神事嚴重之間。隨ニ申請一被レ定ヲ置料所一之例幾哉。況於ニ神御衣勤一者。掛畏天照坐皇太神御ヲ坐天原一之時。以ニ神部等遠祖天御桙命一

爲レ司。以二八千々姬一爲二織女一。奉レ織之間。御垂跡之後。于今其勤誠以嚴重無雙也。因レ之以二彼國赤引御糸一。齋戒潔淸。可レ奉レ織之由。所レ被レ定二置神祇令一歟。隨致二其勤一之尅。自然中絕。然而麻績機殿御衣御麻沙汰之次。以二三河赤引糸一奉レ織之由。寬治兩度　宣旨。又以明白也。其中絕子細。雖レ無二指所見一。先度如二言上一。其時大神部親春犯二用供祭物一。隨二身彼印幷旁沙汰文書等一。逃二脫於他國一之由所二申傳一也。於二逃亡子細一者。見二于正曆年中氏人與經申文（在二箕曲祭主判一。）幷寬弘年中神部近守申文（在二祭主大三位判一。）等一也。其後神部等不レ言二上一之條。雖レ有二遲緩之恐一。今猶補二任當職一之神部。乍レ瞻二令條幷二度々　宣旨一。爲レ神爲レ朝。盍レ經二言上一哉。就中神部等勵二私力一奉レ職（織歟）之間。爲二字藏人大夫光隆朝臣一。被レ撿二封御糸奉納人面重次（カ八千々媛孫。）住宅一之條。是神令レ然之事歟。依レ爲二未曾有事一。言二上次第一之間。度々雖レ被二　宣下一。未レ遂二沙汰節一。然則任二彼令條幷兩度　宣旨一。以二三河赤引神調御糸一。齋戒潔淸被レ奉レ織者。神事違例之御祟自消。寶位無レ傾之御誓叶二神慮一。仍相二副彼宣旨幷親春逃亡證文等案一。言上如レ件。謹解。

嘉應二年九月廿九日　少神部神服連公俊正

大神部神服連公道尙

第十年中行事。

正月。

元日。二宮御節供事。

鷄鳴行之。供二白散年魚鮓一。

內宮儀式。一禰宜申二詔刀一了。拜四度。拍手。次神拜四度。次御奈保良比預天退出。次朝拜。

外宮儀式。鷄鳴參二拜內院一。（禰宜束帶。權禰宜。位物忌父等衣冠。）五次二舘母獻レ餅。（餅節在酒。）禰宜五位。權禰宜陵（內イ）晨御節供。一禰宜前行。警蹕供奉。次於二御酒一預二御縣一。別宮遙拜。

禰宜朝拜事。

內宮。御饌供之後。於二荒祭神拜所一。先拜二外宮一。次七所別宮。次天津神國津神。次歲德。次四方。次於二酒殿一向二乾方一拜。其間宮司一殿前着座。半夜參宿。次禰宜經二一殿前一宮司立座對揖。歸二宿舘一。次宮司參二內院一。次禰宜於二一禰宜舘一番文連署。

外宮。御節供之後朝御饌供奉。一禰宜奉二御蹕一。次御饌。次二禰宜以下五位權禰宜。次饗膳於二廳舍一在之。先禰宜與二權官府一拜揖。先權立レ東。次正立レ西。各南上。次着座。次番文奉下帳事。次神酒坏。二獻。次白散分行。饗前後打レ手。

殿宮司禰宜着座事。

內宮。宮司禰宜着座。先番文交替。次司祇承檢非違使讀之。使不參時。目代若本宮權禰宜役也。次書二司判一。次饗膳。雜任皆預也。直會了。各賜二白散一。次向二御前一一拜。次退出。

外宮。宮司先神拜。次着座之禰宜見參。次番文交替。儀同二于內宮一。次饗膳。次於二南砌一對揖。次退出。

內宮禰宜參二外宮一事。　率二權官一參之。先神拜。次於二一殿一當宮禰宜對面。次酒肴在之。

離宮院宮司二宮禰宜參事。　內宮一兩人參。外宮率二權官內人等一參二宮司一。二宮參拜之後。大司率二任用一歸二宿舘一。在二飯酒一。次參之。次於二厨家南門外一宮司禰宜對揖。次參入。次拜揖。宮司西立南上。禰宜東立。內宮南。外宮北。中上。次着座。宮司西。禰宜南北。內宮南。外宮北。次饗膳三獻。前後打レ手。次和舞。次自取蒿髮。次退出。

宮司政始事。　往古撰二吉日一。近代用二當日成吉書一。二宮番立事。御神田堰溝事。種薑御贄事。在二政印一。

二日。外宮禰宜參二內宮一事。　於二一殿一禰宜對面。在二酒菓一。

三日。宮司二宮禰宜參二齋宮一事。　宮司禰宜東帶。權禰宜衣冠。各供御物。菓子小鳥。參南庭。次拜賀。次饗祿。次拜。二度。次退出。

六日。內宮御饌料奉取新菜事。　祝部向阿波羅岐。取若布苔進本宮。

七日。二宮若菜御饌事。　外宮相加朝御饌供也。　內宮供奉之後在直會。次於字神事河原新菜神事。一禰宜幷目代及大小刀禰預饗膳。

上卯日。二宮供卯杖事。　外宮。先供卯杖。一禰宜奉御蹕申。別宮遙拜。次貢調御饌。如例。內宮。宮守物忌役也。供進之後。於神事川原行也。一禰宜率祝部行也。在飯酒饗。

十五日。一宮御節供事。　外宮。先御竈木供也。一禰宜奉御蹕申詔刀。別宮遙拜。　次望粥相加朝御饌供也。其儀如若菜日。　內宮。供粥御饌幷御竈木。早且物忌供例粥。次正員率權官供御竈木。次參御前。一禰宜申詔刀。次前後拜。次拍手。次直會。

離宮院踏歌事。付司廳。　宮司勤行之後。大司率任用幷目代兄部舞人陪從相幷卌餘人歸宿館。同行也。在飯酒饗。

春季諸社祭事。　大司奉下祭物。在內宮請文。祝部請也。

二月。

一日。內宮鍬山神事。　御田種蒔耕作也。宮司參時。禰宜相共行。宮司參列。往古不然。在直會饗膳。

四日。神今食祭事。三色物忌勤仕也。　祭物。宮司下行也。國司行之。齋王在寮之時。寮家行之。歸京之時。近年國司對捍之間。司中愍勤半分。

祈年祭使發遣事。

九日。祈年祭事。　勅使四ヶ度供給。大司勤之。

端午。外宮神事。　御巫內人於御竈屋役之。申詔刀。在直會。前後打手。

上亥日。同宮鍬山伊賀利神事。　於歲德神方行之。在直會。前後打手。先參內院神拜。次別宮遙拜。

上子日。同神事供奉事。　先參內院別宮遙

拜。於二一殿一行之。有二和舞直會一。前後打レ手。
中申日。同宮禰宜氏神祭事。　禰宜中堪レ事（者脫歟）申二詔刀一。
祈年穀奉幣使事。　王。中臣。忌部。卜部。神部。執幣等。　宮司勤使供給。成二土毛符一。進二宣旨請文一。

三月。

三日。二宮節供事。　外宮艸餅相二加朝御饌一供之。一禰宜奉二御蹕一。在二直會一。內宮供二桃花草餅種々ノ菓子御贄一。在二直會一。權神主盛俊勤。
種薑御贄事。　遠江國濱名神戶所レ課也。宮司正月一日遣レ符。今日於二離宮院一奉レ送二二宮一。分二配方々一。目代兄部散行也。
廿五日。兩機殿神御衣祭御占大祓事。
神服麻續兩機殿節供事。
晦日。祓事。　於二離宮院一行也。宮司內宮禰宜參勤也。來月神御衣祭解除也。大司成二廳宣一。來月神御衣祭祗承事。所々道橋事。饗料司中勤之。

四月。

一日。兩機殿御卜神御衣奉二織始一事。
四日。風日祈祭事。　大司下二行祭物一成二符七枚一。在二內宮請文一。日祈內人請之。
八日。兩機殿鎮祭事。
上申日。中臣氏神祭事。　宮司當社神主奉仕之祭用途。司中勤之。饗膳無レ使之時。同司中勤之。
十四日。二宮供二御笠一事。　外宮。鷄鳴供二御笠一。一禰宜奉二御蹕一。申二詔刀一。別宮遙拜。次供二朝御饌一。次宮司禰宜於二玉串行事所一參拜。次宮司參二內宮一。禰宜着二直會座一。　內宮。早旦供二御簑笠一。御笠縫內人役之。一禰宜率二傍官權任一參二御前一。申二詔刀一。神拜拍手。
內宮供二種薑於櫻御宮前一事。申二詔刀一。
內宮於二一殿一菅裁內人酒肴幣料事。
內宮風御社祭事。日祈內人申二詔刀一。

神御衣祭事。　宮司內宮正權禰宜供奉。大司中詔刀。
奉納之後。於一殿在饗膳。神服麻績少神部勤。司廳。
神御衣敷料兩少神部請之。在請文。同表張料治田使補事。大司成下知。神部進例文。兩機殿少神部送酒粽等。

五月。

一日。外宮御料菰草廳宣成事。
永治二年四月廿八日始成之。

三日。同宮禰宜爲漁進年魚向御河事。
禰宜皆參。權禰宜五位。六位。隨見參。有饗。

五日。二宮節供事。　外宮先節供。其儀大略如元日。次供
朝御饌。　內宮供菖蒲笋枇杷粽種々御
贄。儀式同元日。

離宮院節會事。　宮司二宮禰宜奉仕。儀式如元日。
直會饗料宮司下行也。

晦日。離宮院修秡事。　宮司二宮禰宜供奉。饗
料宮司下行之。　宮司成廳宣。來月御祭荷前御糸事。祗
承事。道橋事。宿坊號忌殿。造立事。無印。

外宮荷前御調糸請文上司廳事。

齋宮寮竹川御禊事。

六月。

十日。離宮院行事。　御卜事。御祭神酒料事。鳥
名子所食料事。歌長請之。餘祭不請。件三
ヶ條。料米司中下行。

十一日。月次祭使出京事。中臣一人。神部。衞士等。

神今食祭事。子細同于二月。

外宮諸社祝參齋宮事。

松採食下事。

荷輿丁食請事。齋王無御參之時不請之。近代十五日請之。

十五日。外宮由貴御饌事。　先有御秡。禰宜以
下從北御門內玉垣內參入。

內宮朝給荒蠣御饌事。　早旦禰宜進向字贄
海神所。秡給彼御饌。臨晩頭歸參本宮。

夕興玉祭事。寳殿不在。御巫內人申詔刀。

內院御卜事。興玉祭以後行之。

離宮院大秡事。齋王御着。祭使下着。宮司烈參於秡殿行之。

十六日。外宮御祭事。使祭主任用。宮司申二詔刀一。
同宮四勾糸進事。
內宮朝川原御祓事。
夕供由貴御饌事。
櫻皇神祭事。寳殿不レ在。淸酒作内人乍レ立申二詔刀一。
十七日。內宮御祭事。晩供二御饌一。夕行二祭禮一。大司申二詔刀一。
外宮伊向神事。一禰宜申二詔刀一。從二北御門内玉垣外一參入。先行也。次朝御饌供奉。
高宮御祭事。堪レ事之禰宜申二詔刀一。各衣冠。
十八日。荒祭宮御祭事。玉串大內人申二詔刀一。
土宮御祭事。禰宜中申二詔刀一。
月讀社祭事。外宮攝社禰宜衣冠。御巫內人於二御竈屋一申二詔刀一。打レ手。直會了。打レ手。
離宮院豐明神事。
十九日朔。月夜見伊佐奈岐兩宮御祭事。東月讀宮。一禰宜申二詔刀一。西伊佐奈岐宮。詔刀无。
廿日。小朝熊社祭事。一禰宜申二詔刀一。
廿三日。瀧原幷兩宮御祭事。東瀧原宮。禰宜申二詔刀一。西竝宮。无二詔刀一。使禰宜。
廿一日進發。守巡向參仕之。

廿五日。伊雜宮御祭事。祭使禰宜一人。
司廳行事。
今月廳宣成事。參河遠江神戶所當麥作薦進官。彼濱名神戶圓田所當麥事。
七月。
三日。外宮日祈內人請幣事。
四日。二宮風日祈祭事。宮司下二行祭物一。　內宮。進二請文
於司廳一。日祈內人請之。　外宮。早旦令三
物忌父捧二御幣一。一禰宜奉二御蹕一參二內院一。
右別宮御幣。幣後二禰宜以下參列。一禰宜申二詔刀一。次供二
朝御饌一。次風宮祭直會事。
祈年穀奉幣使事。如二春季一。
八月。
朔日。外宮御祭料請文上二司廳一事。一禰宜一人加署。
御鮹牒狀送二當國府一事。
鋪設請文事。鋪設預書上日下同。名字載之。禰宜連署卽上二司廳一。
內宮收納事始事。饗膳一禰宜儉定神主始勤之。
離宮院宮司政始事。在二饗膳一。　配符。二宮上分。御器徭丁。國々

封戸牒狀。所々神税收納。尹〔伊賀〕賀神移返抄在印。

晦日。離宮院修レ秡。宮司二宮禰宜供奉。其儀如二六月一。

外宮御祭荷前請文上二司廳一事。

齋王尾野川御禊事。夫々馬肥馬肥牛。封戸所レ課。宮司支配之。彼川橋有二浸所一。茵半疊濱床。度會權大領請預二用途一之後返上。

九月。

三日。以前司廳遣二伊賀神戸御調布使一事。去月一日成廳宣。今日以前遣使。十三日可二到來一。彼以前奉レ送二二宮一。

九日。二宮節貢事。外宮菊花相二加朝御饌一供之也。

十日。離宮院御卜事。

御祭神酒料下行事。

十一日。外宮荷輿丁食請事。近代十五日請之。

十四日。外宮供二進御調絹一事。宮司中二詔刀一。禰宜着二明衣鬘木綿一。無レ絃。

內宮神田拔穗事。朝長官并目代神主及大少刀禰作丁等。相共二進レ自二宇治郷一。御常供田拔穗。卽令レ持二祝部一。歸參之間。有二警蹕一。

神御衣祭事。其儀如二四月一。饗膳兩機殿大神部勤之。

十五日以後至二廿五日一。二宮神態如二六月一。內宮今月無二贄海神事一。外宮増二于六月一事注之。

外宮織二御衣一。一疋。御調布二端。調進事。各六尺。

御氣殿御裝束請文上二司廳一事。

離宮院御氣殿御裝束奉レ下事。伊賀神戸所レ濟。到來之日奉レ納二御倉一。當日奉下之。物忌請之。

大秡事。如二六月一。

十六日凌晨。外宮拔穗供奉事。一禰宜奉二御蹕一。供奉後供二朝御饌一。

十八日。外宮御氣殿御裝束事。

內宮大半符成事。兩機殿神部勤。

離宮院豐明神事。

廿一日。外宮齋王御幣并御氣殿御裝束分配事。

十月。

一日。二宮荷前生絁御綿供進事。濱名神戸所課。宮司於二離宮院一奉送。二宮一兄部持參之。於二外宮一鳥居邊一。大司加二解文副符判一。次一禰宜衣冠於二蕃垣御門外一。以二司解文一申之。傍官不參。次內宮遞納之。

宮司副二進二宮凡絹荒妙一事。內宮凡絹二疋。荒妙一疋。外宮同之。

內宮更衣饗膳事。
端午外宮神態事。如二三月一。
晦日。齋王尾野川御禊事。司中勤如二八月一。橋以二八月一造進用之。
十一月。
上申日。中臣氏神社祭事。如二四月一。
中卯日。外宮諸社祝部請二神今食祭物一事。其料物國司支配進之。
齋宮新嘗會祭事。
中辰日同新嘗會直會事。宮司二宮禰宜內人上參仕。有二獻物事一。
同料御物覆料宮司下行事。出納鎰取請之。
中酉日。外宮禰宜氏神祭事。儀式同二二月一。
晦日。離宮院修レ祓事。其儀同二五八月兩月一。
齋宮竹川御禊事。
冬季同宮攝社神態事。撰二吉日一。行儀如二春季一。祭物司中沙汰。九月祝部請之。
十二月。
十日。離宮院御卜事。
御祭神酒料司廳下行事。

十一日。神今食祭事。如二六月一。
外宮攝社祝部請幣事。司庫奉下之。
荷輿丁請食事。近代十五日請之。
十五日以後。廿五日以前。二宮神態事。如二六月一。離宮院行事同之。
十八日夕。內宮神事。於二南御門之外一在之。號二私御饌一。一禰宜目代神主內物忌役也。
晦日。 離宮院雜腊代米下行事。拍手長請之。
辻祭事。
廳祭事。
已上料物司中下行。
白散年魚燈油奉レ送二二宮一事。日入宮司參二離宮院一奉レ送。次參二外宮一。次參二宿內宮一。
白散重紙下行事。出納鎰取請之。外宮請文在。內宮無之。
外宮燈油白散年魚請文事。請使物忌父參二離宮院一請之。
宮司參拜事。宮司禰宜對面之後。禰宜直燈油供奉。
右神宮雜例集以小野高潔本書寫以渡會延佳挍本照應是正了

群書類從卷第五

神祇部五

二所太神宮例文

目録

第二十　伊勢齋內親王
第廿一　攝政次第
第廿二　公卿勅使參宮次第
第廿三　依二罪科一雖レ被レ解三却所職一預二勅免一還三着本座一例
第廿四　依二狂病耳聾目盲幷神役不レ仕科一被レ停三止所職一例
第廿五　依二罪科一蒙二勅勘一中間雖レ漏二恩賞一蒙二勅免一賜二同日位記一還三着本座一從二神事一例
第廿六　二宮正遷宮臨時遷宮幷假殿遷宮次第

二所太神宮例文條々

第一　皇太神宮　荒木田遠祖奉仕次第

天見通命　天兒屋根命廿一世孫。大狹山命子。垂仁天皇御代奉仕。
天布多由岐命　天見通命子。同御代奉仕。
大貫連伊己呂比命　天布多由岐命子。景行天皇御代奉仕。
大阿禮命　一名大荒命。伊己呂比命子。同御代奉仕爲二物忌一。
大貫連岐己利命　大阿禮命子。同御代奉仕。
荒木田最上　岐己利命子。始賜二荒木田姓一。成務天皇御代奉仕。
荒木田佐波　最上子。仲哀天皇御代奉仕。
荒木田葛木　佐波子。神功皇后御代奉仕。
荒木田己波賀禰　葛木子。應神天皇御代奉仕。
荒木田牟賀手　己波賀禰子。仁德天皇御代奉仕。
荒木田酒目　牟賀手子。履仲天皇御代奉仕。
荒木田押刀　酒目子。清寧天皇御代奉仕。
赤冠荒木田藥　押刀子。武烈天皇御代奉仕。
赤冠荒木田刀良　藥子。繼體天皇御代奉仕。
赤冠荒木田黑人　刀良子。欽明天皇御代奉仕。
赤冠荒木田廣刀自　黑人女子。齊明天皇御代奉仕。
荒木田神主首麿　黑人子。賜二神主姓一。齊明天皇御代奉仕。

神主石敷　首麿子。此時別門。天智天皇御代奉仕。
神主石門　首麿二男。兩門之外也。天武天皇御代奉仕。

第二　一員禰宜補任次第　天武天皇元年。停二大神主一始被レ置二禰宜職一。志己夫初之也。

禰宜神主志己夫　大神主吉田三男。天牟羅雲命末孫也。
禰宜荒木田野守　首麿子。乙麿子也。持統天皇御代奉仕。
山田麿　乙麿五男。持統天皇御代奉仕。
佐禰麿　石敷一男。文武天皇大寶。
田長　石敷二男。元明天皇和同二年。
首名　乙麿六男。聖武天皇天平年中奉仕。
礒守　乙麿七男。光仁天皇寶龜。
男公　田長五男。桓武天皇延暦九。
恒守　佐禰麿一男。桓武天皇延暦十五年。
公成　田長二男。嵯峨天皇弘仁。
眞老　淳和天皇天長。

繼麿　大内人□成子。仁明天皇承和。
繼長　仁明天皇嘉祥。
德雄　大内人末成子。淸和天皇貞觀十年六月任。在任卅一年。
莖貞　父德雄讓。延喜五年九月十五日任。在任十九年。
最世　大物忌佐美主子。自二志己夫一至二最世二一員奉仕也。一門十六人歷年。延喜廿三年三月六日任。在任廿年。
一 行眞　父最世讓。一門祖也。天慶四年七月廿五日任。執印卅五年。
三 茂忠　父行眞讓。天祿四年十一月廿五日任。在任廿三年。
一 延利　長德元四月廿五日任。在任四十九年。
二 宮眞　一門一利方男。長元六年四月九日任。在任廿一年。
一 宮常　利方子。天喜元年十一月廿七日任。在任四十四年。
二 師平　宮常子。嘉保三年四月九日任。在任廿六年。
三 忠延　二延平男。保安二年閏五月廿五日任。在任十九年。
一 俊定　一忠元五男。保延五年十一月一日任。在任卅二年。
一 忠滿　一經仲二男。嘉應二年九月十一日任。在任卅五年。
三 經明　父忠滿讓。元久元年十二月一日任。五旬禁忌內也。在任廿八年。

一成行　經明讓。寛喜三年九月二日任。

五興氏　弘安八年月日任。正應三年九月卒。在任六年。

二氏尙　一尙良男。正應三年十二月任。

四泰利　永仁六年三月十六日任。氏尙解任替。又一禰宜泰氏勞。

泰朝　父泰利讓。延慶二年二月廿一日任。

第三　二員禰宜　一禰宜行眞以後。

一興忠　村上天皇御代　應和元年十月廿四日加補二員。在任十八年。

一氏長　父興忠讓。貞元三年九月廿八日任。在任廿八年。

一延滿　父氏長讓。長保三年十二月六日任。在任五十四年。

一滿經　父延滿讓。天喜元年十一月廿一日任。在任四十九年。

五俊經　父滿經讓。康和三年七月十日任。在任十一年。

一經仲　父俊經讓。天永二年六月八日任。在任四十三年。

四公俊　仁平三年九月五日任。在任十五年。

四範宗　仁安二年六月四日任。在任十八年。

六成良　範宗讓。養和二年四月六日任。在任十四年。出家中道入惡見。

一氏良　建久四年十二月十一日任。在任三十年。

二延成　承久四年三月十九日任。建治四年正月十日卒。在任五十七年。

三氏棟　建治四年正月任。

三氏房　父氏棟讓。嘉元四年二月二日任。

三員禰宜　茂忠以後。

一秋眞　圓融院御代　天延二年二月五日加補三員。在任十五年。

三敏忠　一門舅秋眞讓。永延二年九月十四日任。在任八年。

以下十七人雖レ載レ本自餘略之

四員禰宜　氏長以後。

四厚賴　一條天皇御代　正曆五年十二月十一日加補四員。在任二年。

自餘十五人略之。

五員禰宜　重賴以後。

五賴光　一條天皇御代　一延利男。寛弘三年六月十一日任。在任十七年。

自餘十八人略之。

六員禰宜　三禰宜重賴以後。

四 延親 一條天皇御代 一氏長男。寛弘三年六月十一日任。在任卅年。

自餘十五人略之。

七員禰宜 二實定以後。

六 氏實 讃岐天皇御代 保延元年六月八日加任。在任十年。

自餘八人略之。

八員禰宜 經定以後。

一 延秀 懷成天皇御代 承久三年三月廿三日加任。

自餘五人不レ注之。

九員禰宜 八忠世以後。

二 仲滿 後二條院御代 嘉元二年十月十八日任。依二位次一爲二八禰宜一。

十員禰宜 八忠世以後。

泰定 同御代 嘉元三年十月日加任。

一禰宜次第注二別帖一之間略之。

第四　豐受太神宮　度會遠祖奉仕次第

天牟羅雲命 天御中主尊十二世孫。天御雲命子。

天日別命 天牟羅雲命子。神武天皇御代奉仕。

玉柱屋姫命 伊雜宮

建前羽命

大若子命 大神主 彦久良爲命子。垂仁天皇御代奉仕。

乙若子命 大若子命弟也。景行。成務。仲哀三代奉仕。

爾佐布命 乙若子命一男。神功皇后。應神二代奉仕。

子爾佐布命 乙若子命二男。仁徳天皇御代奉仕。

彦和志理命 爾佐布命子。履仲天皇御代奉仕。

小和志理命 爾佐布命二男。反正天皇御代奉仕。

事代命 爾佐布命子。允恭天皇御代奉仕。

阿波良波命 彦和志理命一男。安康天皇御代奉仕。

大佐佐命 二宮祢行大神主 彦和志理命二男。雄略天皇御代奉仕。

御倉命 彦和志理命三男。清寧天皇御代奉仕。

佐部支命 阿波羅波命一男。顯宗天皇御代奉仕。

乃々古命 阿波羅波三男。仁賢天皇御代奉仕。

乙乃古命 件命生子有四柱即別四門　阿波良波命四男。武烈天皇御代奉仕。

神主飛鳥　乙乃古命二男。繼體天皇御代奉仕。

神主水通　乙乃古命三男。安閑天皇御代奉仕。

神主小事　乙乃古命四男。欽明天皇御代奉仕。

神主加味　水通一男。敏達天皇御代奉仕。

神主小庭　飛鳥三男。用明天皇御代奉仕。

神主伊志　小事一男。推古天皇御代奉仕。

神主宇麿　小事三男。同御代奉仕。

神主調　小庭一男。舒明天皇御代奉仕。

神主久遲良　小事四男。同御代奉仕。

神主馬手　調四男。皇極天皇御代奉仕。

神主吉田　調一男。孝德天皇御代奉仕。

神主知加良　久遲良一男。同御代奉仕。

神主富杼　久遲良二男。齊明天皇御代奉仕。

神主志初太　吉田二男。天智天皇御代奉仕。

神主御氣　吉田四男。天武天皇御代奉仕。

第五　一員禰宜補任次第

二門 禰宜神主兄虫　御氣一男。在任十五年。

二門 禰宜神主君麿　神主祖父一男。持統元年任。在任十年。

二門 小君　祖父二男。文武天皇即位元年任。在任十一年。

四門 知加良　久遲良一男。平城宮和銅元年任。

四門〔龍イ〕 龍　知加良一男。平城諸樂宮養老元年任。在任十年。

四門 安麿　龍一男。聖武天皇神龜五年任。在任□。

四門 足床　安麿二男。天平□年任。

四門 忍人　安麿三男。天平廿年任。在任十九年。

四門 五月麿　安麿四男。忍人養子。神護景雲元年任。在任卅六年。

四門 財麿　五月麿一男。延暦廿四年任。在任七年。

三門 牛主　國益二男。弘仁二年任。在任十二年。

三門 虎主　牛主一男也。弘仁五年任。在任十四年。

四門 後河　富杼一男。天長五年任。在任十六年。

四門 土主　五月麿四男。承和六年任。在任十三年。
四門 河繼　後河一男。仁壽二年任。在任十二年。
四門 眞水　乙繩二男。貞觀五年任。在任十四年。
四門 眞雄　財麿二男。貞觀十九年任。在任十一年。
四門 貞河　河繼一男。仁和三年任。在任五年。
二門 冬雄　高主二男。寬平五年任。在任廿六年。
二門 春彥　高主六男。延喜十八年六月廿日任。在任十六年。
二門 晨晴　春彥一男。承平三年十一月廿日任。在任十六年。
二門 康平　晨晴一男。卽父讓。天曆二年九月八日任。在任四十年。
彥晴　康平三男。卽父讓也。永延元年十一月一日任。在任卌二年。
二門 通雅　父貞雄。祖父彥晴讓也。寬仁二年二月任。在任卌一年。
三 四門 常範　眞水五代孫。神祇官人代良忠五男。康平二年九月任。
二 賴房　延久二年六月任。在任廿年。
三 貞任　寬治三年十二月任。
五 雅高　兄貞任讓。天永三年七月任。

三 守康　保安四年四月任。
三 高行　天治元年十一月任。
六 高弘　保延五年三月任。
五 兼光　保延六年二月任。
六 雅明　久安五年九月任。
五 政忠　仁平二年六月任。
三 宗房　一禰宜重房男。永曆元年八月任。
高倫　治承二年七月任。
三 延行　建久二年十二月任。在任廿四年。建保七年正月十九日卒。
行能　父延行讓。建保二年八月任。在卅。
四 雅房　建長五年十月任。在五。
五 元定　正嘉元年二月任。在八。
五 延房　弘長四年任。在九。
四 益房　父延房讓。文治九年七月任。在廿一。
一 常良　一禰宜貞尙二男。正應五年五月廿日任。

朝泰
朝長
第六　二員禰宜于時一禰宜康平於超。以二雅風一爲二上座一。
一雅風　禰宜冬雄一男。權大内人良房二男。天暦四年閏五月加二任二員一。
自餘十九人雖レ注略。
三員禰宜　貞元元年。安兼訴二申前勞之由一。烈二廣隣之上一。
二安兼　高主男秋茲男常相男也。天延二年二月五日加二任三員一。
自餘十七人略之。
四員禰宜　彦晴雖レ爲二先補禰宜一。依二年歯一座二行兼之次一。長保三年執印。
二行兼　高主男秋茲男常相五男也。永延元年十二月十六官符。加二任四員一。在任十。
自餘十七人略之。
五員禰宜
二滋兼　高主四男秋茲男常相四男。正暦五年七月加二補五員一。在任十六年。
自餘十七人略。
六員禰宜
一連信田上大水四門　權禰宜有眞二男。寛弘三年八月加二任六員一。在任卅六年。
自餘十二人略。
七員禰宜
二雅彦　于時一禰宜彦忠養子。保延元年六月加二任七員一。
自餘十一人略。
八員禰宜
六康房　一禰宜彦基聟。承久三年三月加二補八員一。
自餘四人略。
九員禰宜
六行宗　一禰宜行忠次男。行忠以二自解一申之。嘉元二年十月三日加二任九員一。
十員禰宜
貞香　一禰宜常良男。
貞蔭　于時二禰宜常尚以二自解一申二補十員禰宜一。嘉元二年十月十二日任。
相尚　一禰宜次第注二別帖一。仍略之。
第七　被レ定二置禰宜職一始。

飛鳥淨御原宮御宇以後。或本宮擧奏之。或以ニ自解一補任例。

禰宜兄虫　君丸　小君　知加良　瀧　安麿　足床　忍人　五月丸　財丸　牛主　虎主　後河　土主　河繼　眞水　眞雄　貞河

已上十八代。禰宜一員之時。依ニ本宮擧狀一所ニ補任一。

寛平五 冬雄　延喜十八 春彦　承平三 晨晴　天暦二 康平等。以ニ自解一奏聞之日被ニ補任一也。

天暦 雅風　天延二 安兼　永延元 行兼　正暦五 滋兼　寛弘三 連信等。本宮擧也。

承暦四 內宮禰宜　延久元 延清同擧補也。

定平　建久五 利康　建治元 氏成等。以ニ自解一申補畢。

第八　祭主次第。

第一 御食子大連公　天兒屋根命廿一世孫。可多能祐大連公一男也。推古天皇元年任。在任十六。

國子大連公　可多能祐大連公二男也。舒明天皇御代任。在任十六。

國足朝臣　國子一男。孝德天皇元年任。在任十八年。

大嶋朝臣　可多能祐大連公末孫。許米連一男也。天智天皇元年任。在任十二。

中納言伯 意美麿　國足一男。始爲ニ祭主一。改ニ祭官字ニ爲レ主者也。天武天皇元年任。在任卅七年。

刑部卿伯 東人　意美麿一男。元明天皇和銅元年任。在任十七。

侍從伯 廣見　意美麿三男。神龜元九任。

右中辨伯 人足　御食子大連公孫嶋麿一男。天平三任。辭退之後任ニ尾張守一。

清麿　天平十二年任。

十代大副 益人　人足一男。意美麿辭退替也。天平十九年正月任。在任一。遷ニ任相摸守一。

右大臣正二位伯 清麿　意美麿七男。祭官國子五代孫。中臣朝臣大字ヲ別テ給。天平勝寶元年三月任。延暦七年七月廿八日薨。八十七。

參議宮內卿伯 子老　清麿二男。卽父讓。寶龜四年十月任。在任十三年。四月十九日蒙ニ祭主宣旨一。

左近衞大將伯 諸魚　清麿四男。延暦五年三月任。延暦十六年二月廿一日薨。五十五。

大副 諸人　清麿一男宿奈麿三男。弘仁元年七月任。在任四年。

伯 淵魚　清麿三男繼麿三男。弘仁五年正月任。在任十二年。

少副 礒守　東人末孫出雲守全成三男。天長元年四月任。在任四年。

大副 毛人　意美麿四男中務大丞長人二男。天長五年任。在任六年。本大宮司也。超ニ六祐天足一。天平十二年。

大副 國雄　諸魚卿孫式部少丞良礒一男。承和元年任。在任六年。

大副 蘇守　東人卿末孫田守一男。承和七年三月任。在任九年。超㆓權少祐正六位上中臣丸氏成㆒。

廿 逸志　大嶋卿末孫伊賀守益繼一男。嘉祥二年九月任。在任十八年。貞觀九年正月廿九日卒。

大副 豐雄　諸人孫木村男。貞觀九年任。在任五年。

大副 有本　清麿六男命麿孫常陸雄良男。貞觀十四年任。在任廿二。寬平六年二月八日卒。

伯 安則　子老卿孫伯耆大掾道雄六男。寬平六年四月任。在任卅九年。延長六年正月廿四日卒。超㆓三人㆒。

奧生　東人卿末孫神祇大副眞廣四代孫。承平三年七月任。在任八年。天慶二年閏七月二日卒。

四條大副 賴基　清麿末孫神祇備後掾輔道男。天慶二年四月任。在任廿年。天曆十年卒。七十。

前官祭主 公節　諸人二男神祇少副利世孫。本名成公。天德二年十二月任。在任三。停任後還㆓任相摸守㆒。

大副 元房　東人末孫主神司高基一男。應和二年正月任。在任十一年。超㆓大祐正六位上能宣㆒。天慶四年大宮司也。

三條大副 能宣　賴基一男。天祿三年四月十日任。超㆓伯從四位上憐古王㆒。正曆二年卒。在任廿年。

箕曲 永賴　清麿末孫太神宮司茂虫三男。正曆二年十一月任。在任九年。長保二年九月廿二日出家。同廿四日卒。

四條三十 岩出 輔親　能宣一男。長保三年二月任。在任卅八年。超㆓六人㆒。依㆓二門氏訴㆒。停任之後任㆓若狹守㆒。長曆二年六月廿二日卒。治安三年轉㆑伯。正三位。申㆓大三位殿㆒。

麻續 佐國　太神宮司茂生八男。長曆二年八月任。超㆓六人㆒。在任二年八ヶ月。元大宮司。配流。

大副 兼興　一門祖御食子孫春日神主理平男。長曆三年六月廿三日任。在任廿二ヶ日。

大副 永輔　永賴二男民部大丞宣輔男。長曆三年閏十二月廿六日任。在任廿八年。

少副野篠 元範　元房二男權大司公範三男。治曆四年六月廿一日任。超㆓二人㆒。延久三年八月廿四日卒。在任四年。

小社 輔經　輔親卿一男散位輔隆三男。延久三年八月任。永保元年三月十三日卒。在任十年。

內田 賴宣　宮司茂生六男神祇大副守孝五男。永保元年六月一日（五月廿九日イ）任。寬治三年七月廿七日卒。在任十一年。

號岩出伯 親定　輔經一男。寬治五年八月任。超㆓二人㆒。在任卅二年。任㆓美濃權守㆒。保安三年正月廿八日薨。從三位。

相可 公長　宮司茂生末孫散位公定七男。保安三年四（五イ）月廿八日任。保延四年九月十四日卒。六十九。在任十七年。

岩出 清親　永賴末孫神祇大副輔淸一男。保延四年十二月廿九日任。保元二年八月二日卒。在任廿年。

號南三位四十 岩出 親章　親定卿一男。神祇大副親仲雖㆑爲㆓三男㆒爲㆓嫡子㆒。保元二年八月任。永曆二年正月廿五日卒。五十九。在任五年。

弼見 殿村 爲仲　賴基末孫大宮司仲房一男。永曆二年正月任。超㆓二人㆒。治承四年八月十八日卒。七十九。在任八ヶ月。還㆓任山城守㆒。辭退。又復任㆓本官㆒。

佐奈 師親　親定卿五男。應保元年九月任。治承三年九月廿四日卒。七十九。在任五年。

中入道三位殿 岩出 親隆　親定卿一男。權大副親仲三男。長寬三年五月任。超㆓二人㆒。文治三年九月廿九日卒。七十四。在任十八年。

長森 親俊　親定四男散位親康一男也。壽永元年十一月任。元曆元年十一月九日卒。七十五。在任四年。

岩出 能隆　親隆卿三男。文治元年十一月廿五日任。超㆓四人㆒。同二年母喪。同三年父喪。在任廿八年。申㆓大二位殿㆒。

隆宗 號南物官 岩出　能隆長男也。建暦二年十一月任。在任十一年。

能隆 岩出　承久四年二月還補。歳七十七。在任九年。依二夫上表一。八十五歳。

隆通 號後二位殿　能隆卿七男。父老耄之間辭退。寛喜二年四月十七日任。在任廿年。

隆世 岩出　隆通卿長男。即父讓。寶治二年五月廿一日任。在任十二年。後號二三位入道殿一。

隆蔭 岩出五十　隆通卿二男。兄隆世卿讓也。正元元年七月十五日任。在任十一年。

定世 岩出　隆世卿長男。隆蔭卿讓。文永六年四月十二日任。超二四人一。在任五年。

爲繼 弼見　爲仲男神祇權大副爲季男神祇權少副爲茂男也。文永十年五月任。在任二年。

隆蔭 號棚橋祭主　文永十一年十一月還補。弘安二年十二月廿一日卒。五十。在任六年。

定世 岩出　弘安三年三月廿四日還補。在任九年。

隆直 岩出 中修理權大夫殿　隆蔭卿長男。正應元年十二月十九日任。在任二年。

爲繼 弼見　正應二年十二月廿四日還補。在任三年。

定世 岩出　正應四年十二月廿七日還補。永仁五年十二月廿二日卒。在任七年。

隆直　永仁五年十二月廿六日還補。同六年十二月廿五日卒。在任二年。

爲繼　永仁六年十二月廿九日還補。在任二年。

定忠 岩出六十　定世卿長男。永仁七年二月廿二日任。正和元年六月廿八日改替。在任十四年。前刑部卿從三位。後三位入道殿。

爲連 弼見　爲繼卿長男。正和元年六月廿八日任。同二年三月廿八日得替。在任二年。

經蔭 岩出　隆蔭卿三男。正和二年三月廿八日任。同年十一月九日得替。在任九ケ月。

定世 岩出　正和二年十一月九日還補。同五年正月十七日讓二與蔭直一。十八日出家。廿四日卒。四十五。

蔭直 土御門殿又號岩出南殿　隆直男也。正和五年正月廿日補。

隆實 號神岡二位殿常光院 岩出　隆蔭四男也。文保三年二月十九日補。公卿補任云。隆實。元應三年八月六日非參議。祭主神祇權大副。正中二年十月廿六日正三位。嘉暦四年正月七日從二位。御祈賞。建武二年正月廿三日逝去。

親忠 岩出　定忠長男也。元德三年辛未三月十一日任。同月十二日上階。于時歳卅七。公卿補任云。元德三年三月十二日非參議從三位。神祇權大副。同月日爲二祭主一。元弘二年十二月日叙二正三位一。建武二年月日爲二祭主一。暦應元年十二月一日正三位。觀應三年月日薨。

隆實　元弘三年癸酉月日還補。建武二年正月日卒。

蔭直 岩出　建武二年乙亥正月日還補。在任二年。

親忠 出宮司年代記及公卿補任　建武三年還補。

隆基　隆實男。延元四年吉野殿年號京方暦應二年ニアタル比。祭主隆基轉補次第記ニアリ。

忠季

親直　蔭直卿四男。貞和四年七月六日還補。

親忠　觀應元年十二月五日還補。
親世　定忠卿四男。爲二親忠子一。文和五。
忠眞　文和三。親直一男。
實直　永和三。
親世　永和四。
基直　康曆元。忠直卿一男也。
清世　應永五年ノ記ニアリ。
三位 通直　應永。
岩出殿 清忠　正長記。
一條 宗直　嘉吉三年九月二日任。通直卿長男。
清忠　同廿日還補。
三位 宗直　文安三年四月十六日。
二位 清忠　寶德二年二月三(五イ)日任。
岩出從二位 秀忠　應仁三年四月十一日任。父清忠讓。
輔直　通直男也。

伊忠　秀忠男也。明德二年後四月十一日任。
朝忠　伊忠男也。文龜元年九月補二祭主一。
康忠　元龜二辛未三月日任。同年五月廿四日逝去。非例成多神朝忠男。
少副 慶忠　元龜三年壬申九月十六日任。康忠一男。在任廿七年。逝去慶長三年戊戌三月廿九日。
種忠　慶長四年十二月日任。祭主慶忠一男也。種忠十四歲ニテ任二祭主一。

第九　大宮司次第。

第一中臣 香積連須氣　河內國錦織郡人也。孝德天皇御代任。在任四十年。
第二 大柄連馬養　朱雀二年持統天皇御代任。在任十七年。或十五年。
第三 村山連糠麿　大寶二年正月任。在任十六年。
第四 大家朝臣豐穗　靈龜二年十二月廿六任。在任四年。
第五 津嶋朝臣大庭　養老四年十二月七日任。在任六年。
第六 高良比連千上　神龜三年三月一日任。在任五年。雖二重任官旨一。依二所帶一。
第七 村山連豐家　天平二年八月廿四日任。在任六年。兄千上讓。
第八 中臣朝臣家主　天平八年八月十日任。在任四年。
第九 楢宜朝臣毛人　天平十二年四月十一日任。在任六年。

第十　津嶋朝臣家虫　天平十八年二月十一日任。同廿年五月給二五位一。在任二年。

第十一　津嶋朝臣子松　天平廿年五月九日任。在任九年。

第十二　菅原朝臣忍人　天平寶字元年六月十日任。在任三年。

第十三　菅生朝臣虫麿　天平寶字十四年十月十三日任。在任三年。

第十四　榴宜朝臣山守　天平寶字六年七月八日任。在任二年。

第十五　菅生朝臣諸忠　天平神護元年二月二日任。在任二年。

第十六　菅生朝臣水通　天平神護二年二月十七日任。在任五年。今年十二月神舘燒亡畢。

第十七此宮司以後不任他姓　中臣比登　祭主廣見七男也。寶龜元年十二月任。在任四年。同三年正月司家司官炎上畢。

第十八　中臣朝臣廣成　宮司馬養一男。寶龜五年二月廿一日任。在任六年。

第十九　繼成　二門（一門云々イ）東人孫也。寶龜十一年十二月二日任。在任六年。

第廿　野守　延曆十年八月。太神宮燒亡事依二科怠一被二解却一。東人孫山守男。延曆五年三（五イ）月任。此時始任限定二六年一。在任六年。

第廿一　若麿　祭主廣見孫也。延曆十一年二月廿日任。在任五年。今年太神宮臨時遷宮。

第廿二　眞魚　祭主益人三男。延曆十六年五月四日任。在任六年。

第廿三　眞繼　東人孫。延曆廿二年五月二日任。大同二年卒。在任四年。

第廿四　豐庭　意美麿孫。大同二年十二月廿四日任。在任六年。此時自二高河原一移二離宮院於宇羽西鄉一。

第廿五　淨持　弘仁三年二月七日任。在任三。行弘事依二神事違例一解任。三月宣旨。

第廿六　眞淸麿　弘仁七年七月廿一日任。在任六年。十二月格。二郡雜務永領太神宮。

第廿七　菅生朝臣道成　祭主大嶋卿孫。弘仁十四年六月任。在任五。天長三年六月十一日。依二朝御饌行穢科一解任。七月十三日父喪。

第廿八　中臣久世主　祭主淸麿曾孫。天長三年九月任。在任三年。同六年正月父喪解任。

第廿九　逸志　大嶋卿三代孫。天長六年三月廿六任。在任六年。其後嘉祥二年任二祭主一。

第卅　眞仲　散位春魚七男也。承和二年三月五日任。在任六年。

第卅一　豐歲　承和八年二月廿八日任。在任五年。民部大輔魚取一男也。承和十二年十一月依二神事違例一解任。

第卅二　新作　豐庭一男。承和十三年正月任。在任六年。

第卅三　伊度人　祭主逸志一男。仁壽二年二月廿一日任。在任十一年。

第卅四　峯雄　祭主子孝（老賦）曾孫也。貞觀五年二月廿日任。在任六年。同十年依二神事違例一解任。

第卅五　有範　貞觀十年戊子八月十四日任。在任七年。其後依二母喪一解任。服假以後復任。

第卅六　澤松　在任四。相二並有範一。貞觀十一己丑八廿四任。宣旨云宮司有範喪服解之間。令三件澤松執二行太神宮司一者。同十二年八月十六日加二置二員一。同廿八日有範復任。官符云。澤松有範共補任。

第卅七 如道 東人孫也。貞觀十六年三月廿日任。在任二年。有範替也。

第卅八 安棟 元慶元年丁酉四月十一日任。在任四年。澤松替。

第卅九 貞世 在任五。相竝安棟一。同元丁酉四廿七加任。同二年正五遭二父喪一解任。但安棟執行之間不レ補。

第四十 有輔 元慶五辛丑年正月十五日任。安棟替。在任七年。今年八月被レ定置少司一。貞世任。

第四十一 濱行 仁和元年五月少宮司任。貞世替。同三年三月轉任大宮司一。有輔替。

第四十二 良臣 寛平三辛亥四月十六日任。同六年二月依二父喪一解任。當祭主有本一男也。

第四十三 臣善 祭主諸魚末孫。寛平七年乙卯九月任。同月廿二日兼造齊宮使。在任十三年。延喜二年被レ置二權大司一也。

第四十四 利世 利範弟。延喜七年丁卯正月廿八日任。在任七年。延任一年。

第四十五 利範 未着任。延喜十四甲戌三月任。

第四十六 全臣 祭主有本三男。延喜八年三月十三日任二權大司一。同十四年八月廿日轉任大司一。在任六年。十二月依二宣旨一。安則與奪神郡雜務一。

第四十七 賴行 當祭主安則八男。延喜廿年十二月廿八日任。同廿一年着任。在任六年。

第四十八 良扶 少司罕雄一男。延喜廿一年正月廿三日任二權大司一。延長五年五月廿一日轉任大司一。在任二年七ヶ月。同十二月依二御躰御卜奏一。科二大祓一解任。自二權司一拜任大司人一也。

第四十九 恒瀧 延長七年二月廿五日任。在任六年。承和五年正月。兼任神祇權大祐一。元少司也。

第五十 時用 少司氏尋三男。承平四年閏正月任。同七年三月依二神事違例一。蟄務停止。

第九十一 邦光 伊度人孫也。天慶二年二月廿二日任。同廿六日父喪依服氣。官符進メ。同三年三月改任。

第五十二 元房 東人末孫也。天慶四年六月任。在任六年。

第五十三 茂生 天曆元年三月十四日任。在任六年。

第五十四 中理 祭主安則末孫。天曆六年十二月任。在任六年。當宮司始而奉レ寄二御常供田三町一。在二員弁郡一。

第五十五 氏高 馬養末孫也。天德二年四月廿七日任。在任三年。依二異姓一改任畢。

第五十六 茂生 天德四年十二月廿三日任。在任六年。去天曆元年補任宮司一。今度還補也。

第五十七 中理 康保二年十月十二日任。在任四年。去天曆宮司也。今度還補。康保四年六月依二母喪服一解。安和元年八月復任。同二年三月替。

第五十八 公賴 安和二年五月任。天延元年正月叙二五品一畢。同年三月依二氏人等訴二□一元少宮司也。

第五十九 當行 天延元年四月十七日任。祭主安則六男也。蒙二受領宣旨一造進離宮院一。天元三年正月任二壹岐守一。

第六十 理信 前大宮司時用六男也。天元二年三月三日任。在任五年。

第六十一 宗幹 前大司恒瀧孫也。永觀元年二月十七日任。在任五年。後任二權司一。

第六十二 宣茂 茂生孫。永延二年五月廿八日任。在任六年。

第六十三 公忠 時用七男。正曆五年二月廿三日任。在任五年。長德三年改司印納筲箱也。

第六十四　千枝　茂生孫。安頼男也。長保元年三月廿三日任。公忠讓也。在任三年。長保三年八月十九日補二造宮使一。

第六十五　佐國　茂生六男。長保三年七月八日任。在任六年。去長保元年九月二日補二造豐受太神宮使一。同四年叙爵。

第六十六　公枝　千枝男。寛弘四年十二月廿五日任。在任六年。同七年給爵。

第六十七　爲公　茂生五男。長和二年八月十六日任。同四年正月九日叙二從五位下一。在任六年。

第六十八　爲清　佐國一男。寛仁三年十一月廿一日任。在任六年。或本云。去年十一月廿二日任。今年三月十三日參宮着任云々。

第六十九　公兼　千枝三男。萬壽元年十二月九日任。同二年二月十四日着任。在任六年。

第七十　永政　宣茂一男。長元四年二月廿三日任。三月二日着任。在任六年。

第七十一　兼任　神祇大副兼興一男。長暦元年正月廿六日任。二月二日着任。在任六年。長久元年叙爵。

第七十二　明輔　宣茂五男。長暦二年十一月補二造外宮使一。長元三年遂二行遷宮一。長久四年癸未二月廿二日任。同三月十五日着任。在任六年。

第七十三　義任　宣茂六男。永承三年戊子十二月晦日任。在任六年。天喜元年四月叙爵。

第七十四　兼任　天喜二年甲午二月廿八日還任。在任六年。同四年二月兼二造太神宮使一。

第七十五　宣衡　石見守爲信二男。康平四年辛丑正月廿二日任。三月廿三日着任。在任七年。治暦四年四月官符可レ延二一年一云々。號二殿村前司一。

第七十六　公義　公兼三男。治暦四戊申年正月廿五日任。在任十二年。延久四年叙爵。承保元重任官符。寛治八年二月一日卒。五十五歳。

第七十七　範祐　齊宮助輔元五男。承暦□年四月四日任。永保二年叙爵。在任六年。

第七十八　國房　祭主兼典末孫。應徳三年閏二月十四日任。寛治三年七月重任宣旨。同六年十月停任。依二御修理違例一也。在任六年。

第七十九　公房　公轉（公輔歟）男。寛治六年十月十八日任。在任六年。

第八十　宣孝　祭主頼宣孫。承徳二年十月廿八日任。造離宮院功。在任六年。

第八十一　定祐　範祐男。長治元甲申四月七日任。同十二日着任。在任六年。

第八十二　公盛　公房男。天永元年正月七日任。在任二年。同廿一日着任。同三月叙爵。同二年父喪。以二假身一徵二納御封一之間不二復任一。

第八十三　公衡　公房一男。天永三年五月七日任。六月十日着任。在任六年。

第八十四　公隆　公義二男。元永元年戊戌六月八日任。十四日着任。在任六年。父造齊宮三ケ院功。

第八十五　仲房　宣衡孫。天治元年甲辰七月廿七日任。父信房造離宮院功也。在任四年。大治二年止務。以元日假□十暇從二神事一由依レ訴也。

第八十六　公賢　公盛一男。大治三年十一月四日任。曾祖父公輔造太神宮功。長承三年十月重任。在任十三年。

第八十七　公宗　公盛二男。永治元年二月十三日任。同廿五日着任。父公盛齊宮外院功。在任十三年。

第八十八　公清　公賢男。仁平三年閏十二月任。在任十一年。同四年二月着任。永萬元年五月停止。二宮殿舍不レ修二少破一。及二大破一科也。

第八十九 有長　公隆男。永萬元年正月六日任。仁安二年八月叙爵。外宮御修理不法之間。承安元年十一月停任。在任七年。

第九十 公俊　公宗男。承安元辛卯年十二月十三日任。父在任時依二神宮修造功一也。治承二年御修理怠慢沙汰上。父喪。加之以二服身一納二御封一之間不二復任一。同四年二月卒。在任八年。

第九十一 祐成　大司定祐孫也。治承三年正月任。依レ合レ卜也。無功。養和元年三月叙爵。依二御修理怠慢一。元暦元年五月停任畢。

第九十二 盛家　公宗二男。元暦元年五月廿三日任。文治二年四月母喪同年五月復任。建久七年計暦。在任十三年。本名俊宗。

第九十三 康定　公隆孫。建久八年正月四日任。在任七年。元久元年八月母喪解任。

第九十四 重長　有長男。元久元年九月任。在任九年。建保元年替任。十六年十月八日落馬之後。依二中風一不レ從二神事一之間停任也。

第九十五 康定　建保元年五月還任。御占丙合也。在任十二年。元仁元年秩滿。

第九十六 頼重　康定男。元仁元年十二月廿九日任。嘉禎二年秩滿。在任十二年。

第九十七 盛房　大司公房末孫也。嘉禎三年正月十二日任。在任十一年。寳治元年依二御修理怠慢一停任也。

第九十八 光定　大司康定三男也。寳治元年十二月廿七日任。雖レ賜二三位宣旨一。御修理不法之間。文應元年十二月停任。

第九十九 公重　公宗三男宗繼一男宗光一男也。文應元年十二月任。同七年十二月母喪。在任四年。

第百 尙長　重長孫也。弘長三年任。在任御修理怠慢之間。文永停止。

第百一 公行　公俊二男。文永二年閏四月一日任。在任五年。同七年二月母喪停任。

第百二 知定　光定男。文永七年二月任。在任十二ケ月。今年十二月不レ堪二祭供給一出家。

第百三 長則　前權司（元少司次權司也）長任二男也。文永八年二月十九日任。建治二年四月卒。在任六年。

第百四 公行　建治二年四月廿七日還補。同三年兼權少副。在任七年。修理怠慢。

第百五 長藤　長則男也。弘安五年九月八日任。在任八年。依二神部等訴一停任畢。

第百六 康雄　光定孫。正應二年十月十九日任。在任五年外宮假殿木作始日時懈怠間被二停止一。

第百七 長藤　正應六年依二神宮擧奏一還補畢。在任七年。

第百八 清世　永仁七年三月日任。在任二年。二宮御修理依二懈怠一也。

第百九 長光　長則二男。脩如圓男也。正安二年二月十一日任。在任五年。依二御修理懈怠一解任。

第百十 長藤　嘉元二年五月還補。應清撰任云々。在任三年。去永仁六年八月任二權少副一。

第百十一 長光　嘉元四年十一月還補。在任三年。齊宮中院難二造營一間上表。

第百十二 長藤　德治三年六月十日還補。在任二年。

第百十三 公忠　延慶二年三月四日任。同四年三月十三日死去。

第百十四 長藤　延慶四年四月七日還補。在任十七箇日。

第百十五 清長 本名清世也。延慶四年四月廿三日還補。在任二年。

第百十六 長藤 正和元年七月二日還補。在任二年。

第百十七 康雄 正和二年三月廿六日還補。在任

第百十八 長藤

第百十九 康雄

第百廿 輔生 康雄男。

第百廿一 長泰 元亨元年六月廿七日任。

第百廿二 康雄 嘉暦二年四月十四日還補。

第百廿三 忠緒 公忠男忠宗男也。元德二年九月任。在任廿一年。

第百廿四 長基 長泰男也。觀應元年四月五日任。在任

第百廿五 忠緒 文和元年十月九日還任。在任五年。

第百廿六 長基 延文元年十二月廿一日還任。在任九年。

第百廿七 忠緒 貞治三年十一月十四日還任。在任四年。

第百廿八 長基 貞治六年九月十二日任。在任四年。

第百廿九 忠隆 應安三年五月廿七日任。在任三年。

第百卅 忠朝 忠緒男。應安五年二月十一日任。在任七年。

第百卅一 長重 長基男。永和四年五月廿二日任。在任七年。

第百卅二 忠朝 至德元年還任。在任六年。

第百卅三 長昌 長基男。康應元年十月十四日任。在任八年。

第百卅四 忠澄 忠朝男。應永三年四月十七日任。在任七年。

第百卅五 長興 長重男。應永九年二月二日任。在任二年。

第百卅六 忠智 應永十五(恐衍)年六月十七日任。在任五年。

第百卅七 長盛 應永十四年十二月廿三日任。在任二年。長昌男。

第百卅八 忠智 應永十五年四月七日任。在任五ヶ月。

第百卅九 長盛 同年八月廿五日任。

第百四十 忠智 同。

第百四十一 長盛 同十八年二月六日任。在任三年。

第百四十二 長照 長興男。應永廿年八月廿一日任。在任十一年。

第百四十三 長資 同廿年七月十日任。在任三年。

第百四十四 長世 同廿二年任。

第百四十五 忠清 同年任。在任二年。忠智男。或記云。忠清曾祖父順正入道云々。

第百四十六 長資 同卅三年九月四日任。

第百四十七 忠清 正長元年六月任。在任六年。

第百四十八 長盛 永享五年三月十一日任。在任六年。

第百四十九 氏長 長盛男。永享十年十二月八日任。嘉吉二年重任。

第百五十 忠香 文安二年六月十一日任。在任二年。

第百五十一 忠春 本名忠淸。文安三年十二月廿一日任。在任三年。文安五年正月廿八日卒。

第百五十二 氏長 文安五年四月九日任。在任六年。

第百五十三 則春 長盛二男。享德二年三月十一日任。在任六年。

第百五十四 氏長 長祿二年二月廿一日還任。寛正四年正月廿五日重任。在任十一年。

第百五十五 忠康 忠春男。應仁二年十月廿一日任。在任三年。文明元年神嘗祭荷前御調絹違失。仍改替。

第百五十六 氏長 文明二年九月廿七日任。

第百五十七 則長 文明八年八月一日任。

第百五十八 則長 文明十四年八月十一日重任。已上重任五ケ度也。永正五年戊辰二月逝去。

第百五十九 廣長 任職永正六年八月日。在任十三年。重任一ケ度也。則長男。大永二年八月十七日逝去。

第百六十 伊長 補任永正十八年八月十九日任。廣長男。永祿十二己巳逝去。

第百六十一 滿長 永祿十二年八月廿八日任。伊春甥也。權少副秀長男也。

第百六十二 辰長

第百六十三 定長 改二常長一。

第十 代始。臨時。 二所太神宮神主等始浴二朝恩一賞次第。

天平廿一年四月。依二黄金出來御祈賞一。二所太神宮禰宜始浴二朝恩叙爵一也。

天平勝寶五年正月。浴二朝恩賞一。二所太神宮禰宜叙二一階一。

天平神護元年正月。依二惠美仲麿謀反事一二宮禰宜叙二一階一。臨時賞。

神護景雲元年八月。依二五色雲一二宮禰宜等叙二一階一。臨時賞。

天應元年四月。内宮禰宜礒守叙二外從五位下一。

弘仁五年。外宮禰宜虎主叙二外從五位下一。

承和三年八月。內宮禰宜繼麿叙ニ從五位下一。
承和六年。外宮禰宜俊河叙ニ外從五位下一。
嘉祥三年九月。二宮禰宜等叙ニ一階一。
仁壽二年。外宮禰宜河繼叙ニ外從五位下一。
貞觀四年六月。內宮禰宜繼長叙ニ外從五位下一。
同年十二月。內宮禰宜繼長叙ニ正五位下一。
同七年十二月。二宮禰宜叙ニ一階一。內宮禰宜外正五位下繼長叙ニ從五位上一。外宮禰宜從八位上眞水叙ニ外從五位下一。
同十七年九月。內宮禰宜德雄叙ニ從五位下一。本位從七位下。
元慶二年三月。外宮禰宜眞雄叙ニ外從五位下一●
寬平元年十月。外宮禰宜貞河叙ニ外從五位下一。
同九年二月。外宮禰宜冬雄叙ニ外從五位下一。
延喜七年九月。內宮禰宜莖貞叙ニ從五位下一。
同廿年十二月。外宮禰宜春彥叙ニ外從五位下一。
延長元年九月。內宮禰宜最世叙ニ從五位下一。
天慶元年六月。外宮禰宜晨晴叙ニ外從五位下一。
同五年四月。二宮禰宜叙ニ一階一。
天曆六年五月。二宮禰宜叙ニ一階一。
應和二年三月五日見補任。依ニ御祈賞一二宮禰宜叙ニ一階一。
天祿四年。內宮禰宜行眞叙ニ從四位下一。常年始四品也。
貞元二年。二宮禰宜浴ニ一階一。
天元二年。內宮禰宜氏長叙ニ從五位下一。
同五年。內宮禰宜秋眞叙ニ從五位下一。
永延三年三月。外宮權禰宜有眞叙ニ外從五位下一。
同年八月。外宮禰宜廣隣。行兼等叙ニ外從五位下一。
正曆四年。內宮禰宜茂忠。氏長等叙ニ從五位下一。
長德三年九月。二宮禰宜依ニ御祈賞一叙ニ一階一。
長保二年九月。內宮禰宜行宣叙ニ從五位下一。臨時賞。神甞祭使被レ載ヨ下宣命一。
同四年九月。外宮禰宜滋兼。氏忠。叙ニ外從五位下一。
寬弘三年二月。二宮禰宜叙ニ一階一。

同七年閏二月。二宮正權禰宜等叙二一階一。

寬仁元年七月。二宮正權禰宜叙二一階一。今度位記被レ載二度會姓一也。彥晴。氏忠。季光。貞雄。連信。常貴。

治安元年九月。外宮玉串大內人忠雅。番撿大內人氏賴等叙爵。

長元四年八月。二宮正權禰宜等依二御祈賞一叙二一階一。被レ載二公卿勅使宣命一。外宮禰宜氏忠始叙二四位一。

長曆元年六月。二宮正權禰宜等叙二一階一。臨時御願云々。

長久四年十一月。依二御祈賞一二宮正權禰宜等叙二一階一。

永承二年十一月。二宮禰宜叙二一階一。

康平二年九月。外宮禰宜賴元叙二外從五位下一。爲二六位身一御躰奉仕依レ可レ有レ憚也。

延久三年十二月。二宮禰宜叙二一階一。

同四年六月。內宮官掌。玉串大內人等叙爵。

承保二年十一月。二宮禰宜等叙二一階一。正權一階叙爵也。

承曆三年。內宮禰宜氏範始叙二正四位上一。

永保二年二月。二宮一禰宜依二御祈賞一叙二一階一。

同三年。二宮二禰宜以下叙二一階一。

寬治三年十二月。二宮正權禰宜叙二一階一。位記料人別凡絹三匹進之。延久之時人別二匹相副饗膳者也。而今度依二內儀一止レ饗。衣人別三匹成二禰宜解文一。

永長二年十一月。依二御祈賞一二宮正權禰宜等叙二一階一。

長治二年九月。依二御祈賞一二宮正權禰宜等叙二一階一。

天仁四年。二宮正權禰宜等叙二一階一。

天永二年。外宮禰宜雅行始叙二正四位上一。

天治二年正月。二宮正權禰宜等叙二一階一。

保延五年九月。二宮禰宜依二御祈賞一叙二一階一。

康治元年六月。正權禰宜等叙二一階一。

仁平元年五月。正權禰宜依二御祈一叙二一階一。

保元元年十二月。二宮正權禰宜叙二一階一。

永曆元年九月。二宮正權禰宜叙二一階一。

長寬元年七月。二宮禰宜依二御祈賞一叙二一階一。

被レ載二下宣命一。
永萬元年五月。二宮禰宜等御祈增二一階一。被レ載二下宣命一。祭主同一階。
仁安二年八月。二宮正權禰宜等叙二一階一。宮司一階所望事。
承安元年二月。二宮正權禰宜等叙二一階一。
治承五年三月。依二御祈一祭主宮司禰宜等賜二一階一。被レ載二下宣命一。
壽永三年十二月。二宮正權禰宜依二御祈賞一叙二一階一。宮司祐成望賞。
文治四年九月。二宮禰宜等叙二一階一。
同五年二月。二宮禰宜等叙二一階一。
建久六年九月。二宮禰宜等依二御祈賞一賜二一階一。被レ載二宣命一但極位者。
正治二年正月朔。日蝕御祈賞。承元二年五月宣下。二宮正權叙二一階一。
建曆二年。
建保六年二月。二宮禰宜等御祈賜二一階一。
元仁元年。
寛喜二年七月。二宮禰宜等依二御祈賞一叙二一階一。被レ載二下宣命一。
嘉禎三年五月。二宮禰宜等叙二一階一。
寛元元年。代始賞。
同三年十一月。二宮正權禰宜等賜二一階一。
同四年正月朔。日蝕御祈賞。
建長二年十一月。二宮正權禰宜等賜二一階一。
寳治元年。代始賞。
建長元年六月。二宮正權禰宜等賜二一階一。
弘長三年□月。二宮正權禰宜等叙二一階一。外宮新叙。被レ下二內階位記一。
弘安元年十月。二宮正權禰宜等叙二一階一。宮司三員望巡賞。
同四年閏七月。二宮正權禰宜等叙二一階一。被レ載二宣命一。御祈賞。基章等依二遠住一滿二本階一而申二子細一。追浴二同階一了。
正應三年九月十一日。二宮正權禰宜等叙二一階。宣下也。
同六年七月八日。臨時賞被載宣命。公卿勅使。
嘉元元年十二月八日。代始朝恩事被宣下畢。
正和元年五月十七日。代始朝恩事被宣下畢。
第十一　極位輩以餘階讓他人事。
天治二年。二宮禰宜共四品極位之間。申三位之時有理無例。於極位之輩者。可讓他人之由僉議之間。禰宜乍抱愁訴不達之憤。依恐天綸。或申子孫之重階。或叙他人之榮爵。然而可讓他人之由。云宣旨云院宣。重疊之上。長寛元年七月并寛喜二年七月。依御祈之賞。被授一級於二宮禰宜之時。於極位之輩者。可讓他人之旨。載宣命被祈申。仍讓叙之仁。連綿不絕者也。
第十二　正權禰宜服假時叙一級預位記例。
寛治三年十二月。禰宜雅行于時服中。
永長二年十一月。權神主康晴忠房各重服。
天治二年二月九日。被下位記四禰宜行高。五禰宜兼高。今年正月五日。父一禰宜高房卒去服中也。
康治元年六月十六日。被下位記權神主貞康。外祖父假中也。
保元元年十二月十六日。一禰宜重房。房長男忠成之假中也。
永曆元年九月。禰宜光仲于時重服。
承安元年十二月十六日。禰宜晴兼叔父假中也。
文治五年二月四日。禰宜氏宗于時權官重服。
正治二年□月。二禰宜彥盛于時輕服。
寛喜二年十一月。三禰宜貞朝于時重服也。以伯父之餘階叙一級。內宮一禰宜延季雖為服中。以亡父餘階去貞應元年十月申叙之例等也云々。凡內宮例以同前不遑乎舉焉。
第十三　正權禰宜雖為重輕服關踐祚賞例文。
豐受太神宮禰宜故高房之子。已為服解之人。

件位記今度請ㇾ官可ㇾ有ㇾ憚歟由。內記尋申侍。何樣可ㇾ有㆓沙汰㆒哉。先例如何。承㆓子細㆒可㆘知之狀如ㇾ件。

二月三日　右大弁判

祭主殿

先日無ㇾ憚由被ㇾ申樣覺侍。禰宜等件由言上歟。惣者解狀定侍歟。

第十四　雖ㇾ為㆓服假中㆒任㆓禰宜㆒例。

建仁二年三月二日內宮元兼任。父二禰宜元雅讓。同月七日元雅卒去了。

元久元年十二月一日經明任。父一禰宜忠滿十一月十九日讓。同月廿四日忠滿卒去了。

建保五年十月八日經定任。父一禰宜定滿七月廿一日讓。同廿三日定滿卒去了。

正治二年五月廿四日春章任。五月十六日賜㆓祭主舉狀㆒。同十八日姉尼公死去間。代官貞敎十九日上洛。廿一日入洛奏聞。廿八日宣下。

寬喜元年十二月十四日貞朝任。父貞敎十二月十日讓。同月十一日卒去了。

延應元年五月廿三日興房任。親父二禰宜行房五月廿五日讓。七月一日行房卒去了。

寬元二年六月五日貞尙任。養父貞朝五月廿五日讓。同月廿七日貞朝卒去了。

建長三年二月三日行忠任。伯父行茂去年十一月廿九日卒。彼替職也。

建長七年十一月行晴任。母服中。

文永十一年六月內宮經有任。父經雄六月卒去。五旬中也。

建治元年五月氏成任。兄氏忠卒去服假中也。

第十五　二所太神宮禰宜以㆓極位未給之讓㆒敍㆓一階㆒例。

內宮禰宜

成良　壽永二敍㆓正五位下㆒。前四範宗治承五未給。文治五敍㆓正四位下㆒。父一成長未給。

成定　建久元年敍㆓從四位下㆒。建仁三年敍㆓正四位上㆒。

滿言　建仁三年敍㆓正四位上㆒。

元兼　元久元年敍㆓從四位下㆒。

延季　貞應元年敍㆓從四位上㆒。

延成　貞應元年敍㆓從四位上㆒。

氏忠　寬元二年敍㆓正五位下㆒。建長三年敍㆓正四位下㆒。

尙良　正嘉二年叙二正四位上一。
經雄　文永五年叙二正四位下一。同七年叙二正四位上一。
經有　弘安三年叙二從四位上一。
氏成　弘安三年叙二從四位下一。同四年叙二從四位上一。被レ止二位記一。

外宮禰宜

貞雄　安元三年叙二從四位上一。
行光　承元四年叙二從四位上一。建保三年叙二正四位上一。
行能　建保五年叙二從四位上一。
行衡　貞應元年叙二正四位上一。
康房　貞應元年叙二正四位下一。
貞朝 今年七月御祈賞二宮神主叙一階　寛喜二年十二月叙二正四位上一。
維行 今年五月十七日朝恩賞二宮神主叙一階　嘉禎三年叙二正四位上一。
興房　仁治二年叙二正四位上一。
行茂　仁治二年叙二正四位下一。
朝行　建長三年叙二從四位上一。同八年叙二正四位上一。

貞尙　寛元五年叙二正五位下一。建長七年叙二正四位下一。正嘉二年叙二正四位上一。
行忠　建長四年叙二正五位下一。同七年叙二從四位下一。
朝親　文永九年十二月廿四日叙二從四位下一。弘安三年叙二正四位下一。
有行　弘安三年叙二正四位下一。
常尙 正應四年二月叙正四位上三ケ度也　弘安七年正月叙二從四位下一。但去年十二月卅日也。同七年十二月叙二從四位上一。
常良　正應六年二月叙二從四位上一。永仁元年五月廿七日叙二正四位下一。
行文　永仁四年二月十八日叙二正四位上一。
朝棟　正安三年十月三日叙二正四位下一。
良行　嘉元四年十一月廿九日就二常宮引砂之功一各叙二正四位上一。
行尙　嘉元四年十一月廿九日依二引砂功一各叙二正四位上一。
行宗　嘉元四年十一月廿九日。依二引砂功一各叙二正四位上一。
行家　嘉元四年十一月廿九日依二引砂功一各叙二正四位上一。
貞蔭　嘉元四年十月八日叙二從四位下一。同四年十一月廿九日。依二引砂功一叙二從四位上一。延慶元年十二月九日叙二正四位下一。
雅任　正和二年二月叙二正四位下一。

第十六　內宮權官一階例。

忠滿　永萬二年八月叙從四位上。依父一禰宜俊定去長寛元年七月朝恩未給之讓也。但座上之輩一階之間。不及超越也。

定良　仁安二年八月十九日代始賞二宮正權叙一階了　永萬二年八月叙從四位上。依父一俊定去永萬元年五月朝恩未給讓也。上座一級間。不及超越。仁安二年十二月叙正四位上。父俊定去永曆元未給讓也。超四人。

元雅　治承二年二月。依父一禰宜忠良去仁安二年朝恩未給之讓。叙從四位下。超越五人。

成康　前一禰宜成長男。正治元年六月以前三禰宜忠良極位未給讓。叙正五位下。上座輩等一級之間。不及超越。

成重　建仁元年五月。依父一禰宜重章正治二年朝恩極位未給之讓。

良滿　建曆元年十一月。依養父一禰宜氏良去正治二年朝恩未給讓。叙從四位下。超越五人。但其時氏良雖爲二禰宜。依優二禰宜子息號許叙。建保三年九月。依父一禰宜定滿去建曆三年朝恩未給叙正四位下畢。超越廿四人。

經繼　貞應二年四月。依一禰宜成定去建曆三年朝恩未給讓。叙從四位上。超越十二人也。件經繼者。權禰宜俊正男也。然而依爲一禰宜階級之讓優彼勞。

成行　今年七月臨時賞宜下恩叙也　寛喜二年十二月。以父一禰宜成定去七月臨時朝恩未給叙一階。

滿繼　嘉禎四年十一月。以父一禰宜宗經建曆三年代始賞未給叙正四位下。仁治二年五月。以父宗經朝恩未給叙正四位上。

定氏　仁治二年五月。以前二禰宜滿言未給叙正四位上。滿繼與同日宣下。

外宮權官一階例

彥敎　今年三月臨時賞二宮神主叙一階　治承五年三月。依舍兄二禰宜彥章未給讓叙從五位上。超越二人。于時一禰宜貞綱。

宗康　文治五年十月。依父一禰宜雅元文治三年未給讓叙從四位上。超越八人。

貞重　正治元年六月。依父一禰宜貞雅建久六年未給讓叙從四位下。越二人。踐祚賞。以前即位以後例。同二年六月八日被行代始賞也。正治二年二月。依父一禰宜貞雄去年未給叙從四位上。超越十二人。

頼仲　貞應元年。依從父兄弟一禰宜氏康建曆二年未給叙從四位上。超越廿五人。

頼親　承久四年二月。依父一禰宜氏康建曆二年未給叙從四位上。超越三十一人。同階禰宜康房十一月叙正四位下。

元邦　今年七月臨時　嘉祿二年六月。以父一禰宜行元元仁二朝恩未給。叙正四位下。超越三十人。

行宣　今年七月臨時賞二宮神主叙一階　寛喜二年十二月。以同年七月臨時朝恩父行元未給叙從四位下。

行經　建長四年八月。以父二禰宜元邦嘉禎二年朝恩未給叙從四位下。超越二人。

定行　康元元年十二月。以父一禰宜維行寶治二年代始朝恩未給叙正四位上。同階禰宜貞尙依憤申。正嘉二年二月叙正四位上了。

通章　文永二年正月。父二禰宜氏彦任二行經之例一內擧。卽祭主擧奏之處。同階禰宜行忠可レ被二超越一之由依二憤申一。同年三月七日祭主奏聞間。通章之擧狀等被レ進(追懸)之。宮內權少副俊國奉。文永七年十二月廿二日叙二正四位下一。同階禰宜行忠依二憤申一。同十二月祭主擧奏之處。文永八年三月卅日被レ止二件位記一畢。

益房

助行

俊雅　正應二年三月四日宣下。一禰宜貞尙內擧之。二禰宜興房神主以二建長三年餘階未給一被二申叙一之。

凡以二權官一禰宜一雖レ申ヲ叙一級一。依二上首權官超越之訴一。被二弃捐一之例。天治。內宮一禰宜忠元以二未給一雖レ申二男元定之重階一。依二元親之訴一不レ遂二其望一之間。終用二他官一畢。治承。外宮一禰宜貞綱讓。叙二男高綱一加階。經二年序一之後。依二氏宗之憤一。元曆二年被レ止之。建曆年。一禰宜忠行雖レ申ヲ請男行衡之重階一。依二宗綱之訴一點(默歟)而止畢。

第十七　雖レ不レ着二天位一奉レ號二天皇一。

長岡天皇　草壁皇子。天武太子。文武之親。

崇道盡敬天皇　舍人親王。天武第八子。廢帝親。

田原天皇　施基皇子。天智三子。光仁親。

崇道天皇　早良親王。光仁二子。

聖德太子奉レ稱二岡宮御宇天皇一。　天平寶字二年八月九日格。用明天皇第二子。母穴穗部間人皇女。

第十八　自二東宮一院號。

小一條院　御名敦明。三條院子也。長和五年爲二東宮一。寬仁元年八月九日。辭二東宮一有二院號一。長久二年八月十六日御出家。永承六年正月崩御。歲五十八。

第十九　不二卽位一院號例。

後高倉院　御名守貞。高倉院御子。後堀河院父也。

第二十　伊勢齊內親王。

豐鋤入姬命　崇神皇女。

倭姬命　垂仁皇女。

久須姬命　景行皇女。

伊和志眞內親王　仲哀皇女。

白髮內親王　雄略皇女。一名稚足姬。

荳角姬內親王　繼體皇女。

磐隈内親王　欽明皇女。
宮子内親王　太神主小事女。在任廿九年。
菟道内親王　敏達皇女。
酢香手姫内親王　用明皇女。在任卅七年。
大来内親王　天武皇女。
多基子内親王　天武皇女。
阿閇内親王　天武皇女。
當耆内親王　天武皇女。
泉内親王　天智皇女。大寶元年。
田形内親王　天武皇女。慶雲三年。
多紀内親王　〔天歟〕文武皇女。〔マヽ〕同三年。
久勢内親王　元正皇女。在任六年。養老元年。
井上内親王　聖武皇女。在任廿一年。神龜四年。
縣内親王　聖武皇女。在任二年。天平十八年。
小宅内親王　〔三原王イ〕孝謙皇女。在任七年。天平勝寶二年。

安陪内親王　大炊皇女。天平寶字五年。
酒人内親王　〔光仁歟〕稱徳皇女。在任二年。寶龜五年。
〔淨庭歟〕御還内親王　光仁皇女。
朝原内親王　桓武皇女。在任十二年。延暦元年。
布勢内親王　〔桓武歟〕光仁皇女。在任七年。延暦十六年。
大原内親王　〔平城歟〕桓武皇女。在任二年。大同元年十一月壬寅。
〔仁子歟〕有智内親王　嵯峨皇女。在任十二年。弘仁元年。
氏子内親王　淳和皇女。在任二年。天長元年。
宜子内親王　仲野親王女。桓武孫。在任四年。天長六年。
久子内親王　仁明皇女。在任十四年。承和元年。
〔晏歟〕宴子内親王　文徳皇女。在任六年。仁壽元年。
恬子内親王　文徳皇女。在任十五年。貞觀元年。
識子内親王　清和皇女。在任二年。元慶元年。
楊子内親王　文徳皇女。自二野宮一下座。
繁子内親王　光孝皇女。在任二年。仁和二年。

元子內親王　本康親王女。在任六年。寛平元年。
柔子內親王　宇多皇女。在任卅一年。昌泰元年。
雅子內親王　延喜皇女。號二六條齋宮一在任三年。承平二年。
齊子內親王　醍醐皇女。
徽子內親王　重明親王女。在任八年。天慶元年。
英子內親王　醍醐皇女。
旅子內親王　本名悅子內親王。重明親王女。在任七年。天曆元年。
樂子內親王　天曆第六皇女。在任十五年。天曆十年。
輔子內親王　村上皇女。不レ遂二群行一。安和二年。
隆子內親王　章明親王女。在任三年。天祿二年。
無品規子內親王　村上皇女。在任七年。天延二年。
濟子內親王　章明親王女。不レ遂二群行一。寛和二年。
恭子內親王　爲平親王女。村上孫。在任廿三年。永延二年。
當子內親王　三條院皇女。在任二年。長和五年。
嫥子內親王　具平親王女。村上孫。在任十八年。寛仁二年。

良子內親王　後朱雀皇女。在任七年。長元九年。
嘉子內親王　小一條法皇女。在任三年。永承二年。
敎子內親王　敎平親王女。在任十五年。永承四年。
俊子內親王　後三條皇女。號二樋口齋宮一。在任二年。延久二年。
淳子內親王　敦賢親王女。在任三年。承保三年。
媞子內親王　白河皇女。郁芳門院。在任五年。承曆二年。
善子內親王　白河皇女。六角。在任十九年。寛治三年。
恂子內親王　白河皇女。樋口。在任十四年。天永二年。
守子內親王　輔仁親王女。伏見。在任十七年。天治二年。
妍子內親王　鳥羽皇女。依二御惱一下座。在任七年。康治二年。
喜子內親王　堀河院皇女。在任三年。仁平二年。
亮子內親王　後白河皇女。不レ遂二群行一。號二殷富門院一。保元二年。
好子內親王　後白河院皇女。在任六年。永曆元年。
休子內親王　後白河皇女。自二野宮一下座。仁安二年。
惇子內親王　後白河皇女。在任六年。嘉應元年。

功子內親王　高倉院皇女。從二野宮一下座。

潔子內親王　高倉皇女。在任十二年。文治三年。

肅子內親王　後鳥羽院皇女。在任十二年。正治二年。

㵐子內親王　後鳥羽院皇女。在任五年。建保二年。

利子內親王　後高倉院皇女。號二式乾門院一。在任五年。嘉祿二年。

昱子內親王　後堀河院皇女。在任四年。文暦元年。

曦子內親王　土御門院皇女。號二宣化門院一。不レ遂二群行一。寛元二年。

愷子內親王　後嵯峨法皇女。在任九年。弘長二年。

弉子內親王　大覺寺法皇女。自二野宮一御退下。

祥子內親王　後醍醐天皇皇女。

第廿一　攝政。

良房　號二白河大臣一。號二染殿一。忠仁公。天安二年十一月七日任。貞觀十四九。

基經　號二堀河殿一。昭宣公。貞觀十八年十一廿九任。寛平三正十三。

忠平　號二小一條殿一。貞信公。延長八十一廿一任。天暦五十四。

實頼　號二小野宮殿一。淸愼公。康保四六廿二任。天祿元五十八。

伊尹　號二一條攝政一。謙德公。天祿元年五廿任。

兼通　號二堀河攝政一。忠義公。天祿三十一廿七任。

賴忠　號二三條關白殿一。廉義公。貞元二十十一任。

兼家　號二法興院殿一。號二大入道殿一。寛和二六廿四任。

道隆　號二中關白殿一。號二後入道殿一。正暦元五八任。

道兼　號二町尻殿一。長德元四廿七任。

道長　號二御堂關白殿一。長德元五廿任。

賴道　號二宇治殿一。長和六年三十六任。

敎道　號二大二條殿一。康平七十二十三任。

師實　號二京極殿一。承保二九廿六任。

師通　號二後二條殿一。寛治八三九任。

忠實　號二知足院一。康和元八廿八任。

忠通　號二法性寺殿一。保安二正廿二任。

基實　近衞殿。京極殿。保元三八十一任。

基房　號二松殿一。永萬二七廿六任。

基通 號二富家殿一。治承三十一十六任。
師家 號二小松殿一。壽永二十一廿八任。
基通 壽永三正廿二任。
兼實 號二月輪殿一。文治元十二廿八任。
基道 又普賢寺殿。建久七十一廿五任。
良經 號二後京極殿一。建仁二十二廿五任。
家實 號二近衞殿一。又猪熊殿。元久三三七任。
道家 號二後法性寺殿一。號二光明峯寺殿一。承久三四廿任。
家實 猪熊殿。承久四年七十任。
道家 光明峯寺殿。安貞二十二廿四任。
教實 號二洞院攝政一。頓死。殿下。寛喜三七五任。
道家 文曆二三廿八任。
兼經 岡屋殿。嘉禎三三十任。
良實 號二普光園寺殿一。二條大殿。仁治。
實經 號二圓明寺殿一。一條殿。寛元三。

兼經 寶治元。
兼平 建長四。
良實 福光園殿。弘長元四廿九任。
實經 圓明寺殿。一條殿。文永二閏四十八任。
基衡 近衞南殿。文永四二九任。
基忠 太政大臣殿。兼衡嫡子。文永五十二十任。
忠家 九條殿。文永十五五任。
家經 一條殿。文永十一六廿任。
兼平 近衞北殿。建治元十廿一任。
師忠 一條殿。弘安十八十一任。
家基 近衞南殿。基平子。正應二四十三任。
忠教 九條殿。正應四五廿七任。
家基 正應六年三廿五任。
兼忠 猪熊殿。永仁四七廿四關白。
兼基 二條殿。永仁六十二廿關白。

師教　九條殿。嘉元三四十二任。
冬平　近衞北殿。延慶元十一十任。
家平　近衞南殿。正和二七(十三)任。
冬平　近衞北殿。
通平　二條殿。
經忠　近衞南殿。家平子。
冬教　近衞北殿。冬平子。

第廿二　伊勢公卿勅使。

聖武　天平十年五月辛卯。勅使右大臣正三位橘宿禰諸兄。中臣神祇伯名代。
孝謙　天平勝寶三年四月。勅使參議(石川)俊(年欠)足。
淡路廢帝　天平寶字三年十一月。民部卿闕麿。
同　同六年四月。正三位文屋眞人淨三。
稱德　神護景雲元年　中納言從三位藤原。
光仁　寶龜元年八月。參議(藤原)繼繩。
桓武　延暦十年八月。參議(紀)古佐美。中臣祭主諸魚。

仁明　承和六年十二月。參議(文屋)秋津。
光孝　仁和三年四月。參議源是忠。
朱雀　天慶三年二月。參議大伴宿禰保平。中臣祭主賴基。
一條　長保三年七月。參議源俊賢。
同　寛弘二年十二月。參議右大弁藤原行成。
三條　長和四年九月十四日。權中納言藤原懷平。
後一條　長元三年九月廿三日。被レ立二勅使一。
同　同四年八月廿五日。參議源經頼。
同　同七年八月廿八日。被レ立二勅使一。
後朱雀　長暦元年九月十三日。參議藤原良頼。
同　同三年五月十九日。參議藤原經任。
同　同四年九月廿七日。參議藤原良經。
後冷泉　永承七年十一月廿九日。參議源經成。
同　康平元年十一月廿八日。參議藤原經季。
同　同八年四月十四日。參議源隆俊。

同　治暦二年十一月廿日。參議藤原泰憲。
後三條　延久元年十一月八日。參議藤原良基。二宮各別宣命也。
白河　同六年六月廿八日。參議源經信。
同　承保二年三月八日。權中納言藤原實季。
同　承暦元年四月廿一日。權中納言源資綱。
同　同二年三月八日。〔權〕中納言藤原實季。後贈二太政大臣。閑院殿云々。
同　同三年三月八日。參議右〔左歟〕大弁勘解由長官從二位藤原伊房。
同　同年五月廿九日。權中納言藤原實季。
同　同四年正月廿四日。權大納言源顯房。六條殿。後一品太政大臣。
同　同五年二月一日。〔權〕中納言源師忠。
同　永保元年七月廿一日。參議源俊明。
同　同二年十一月十日。〔權〕中納言源俊明。
同　應德元年四月十日。權中納言源雅實。久我殿。後一品太政大臣任。顯房男。
同　同三年十一月七日。〔權〕中納言源雅實。
堀川　寛治四年十一月四日。〔權〕大納言源雅實。

同　同六年八月廿一日。〔權〕大納言源雅實。
同　同年十月九日。參議左大弁大江匡房。院使。
同　同七年十月廿九日。中宮大夫源師忠。
同　嘉保二年十月十八日。正二位行權大納言兼右近衛大將源雅實。
同　永長二年十一月五日。〔權〕大納言源師忠。
同　承德三年正月廿四日。大納言源俊明。
同　康和四年七月十八日。大納言源俊明。
同　同五年四月十六日。大納言源俊明。
同　同年九月六日。參議左大弁源基綱。
同　長治元年十二月十六日。〔權〕中納言源國信。
同　同二年八月十三日。內大臣正三位兼左近衛大將源雅實。
同　嘉承二年二月十一日。內大臣正二位行兼左〔權〕近衛大將源雅實。
鳥羽　天仁二年三月八日。中納言藤原宗通。
同　同三年二月二日。同宗通卿。
同　天永元年十二月七日。大納言源俊明。

同　同四年閏三月十六日。(權)大納言藤原宗通。

同　永久二年正月廿七日。(權)中納言藤原宗忠。

同　同年十一月五日。(權)中納言源能俊。

同　同五年三月十五日。從一位右大臣兼左近衞大將源雅實。

同　元永元年四月九日。中納言源顯俊(通歟)。中臣祭主神祇伯親定。

同　保安元年四月廿一日。(權)大納言藤原家忠。

同　同二年八月廿九日。(權)中納言源能俊。

同　同三年十二月六日。參議藤原實行。

崇德　天承元年二月廿一日。(權)中納言藤原實能。

同　同二年四月十日。權中納言源雅兼。中臣祭主從三位公長。

同　保延二年八月廿一日。(權)中納言源雅定。中院殿。後從一位太政大臣任。雅實男。

同　同五年二月廿一日。大納言藤原實能。

同　同七年三月八日。參議藤原公能。大炊御門殿也。後左大臣任。實能男。

近衞　康治二年十二月九日。(權)中納言藤原成通。

同　天養二年二月六日。正二位行權大納言兼左近衞大將源雅定。

同　久安四年四月廿八日。(權)中納言藤原公敎。

同　同六年五月十日。中納言藤原公敎。

同　仁平元年三月九日。左大臣正二位行兼左近衞大將源雅定。

同　同二年正月廿二日。(權)中納言藤原清隆。

同　久壽元年十一月七日。大(中歟)納言藤原重通。

後白川　保元三年三月十九日。權大納言藤原經宗。

二條　永曆二年四月廿二日。參議平清盛。後大相國任。忠盛之男。

同　應保元年十二月五日。(權)大納言藤原光賴。

同　長寬元年六月八日。從二位行權中納言兼皇大后宮權大夫平清盛。

同　同年十一月十日。(權)中納言平清盛。

同　同三年五月廿九日。參議正三位行兼右兵衞督平重盛。清盛之男。

六條　仁安三年十二月廿九日。參議藤原雅賴。

同　同四年正月廿六日。別當權中納言平時忠。

高倉　嘉應二年十二月十日。權中納言藤原邦綱。

同　承安二年六月七日。內大臣正二位行兼右大將源雅通。久我殿也。雅定之男。

同　同四年十一月十一日。〔權〕大納言藤原實國。
同　治承元年九月十日。〔權〕大納言藤原實房。
同　同二年八月廿四日。〔權〕大納言藤原邦綱。
同　同三年九月廿二日。〔權〕大納言藤原實國。爲二太上法皇御祈一主上被レ立二勅使一云々。
安德
同　壽永二年四月廿六日。參議源通親。後土御門內大臣。號二久我內大臣一。雅通之男。
後鳥羽
同　文治二年十二月廿日。正二位權大納言兼右大將藤原實房。
同　同五年三月廿三日。正二位行權大納言藤原實家。
同　建久元年八月十四日。權大納言藤原賴實。
同　同二年三月廿五日。權大納言藤原實宗。
同　同三年正月十二日。權大納言右衞門督源通親。
同　同六年二月廿九日。正二位行權大納言兼左近衞大將中宮大夫藤原朝臣良經。幷副參之人藤原定家等也。
土御門
同　正治元年八月十日。權大納言從二位源朝臣通資。爲二後白河御惱御祈一主上勅使在之。
同　建仁元年十二月六日。權中納言從二位藤原公繼。
同　元久元年八月廿三日。權大納言藤原公房。

同　承元二年九月十九日。權中納言藤原隆衡。
順德
同　建曆二年七月廿五日。權大納言藤原師經。
同　建保四年二月廿三日。權中納言藤原光親。中臣祭主隆宗。
同　同七年三月廿六日。內大臣正二位兼行右近衞大將源朝臣通光。
後堀川
同　嘉祿三年十一月廿九日。權大納言藤原實宣。
同　寬喜三年十〔イ无〕一月九日。中納言藤原隆道〔親歟〕。
四條
同　嘉禎二年三月十六日。正二位行權大納言藤原實基。
同　延應二年三月廿五日。從二位行權大納言藤原公相。
同　仁治元年十二月廿四日。參議從三位行左大弁勘解由長官藤原忠高。
後嵯峨
同　寬元二年三月。權中納言源顯親。
後深草
同　建長二年三月四日。從二位權大納言兼右衞門督源通成。
龜山
同　弘長元年十二月九日。權中納言藤原隆行。
同　文永五年四月十三日。正二位行權大納言右近衞大將藤原朝臣通雅。
同　同八年十二月十六日。正三位權中納言兼皇后宮權大夫藤原公守。
同　同十二年四月十五日。內大臣正二位藤原朝臣師繼。

後宇多 弘安四年閏七月二日。正二位行權大納言藤原朝臣經任。

伏見 正應六年七月八日。從二位行權大納言藤原朝臣爲兼。

第廿三　依二罪科一雖レ解二却所職一。預二勅免一還二着本座一例。

雜物忌職 權禰宜元繼件神主天平勝寶六年六月。放二豐受宮御稻御倉之棟一。盜二取御饌料御稻廿八束一之間。被レ解二所職一。被レ補二他人一畢。而天平寶字七年復任。着二本座一從二神事一。

禰宜土主承和六年九月。依二汚穢之過怠一解二任所職一。同七年。被レ還二補本職本座一訖。

權禰宜貞朝嘉祿元年八月。依二嚴制違犯之科一被レ解二任所職事一。同年十二月。恩免着二本座一從二神事一。

祭主卿申條々。

離宮院幷兩機殿修造事。

故障殘日不レ幾云々。過二彼日數一早可レ致二其沙汰一。

外宮禰宜貞敎越奏事。

度々嚴制炳焉之處。違犯之條。尤以不レ穩。於二貞敎一者。停二止神事供奉一。於二男貞朝一者。宜レ令レ解二却所帶職一。

右兩條。

天氣如レ此。早可レ被二下知一之狀如レ件。

嘉祿元 八月五日　中弁家光奉

大夫史殿

禰宜賴親安貞二年十月。依二神役不レ仕幷條々雜怠之訴一解二任所職一。以權禰宜行明一被二遷補一已訖。爰前禰宜賴親遂二官庭對決一。申二彼無レ過子細一之間。賴親無二指過怠一。依二此等子細一。無二左右一被レ解二所職一。神慮難レ測、人愁無レ由。縱濫訴達二天聽一。設有二勅許一。專依二道理一可レ進二奏狀一。爲二祭官身一爭不レ存二此儀一哉。如二今沙汰一者。爲レ神爲レ君無レ忠無レ節。何樣之次第之由。貞永元年五月五日。被レ下二綸旨一。及二御沙汰一之中間。六月行明俄卒去之間。同七月遂二還補一。依二位階之上下一着座也。

禰宜延房文永四年九月。神領相論之間。依二謀略之科一被レ解二任所職一。同五年二月。賜二勅免一還二着本座一。

權禰宜長季幷父弘安二年六月。解二任所職一。同六年十二月。勅免賜二同日位記一。着二本座一從二神事一。

第廿四　依二狂病耳聾目盲幷神役不レ仕科一被レ停二止所職一例。

土主替河繼任仁壽年上首也 禰宜土主承和七年九月。依二隱レ穢之過怠一解二任所職一。同八年正月。被レ還二復本職本座一。爰承和七年以後經二十二年一。又死穢出來。以二不淨之身一從二神事一之間。依二神御祟一。仁壽二年八月十九日。被二解任一畢。依二目盲之訴一。永承六年十一月被二停任一畢。

氏守替康雄任
一禰宜氏守 天喜元年任。永承六年九月十四日氏賴卒去。十一月四日三禰宜輔賴卒去。十一月十二日一禰宜氏守停任。四禰宜常親執印。

常親替爲賴任
一禰宜常親 依狂病之訴。康平四年七月被停任畢。二禰宜康雄執印十二年。永承六年十一月十二日。一禰宜氏守停任之間。以四禰宜常親爲一禰宜。執印十二年。

連賴替康政任
三禰宜連賴 越禁河上洛。在京居住。神役之間。延久三年二月被停任畢。

延綱替氏經任
二禰宜延綱 依太神宮心御柱犯失幷神舘放火之重科。康和四年七月被停任畢。同五年八月十三日。伊豆國配流。同年九月五日於伊賀國卒去。

貞重替賴親任
三禰宜貞重 依盲目耳聾之所勞。貞應三年四月被停任畢。

第廿五　依罪科蒙勅勘中間雖漏恩賞。蒙勅免賜同日位記。還着本座從神事例。

五禰宜正四位下重章。六禰宜正四位下範宗。件禰宜二人者。去仁安三年十二月。蒙勅勘被罷神事供奉之間。承安元年十二月一日。不賜代始賞。爰七禰宜忠滿□

第廿六　二所太神宮正遷宮臨時幷假殿遷宮次第。

白鳳十三年庚寅九月　太神宮御遷宮。持統天皇四年也。自此御宇。造替遷宮被定置廿年。但大伴皇子謀反時。依天武天皇之御宿願也。

朱鳥二年壬辰外宮御遷宮。同御宇六年。

和銅二年己酉內宮御遷宮。元明天皇御宇。自白鳳十三年及廿二年。

和銅四年辛亥外宮遷宮。自內宮遷宮隔中一年。

天平元年己巳內宮遷宮。聖武御宇。自和銅二年及廿一年。

天平四年壬申外宮遷宮。自內宮遷宮隔中二年。

天平十九年丁亥九月。內宮遷宮。自元年及十九年。

天平勝寶元年庚寅外宮遷宮。孝謙天皇御宇。自內宮遷宮隔中二年。

天平神護二年丙午內宮遷宮。稱德天皇御宇。自天平十九年及廿年。

神護景雲二年戊申外宮遷宮。自內宮遷宮隔中一年。

延曆四年乙丑内宮遷宮。桓武天皇御宇。自天平神護二年及廿年。
延曆六年丁卯外宮遷宮。自内宮遷宮隔中一年。
延曆十一年壬申内宮臨時御遷宮。依炎上也。
自延曆四年至八ヶ年。
弘仁元年庚寅内宮遷宮。嵯峨天皇御宇。自延曆四年及廿六年。同十一年自臨時御遷宮者至十九年。
弘仁三年壬辰外宮遷宮。自内宮遷宮隔中一年。
天長六年己酉内宮遷宮。淳和天皇御宇。自弘仁元年及廿年。
天長八年辛亥外宮遷宮。自内宮遷宮隔中一年。
嘉祥二年己巳内宮遷宮。仁明天皇御宇。自天長六年及廿一年。
仁壽元年辛未外宮遷宮。文德天皇御宇。自内宮遷宮隔中一年。
貞觀十年戊子内宮遷宮。清和天皇御宇。自嘉祥二年及廿年。
貞觀十二年庚寅外宮遷宮。自内宮遷宮隔中一年。
仁和二年丙午内宮遷宮。光孝天皇御宇。自貞觀十年及十九年。
寛平元年乙酉外宮遷宮。宇多天皇御宇。自内宮遷宮隔中二箇年。
延喜五年乙丑内宮遷宮。醍醐天皇御宇。自仁和二年及廿年。
延喜七年丁卯外宮遷宮。同御宇。自内宮遷宮隔中一年。
延長二年甲申内宮遷宮。同御宇。自延喜五年及廿年。
延長四年丙戌外宮遷宮。同御宇。自内宮遷宮隔中一年。
天慶六年癸卯内宮遷宮。朱雀院御宇。自延長二年及廿年。造宮使茂生。

天慶八年乙巳外宮遷宮。同御宇。自內宮遷宮隔中一年。
應和二年壬戌內宮遷宮。村上天皇御宇。自天慶六年及廿年。造宮使大中臣朝臣喜道。
康保元年甲子外宮遷宮。同御宇。自內宮遷宮隔中一年。
天元四年辛巳內宮遷宮。圓融院御宇。自應和二年及廿年。
永觀元年癸未外宮遷宮。同御宇。自內宮遷宮隔中一年。
長保二年庚子內宮遷宮。一條院御宇。自天元四年及廿年。造宮使千枝。天慶造宮使茂生男祭主永頼三男也。
長保四年壬寅外宮遷宮。同御宇。自內宮遷宮隔中一年。造宮使佐國。
寬仁三年己未內宮遷宮。後一條院御宇。自長保二年及廿年。公兼。千枝三男也。祭主永頼養子也。
治安元年辛酉外宮遷宮。同御宇。自內宮遷宮隔中一年為兼。天慶內宮造宮使茂生五男也。佐國兄也。
長曆二年戊寅九月內宮遷宮。後朱雀院御宇。自寬仁三年及廿年為信。祭主能宣男宣理男也。茂任。祭主永頼一男宣茂六男也。
長久元年庚辰九月九日外宮遷宮。自內宮遷宮隔中一年輔經。祭主輔親一男輔隆二男。明輔。祭主永頼一男宣茂五男。
天喜五年丁酉內宮遷宮。後冷泉院御宇。自長曆二年及廿年元範。祭主元房二男公範三男也。公輔。千枝男公枝男也。永清。
康平二年己亥外宮遷宮。同御宇。自內宮遷宮隔中一年輔經。長久使。義任。長曆內宮使。元範。天喜內宮使。
承保三年丙辰內宮遷宮。白河院御宇。自天喜五年及廿年親定。祭主輔經男也。公輔。天喜造宮使。
承曆三年戊午外宮遷宮。同御宇。內宮隔中一年宣衡。長曆內宮使為信男也。輔經。永實。天喜內宮使永清男也。
寬治四年庚午十月廿二日內宮假殿遷宮。堀河院御宇。
同年十二月廿四日外宮假殿遷宮。
嘉保二年乙亥九月內宮遷宮。同御宇。自承保三年及廿年惟經。忠清男也。公義。寬仁使公兼男。親長。長曆造宮使為信男也。親仲。祭主親定男也。
承徳元年丁丑外宮遷宮。同御字。内宮隔二中一年一輔
清。天喜内宮使永清男也。
天永元年庚寅十一月廿七日内宮假殿遷宮。鳥羽院御字。
同年十二月廿四日外宮假殿遷宮。
永久二年甲午九月内宮遷宮。同御字。自二嘉保二年一
及二廿年一親能。祭主親定三男。親仲。嘉祿使。清親。承徳造宮使輔清男也。
永久三年内宮假殿遷宮東寶殿。
永久四年丙申外宮遷宮。内宮隔二中一年一輔清。承徳當宮使。内外宮父子相竝例也。永信。輔清男也。
大治元年丙午三月外宮假殿遷宮。崇德院御字。
長承二年癸丑内宮遷宮。同御字。自二永久二年一及二廿
年一。清親。永久造宮使。清宣。爲二清親猶子一。清定父。
保延元年乙卯外宮遷宮。同御字。内宮隔二中一年一親
仲。嘉保永久内宮使也。親章。親仲男也。
仁平二年壬申内宮遷宮。近衞院御字。自二長承二年一及二
廿年一親章。保延造外宮使。師親。親定五男。永信。永久使。清宣。長承使。

久壽元年甲戌外宮遷宮。同御字。内宮隔二中一年一親
實。承曆當宮使永實男。親成。輔成男。家親。父親成替。親章。保延使。
永萬元年乙酉九月七日外宮假殿遷宮。二條院御字。
嘉應元年己丑十二月内宮臨時遷宮。高倉院御字。自二仁
平二年遷宮一及二十八年一去年十二月廿一日
依二炎上一也。造宮使公宣。宣長。成宣。清定。
永親。
承安元年辛卯内宮遷宮。自二仁平二年一及二廿年一
自二臨時一至二三年一親俊。親定四男親康一男也。宗親。親俊子。
宣隆。祭主親隆二男也。闕如之時被レ仰二祭主一例。
承安三年癸巳外宮遷宮。同御字。内宮隔二中一年一爲
仲。未レ從レ事九月五日有レ障。爲定。任二内宮例一被レ補之。一身遂行事近例也。
同年八月廿五日内宮假殿遷宮東寶殿。
建久元年庚戌九月十六日内宮遷宮。後鳥羽院御字。自二
承安元年一及二廿年一公宣。嘉應臨時造宮使。爲定。有能。
清定。
建久三年壬子外宮遷宮。同御字。内宮隔二中一年一知

雅。（公宣二男。）宣經。
建久七年（丙辰）四月廿二日內宮假殿遷宮。
同九年（戊午）七月十六日內宮假殿遷宮。（依表葺差檜皮修補也。去年七月始沙汰。）
承元三年（己巳）八月廿日內宮遷宮。（土御門院御宇。）自建久元年及廿年爲定。（承安建久造宮使。）
建曆元年（辛未）外宮遷宮。（順德院御宇。）內宮隔中一年隆繼。（祭主親章男親承二男也。）親繼。（隆繼一男。）
建保五年（丁丑）四月十八日外宮假殿遷宮。
同六年（戊寅）四月十九日內宮假殿遷宮。
承久二年（庚辰）七月十六日外宮假殿遷宮。
同年十一月十八日內宮假殿遷宮。
安貞二年（戊子）內宮遷宮。（後堀河院御宇。）自承元三年及廿年宣經（建久造宮使。）知經。（是經男。）清經。（宣治外甥也。建久使清定男清重男也。）
寬喜二年（庚寅）外宮遷宮。（同御宇。）內宮隔中一年隆通。（祭主能隆男也。）隆重。宣親。
延應元年（己亥）二月十六日內宮假殿遷宮。（四條院御宇。）

依古宮所心御柱御餝之錯亂以次被修理所々。自嘉禎三年事起。
仁治二年（辛丑）十月十九日外宮假殿遷宮。
仁治三年（壬寅）十月十九日內宮假殿遷宮。
寬元元年（癸卯）四月廿八日外宮假殿遷宮。（後嵯峨院御宇。）
寬元四年（丙午）十二月廿七日外宮假殿遷宮。
寶治元年（丁未）九月十六日內宮遷宮。（後深草院御宇。）自安貞二年及廿年忠長。棟長。
寶治二年（戊申）四月十七日內宮假殿遷宮。
同年七月十日外宮假殿遷宮。
建長元年（己酉）外宮遷宮。內宮隔中一年知經。知吉。
建長六年（甲寅）七月廿六日內宮假殿遷宮。（奉立替心御柱修補表葺差檜皮。）
文應元年（庚申）七月十六日內宮假殿遷宮。（龜山御宇。）
文永三年（丙寅）內宮。（同御宇。）自寶治元年及廿年仲宣。爲繼。
文永五年（戊辰）外宮遷宮。內宮隔中一年定世。

輔家。
弘安二年己卯二月十一日內宮假殿遷宮。後宇多天皇御宇。修補。差二檜皮一葺レ賞。
弘安八年乙酉內宮遷宮。自二文永三年一及二廿年一爲成。有レ事。爲繼。
弘安十年丁亥外宮遷宮。內宮隔二中一年一爲繼。
正應三年庚寅九月十一日內宮假殿遷宮。持明院御宇。
正應五年壬辰十月內宮一宿假殿遷宮。
永仁五年丁酉五月九日內宮假殿遷宮。
嘉元二年甲辰十月廿四日內宮假殿遷宮。後二條院御宇。依二御裝束濕損一也。古宮所者。依二新殿一立二東寶殿一。
嘉元二年十二月廿二日內宮遷宮。自二弘安八年一及二廿年一久世。
嘉元四年丙午外宮遷宮。內宮隔二中一年一。
應長元年辛亥十二月廿八日內宮假殿遷宮。萩原院御宇。修補。表葺差二檜皮一。
元亨元年辛酉七月廿三日內宮一宿假殿遷宮。後醍醐院御宇。心御柱纏レ布。依二鼠蝕一也。
同三年癸亥九月十六日內宮遷宮。自二嘉元二年一及二廿年
正中二年乙丑九月十六日外宮遷宮。內宮隔二中一年一。
元德二年庚午十二月十三日內宮假殿遷宮。立二替心御柱一。奉レ直二御壁板一。
康永二年癸未十二月廿八日內宮遷宮。光明院御宇。自二元亨三年一及二廿一年一。
貞和元年乙酉十二月廿七日外宮遷宮。崇光院御宇。內宮隔二中一年一。
貞治二年癸卯六月廿六日內宮假殿遷宮。後光嚴院御宇。東寶殿依レ破立二古宮所一。
貞治三年甲辰二月十六日內宮遷宮。自二康永二年一及二廿二年一。
康曆二年庚申外宮遷宮。後圓融院御宇。自二內宮遷宮一隔二中十五年一非常延引此時也。雖二造營事終一宮司忠緒。長基等。依三葺萱

無二御沙汰一。令二遲々一之剋。當國及神宮等。爲二西方管領一間。年序押移。自二貞和元年之御遷宮一及二三十六ケ年一。神慮匪レ測者也。

嘉慶二年戊辰外宮假殿遷宮。後小松院御宇。

明德二年辛未六月廿二日內宮假殿遷宮。古宮所者。依三新殿立二東寶殿一。

同年十二月廿日內宮遷宮。自二貞治三年一及二廿八年一。

應永四年丁丑外宮假殿遷宮。

應永七年庚辰六月廿七日內宮一宿假殿遷宮。東寶殿盜人推參。依レ奉レ汚二御裝束等一也。

同年□外宮遷宮。稱光院御宇。內宮隔二中九年一。自二康曆二年一及二廿一年一。

應永十八年辛卯十二月內宮遷宮。自二明德二年一及二廿一年一。

應永廿五年戊戌八月廿一日內宮一宿假殿遷宮。東寶殿木顚倒。正殿千木鰹木依二打折一也。

應永廿六年己亥十二月廿一日外宮遷宮。內宮隔二中七年一。自二應永七年一及二廿年一。

應永廿七年庚子內宮假殿遷宮。東寶殿。

永享元年己酉十二月廿五日外宮假殿遷宮。去七月十三日神人與二神役人一合戰。神人打負。瑞籬內楯籠。白石流レ血。神役殊射二雜者共一御殿射立矢依レ之也。件射二雜者共一蒙二神罰一畢。

永享三年辛亥十二月十八日內宮遷宮。自二應永十八年一及二廿一年一。造宮使宗直。

永享六年甲寅九月十五日外宮遷宮。內宮隔二中二年一。自二應永廿六年一及二十六年一。自二假殿一遷宮也。造宮使淸國。

文安二年乙丑九月十八日內宮一宿假殿遷宮。立二替心御柱一。直二御壁板一。修二補御表葺一。

享德元年壬申十二月十九日外宮假殿遷宮。迄二造替遷宮一可レ有二御座一也。

寬正三年壬午十二月廿七日內宮遷宮。自二永享三年一及二三十二年一。造宮使秀忠。

文正元將軍御參宮。卜御入也。

右大神宮例文雖有不審依無類本不能挍合

群書類從卷第六

神祇部六

內宮長曆送官符

太政官符　伊勢太神宮司。

正殿內帳肱金佰參拾貳勾。背長各一寸。廣二(三)寸半。莖長一寸。厚二分半。足長二寸二分。戸引手金貳勾。徑三寸六分。引手位金貳枚。花形徑各三寸。引手內塞覆花形金貳枚。徑一寸九分。穴各三口。蟠目釘陸隻。長各一寸。頭徑各一分半。鎹參勾。背長各二寸四分。廣五分。莖長二寸八分。厚四分。足長一寸七分。又鎹壹勾。背長二寸五分。廣六分。莖長三寸八分。厚三分。足長二寸七分。位花形金捌枚。徑各一寸五分。鎹外覆花形金捌枚。徑各一寸九分。枚別穴三口。蟠目釘貳拾肆隻。長各一寸。頭徑一分半。雉楯金貳枚。長六寸一分。廣三寸六分。穴長一寸九分。厚六分。打堺。牒釘覆金伍枚。徑各一寸六分。足長三寸鑄立。殿戸上下閾鋪捌口。徑各三寸。足各一。長二寸。鑄立。同冠木脇金四枚。長一尺九寸。廣七寸二分。增三分。幌懸鐶三枚。長各一寸五分。穴徑三分。頭徑六分。位金參枚。徑各一寸二分。鏁壹具。管長四寸五分。管口徑一寸七分。自レ勾至レ末二寸七分。管廣厚各二寸。自二舌莖本一至レ勾一寸四分。根雄徑五寸。長八寸。鏁打立金二枚。頭徑一寸三分。足長二寸五分。足七廣一寸。穴廣六分。足廣六分。厚二分半。莖長三寸五分。位花形金二枚。徑各一寸五分。同覆金二枚。徑各一寸五分。鑰一枚。長三尺四寸七分。柄長三寸五分、柄本金厚八分。柄本末徑一寸。裹金長八分。自レ柄至レ勾長五寸八分。勾金廣七分。自レ中至レ下廣七分。自レ中徑(三字ママ)自レ勾至レ下二尺八分。總厚三分。柄中花形目拔在。又柄端着二鈠環一。匙壹勾。長一尺五分。廣六分。四舌。棟端金二枚。長各七寸五分。廣六寸五分。穴各八口。蟠目釘十六隻。長各一寸五分。頭徑各一分半。桁端金肆枚。長各七寸五分。廣六寸五分。枚別穴八口。蟠目釘三十二隻。長各一寸五分。頭徑一分半。椽(延喜式作垂椽)端金捌拾捌枚。方各三寸二分。枚別穴四口。打堺。蟠目釘參佰伍拾貳枚。長各一寸五分。頭徑一分半。博風端金四枚。長各七寸八分。廣三寸一分。各穴四口。打堺。蟠目釘拾六隻。各長

二寸。頭徑各一分半。鏡形木覆金六十八枚。片方卅四口。徑各三寸一分。枚別足
鑄立長各一寸五分。蟠目釘六十二隻。鞭懸木端金拾六
枚。徑二寸二分。枚別足一鑄立。桶尻作長四寸三分。大蟠目釘拾六隻。長各一寸
五分。博風鋪十八口。片方九口。徑各四寸。口別足一鑄立。妻塞押
木打鋪拾貳口。徑各一寸五分。口別足一鑄立。長三寸。博風上打鋪二
十四口。徑各三寸。口別足一鑄立。長□寸。高欄鳥居丸桁端金拾
管。各徑三寸□分。長各五寸。穴各四口。打堺。蟠目釘四十隻。長各一寸。頭一分半。
高欄中桁端金十枚。長各七寸四分。廣三寸二分。厚三寸六分。花形打堺。穴六口。
蟠目釘六十隻。長各一寸。徑一分半。高欄長押肱金肆勾。
長一尺四寸。片方長七寸。廣六寸五分。勾別穴十四口。蟠目釘六十隻。長各一寸。頭徑一分
半。高欄長押肱金四口。長一尺四寸。片方長七寸〔弘〕〔大寸〕五分。勾別穴十四口。〔竝〕
花形打堺。蟠目釘五十六隻。長各一寸。頭徑一分半。同上長押
肱金四枚。長各一尺四寸。弘三寸八分。高欄泥障板鋪貳拾玖
口。經各三寸。口別足一鑄立。高欄簀子敷覆金佰陸拾隻。徑三
寸二分。〔口〕別足一鑄立。高欄鋪佰貳拾捌口。九十二口徑各三寸。三十六口徑二寸一
分。口別足一鑄立。高欄上座玉拾捌丸。赤四。白三。青三。黃四。黑四。玉高三寸四分。
徑三寸七分。又今加二白一黑一一定二貳拾一者。玉固釘二拾捌隻。長各三寸。今又二枚以

レ鐵作レ之。玉位花形金拾捌枚。徑各五寸六分。花枚六。穴各一口。今加二貳枚一。
又玉花形下金拾捌枚。長各七寸。廣各四寸七分。穴各五口。打堺。今加二貳枚一。蟠
目釘佰陸隻。長各一寸。頭徑一分半。御橋高欄上玉六丸。
赤二。白一。青二。黃一。徑各三寸七分。高三寸四分。玉固釘陸隻。長各三寸。以レ鐵作レ之。
御橋玉位花形金陸枚。徑各五寸六分。穴各一口。御橋玉
花形下金陸枚。長各七寸。廣六寸。穴各四口。花形固釘陸隻。徑各
三寸。蟠目釘貳拾肆隻。長各一寸。頭徑各一分半。御橋鋪貳拾
捌口。徑各三寸。口別足一鑄立。今加二六口一。定二參拾肆口一。壁角柱長押肱金
肆口。長一尺二寸。廣六寸五分。蟠目釘伍拾陸隻。長各一寸。頭徑一分半。
同上角肱金肆枚。長一尺二寸。廣二寸六分。蟠目釘伍拾陸隻。
長各一寸。頭徑一寸半。壁板長押釘覆鋪拾肆口。徑各三寸。口別足一鑄立。
板敷釘覆金佰捌隻。徑各二寸一分。足三鑄立。蟠目釘
參佰貳拾捌隻。正殿蟬形木覆金貳拾肆枚。徑各
二寸五分。穴三。蟠目釘漆拾貳口。北御門楪釘覆金
伍枚。徑各一寸五分。但丸頭。鋪捌口。同御門上下長押料。
徑各三寸。口別足一鑄立。同御門雉楯金壹隻。長四寸五分。穴六口。長一寸。廣二寸。穴
口五分。蟠目釘陸隻。長各一寸。頭徑一分半。鎹外覆金陸枚。

長各二寸一分。枚別穴三口。足三鑄立。　蟹目釘拾捌隻。長各一寸。頭徑一分半。　同御門鎹參勾。背長各二寸四分。廣六分。厚四分。莖長三寸。足長一寸七分。　同裏覆金陸隻。徑各一寸五分。　幌懸鐶參枚。長各一寸五分。頭徑六分。　位金參枚。長各一寸五分。頭徑六分。　南草葺御門參字料鋪陸拾陸口。徑各三寸。口別足一鑄立。　蕃御門壹字料鋪捌口。徑各三寸。口別足一鑄立。　御門肆字牒釘覆金貳拾枚。徑各一寸半。但丸頭。　御門肆字幌懸耳金拾貳枚。徑各一寸半。長各一寸五分。　位金拾貳枚。徑各一寸半。　南御門壹門鳥居長押鋪肆口。徑各三寸。口別足一鑄立。　寶殿貳宇博風釘覆貳拾捌口。徑各三寸。口別足一鑄立。又八口加定二卅六口一。　御床四脚。在二造宮所一。　料金花形釘參拾陸隻。徑各七分。莖長一寸。　桶尻捌口。廣四寸。厚三寸。高三寸。　肱金捌勾。長各一尺七分。片方六寸。片方四寸七分。廣一寸九分。竝花形打堺○各十四口。　蟹目釘佰拾參隻。長各一寸。頭徑一分半。　二脚料金平釘參拾貳隻。隻別各一寸。　大鏁肆具。以レ鐵作レ之。　納二御稻等一倉四字料四舌。　蟹目釘玖佰隻。色々料不足。　鐶肆筋。長各一尺六寸。正殿天井懸料。　寶殿貳宇鏁貳具。以レ鐵作レ之。管長四寸二分。莖長二寸二分。廣一寸八分。四舌。根尾長一尺一寸七分。勾長二寸二分。　正殿戸料莖金捌枚。方各八十戸上長押肱金成。

蟹目釘參拾貳隻。釘肆隻料正殿戸牒料。但丸頭成。　戸圓座貳枚。廣三寸七分。長五寸五分。　間蔭貳枚。廣各四寸七分。長各五寸五分。　戸卷貳枚。長四寸七分。徑一寸七分。　脛巾金貳枚。徑二寸。長四寸七分。　甍覆板壹枚左右端金貳枚。廣各二尺。厚各三寸。中厚六寸。　蟹目釘貳拾隻。長各一寸五分。　泥障板貳枚左右端金肆枚。廣各二尺。厚各三寸。長各二尺二寸。　蟹目釘肆拾隻。長各一寸五分。　堅魚木拾丸左右端金貳拾枚。口徑各二尺八寸。加レ廻三寸五分。足打物。　蟹目釘貳佰隻。長各一寸五分。　貫木拾枝端金貳拾枚。廣各三寸五分。厚二寸五分。長各四寸五分。　蟹目釘捌拾隻。長各一寸五分。　千木肆枝端金肆枚。廣各八寸。厚四寸五分。上口廣一尺。長各八寸。　蟹目釘肆拾隻。　中鏁拾具。別宮料八具。四舌。以レ鐵作レ之。在二各鑰一。由貴殿酒殿二具。　鑰漆勾。各長二尺四寸。柄黃楊。長四寸。勾六寸。廣五分。　正殿登橋男柱葱花形金貳口。高一尺三寸。口徑九寸五分。

件金二枚依二申請一。於二神主一天喜五年遷宮被二作進一也。

御裝束　伍拾肆種。

大神宮御料。

生絁壁代單帳三條。一條。長六丈。廣六幅。一條。長四丈五尺。廣六幅。一條。長九尺。廣二幅。生絁單天井壹條。長三丈六尺三寸。廣九幅。生絁單幌壹條。長七尺三寸。廣七幅。生絁單內蚊屋貳條。高各一丈三尺。廣各十二幅。

御床料裝束。細布給土代帳壹條。長二丈八尺。廣六幅。生絁給帷壹條。長一丈三尺。廣四幅。納白葛筥壹合。方一尺。深二寸。生廣絁御被貳領。長各九尺。廣四幅。一領。無レ綿。一領。納ニ綿廿屯一。已上納ニ黑漆辛櫃一。在ニ金銅鑠鑰。沓帽子菱釘兩面覆。裏青打絹。綵組緒一。

樋代料御裝束。小窠錦御被壹領。長九尺。廣四幅。着ニ緋裏一。納ニ綿廿屯一。小文紫綾御被壹領。長五尺。廣二幅。納ニ綿八屯一。小文緋綾御被壹領。長五尺。廣二幅。納ニ綿八屯一。小文緋綾壹匹。折累敷料。已上納ニ辛櫃一合一。錦御被壹領。長五尺。廣二幅。無レ綿。屋形文。五窠文錦御被壹領。長一丈。廣五幅。着ニ緋裏一。納ニ綿廿屯一。帛御被參領。二領。長各一丈。廣四幅。入ニ綿各廿屯一。一領。長九尺。廣四幅。無レ綿。組參拾捌條。長各三尺。廣五分。新羅組。已上納ニ辛櫃一合一。第三同前。

出坐料御裝束。錦御枕貳基。長各五寸五分。廣三寸八分。厚二寸四分。中子作檜。納ニ柳白筥一合一。方一尺五分。深二寸。帛給御絑捌具。長各二尺。廣一尺五分。着ニ緋裏一。納ニ柳白筥壹合一。方一尺五寸。深二寸。御櫛筥貳合。方一尺。深二寸。納櫛捌枚。黑漆平文。緋折立。各肆枚。御鏡貳面。徑各九寸。付ニ組緒一。納ニ轆轤筥一。黑漆平文。在ニ錦折立一。御髮結紫絲捌條。長各五尺。納ニ柳白筥壹合一。御加美阿氏帛絁捌條。長各三尺。廣一尺七寸五分。納ニ柳白筥貳合一。白玉捌拾壹丸。重一兩三分。中分裹白絹各二尺。納ニ白筥貳合一。方一尺。深二寸。納ニ生絁被囊三枚一。已上筥皆折敷色紙貳枚。方各一尺。

細布給帳壹條。長九尺。廣四幅。依レ式九尺者。而天元二年一丈者。生絁給帳壹條。長九尺。廣四幅。生廣絹給御被壹條。長九尺。廣四幅。无レ綿。白絹給御被壹條。長九尺。廣四幅。无レ綿。錦綿御被壹條。長九尺。廣四幅。入ニ綿八屯一。裏緋。小文紫綾綿御衣貳領。長各三尺五寸。入ニ各綿三屯一。着ニ帛裏一。小文紺綾綿御衣貳領。長各三尺五寸。納ニ各綿二屯一。裏帛。帛綿御衣肆領。長各二尺五寸。納ニ各綿二屯一。帛御裳肆腰。長五尺。縹裏。紫羅御裳貳腰。長裏色同上。紫御帶陸條。長各七尺。廣一寸八分。生絹單比禮捌條。長各二丈五尺。廣二幅。帛意須比捌條。長各一丈五尺。廣二幅。　細布御巾肆條。長各五尺。　帛御巾肆條。長各五尺。　緑御帯拾肆條。長各七尺。廣二寸八分。　錦御履貳面。長各九寸五分。分敷廣三寸。　納ニ白柳筥壹合一。方一尺四寸。深三寸。　錦御襪捌兩。長各九寸五分。高七寸五分。裏生絹。

坐ニ相殿一神装束。

左坐神料生絁嚢壹口。長七尺二寸。廣二幅。　右坐神料生絹嚢壹口。長四尺三寸。廣二幅。　寳殿貳宇生絹幌貳條。長各六尺三寸。廣四幅。　肆御門幌肆條。　瑞垣御間。長七尺八寸。廣四幅。　蕃垣御門。長八尺八寸。廣五幅。　玉串御門。長八尺八寸。廣五幅。　玉垣御門。長八尺四寸。廣三幅。　右納ニ漆塗韓樻漆合一。紫絹折立金銅鐶肱金兩面覆備筥形檐枚結ニ緋綱一。別衣筥三合。入ニ帷三條御袋三條一。

奉遷料御装束。　奉坐柳筥拾壹合。　相殿神坐楊筥貳合。　已上各方一尺六寸。　垣代生絹單帳壹條。長六丈。廣三幅。　赤紫綾蓋貳具。　各方五尺七寸。裏緋綾副緋綱二條。長各二丈。柄長壹丈參尺。頂金銅鉢形。黒漆平文金銅桶尻骨捌枝。長各四尺五寸。末蕨形金各四枚。長各四寸。本末幷判張。木本岳蟹爪各二寸。頂幷肆角。上覆錦花形。赤紫綜組捌條。長各一尺。張レ緒着ニ緋丸組捌條一。長各二尺。各在ニ志倍金總一。　紫刺羽貳柄。　柄長各一丈四尺二寸。徑二寸。黒漆平文羽長三尺六寸五分。廣三尺三寸。金銅桶尻蟹目金釘參十隻。大節金貳枚。長各五寸八分。廣一寸六分。中節金上下幷陸所。小節金上下肆所。廻裏錦片面廣八分。在ニ黒漆平文筥一。　菅大笠貳枚。　柄長各八尺五寸。徑一寸二分。黒漆平文金銅桶尻長一寸六分。耳金二隻。副ニ緋綱四條一。長各二丈。骨貳拾枚。漆塗骨　末抑ニ金薄一。其體如ニ蕨形一。廻曲各伍枚。竹削漆塗。頂覆金銅盤形金壹枚。徑七寸。笠口徑肆尺陸寸貳分。　已上納ニ緋袋壹口一。裏生絁肆幅。　菅刺羽貳柄。　柄長各七尺二寸。徑一寸二分。本麻筒尻金長一寸二分。骨貳拾枚。羽方各三尺一寸五分。廻曲木肆枚。竝漆塗。蟹目金釘拾貳隻。　緋綱五條。　二條蓋一具料。長各二丈。三條菅大笠二具料。　道敷調布貳拾參端參丈。自二舊宮一迄二新宮正殿御門一料。
神財貳拾壹種。
金銅御榏貳基。　高各一尺一寸六分。土居徑三寸二分。　麻笥貳合。　口徑各三寸六分。深二寸二分。尻徑二寸八分。　挊貳枚。　手長各九寸六分。長五寸八分。　鏄貳枚。　莖長各九寸三分。輪徑一寸一分。　銀銅御榏壹基。　口徑〔一〕尺一寸六分。土居徑二寸五分。　麻笥壹口。　口徑三寸六分。尻徑二寸八分。深二寸二分。　挊壹枚。　長九寸六分。手長五寸八分。　梓弓貳拾肆張。　長各七尺以上。八尺以下。塗二赤漆一本末波須塗二黑漆一。以二鹿角一爲二弓束一。各纏二縹組一一丈五尺。竝有レ絃。　玉纏太刀壹柄。　柄長七寸。用二赤木鞘一。長三尺六寸。竝黑漆打出金銀平文。身長三尺五寸。以二五色吹玉三百丸一。四面隨二玉色一黏。裏玉筒著居。柄金物口寄金壹枚。

重鑄葉金一枚。身在レ口。褁金玉形通釘壹隻。表裏位金目貫金一隻。表裏位金着二緋革九。纔緒須加流金二口。志波利金一口。頭可布土金一枚一。蟷螂形釘五隻。各表裏位金。琥珀玉三。鞘金物口金貳重。帶取山形金貳枚。各長三寸。有二可部留俣拜 緒付金等一。志波利金壹枚。桶尻金一枚。已上皆銅作。金銀餝着。唐組一條。長一丈。廣四寸。有二纔帶 取料錦二條一。長四尺。廻用二條。料在二志波利金四口。加久金二枚一。金鮒形貳隻。長各六寸。廣二寸五分。以二紫小組一着。長六尺。　已上納二袋壹口。表大纈𦅸錦。裏緋綾。長五尺八寸。　須我利太刀一柄。　柄長六寸。用二赤木一。身長三尺。鞘長三尺一寸。竝黑漆平文。皆銅金物以二金銀一。以二緋糸一纏付。鵄羽柄金物。除二玉鈴一之外皆同。玉纏大刀鞘金物口金貳重。帶取金貳枚各在レ之。三筋志波利金一枚。緒唐組貳條。長一丈五尺。廣四寸五分。帶取同。唐組貳條。長一尺六寸。廣六分。志波利加久皮端金等皆同。玉纏大刀。但鞘着鈴八口。金鮒形二隻。長六寸。廣二寸五分。以紫小組着。長六尺。　已上納袋一口。（表大纈綱錦。裏緋綾。長五尺。）　金銅作大刀二十柄。　柄櫻。長六寸五分。以烏羽纏付。以朱砂畫其上。鞘長二尺七寸。黒漆平文。黏緋帛纏付。阿志須惠以倭文纏付。阿志須惠長三尺三寸。廣一寸二分。着緋組緒。長九尺。廣二寸五分。　已上納紫絹袋。（裏生絹。入赤櫃。）　錦靫貳拾肆枚。　長各二尺四寸。上廣六寸。下廣四寸五分。矢刺口方二寸九分。以檜作之。以錦黏表。以緋綾着裏。着緒肆處。竝用紫革。長各二尺。廣一寸三分。刺箭肆佰捌拾隻。枚別廿隻。以烏羽作之。蒲靫貳拾枚。　長各二尺。上廣四寸五分。下廣四寸。以竹爲弦。以糸□□。刺箭壹仟隻。枚別五十隻。以烏羽作之。　革靫貳拾肆枚。長各一尺八寸。上廣四寸。下廣二寸二分。竝用緒紫革。長各二尺。廣一寸。刺箭漆佰陸拾捌隻。以鷲羽作之。　鞆貳拾肆枚。　以鹿皮縫之。黒漆。以胡粉畫之。各納袋。着緒壹處。用紫革。長一尺七寸。廣二分。　楯貳拾肆枚。　長各四尺四寸五分。上廣一尺三寸五分。下廣一尺四寸。厚一寸。塗黒漆。背付取手柄。　鉾貳拾肆竿。　長各一丈二寸。徑一寸四分。鉾金八寸五分。廣一寸五分。本末塗金漆。本鐵桶尻長各二寸八分。着緋比禮。各三尺。以銀薄押鞆繒。　鵄尾琴壹面。長八尺八寸。頭廣一尺。末廣一尺七寸。鵄尾廣一尺八寸。以鹿角入緒穴。幷筋上下以黒柿幷黄楊木作。着塗赤漆。左右鶮塗黒漆。在緒阿子津緒納錦袋。　禰宜內人明衣陸拾伍具。　生絹五具。男三（具。人別四丈五尺。女卅人。人別二丈。）　料絹廿匹一丈五尺。　調布陸十具。（男卅具。人別二丈六尺。女卅具。人別二丈。）　料布四十九段二丈。

荒祭宮料。

御裝束　拾捌種。

生絁蚊屋二條。　一條。（長七尺五寸。廣十二幅。）　一條。（長七尺。廣二幅。）

御床下敷細布帳一條。（長八尺。廣二幅。）　生絹御被一條。（長八尺。廣三幅。）　帛御被一條。（長七尺。廣三幅。納綿八屯。）　緋綾綿御衣一領。（長二尺。廣一幅。入綿六兩。裏帛。）　散花文錦御衣一領。（長二尺。廣一幅。納綿六兩。裏緋絹。）　生絹御衣一領。（長二尺。廣一幅。无綿。）　緋綾御裳一腰。（高二尺。須蘇長四尺。裏帛。）　散花文錦御裳一腰。（長二尺。須蘇長四尺。緋裏。）　帛御裳一腰。（長二尺。須蘇長四尺。裏纁。）　生絹御幌一條。（長六尺。廣三幅。）　菅大笠一枚。　口徑四尺五寸。飾金柄長八尺。塗黑漆。平文。加緋綱一條。長二丈。納緋袋。裏同絁。同太神宮。但徑九寸。

櫛御筥一合。　鏡一面。（徑二寸。納緋袋。）　紫御髮結貳條。（長四尺。）　頓練絁帊一條。（長九尺。廣四幅。）　荒筥一合。（方一尺。）

神財漆種。

大刀漆柄。　金銅作一柄。銅黑作六柄。納袋。

赤塗櫃二口。　楯一枚。　長四尺五寸。廣一尺五寸。厚一寸五分。　鉾一竿。　長一丈六尺。身長一尺。惠長三寸。　弓二張。　同太神宮。　靫三具。　革一具。（長一尺九寸。下壺長五寸七分。廻長一尺四寸。上管長四寸五分。廻長一尺六寸八分。）　白葛貳具。（長各一尺八寸。下壺長四寸五分。廻一尺三寸。上廣六寸五分。）　刺矢各卅隻。　吳床壹具。　塗黑漆。平文。長二尺三寸。在金銅桶尻緋緒。　青毛彫馬一匹。　鞍作着髮白糸。以銀薄餝面。　尾袋雲聚。皆具以緋革着鞦等。鈴以木作。但頭總以眞鈴着。高一尺三寸。手綱以五色組着。長三尺。

月夜見宮正殿肆宇。

御裝束拾參種。

韓櫃一合。（在兩面覆。）　土代生絹帷肆條。　三條。（長各一丈。廣三幅。）　一條。（長八尺八寸。廣三幅。）　生絹御被肆條。（長各七尺。廣三幅。）

帛御被肆條。（長廣同前。）　生絹幌肆條。　三條。（長各六尺。廣三幅。）　一條。（長五尺。廣二幅。）　青纐纈綿御衣肆領。（長各三尺。裏帛入綿各陸兩。）　生絹單御衣肆領。（長各二尺。）　帛綿練御袴二腰。

長各一尺六寸。各絁三兩。　御裳二腰。　紫一腰。長二尺。　帛一腰。長四尺。　縁〔綠敗〕御帶八條。長各四尺。　鏡九面。徑各二寸。各納二緋袋一。　紫御本結八條。長各四尺。　御櫛筥肆合。納二櫛各肆枚一。黑漆平文。以二緋綾一折立。

神財拾陸種。

金銅作大刀二柄。納レ袋。　銅黑作大刀六柄。納レ袋。

已上納二赤塗櫃二合一。有二紫絹折立一。　小刀二柄。　身長各四寸。柄黑柹。　弓一張。　靫六具。刺矢各六十隻。　革三枚。　蒲三枚。　楯肆枚。長四尺五分。　鉾肆竿。長各一丈六尺。　鈴肆口。徑一寸。塗金。　木絡絲二基。黑漆。平文。　陶猿頭形硯肆面。高三寸。徑六寸。　納二柳筥二合一。各入二二面一。　鶴斑毛彫馬壹匹。高一尺三寸。鎊具同前。　金銅火桶。加二金銅火爐箸各一枚一。　大筒漆合。各納二小筒二合一。徑各八寸。深三寸。　五色吹玉一連。長二尺。以二白糸一貫復。　籰二枚。黑漆。　御鞍二具。　黑漆鞍橋以二緋革一結。平文。　錦鞍。　褥緋。　裏牛革。　韉綵色畫錦。　脊屧。　大壺。　鐙。　泥障二懸。以二雜丹一綵色。以二煎油一塗二緋糸一。　鞦白鐫角代。　鹽手以レ錦縫。　鹽手緒。　鐵鏕。　緋手綱。　布腹帶。　牛革表腹帶以二金銅薄一付也。

瀧原神宮。

御裝束拾六種。

蚊屋二條。　一條。長七尺六寸。廣十二幅。　一條。長七尺。廣二幅。　御床帳壹條。長五尺五寸。廣三幅。　土代細布帷一條。長七尺七寸。廣三幅。　緋綾御衣一領。長二尺。納二綿六兩一。　小文紫單御衣一領。長二尺。　帛御衣一領。長二尺。　裁替御裳一腰。長二尺。　白御裳一腰。長二尺。　紫紗御裳二腰。長各二尺。裏帛。廣長各四尺。腰長二尺。　帛御被一條。長七尺。廣三幅。　生絹御被一條。長七尺。廣三幅。　生絹幌一條。長六尺。廣三幅。　生絹天井一具。長七尺六寸。廣十二幅。　生絹帳一條。長七尺七寸。弘三幅。　櫛御筥一合。納二櫛八枚一。平文。以二緋綾一折立。　紫御髮結糸貳條。長四尺。　綠御帶二條。長各四尺。廣二寸。

已上納二白木辛櫃一合一。有二黃色布覆一。

神財十一種。

荒筥一合。　銀銅椯一基。高四寸。　銀銅麻笥一口。徑一寸半。高一寸。塗㆓滅金㆒。　銀銅拵壹枚。長六寸。手長五寸。　鈴二口。徑一寸。　弓參張。納㆓櫃一合㆒。　大刀二柄。銅黑作。納㆓櫃一合㆒。　靫參枚。刺矢各卅隻。　革貳枚。蒲一枚。　鉾三竿。長一丈六尺。黑漆平文。本末塗㆓金漆㆒。　黑葦毛彫馬一匹。餝具同前。高一尺三寸。

瀧原幷神宮。

御裝束十二種。

正殿生絹蚊屋一條。長五尺四寸。廣二幅。　天井蚊屋一條。長五尺。廣十幅。　緋綾御衣二領。長各二尺。裏結絹。　紫紗御裳一腰。長二尺。　帛御裳一腰。長二尺。　帛御被一領。長六尺。廣三幅。　幌一條。長六尺。廣三幅。　櫛御筥一合。納㆓櫛四枚㆒。緋綾折立。平文。　紫御髮結糸二條。長各四尺。　緑御帶二條。長四尺。納㆓筥一合㆒。　細布土代帷一條。長五尺八寸。廣二幅。　納㆓白木辛櫃一合㆒。有㆓黃染布覆㆒。

伊雜宮。

御裝束。

正殿絹蚊屋二條。　一條。長七尺六寸。廣十二幅。　一條。長七尺。廣二幅。　生絹御被一領。長七尺。廣三幅。　帛御被一領。長七尺。廣三幅。　細布土代帷一條。長八尺。廣二幅。　緋綾單御衣一領。長二尺。　錦御裳一腰。長二尺。裏緋絹。　帛御裳一腰。長二尺。　紺御裳一腰。長二尺。　床敷緋帳一條。長六尺。廣四幅。　生絹幌一條。長六尺。廣三幅。　櫛御筥一合。納㆓櫛四枚㆒。　紫御髮結糸二條。長各四尺。　五寸鏡四面。納㆓轆轤筥㆒。黑漆平文。折立。緋緒着。　緑御帶二條。長四尺。　帛單御衣一領。長二尺。

神財。

金銅椯二基。高四寸。　金銅麻笥二口。　銀銅椯二枚。　金銅高機一具。高三寸。以㆓五色糸㆒織初。　銅黑作大刀三柄。納㆓辛櫃㆒。　弓三張。納㆓辛櫃㆒。有㆓紫絹折立㆒。　靫三枚。刺矢各卅隻。　革二枚。　蒲一枚。　鞆一口。以㆓胡粉㆒畫㆑之。着㆓紫革緒㆒。

伊佐奈岐伊佐奈彌宮二所。

御装束。
天井一條。長七尺六寸。廣十二幅。　土代絹帷二條。長各一丈。廣各三幅。
蚊屋二條。　一條。長七尺六寸。廣十二幅。一條。長七尺。廣二幅。　幌二條。長各六尺。廣各三幅。　櫛御筥二合。黒漆平文。緋綾折立。納二櫛八枚一。各四枚。　生絹帳一條。長五尺五寸。廣三幅。　帛御衣二條。長七尺。廣三幅。　生絹御被二條。長七尺。廣三幅。　青纐纈綿御衣二領。長各二尺。納二綿谷六兩一。　紫紗御裳一腰。長一尺六寸。帛裏。　緋御裳二腰。長各二尺。帛裏。　錦御裳二腰。長各二尺。廣四尺。　紫御帶二條。長各四尺。廣各二寸。　御髮結糸四條。長各四尺。　帛綿御袴二腰。長各二尺六寸。　頓練絹帊一帳。長九尺。廣四幅。　細布帳一條。長六尺。廣二幅。　生絁單御衣二領。長二尺。　緑帶四條。長各四尺。廣各二尺。　調布二段三丈八尺。内人三人料各二丈六尺。物忌女一人料一段。　帛御裳二腰。長各二尺六寸。廣四尺。
神財。
弓四張。納レ櫃。　金銅作大刀二柄。平文。　小刀一柄。長四寸。柄黒柹。　銅黒作大刀六柄。　錦靫二枚。刺矢各十九隻。　蒲靫三枚。刺矢十九隻。　楯二枚。長各四尺五寸。　鉾二枚。長各一丈六尺。　鈴二口。徑一寸。　鏡二面。徑三寸。納二錦袋一。　呉床一具。塗二黒漆一。平文。以二緋綱一着。總金銅桶。　金銅麻笥二合。　同挊二枚。　金銅椯一基。　菅大笠一柄。副二緋綱一條一。長二尺。納二緋袋一。　鞆二枚。　鴾毛彫馬一匹。餝具同前。但所々星斑也。高一尺三寸。
右得二神祇官解一偁。伊勢太神宮司解偁。造大神宮御装束幷神寶雜物。廿年一度。依レ式應二造奉一。如レ件言上者。權中納言從二位兼行皇后宮權大夫右衞門督藤原朝臣資平宣。奉　レ勅。依レ請者。一物以上。辨代神祇少副從五位下大中臣朝臣惟盛。右大史正六位上菅野朝臣貞則。充レ使奉送如レ件。宮司□撿領。符到奉行。
長暦二年九月七日正六位上行左少史〇〇〇
右少弁正五位下兼行齋院長官藤原朝臣在判

外宮嘉祿三年山口祭記

外宮造宮使事。任下被二擧申一之旨上。以二隆通朝臣一可レ被レ補也。宣下以前。且可下令レ存二此旨一給上者。依二天氣一執達如レ件。

五月十三日　　右中弁在判頼隆

二位祭主殿

當宮造宮使事。被二仰下一之旨如レ此。可下令レ存二此旨一給上。仍執達如レ件。

五月十六日　　神祇大副在判能隆

外一宿舘

六月十六日一禰宜請文

當宮造宮使事。昨日八日已所レ請二預官符一也。可下令レ存二其旨一給上。謹言。

六月九日　　神祇權大副在判隆通

外宮長殿

一禰宜返狀有之。

來廿二日爲二拜賀一可二參宮一候也。可下令レ存二其旨一給上哉。謹狀。

六月廿日　　神祇權大副在判

外宮長殿

可レ存二其旨一之進二返狀一畢。

六月廿二日己巳。天晴。午時。造宮使神祇權大副從四位下大中臣朝臣隆通。祭主息。爲二拜賀一始參宮。目代侍十餘人。如木爲共祇承官掌（宮競）二人。宗胤。神主文光。大麻鹽湯獻レ之。手水役人。常春神主。氏彥神主。着二版位一但迄二四御門一取二下襲一。自二彼門一下レ之。之後。與房神主目代作所。取二官符一獻レ使。神拜退出。高宮遙拜如レ件。次着二一殿一。使北座。高麗小文端疊一帖。在宮半帖。禰宜西座。長筵同半帖。酒肴高坏。酒肴中細一坏。梅干一坏。三獻畢。自二一殿北戸一與房神主取二官符一獻二造宮使一之間。卽被レ授。一禰宜行光。二光高。三行能。四行房。五行衡。六貞數。七賴親。八元邦。次第仁取渡披見。又次第仁被二返上一之間。與房神主如レ元請預之退出。對拜如レ例。次被レ參二內宮一畢。

抑造宮使初參宮之時。二宮一同有二饗膳一。內宮有二其勤一歟。可レ爲二一同一歟之由內々有二不審一歟。相二尋先例一之處。承元二年六月廿三日。外宮造宮使神祇權少副大中臣隆繼朝臣初參宮。有二酒肴一之由光胤獻二記錄一。注二彼狀一內々被レ獻二御目代一畢。仍內宮酒肴在之。

造當　宮山口祭事。來月十五日之由被二宣下一之間。下二知宮司一畢。定令二施行一歟。可下令レ存二其旨一給上候也。謹言。

九月十九日　神祇權大副在判

外宮長殿

左弁官下　造伊勢豐受大神宮使。

應レ令レ勤二仕山口幷木本祭等一日時事。

山口祭日時。

十月十五日辛酉。　時申二點。

木本祭日時。

同日辛酉。　時戌二點。

右得二造宮使神祇權大副大中臣隆通朝臣去月八日奏狀一偁。件日時任二先例一爲レ被二勘下一謹請二處分一者。權中納言藤原朝臣盛兼宣。奉レ勅。宜下任二件日時一令中勤仕上者。使宜承知。依レ宣行レ之。

嘉祿三年七月廿日　右少史中原朝臣在判

中弁平朝臣在判

九月廿一日司符。

嘉祿三年丁亥十月十五日辛酉外宮山口祭日記

十月

九日亥尅許。山口木本兩祭。官下祭物自二造宮使殿一。副二御使一令レ持。同殿人作所宿舘到來之間。召二本宮御倉加用仕丁內人光貞一。鎰取後見。讀二合送文一。安二置鋪設御倉於鐵五百廷一。長三寸。鉾小金。納二作所。件鐵今度副進云々。作所相向一官掌爲繼許。任內宮例。爲工物具鋒鐵可被奉送之由令致沙汰之間進之。

抑自造宮所上請奏之間。件祭物以官使奉送之例也。今度成遲々之恐。兼日又有尋之間。令進之由。國兼書狀具也。

十三日。

司中奉送山口木本兩祭料。鮑鰹已下供物到來。鷄幷卵散供米等者。郡々司等。彼日奉送之。

十一日。

造宮使神祇權大副正四位下大中臣朝臣隆通摠官御息。御參宮。獻木綿。御鹽湯祇承官掌〔宮掌〕清良文光神主。手水役人賴康種房神主。御神拜退出。別宮遙拜。調備酒肴。雖申一殿案內。爲御輿宿北邊。一禰宜已下對面。但四禰宜爲山口祭沙汰祇候宿館。無對面。造宮使殿經一殿乾廻艮御着宿館畢。二禰宜光高神主宿館也。

抑祇承手水。酒肴。對面。雖無先例。爲摠官御息參宮之間。如此有沙汰云々。

十四日。

爲作所沙汰。以黑木宿館之南造立三間假屋。忌鍛冶內人友光清光相作。權內人清光。同有光。帶鍛冶具光參向廳舘。蒙命相向作。先給酒肴。次以官進鐵五百廷之內。少々。鍛冶居兩方奉作。山口木本兩祭祭物。二人之明衣。本尺布各二丈。相作各一丈。食米各八升。工升定。相作各四升。升同。

抑鐵者。自司中下知。安乃郡奉送遲進之時。作所沙汰云々。而司中奉送之祭。先例不覺悟之由。忌部茂昌令申乎。鐵敷石司中下知。篠嶋御厨奉送例也云々。雖有下知遲到之間。石二相尋用之而相作。古者自作所入仕例也云々。承安以後爲神宮之沙汰云々。仍自廳被入之。

同日。一頭方小工國澤爲レ奉レ見三置心御柱一參二
入御杣一。指不レ給二食物一之。
十五日。
宮下祭物幷友光等奉レ作祭物。相共令レ持二作
所一。下部帶二解文一參二向廳舘一。計二渡政所重雅神
主一畢。於下如二鍬鋤一供物上者。自二作所舘一色節
內人等一々請預之。令レ奉三送官廳一。祭物同色節
內人等進三向廳舘一。請預持三參齋王御膳殿一。調三
備祭物供物一。
抑賜故實目代可レ令レ致二作所沙汰一之由。依二
摠宮御氣色一被レ仰。宮殿之間以二光胤神主一
被二仰付一也。本宮目代之上。兼行二作所沙汰一
之。
當日辛酉雨降。申時許。造宮使神祇權大副隆通朝
臣束帶。御神拜宿舘。二〔宮賦〕禰宜光高神主令レ借三請
孫親倫神主一給。祇承官掌宗胤。玉串大內人季
綱神主。但季綱者男官〔宮賦〕掌大內人季仲名代也。別宮遙拜。一殿ニ參着
之後。早頭工等可レ令二着座一之由可レ被二下知一
之旨被二觸申一。宮廳一頭友次。二頭眞包。三頭近
重。各衣冠率二小工鍛冶等一着座之後。被レ觸二案
內禰宜一。臨二酉下剋一。禰宜束帶。一行光。二光高。
三行能。四行房。五行衡。六貞敎。七賴親。八元
邦。在祇承。引二率權任一神拜。別宮遙拜。通二主神司
殿南戶一。見知工机經二一殿東外一自二北戶一參入。
權官者自レ南參着。造宮使殿座以二西壁中柱一
當二中心一。高麗一帖。其前ニ紫端一帖。其前敷二
指筵一。禰宜。北座。紫端四帖。在二指筵一。南座。同疊
三帖。南座。貞堅神主。權禰宜。一友光々々官符權禰宜。行種
行種。番撿大內人。次自レ西第四柱爲二際限一。物忌茂兼。
庭春神主。同康村已下八人。其次指二殿外一副二
物忌一烈座。前々於二物忌一者。山口祭之時者。着二殿外一。而鍬山神事之時。如二當日一座着。任二其例一申三請權官六位一。於レ有二着座人數一者。以レ是不レ可レ令二列座一云々。禰宜次座權禰宜。清章
章。同倫房。同行明。同彥高。同國忠神主。其座
或紫。或布摺。端疊南座。物忌已下。布端疊也。

東座。向レ西。以レ此爲レ上。生物。干物。各四坏。菓子八種。本飯窪器物四坏。重飯追物八種。折敷追物六種。在二汁二種一。居加之。湯漬一坏。在二三種一。〔宮缺〕官掌宗胤。季綱神主。使幷禰宜。四本高坏。權官朱懸盤。在二重飯幷交菓子一。副二物忌白懸盤一也。先獻二御盞一。使陪膳當宮權神主賴仲。晴實神主。禰宜方光春朝行神主。權官方兵衞尉大中臣國元。權大司國定男。右馬允淸經。〔宮缺〕官掌以下次陪膳也。而前々者使禰宜用二銚子一。權官方用レ提之處。借ヲ請宮頸細一今度借用之。又御使座前々北座。自レ西第二柱當二中心一。禰宜漸々加補。殿內座狹之間。訪二內宮之例一。依二要須一申請之處。可レ爲二本宮計一之由。依二摠官幷造宮使殿仰一如レ此改座。頭工方勸坏氏神神主延時。三人頭渡勤之。三獻訖。爲二作所沙汰一。一殿前左右立二續松燈火一。事訖可レ有二御後手一之處無レ之。工饗米事訖。然而使禰宜退出。

作所殘留成敗之。

抑一二三頭之座引出。主神司之外。可レ令二竝座一之由議定之間。自二十四日夕一大机主神司殿內差固。二頭机內宮長。駿河國役取初成事。次同自二宇治一思レ運二眞包家一。既飯盛立破作之條。難レ叶二當日一事之由役人令レ申之間。三頭座者。主神司殿前仁向レ南着座之例也。向ヲ背一殿一之間。今度三頭座計。主神司殿艮方一丈餘許。東乃北反引出天立レ机。向二西座一一頭方小工者。主神司殿乃乾角於御輿宿乃艮角指天着流。二頭方小工者。主神司殿乃艮角於九丈殿坤角指天着流。三頭方小工者。九丈殿中間指天着流。鍛治座元者九丈殿西也。今度者御輿宿北仁座。以レ南爲レ上。相作其後座也。一頭机三河。外廳勤。二頭駿河。內廳。三頭遠江。角判官代。二頭菓子〔亥缺〕運進之間。季法調備之間。持ヲ憚小部坂迫路一。次其初許成レ事畢。於下奉レ取二心御柱一工國澤。地祭友貞等上者。早速成レ事。次戌尅許。自ニ齋王御膳殿一出立。儵經ニ九丈殿東一入ニ御杣一畢。工饗來訖。不ニ退出一之以前。自ニ御杣一退出。於ニ御柱一者。心御柱乃垣內仁十文字直木奉ニ寄懸一之。大机一前官廳。一前子良舘江被ニ舁送一。

御杣初。一番食。付机勤行國々下行。頭各一石。小工八斗。工斗定。

十六日。

權官六位內人。鄕々御厨等懸盤小机。於ニ作所舘一任ニ本宮目六〔錄〕一。目代光胤。兼作所。宗兼神主相共下行。工錄布頭小工白布二端宛給之。二頭前菓子自ニ小部坂一今日午時許以ニ夫百人許一運送畢。眞包住宅山田二俣也。

十七日。

山見食下行始。大少職掌懸盤等下之。

廿一日。

職掌机下行之。

七月廿二日。　新造宮使殿神祇權少副隆重參ニ宿二禰宜光高神主之舘一。自ニ作所一獻ニ供給二本立一。明日爲レ被レ行ニ事始一也。明日可レ有ニ事始一之由。以レ狀被レ申ニ宮廳一。

廿三日。

造宮使殿拜賀參宮。祇承官掌〔宮賜〕宗胤。文光神主。參向。使束帶。經ニ九丈殿內一向ニ鳥居一。任レ例獻ニ大麻御鹽湯一。別宮遙拜。一殿北座小文高麗一帖之上宮半帖。禰宜衣冠。西座。紫端四帖之上宮半帖。陪膳。宮掌宗胤。宗淸神主。勸盃。二禰宜。但酒肴以前。使以ニ官符一獻。二禰宜光高。三禰宜行能。四行房。五行衡。六貞敎。七賴親。八元邦。次第披見。又次第取上返獻。如レ元懷中。其後三戸畢。參ニ內宮。其後自ニ作所一借ニ請宮坊領長筵一敷ニ滿一殿一爲ニ作所沙汰一。高麗一帖。以ニ西壁中柱一當ニ中心一。紫四帖。北禰宜座。次布端一帖敷之。南權官座。紫二帖。布端二帖敷之。使并禰宜前者。以ニ中細蚫一高三寸。弘四寸。以ニ阿古太莸一作ニ壺䓍居之。彼此二種高坏對座。朱懸盤酒肴䓍鏗也。朱懸盤不足之間。長二尺。弘一尺二寸。高一尺二三寸許乃机於差天。面仁紙押天用之。使自内宮未下剋許歸着宿舘。自作所獻供給。酉剋。自南着一殿。以作所人案内申於禰宜。禰宜(東帶。祗承。)在先神拜。別宮遙拜。經一殿西自北戸參着。權任廻東自南着之後。早工等可着座之由召仰頭工小工鍛冶等。其座如山口祭。頭工前机高二尺。長二尺。弘一尺五寸許。差机面押紙。酒肴四坏。高五寸。弘五寸。以干魚切盛之。小工鍛冶前机同前。但酒肴二坏也。高弘三寸許。頭座菰薦一枚之上。筵一枚宛。小工鍛冶筵各一枚。勸盃座同前。其酒肴置折敷之。使陪膳權神主晴眞。禰宜方權神主光春。權官方清經。(字藤太。)物忌方者。以作所人勸之。頭工勸坏。司中政所兄部茂昌眞人。一殿内者。以宮頸細𨂻用之。工等方者提用。禰宜。

一行光。二光高。三行能。四行房。五行衡。六貞敎。七賴親。八元邦。次座宗清神主。官符德兼。南座。行明。宗胤。文光神主。物忌庭春。良盛。庭平。友吉。宗次等。禰宜次座。宗清神主。官符綱兼。殿外南敷長筵副。物忌幷鎰取内人着。酉下剋事訖。以酒四壜勤之。一殿方以一壜勤之。母良子良。副媼。大宮別宮内人。(廿餘人。)酒殿預。二人。工從料三人。給之。

廿四日。

件事始祿料布給。(於作所之宿舘。)

一頭工友次。二頭眞包。三頭近重。各白布二端。(但以(頭無)別代錢二百文也。)小工卅人。各一端。(代錢同上。)鍛冶三人同前。相作無祿之。已上代錢。七貫八百文也。

同日。昨日置末頭三人。各二石。小工卅人。鍛冶三人。各一石。支配宛役國々訖。

同日。第二番御杣食米同。支配宛役國々之。

三人頭各一石。(工斗。)小工卅人。(各八斗工斗。)

十月日。　御杣第三番食七箇日食三箇日。下行。
十一月日。　造宮使殿女子夭亡。十歳歟。故障。
十二月十三日。補ニ任新造宮使一。從五位下行神祇權少副大中臣朝臣宣親。官符被レ成云々。于時在國。本造宮使在京之間。如レ此有ニ申御沙汰一也。
安貞三年。
二月五日。　請ニ取官符一。同六日。令レ持ニ内權神主助正一下向之。十一日儲日。十九日可レ遂ニ行事始一之由。日時勘下。件日時造宮所私被ニ勘下一例云々。件官下遣之由雖レ被ニ載下一。造宮所御消息不ニ到來一。件御消息狀雖レ有ニ官符下之由一。付ニ誰人一令レ下之由不分明之間。工机以下悉致ニ用意一畢。未レ到之間。差ニ飛脚一令レ申ニ造宮所御在京之處一。令レ帶ニ助正一下向畢之由御返事到來。助正先日下向之間。逗ニ留部田御厨一云々。同十七日。作所相ニ向部田一之處相違。助正帶ニ官符一參ニ着岩出殿一。十八日到來。任ニ儲日時一。十九日經營之處。當日午時許。官符紛失。

尋ニ取符案一可ニ遂行一之由。相ニ副職事御教書一調司奉行。今月廿日可ニ遂行一之由造宮所御文到來。然而正文出來之間。十九日勤行之。當日午時造宮使殿宣親。自ニ里亭一岩淵直參宮。獻ニ大麻御鹽湯一。祗承官(宮歟)掌文光。家兼神主。兼ニ手水役一。但家兼者。官(宮歟)掌光家六位代也。參ニ例石壺一神拜。別宮遙拜。於ニ一殿一獻ニ酒肴一。使北座。敷ニ滿坊領長筵一。小文高麗一帖之上宮半帖。禰宜西座。紫端四帖之上宮半帖。着座之後。取ニ出官符一。三禰宜行能。五行衡。六貞敎。七行明。八元邦。次第自ニ三禰宜一取渡披見。如レ元次第取上。使懷中。其後酒肴。高坏柑子一坏。干魚一坏。勸坏三禰宜。陪膳文光。家兼神主。先御神酒。彼此三獻畢。一禰宜行元。依ニ腰氣一祗ニ候宿舘一。二禰宜光高。依ニ老氣一祗ニ候宿舘一。迄ニ四行房一依ニ輕服一不參。宮參訖。自ニ作所一借ニ請坊領長筵一。敷ニ滿一殿一。使西座高麗。禰宜北座紫四帖。次座布端一帖。南座紫一帖。次布端三帖。未時許。自ニ内宮一歸參。又參ニ拜外宮一。無ニ祗承。手水別宮遙拜。自南西間參着。以雜色案內申一禰宜以下。爰一頭友淸。同方小工則友等。外戚姨死去。其忌今日計也。仍不過訖之間。任先例立名代。所成神事之由申。同小工成時亂入御杣。二頭三頭方爲正殿御料不憚。所打木鑰爲御稻御倉料材。成時切作之由風聞之間。二頭眞包近重以名代副作所使入御杣。令實撿之處。切所之條有其實之由注申之上。成時神氣所勞禁忌云々。爰成時緣者。可立名代之由憤申。被召問工等之處。於故障者用名代。至神氣所勞者被改補之由申之。然間旁爲停任之者。如式各者造宮沙汰之時。工等者造宮所一向進止也。爲造所沙汰可入替之由者。自宮廳宮工者神宮進止也。作所被乞請者。可令會釋者。但云御杣伐事。云所勞事。不尋糺被改補有後難。所詮以名代可令成神事之由評定之處。無名代例之由云云。仍神宮以住丁內人末澤令着座。於友淸則友者。立名代可成神事之由神宮議定。神宮與作所諠嘩也。自一殿造宮使殿遲々不便之由被申宮廳。酉下剋許。一禰宜行元。二光高。三行能。五行衡。六貞致。七行明。八元邦。（各束帶。在祗承。四行房輕服。）先本宮神拜。別宮遙拜。自一殿後戶參着。禰宜次座季綱神主。官符德彙。（各衣冠。）大內人是村（布衣。）南座。貞賢。友光。家彙。有平。文光。康繼神主。其次物忌茂彙。庭舂神主。御炊良盛。庭平。友吉。御鹽燒宗次。一殿外。（南六尺許去南。）敷長筵。副八人。（此外一人未補。）三人鎰取等座。一殿外巽方。九丈殿內指天。大宮三所。別宮內人廿餘人着座。造宮使殿高坏酒二種。（〔一種〕柑子。）（一種厚作。）禰宜前同前。於四禰宜前者送宿館畢。權官朱懸盤。酒肴二種。（海老。生魚。高三寸餘。弘同。）已下指机。（長二尺餘。弘一尺二寸許。高一尺五寸許也。）內人等以板如折敷作

之。頭工机長二尺四寸。弘一尺五寸。高一尺八
寸。酒肴四坏。海老二坏。大魚二坏。高各四寸。弘三寸五分。小工鍛冶机同
前。酒肴二坏。勢同頭座小筵一枚。薦一枚。小工
小筵一枚。鍛冶同相作薦一枚。三人頭從料下
行。如内人前。使陪膳。春元。光春神主。禰宜方光雄。
忠春神主。權官方定氏。字與一。定宗神主男也。頭工勸坏。司
中政所兄部茂昌。其座小筵一枚。前酒肴居折
敷。三人頭一々渡勸也。一殿内借用御倉頸細琏子。至于
工等有提用。三尸畢。工陪膳。造宮使殿雜色
人勤之。燭事成畢。戌剋許也。一頭友淸故障之間。
頭代末方着頭前畢。

寛喜元年。

三月十八日。御棟木宮河槻瀨到來云々。

同廿三日。可令行木作始之由被勘下日
時云々。指非宣下。爲造宮所沙汰被取
下歟。

右嘉祿山口祭記以林碕文庫本書寫上梓了

群書類從卷第七

神祇部七

貞和御餝記

御遷宮裝束雜事。

一當日兼致二沐浴一相二待案內一參二集例所一。木柴各衣冠。神拜別宮。　自二新宮南門一參入。列二居瑞垣門內一。東上。金物辛櫃。神宮下部。自二北御門一舁二參御橋前一。本宮物忌出納所等。開二辛櫃一取二出金物一。頭工等面々受二預之一。

一千木金物事。

巽角千木金物。一頭方小工餝レ之。坤乾千木金物。二頭方小工餝レ之。艮方千木金物。三頭方小工餝レ之。堅魚木。甍覆。泥障板。垂木等。金以下。次第打レ之。頭々皆有二例役一歟。面々請二預之一。

送官符云。

棟端金二枚。長各七寸三分。弘八寸二分。穴各八口。　垂木端金四枚。長各三寸八分。弘三寸五分。枚別穴四口。　博風端金四枚。長各二尺。弘五寸六分。　鞭懸木桶尻金十六枚。徑各二寸七分。高各三寸三分。博風下鋪十八口。片方九口。徑各四寸。　千木四支打金廿四口。徑各三寸。　甍覆板一枚左右端金二枚。長各二尺一寸六分。厚七寸五分。　同面裏端金四枚。長二尺一寸六分。弘四寸。同左右高金二筋。長各弘四寸。　泥障板二枚左右端金四枚。弘各二尺一寸。厚三寸一分。　同面裏左右端金八枚。長二尺一寸七分。弘四寸。　同左右高金二筋。長各五丈六尺。弘三寸八分。貫木玖支左右端金十八枚。弘各四寸二分。厚各三寸二分。　千

木四支端金四枚。弘一尺二寸。厚五寸六分。花崎四。　同四支鋪廿
四口。徑各三寸。　　堅魚木九支左右端金十八枚。弘各
一尺九寸。加波高三寸。

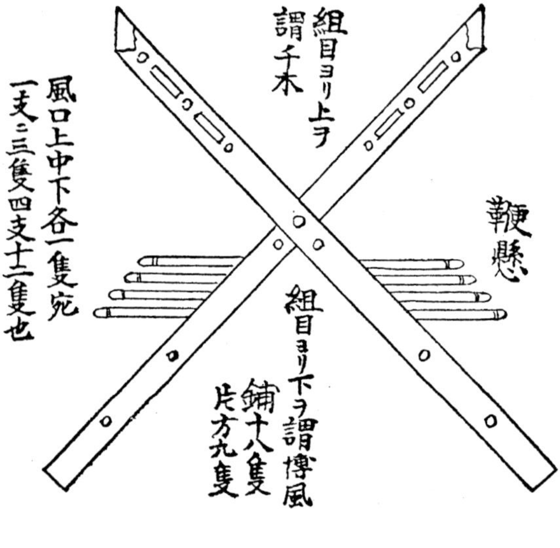

一御形金物事。
東方一禰宜奉行。　三五七九禰宜。東方。
西方二禰宜奉行。　四六八十禰宜。西方。
東西雖ニ如レ此相分一依レ時依レ人。傍官中可レ令ニ奉行一哉。
東方。一頭方工打レ之。　西方。二頭方工打レ之。不レ打ニ御形金物一之程者。殿内金物不ニ奉仕一之例也。
奉レ打ニ御形金物一之時。有ニ誦文一之由。古記載レ之。奉ニ餝付一之時。天地四方一禮。文云。コヽニ兩部ノ語アルユヘ不レ寫レ之。
送官符云。
鏡形木覆鋪肆拾肆口。徑各二寸一分。足壹。　　妻塞押木打鋪肆拾肆口。徑各貳寸伍分。足壹。
今按。鏡形木覆鋪卅四口所レ入。見在無ニ相違一。妻塞押木ノムカフニ鋪卅四口所レ入ニ卅四隻也。其外内方向差上下二隻。兩方四隻也。但向差ニハ

近來下計ニ一隻宛打レ之。然者餘分八隻也。

妻塞木木大鋪五隻。東西四支ニ廿隻。　宇立大鋪三隻。東西六隻。　横板ニ小鋪五隻宛。東西四支ニ廿隻。

竪板ニ小鋪六隻宛。　上大鋪二隻宛。ニハ東西四支ニ大八隻。小廿四隻。

都合小鋪徑二寸一分。卌四隻。大鋪卌四隻打レ之。

又向差大二隻也。殿内事也。

寳基御靈形文圖曰。金鏡十四面。部類神五十二座。横板ニ五。竪板ニ八。合五十二座也。　私云。金鏡十四面者。宇立六隻。東西。御形大鋪八隻。東西。已上十四隻也。此外十四隻之義無ニ準的一。

一御板敷金物事。〔舊本御形金物圖在此間今隨便宜移置于次〕

正殿御内東西廿一亘。南北五亘。敷際ヨリ東西各八寸ヲ云鋪合百五隻。

又四方ノ角ニ一隻宛。都合百九隻也。

東西廿一亘ハ中間各一尺三寸也。南北五亘ハ中間各三尺二寸也。

部類神五十二座ト云者。御形ノ竪板ニ三十二隻東西横板ニ廿隻東西也。合五十二座也。加ニ大鋪八隻一之定也。

訪ニ内宮例一。白銅鏡八面者。大八洲靈神座也。

横竪板八面也。部類神三十二神居也。

東西横竪板四八三十二隻也。

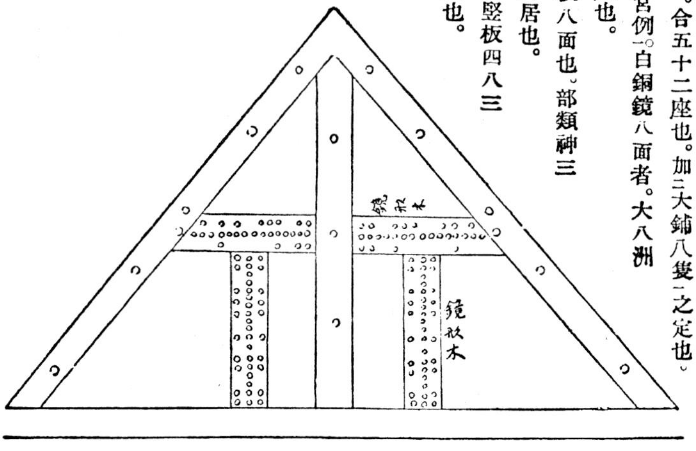

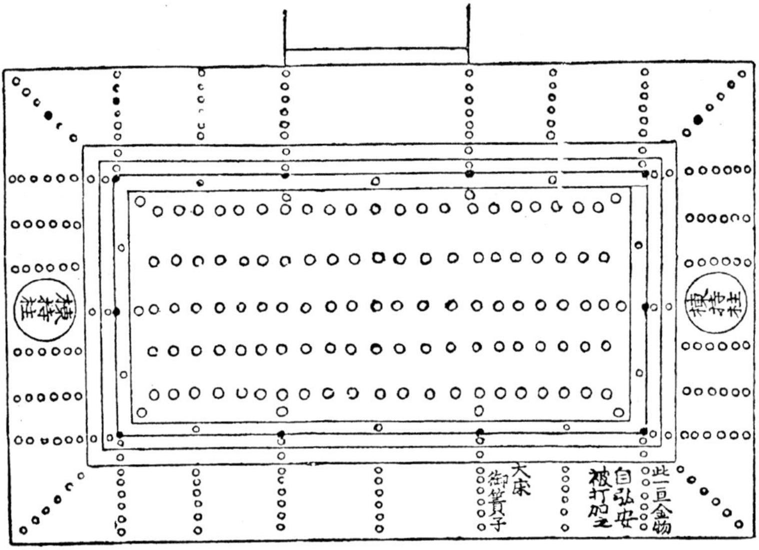

送官符云。
內壁持小長押釘覆鋪陸口。徑各二寸一分。　壁持間中釘覆平金拾枚。　外壁持小長押間中釘覆平金拾枚。徑二寸一分。　殿角柱長押肱金四枚。　巽角柱長押鋪拾肆枚。徑各三寸。　同角柱上小長押肱金四枚。　同小長押釘覆鋪拾肆口。徑二寸一分。

一御簀子金物事。
昇殿權官所役也。　簀子六筋也。　每二簀子一平金打レ之。
送官符云。簀子敷釘覆平金佰陸拾隻。徑三寸一分。南北八十四隻。一方ニ卌二隻。　東西七十二隻。一方卅六隻。　四角廿四隻。一方ニ六隻。都合百八十隻。廿隻不足也。以二餘剩金物一打レ之。

一簀子持切口金物事。
東西棟持左右在レ之。
送官符云。簀子下桁釘覆金捌隻。徑二寸五分。

一壁持蟬形金物事。
送官符云。蟬形木覆平金貳拾肆枚。

一高欄金物事。

迯官符云。

高欄鳥居丸桁端金拾管。

長各五寸五分。徑三寸六分。

花形打堺。

高欄中桁端金拾端。

長六寸一分。弘八寸。厚三寸七分。

花形打堺。

同土居桁端金拾端。

長各六寸五分。弘七寸七分。厚四寸一分。

花形打堺。

同長押肱金肆勾。

長各一尺六寸四分。片方八寸三分。弘七寸一分。

花形打堺。

同上長押肱金四枚。

長各一尺四寸四分。弘四寸二分。

花形打堺。

同泥障板鋪廿九口。

徑二寸。

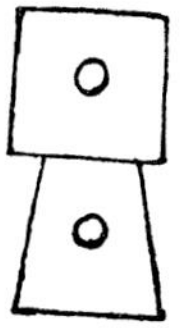

蟬形木或一隻或二隻隨レ所打レ之。

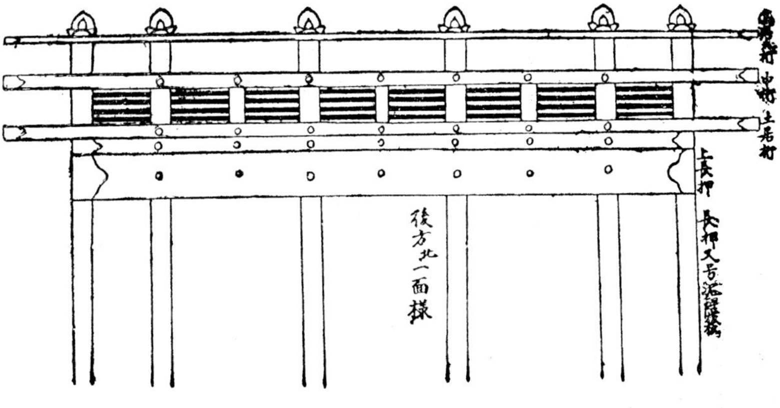

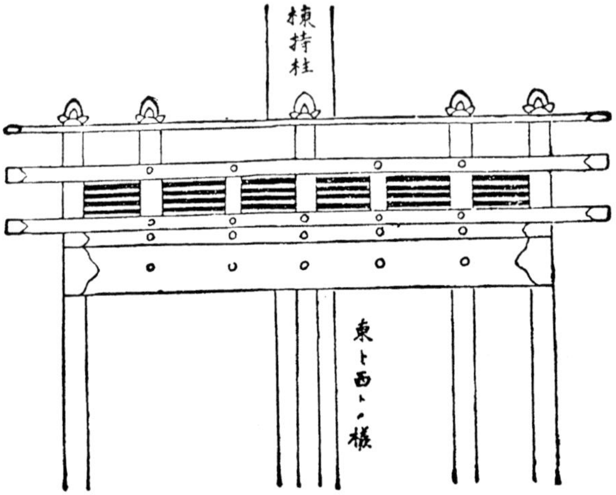

一御橋敷板十一疊之鋪三亘也。東西中央。東西高欄ノ土居ヨリ去一尺三寸。御橋下敷板南面ニ五隻也。但二隻ハ男柱釘覆。

送官符云。御橋鋪四十四隻。徑三寸見在三十八隻可レ入哉。

高欄居玉樣。

送官符云。高欄四百玉廿四顆。赤五白五黒五青五黄五。

高四寸。徑三寸七分。

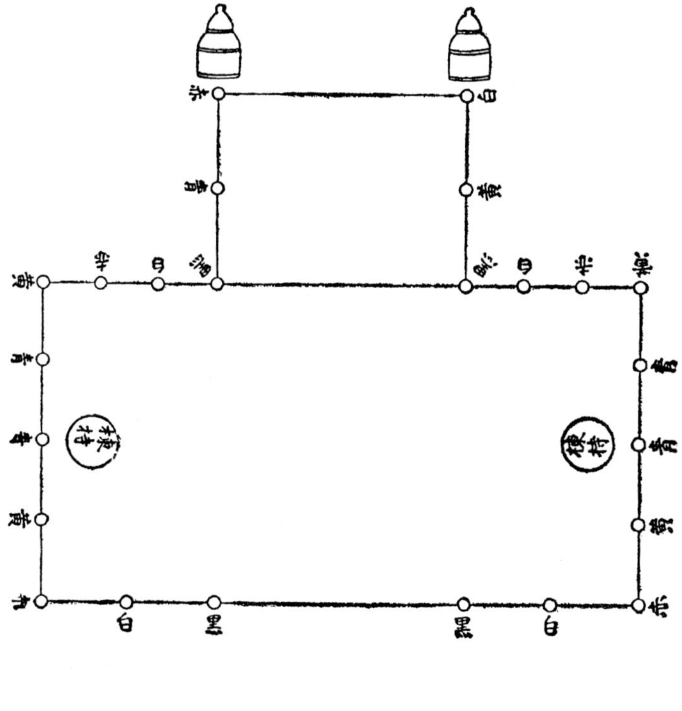

一天井組入子ノ數ハ十三也。長八尺五寸。四方等分。

送官符云。御帳天井四面打ニ錢形釘ニ伍十二隻。徑各五分。打堺。

中目固花形釘百四十隻。同組入中目固花形釘百六十九隻。

天井釣金肆隻。長一尺。鐶二寸。

同釣金料耳金位輪金四口。輪徑四寸。

天井四面每ニハ釘目ニ錢形釘打レ之。但四角ノ組目ニハ不レ打レ之。御帳柱ノ下方御座頭ニ組目ノ角ヲ可ニ押入ニ之故也。下方。シタノ方。

下ノニハ目固花形釘每ニ組目ニ打レ之。

上ノ方ニハ五目ノ花形打レ之。

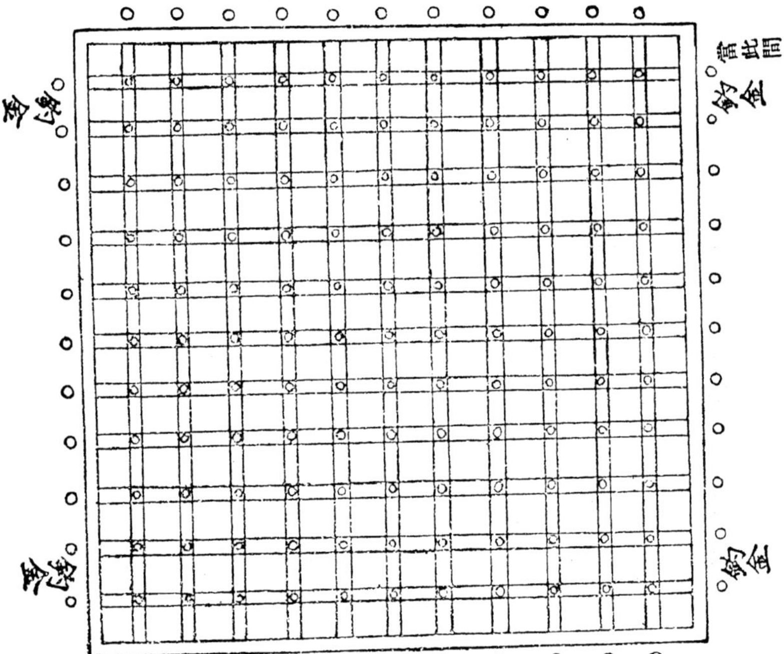

一御帳柱長四本一本一丈四寸。柱ノ上下木尻金物アリ。

送官符云。同柱上下木尻金捌口。弘五十。厚四寸。下木尻位金肆枚。

御床ノ四角ニ當天柱ヲ立ル也。

送官符云。天井上居木尻ノ金十六口。

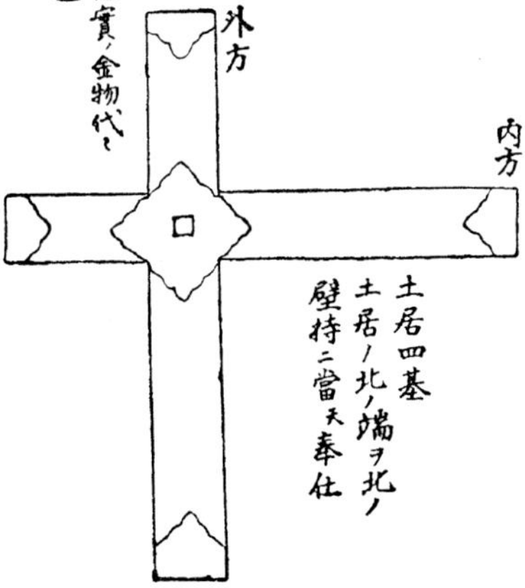

貞和元年十二月御遷宮之時。此土居外ヲ内へ被レ奉レ居也。是ハ臨時失錯也。短方ヲ外へ可レ奉レ向也。

一正宮御床二脚也。一脚長八尺一寸。横四尺三分。高一尺上ウヘニハ小鋪一方六隻。兩方十二隻。送官符云。二脚料平金三十二隻。枚別各一寸。端ハメニ菱釘二隻宛。

送官符云。二脚料花形釘四十六隻。徑七分。

角ノ折目毎ニ金物アリ。

送官符云。肱金捌勾。長各一尺七寸。片方六寸。片方四寸七分。弘一寸九分。并花形打堺。穴各十四口。

竿足ノ切目ニ有ニ金物一。

送官符云。桶尻八口。弘四寸。厚三寸。高三寸。

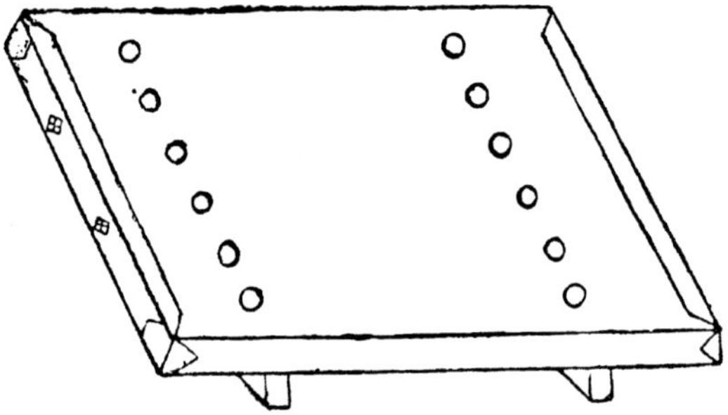

一同御船代正殿　長六尺一寸五分。横二尺四寸五分。或七尺六寸之内六尺四寸身。手崎各六寸宛云々。弘二尺五寸。高二尺五寸。於ニ假殿一例者。寸法短也。或四尺。此外角長四寸六分宛。合四尺九寸二分。先規所レ不レ同歟。

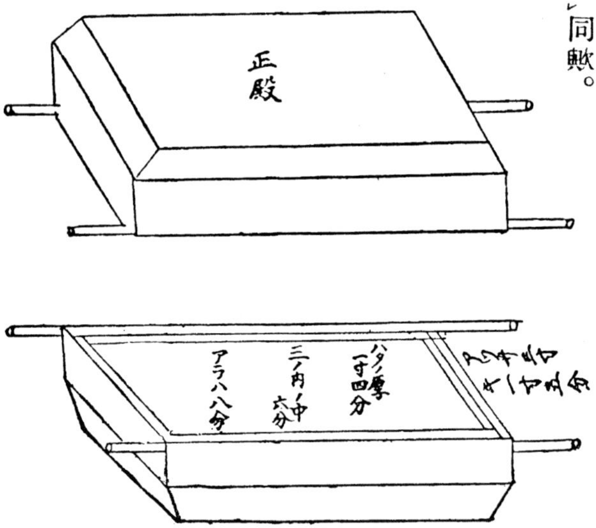

相殿御床一脚。長五尺。横三尺七寸。高八寸。左右同。

上ニ小鋪ニ一方四隻。両方八隻。

端ハメ一方四隻。両方八隻。

同御船代。長四尺五寸。横一尺六寸。或長四尺。此外角長四寸六分宛。合四尺九寸二分云々。弘一尺五寸。

〔据本圖在此間今隨便宜移置于次〕

如ニ今圖一者。赤六青六黒四白四黄四。　都合廿四顆。

如ニ送官符一者。高欄四面玉貳拾肆顆。赤伍白伍青伍黄伍黒肆云々。然而毎度有ニ餘分一。

貞和元年十二月御遷宮之時。以ニ此圖一奉レ餝レ之。

御遷宮餝行事終

右貞和御餝記以村井敬義本挍合了

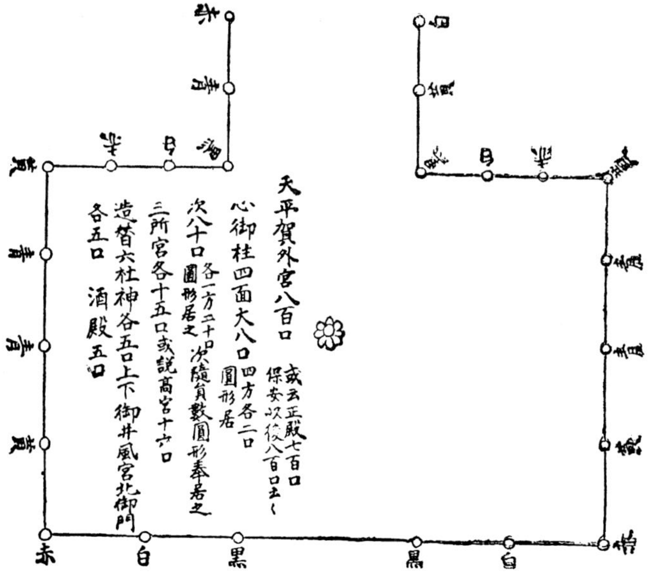

內宮臨時假殿遷宮記

當宮御造替事。雖注進及度々。京都之御沙汰令停滯給之條。正殿千木堅魚木。御葺萱等。悉令頹落而。猥經年月。彌御朽損之間。顚倒之怖畏不期明日。令顚倒者。御神體地上可御坐事。前代未聞難堪。可爲子細之由。禰宜等之連署解狀。繁多言上也。

一造宮所御下知事

度々雖以解狀有注進。御沙汰令停滯之條。神慮叵測者也。縱近々可被成造替之旨雖被仰下。御材木着岸。依山川大儀。日時可有逗留之處。剩御沙汰延引之間。可及御顚倒事勿論歟。所詮先臨其期而。可奉鎭御體儲殿。可有造進歟否之由。以權禰宜氏保神主被仰下之間。則一禰宜守朝可然之由被申。仍氏保神主頭工等召集令談合。御假殿任度々例。東寶殿之舊跡儲殿可有造進之由被申付。自役所貳百五拾貫文可有下行之由被申合訖。

頭工等致懇訴宮廳。御山杉一本申請。御材木大略件木以奉採。

一儲殿木作始事。

明應五年六月廿一日。七守武。九守保。大物忌父兄部尙重供奉。又今日木作始以前。如形木本祭奉執行。頭工等勤之。

一立柱上棟。

同七月七日。七守武。九守保。大物忌父尙重等供奉。下行物貳百五拾貫之內。拾貫許依役所停廢不足之間。儲殿作事令延引。明應五年者盡。六年秋漸終。正殿彌令朽損之條。神宮御修理事司中。又以內儀頭工中被申處。一頭一禰宜宿舘參。申曰。及度々雖加御修理。大損之間不遂其功。至今者殊無了

簡一。所詮儲殿ヲ致二皆作一。御體可レ被レ奉レ鎮歟。雖レ然彼下行物不足之間難二事行一以二私力一可レ致二營作一事ヲ。是亦多レ恐。然者宮司長官造宮作所ヨリ。如レ形預二御下行一被二仰付一者。神慮ト存加二私力一可レ致二皆作一之由申。仍宮廳ヨリ百匹下行。以二宮政所師秀神主一宮司造宮作所ノ方件子細ヲ被二申遣一。司中則有二同心一百匹下行。作所返答ハ正遷宮宮營外。假殿又御修理等事。更以無レ役由申ヲ。又宮廳ヨリ造宮所下行物未レ下之間。如レ此今度御事者。宮司ニモ神宮ニモ。可レ有二下行事一者。無レ謂二子細一。然者不レ可二事行一之間。只作所ニモ可レ有二同心一之由被レ申處。今度御事者。如レ形假遷宮爲二儀式一歟。又神宮トシテ有二御沙汰一上者。宮司長官同心申事不レ可レ有之由返答。然者難二事行一之間。予守晨先百匹頭工中エ令二下行一。件三貫文頭工等加二私力一儲殿致二皆作一由申。仍彼御殿遷御可レ奉レ成之由。一禰宜被二議定一。既日時ヲ可レ被レ定云々。

明應六年九月十七日。

神嘗祭者。天下無雙御祈禱政而。荷前御調絹織御衣等雖レ致二奉納一。御殿就二朽損一昇殿依レ難レ叶。去年當年者。如レ形儀式許執行。不レ遂二參昇一退出。然者天下御祈禱令二懈怠一矣。

廿六日。二守則。三守誠。四經任。予守晨。七守武。十守富。宮政所師秀。大物忌父尙重。前家司大夫經信等。予之里宿有二集會一。可レ有二御遷宮一事。可レ然歟否之子細令レ凝二評議一給事。

件御遷宮事。爲二廳裁一雖レ有二議定一。天下ヲモ不レ被レ經私トシテ可レ有二御沙汰一事。且神慮之恐且天下ヨリ御訝。又御裝束絹布。其外地鎭後鎭以下祭物等。定可レ爲二不足一。旁以可レ爲二如何一之由各申處。宮政所進出。一禰宜御存分申曰。正殿大床御階悉令二頽落一。御壁板或低下或墜懸。御板敷所々地上落給。次出座御裝束悉朽損。

其外御神寶等大略濕損シテ。其次第不レ分。殊左相殿御床損落。御船代大略朽。御體被レ侵二雨露一給。如レ此及二大破一。殿內諸人拜見事。前代未聞。難レ治二子細一也。殊又盜人及鳥獸等令二推參一歟。云レ彼云レ是神慮太ダ回レ測之間。倩加二思案一之處。如レ今者顚倒同前タル者哉。次第神事之祭物等不足アリ。雖レ爲二新儀一。儲殿奉レ鎭二御體一者。神慮可レ令レ然歟之由。廳裁如レ此申。是又無二豫議一之由各被レ申而。面々意見區ニシテ難二議定一。所詮只任二神慮御鬮一可レ然歟之由上首爾宜被レ申處。最可レ然之由被レ申各同心。子時師秀經信兩使。以二件子細一宮廳申處。傍官以下面々申事無二豫議一之間。則同心アテ被レ取二御鬮一。任二神慮一可レ有二遷御一之由御返答之間。一烈宮廳宿館參向。申ニ入子細一。則御同心皆以施二面目一之由申處。今日爲二吉日一條。御鬮可レ被レ取之由。依二廳裁一則奉レ作二御鬮一。于時一禰宜參宮。其間自餘ノ傍官。宮廳ノ舘祗候ス。但禰宜一人。于時當番十座。宮政所等一鳥居ヨリ御前石壺參着致二祈念一給。于時十守富座立。政所手ヨリ御鬮ヲ請取。捧二持一座前ニ參。于時一座猶凝二懇祈一御鬮召ス。于時十座殘御鬮傍置。本座歸着之後各拜。次ニ彼御鬮一座直捧持御前退出アリ。傍官以下列座於テ中披給處。可レ有二遷御一御鬮也。一同歡喜不レ斜。其後各一座悅禮被レ申退出。件子細京都江雖レ可レ致二注進一。天下今可レ被レ成二造替遷宮一及二御沙汰一折節。神宮トシテ奉レ成二遷御一御體一者。一先御心安被二思食一。正遷宮御沙汰可レ有二延引一歟。又私トシテ奉レ成二遷御一之由之可レ及二御訴一歟。致二後勘一令二言上一狀。

皇太神宮神主

注進。可下早被レ經二次第上奏一。當宮正殿御板敷之板落二地上一。御壁板以外傾給事。神慮回レ測之條。被レ急二造替遷宮一間事。

右當宮左坐相殿御床之下板敷板落給。是依二朽損一之間。彌御板敷御壁板等可レ令二壞落一事一定也。然者忝モ御神體御二坐地上一諸人可レ致二拜見一事。天下重事。神宮珍事。前代未聞難レ堪之次第也。爰今及二造替御沙汰一云々。天下彌泰平之基。神宮大慶此事也。以レ夜繼レ日被レ急二御沙汰一者。神慮令レ然可レ爲二御祈禱專一一者也。而猶御板敷御壁板等令二損落一者。爲二神宮一致二了簡一暫時事者奉レ藏二御神體於諸人一。而奉レ待二造替遷宮一。彌爲レ抽二御祈禱丹誠一注進如レ件。以解。

明應六年九月廿九日

大內人正六位上荒木田神主行久上

禰宜從四位上荒木田神主守朝

禰宜正五位下荒木田神主守則

禰宜從五位上荒木田神主守誠〔經歟〕

禰宜從五位下荒木田神主守任

、、、、、、、、、、守晨

、、、、、、、、、、守兼

、、、、、、、、、、守武

、、、、、、、、、、守幸

、、、、、、、、、、守保

、、、、、、、、、、守富

十月三日。禰宜等自二今日一參籠。但一禰宜。同男八守幸。九守保。去月始。

四日。正殿大床御階御板敷等。可レ致二支度一之間。八日日可レ參之由。頭工中被二相觸一。

八日。四方頭工等大略參二宮中一。先御階杉板弘エ二尺計。厚三四寸計板。東西々々南並敷進。懇勅土代等搆奉ヲ。又御板敷下杉板並ヘナル。上御板敷足立惡所キ。懇支度搆歩板動サル樣。故實之頭工等致二談合一。勅土代等カヒ進ス。又御戶閾傾御戶下テ。容易不レ可レ被レ開之間。大床一尺計下ヲ。足代用

意。故老工四五人召寄。御戸帖木尻切。傾閾鑿以令直。其後大床如御階板敷進。件板宮廳兼日清淨新板用意。又御階厚板尙重神主御用立申。最神忠之儀神妙也。

一九日。御裝束裁縫行事。

一守朝。二守則。三守誠。四經任。予守晨。六守兼。七守武。八守幸。九守保。十守富。秉燭經貞。守勝。經德。守直。玉串大內人貞長。各衣冠。但經德守直布衣。物忌公文所布衣。先本宮神拜。其後於忌火屋殿內禰宜西座。北上東面。所殘南座。西上北面。權任。玉串大內人次第着座。師秀尙重北壁副。南面西上。着座中。薦敷。其上筵敷。彼上置。御裝束裁縫。十守富。次予。代々記文帶。中前一禰宜氏經卿自筆記文有之。件本可然之由。各被申之間。予是披指南任裁縫。各如先規。但今度之御遷宮者。爲臨時之儀。絹布等不足之間。談合評議凝裁縫矣。此外權任物忌公文所等。忌火屋殿於外絹垣行障等奉縫。同紙捻以串奉結付。爰彼尙重神主者。去寬正御遷宮時。目代トシテ奉成功訖。殊今度者云老劫(功歟)云故實。旁以神忠奉成功者也。件御裝束悉札付奉納櫃事。尙職神主勤之。櫃封宮政所師秀神主奉付之矣。自今日忌火屋殿者。清酒酒作內人等可令衞護之由被申付各退出。但上首禰宜者。以前退出也。

一十日早旦。十守富長官有召請。神體奉仕儀式被相尋密談最秘等也。件奉仕之儀。予雖尋給無故實云。又先例度々就氏經之家致指南者哉。殊近例大略如此。今彼家相續上者。守富可被尋之由依申。舊記被披。件秘密之儀。氏經卿ヨリ相傳之分。去月廿六日予守晨守富申者也。

一十一日。臨時昇殿事。

禰宜一二三四五六七八九十各束帶。南御門ヨリ參入。於二御門之下一御鹽湯。石壺着座各拜アリ。
于時鎰取內人御鎰櫃御封開由申。于時各座ヲ
起。於二八重疊之西一一座正殿御鎰賜。其後各
本宮御階前着座。東上。于時殿內可レ奉レ敷レ板召
寄。件板淸淨杉板也。兼日奉二洗濯一。御鹽湯奉レ振。于時一座大物忌
子良ヲ相具參上。一座之手扶八九神主也。子良御
鏁ニ手懸退下。一座御戶開給處。御幌損落。殿內
顯露之間。御戶ヲ又閇。可レ爲二如何一之由談合之
處。尙重神主申云。先御假殿料御幌被レ懸。明日
又可レ有二用意一歟之由申。此儀最可レ然。忌火屋
殿ヨリ彼御幌奉レ出。御鹽湯振懸。是只今奉レ懸。
御戶悉開給。但雌戶不レ開之間。東方御戶計開
訖。于時一座先可レ有二參入一之處。事外殿內板
敷朽損。足立惡之由被レ申。大床蹲踞之間。予進
參殿內致二拜見一。件杉板閾上東西長一枚敷。
其後又板二三枚御床前奉レ敷。殿內參入又板
奉二取入一。其後六七八九十禰宜御內令二參昇一。步
板足立惡所ニ板懸奉レ敷。上ヨリ墜懸給物共悉令
レ直。其後退出。于時一座參昇。其後次第十座マテ
參昇。御床左右揖居。北上。御床奉レ向。其後座ヲ
起。足立惡所懸奉レ直訖。次遷御之時。可レ奉レ出
御神寶改。御戶內左右脇ニ奉レ置。又御盖玉纒
須我利御大刀等朽損之間。結緬紙捻ニ等以懸
奉二結付一。損失御神寶等繁多之間。彼替爲レ可
レ奉レ出。御大刀御弓御劔等可レ然見合。御戶脇ニ
次第奉二立竝一。次切燈臺損失間。新調燈臺兼日
成二後勘一。令二用意一奉レ取入東西壁際ニ置レ之。
其後致レ拜。末座ヨリ退出之次第如二常祭禮一。但
御幌奉二取出一一座御戶閇退下。各御階前歸着。
拜四度。朝廷奉レ祈。次座起退出。於二八重疊西一
御鎰取內人渡。各石壺着座。拜八度。手兩端之
後退出。荒祭遙拜如レ常。物忌父等者。直假殿參。
淸酒酒作內人召寄水汲。殿內大床御階等奉二洗
濯一。桶杓巾布等下行。

一御船代祭地鎮後鎮祭。依レ無二祭物一不レ及二御沙汰一之處。或人申。祭物不足不レ及レ力。如レ形儀式計ナリトモ可レ有二御沙汰一事。可レ然由申之間。俄散供米酒等ヲ下行アリ。今夜神事執行可レ申之由。玉串大内人被二相觸一矣。官下已下祭物以二日記一奉二執行一畢。

彼日記。

一御船代祭物。

鐵人像肆拾枚。　同鏡肆拾枚。

同鉾肆拾枚。　鑿貳柄。

鋸貳柄。　鉋貳柄。

長刀子拾柄。　忌鎌參柄。

鐇貳柄。　手鐇貳柄。

錐貳柄。　小刀子貳柄。

五色絁各五尺。　木綿麻各貳斤。

酒米各貳斗。　腊魚壹斗。

雜腊壹斗。　腊壹斗。

堅魚鰒各肆斤。　雜海藻貳斗。

海菜貳斗。　鹽肆升。

雞肆翼。　同卵貳拾枚。

陶器土器參拾口。

　是紙ヲ一枚書。散供米酒等ニ相副下行ス。

一鎮地祭物。

鐵鏡肆拾枚。　同人像肆拾枚。

鉾肆拾枚。　長刀子肆拾枚。

鐇肆柄。　鎌肆柄。

小刀子壹枚。　鏨捌口。

五色薄絁各貳丈。　木綿麻各肆斤。

庸布玖拾陸端。　絹貳匹。

米貳斗五升。　酒肆斗。

雜腊肆斗五升。　雜海藻貳斗五升。

鹽貳斗。　堅魚鰒各漆斤。

雞貳翼。　同卵貳拾枚。

陶器土器參拾口。

一後鎭祭物。
鐵人像肆拾枚。　同鏡肆拾枚。
同鉾肆拾枚。　長刀子貳拾枚。
鉾肆柄。　鎌貳張。〔柄歟〕
小刀子壹柄。　五色絁各壹丈。
木綿麻各貳斤。　米貳斗五升。
酒貳斗。　雜腊貳斗五升。
堅魚鰒各肆斤。　海藻貳斗五升。
鹽貳斗。　雞貳翼。
同卵貳拾枚。　陶器土器貳拾口。

十二日。河原御祓行事。
一守朝。二守則。三守誠。四經任。五守晨。六守兼。七守武。八守幸。九守保。十守富。各束帶。秉燭四人。經貞。守勝。經德。(一座勞。)守淸。(二座勞。)玉串大内人貞長。大物忌父尙重。各衣冠。(着襪。)權任各衣冠。先本宮拜之後。忌火屋殿前烈立。(北上西面。)假御樋代三合幷裁縫御裝束。御鎰櫃等。案三脚ニ奉レ居。次絹垣行障等。淸酒酒作内人等奉ニ持レ之。于時御鹽湯在之。于時先祗承。次禰宜。次御櫃代。次御裝束。絹垣行障。次秉燭役人。次玉串大内人。物忌父等。權任神主等經ニ置石ヲ一。二鳥居脇ヨリ河合淵端ニ烈立。(南上西面。)御樋代御裝束等禰宜前ニ奉ニ昇居一。先有ニ御鹽湯一。次御巫内人光吉御祓ヲ勤仕。(向河。)于時一同蹲踞。其後御麻。御樋代。御裝束以下幷供奉人奉ニ振懸一。本座歸祝言申。後一同拜。手一端。其後禰宜權任河端ニ至。用ニ手水一行事。儀式大略如ニ先規一歟。其後御裝束ヲ奉ニ相具一直ニ新宮參。御樋代絹垣行障御門御幌等ヲ忌火屋殿ニ奉ニ返置一南御門ヨリ參入。在ニ御鹽湯一。御裝束八重疊東ヨリ。禰宜以下西ヨリ參。於ニ例所一ニ一座假殿鎰ヲ賜參入。御階前ニ着座。(東上。)則一座御戶ヲ開參昇。次禰宜以下次第參昇也。先本宮大床艮乾方ニ雲形ヲ奉レ張。宮餝御裝束奉レ粧次第之事。氏經卿自筆秘記。予守晨帶。凝衆議談合奉仕之。一二三四六神主者。不錺絲被退出。仍末座禰宜等。御戸閇御鏁固退出。

一御出行事。

戌上剋。一二三四五六七八九十各束帶。次本宮新宮秉燭。玉串大內人。大物忌父兄部。各束帶。皆明衣着。木綿襷裡懸。次召立役人泰種神主束帶明衣着。自餘權任各衣冠明衣着。御火二人前立。玉串行事所參烈。次宮司則長御火二人前立。大麻御鹽湯奉仕之後。玉串行事所參向。其次第如常祭禮時。于時自忌火屋殿御樋代三合案乍居。絹垣行障御門幌等奉出。清酒酒作出納等之後。玉串行事所奉舁居。御門幌只今奉懸。宮守物忌役。于時宮司手水。次御巫內人光吉御秡勤仕。于時一同蹲踞。次御麻。御樋代。御裝束。宮司禰宜以下供奉人等振懸。本座歸祝言申。于時各手一端。次御鹽湯。次宮司鬘木綿獻。玉串。次第如常祭禮。先禰宜。秉燭。權任。次御樋代。絹垣行障。次宮司。皆於第四御門在御鹽湯。石壺着座。禰宜。次秉燭四人。其次玉串大內人着座。其後大物忌父尙重神主詔刀文宮司進。于時奉遷使御讀進詔刀。司中可有讀進事。可爲如何之由被申。于時尙重件子細宮廳申之處。只司中讀進可然之由被申。仍詔刀文被請取。玉串行事如常祭禮時。于時鎰取內人御鎰櫃御封開由申。于時各座起。於八重疊西一座正殿御鎰賜。秉燭。權任。一座新宮御鎰賜參入。御樋代。絹垣行障。宮司八重疊東。秉燭。權任一座經貞神主守勝神主相具。正殿御前直新宮參。御戸開。裾不引。秉燭勤仕。令參昇切燈臺本揖居。幸御奉待。禰宜以下正殿御階前烈立。東上。次宮司參入。次各着座。次一座大物忌子良相具參昇。子良御鏁手懸則退下。一座開御戸給。于

時手扶禰宜守幸守保等。進ニ寄テ大床西方ニ兼用
意シ奉ニ立置一御幌ヲ奉レ懸テ退下。次一座殿內參入。
其後大床出蹲踞。秉燭神主ヲ召ス。又參入。于時經
德神主左。守清神主右。裾不レ引。於ニ三段階ノ一人
長內人手ヨリ御火請取ヲ。左右同時參昇ス。其後又
一座大床出蹲踞。傍官禰宜召ス。于時禰宜玉串大
物忌父參昇。一東ヘ二西ハ。打替々々左右脇ヨリ參
入。御床ノ左右ニ揖居。北上。于時宮司詔刀被レ申
歟。于時御樋代殿內ヲ奉ニ取入一。同左右相殿御樋
代奉ニ取入一。其後新櫃三合奉ニ取入一。件櫃兼テ奉ニ
洗濯一。御鹽湯振懸清メテ奉。大床東方奉ニ居置一。彼櫃
者。御船代內御裝束等ニ新殿可レ奉レ渡之由。兼
凝ニ衆議評談一畢。次又肩宛絹ヲハ各令ニ懷中一只
今取出着ス。于時予守晨進寄テ假御樋代錦綾ヲ如
レ形奉仕。其後二守則大床出。召立神主召ス。于
時泰種神主進參讀テ進。于時御神寶奉レ出。仍
彼御神寶出申事及ニ遲々ニ之間。召立本懷中シ

殿內ニテ令レ拜ニ見之一。役人讀進ヲ聞合テ不レ及レ可ニ
色目ニ之由。氏經卿任ノ訓テ今度予彼本懷中ヲ令ニ
拜見一。次第奉ニ取出一。七八神主大床立。九十神主ハ
段階立テ奉ニ取渡一。七八神主大床立。九十神主ハ段
階立テ奉ニ取渡一。畢後七八九十各參入。次七守
武神主大床出蹲踞シテ御巫內人ヲ召。于時鷄鳴三
聲。其後御出期臨テ。五六七八神主進寄テ御船代盖ヲ
奉レ開。于時御樋代盖開キ奉仕被レ申。最秘等在
レ之。于時予守晨進寄。御船代內御裝束疊方不
レ違櫃納進。件櫃三合奉ニ取出一。守賴。守直。守
繼神主等渡。于時一二神主正體被レ奉レ戴。三
四五六七八神主奉ニ相副一供奉。左相殿九神
主。玉串大內人。右相殿十神主。大物忌父兒部
等奉仕。行御無ニ相違一新殿入御坐。于時先末
座禰宜大床出。件櫃三合奉ニ取入一。于時予進
寄御裝束等如ニ本宮一奉仕。于時無ニ相違一一
座進參奉レ鎮ニ御體一。其後禰宜催ニヨテ。如ニ本

宮一召立役人讀進。仍末座禰宜者段階ニ立テ。如ニ本宮一御神寶奉ヲ取ニ納一。于時予大床出。八守幸神ノ主ヲ相具。櫃二合取出。泰昭親文神主ヲ召寄。二合ノ櫃令レ持本宮參御船代奉ニ覆。御裝束等櫃ニ入。又彼神主令ニ捧持一新宮參。於ニ三段階一請ヨ取之一。令ニ參昇一御船代奉ノ覆訖。無ニ相違一御體奉レ鎮。各御床左右揖ス居。于時末座ヨリ退出。秉燭シ役人二座之後。御火捧持退出。大床ニテ蹲踞。左ハ右同時御火滅退下。其後一座御戶閇御鑠ヲ固メ退下。各御階前着座之後奉レ拜。次宮司進參詔刀テ被レ申。本座歸着。拜四度。無レ手。朝廷奉ハ祈之後。座起退出。先禰宜。次宮司於ニ八重疊西一對拜如レ常。次御鎰鎰ヲ取内人渡之後。各石壺ニ着座。拜八度。手兩端。平伏。朝廷奉レ祈之後座起。禰宜ヘ西ヨリ。宮司自レ南退出。於ニ例所一對拜。荒祭遙拜。手兩端如レ恒。

一十三日。

今日早旦宮司山田ニ歸宿。古物渡神事之後。御封爲ニ公文所一人被ニ殘置一。又他所之權任大略歸宿。

一今日。古物渡行事。

一二三四五六七八九十。秉燭役人。經貞。守賴。守勝與奪。守直。二座勞。守繼。一座勞。召立役人泰種。玉串大内人。大物忌父等各束帶。有ニ明衣一無ニ木綿一。其外權任各衣冠。明衣着。玉串行事所烈立。于時御巫内人光吉御裓勤仕。于時各蹲踞。有レ手。其後御麻振懸申。其後自ニ南御門一參入。於ニ例所一有ニ御鹽湯一。各石壺着座。鎰取内人御匙櫃開ク由申。于時各座起。於ニ八重疊西一一座御鎰獻。是ヲ捧持先新宮拜。其後本宮參。御階前各着座。東上。于時一禰宜令レ昇ニ于大床一御戶開參入。自餘傍官不レ及ニ參昇一。秉燭二人。守繼。守直參昇。彼二人ヲ殘置。一座退出之後各新宮參。御階前着座。于時一禰宜大物忌子良ヲ相具參昇。次第如常。子良御鏁奉懸手。則退下。禰宜。秉燭役人經貞。守頼。召立役泰種。玉串物忌。次第參入。御床左右揖居。拜之後。二三四五八神主守頼。尚重等參于本宮。先例大略。五六七八神主玉串物忌兩人內。一人本宮參事也。今度上首禰宜大略古殿被參。末座禰宜神主御殿祗候。達于先規者也。但二禰宜被參例有歟。仍古殿御神寶等奉渡。于時御床上御裝束予大略奉疊櫃入。又御枕御履等櫃納。是權任令捧持新宮參。予又奉仕之。爰御裝束濕損不分其文。如形殘給御裝束計。御床乍疊奉仕。悉濕損之御裝束。左右御壁際淸筵上奉置。其上御床無據所之間。談合評議凝奉仕之。其後予又古宮參。猶殘所御神寶等奉渡之處。權任大略夜前歸宿之間。人數不足シテ。四五度ツヽ同權任渡申。後便宜職掌等以奉渡新殿無據所云。又以外御朽損云。御神寶少々古殿殘置申。

其後各新宮參。仍守直。守繼等昇殿之。古殿新宮中間ニシテ神寶奉振御鹽湯悉新宮昇殿後。御神寶等懇奉直置。後如以前御床左右揖居。北上。拜之後。末座ヨリ退出。次第行事如夜前。仍不及記。但宮司不參間。彼公文所御匙御封奉付。是則長判紙也。

合。

明應六年十月十二日。御遷宮取物次第行事。

前陣供奉。

宮掌六人

權禰宜宮掌大內人時久神主　同內人

、、、、、、、、、、、、　、、、

、、、、、、、、、、、、　、、、

御火內人六人

御火內人　同內人

、、、、　、、、

、、、、　、、、

次道敷奉仕內人十六人
清酒作內人光元　同內人
同內人　、、、
、、、　權宮掌大內人
酒作內人弘長　同內人重與
同內人　、、、、
同內人　權宮掌大內人
同內人　、、、、
次行障二人
左權禰宜泰昭神主　右權禰宜氏行神主
次御楯二枚
左權禰宜盛直神主　右權禰宜成宗神主
次御靫二腰
左權禰宜兼吉神主　右權禰宜氏信神主
次御弓二張
左權禰宜氏重神主　右權禰宜定兼神主
次菅御翳二枚
左權禰宜重益神主　右權禰宜氏安神主
次菅御笠二枚
左權禰宜尚興神主　右權禰宜泰秋神主
次金銅作御太刀二腰
左權禰宜氏章神主　右權禰宜尚元神主
次玉纒須我利御太刀二腰
左權禰宜守明神主　右權禰宜武隆神主
次御鉾靫二腰
左權禰宜氏有神主　右權禰宜武持神主
次御鏡筥二合
左權禰宜經持神主　右權禰宜氏言神主
次御櫛筥二合
左權禰宜成興神主　右權禰宜末重神主
次御蓋一基
權禰宜興正神主　權禰宜泰晨神主
次御絹垣二十人
權禰宜兼文神主　權禰宜興本神主

權禰宜兼秀神主　權禰宜重延神主
權禰宜興守神主　權禰宜經齊神主
權禰宜成秀神主　權禰宜成貞神主
權禰宜成本神主　權禰宜經康神主
權禰宜泰實神主　權禰宜定榮神主
權禰宜氏世神主　權禰宜重興神主
權禰宜永朝神主　權禰宜師秀神主
權禰宜氏榮神主　權禰宜興正神主
權禰宜尙守神主　權禰宜泰次神主

一後陣供奉。

次御鏡筥二合
左權禰宜氏光神主　右權禰宜氏富神主
次玉佩筥二合
左權禰宜親知神主　右權禰宜成吉神主
次玉纓須我利御太刀二腰
左權禰宜俊重神主　右權禰宜尙職神主
次金銅作御太刀二腰
左權禰宜尙正神主　右權禰宜氏昌神主
次御蓋一基
權禰宜兼久神主　權禰宜興忠神主
次菅御笠二枚
左權禰宜武實神主　右權禰宜親久神主
次御翳二枚
左權禰宜武宗神主　右權禰宜泰明神主
次御弓二張
左權禰宜興久神主　右權禰宜經長神主
次御靫二腰
左權禰宜氏繁神主　右權禰宜盛正神主
次御鉾四基
左權禰宜弘宗神主　右權禰宜泰常神主
左權禰宜氏但神主　右權禰宜盛吉神主
次御楯二枚
左權禰宜兼次神主　右權禰宜宜達神主
宮掌四人

權禰宜宮掌大内人　丶丶丶丶丶丶丶丶
丶丶丶丶丶丶丶丶　丶丶丶丶丶丶丶丶
御火内人六人
權宮掌内人　同内人
丶丶丶丶丶　丶丶丶
丶丶丶丶丶　丶丶丶
續松内人四人
權宮掌内人　同内人
丶丶丶丶丶　丶丶丶
召立内人
權禰宜泰種神主
右依レ例次第行事所ニ差定一如レ件。
明應六年十月十二日
勤行文。
宮司禰宜等
言上　皇太神宮遷御勤行狀。
右依ニ當宮 正殿御 朽損一 御造替 御事 及ニ御沙汰一刻。御壁板并御板敷等令ニ壞落一。正殿内於ニ諸人一致レ拜見一事依レ有レ恐。爲ニ神宮一致ニ了簡一暫時御事者。奉レ藏ニ御神體於參詣貴賤一畢。以レ夜繼レ日可レ被レ急ニ造替遷宮一者也。仍暫時之間遷御勤行狀如レ件。謹解。

明應六年十月十二日
禰宜從五位下荒木田神主守富
禰宜從五位下荒木田神主守保
禰宜從五位下荒木田神主守幸
禰宜從五位下荒木田神主守武
禰宜從五位下荒木田神主守兼
禰宜從五位下荒木田神主守晨
禰宜從五位下荒木田神主經任
禰宜從五位上荒木田神主守誠
禰宜正五位下荒木田神主守則
禰宜從四位下荒木田神主守朝
太神宮司

少司

權大司

大司從四位下大中臣朝臣則長

詔刀文。

度會乃宇治乃五十鈴乃河上乃下津石根仁太宮
柱太敷立天。高天原仁千木高知天。皇御孫乃命稱
辭定奉留。皇太神乃廣前仁恐美恐美毛申給八久。御
殿依二朽損一假殿仁奉二移渡一留狀平久安久知食止
申。御殿依二朽損一假殿御坐須狀於平久知食天。朝
廷寶位無レ動。常磐堅磐仁。夜守日守仁護幸給止
申。

明應六年十月十二日

紙一枚書之。

皇太神宮神主

注進。可下早被レ經二次第御沙汰一當宮造替
遷宮上事。

右依二當宮御朽損一御造替事及二御沙汰一刻。御
壁板并二御板敷等令二損落一。至二殿內一於二參宮貴
賤一致二拜見一事依レ有レ恐。爲二神宮一致二了簡一。
暫時事者。奉レ藏二御體於諸人一訖。是併造替御
事及二御沙汰一之間。近々依レ可レ有二造進一。如レ此
以レ夜繼レ日被レ急二遷御節一者。可レ爲二御祈禱一
者也。仍注進如レ件。以解。

明應六年十月日

大內人正六位上荒木田神主行久上

禰宜從四位下荒木田神主守朝

丶丶正五位下丶丶丶丶丶丶丶

丶丶從五位上丶丶丶丶丶丶丶

丶丶從五位下丶丶丶丶丶丶丶

丶丶丶丶丶丶丶丶丶丶丶丶丶

十人署。〔署缺〕

皇太神宮神主

注進。可下早被レ經二次第御沙汰一被上急二造
替遷宮一之間事。

右依二當宮御朽損一。御壁板御板敷等令二壞落一。至二殿內於參宮貴賤一致二拜見一事。前代未聞難レ堪之次第。神鑒最難レ測。而今造替之御事及二御沙汰一之間。近々可レ有二造進一之條。如二思案一。去十二日奉レ藏二御神體於諸人一畢。件了簡誠是暫時儀也。以レ夜繼レ日被レ急二造替一。奉レ鎮二御體於本式一者。神慮之快然。御神忠之瑞一。御祈禱之專一。天下之政。何事如レ之哉。仍注進如レ件。以解。

明應六年十月日

大內人正六位上荒木田神主行久上

禰宜從四位下荒木田神主守朝
禰宜正五位下荒木田神主守則
禰宜從五位上荒木田神主守誠
禰宜從五位下荒木田神主經任
禰宜從五位下荒木田神主守晨
禰宜從五位下荒木田神主守秉
禰宜從五位下荒木田神主守武
禰宜從五位下荒木田神主守幸
禰宜從五位下荒木田神主守保
禰宜從五位下荒木田神主守富

一遷御　御裝束絹布致二進上一日記。山田之分者司中ヨリ取集被レ送レ之。

一絹一疋權禰宜經貞神主　一疋權禰宜泰種神主
一疋權禰宜與正神主　一疋權禰宜與忠神主
一疋權禰宜經康神主　一疋權禰宜盛吉神主
二疋二頭大夫光定　絹三疋南藏弘吉
二疋春木與次　一疋窪小二郎
一疋三日市進
布六段宮奉行等　一端權禰宜尙正神主
三端湊與二郎
長筵十枚權禰宜尙安神主

一遷御之時御裝束等新殿奉レ移事雖レ無レ例。今度者彼御殿正遷宮可二御坐一之間奉レ渡レ之。殊假殿遷宮御時。御樋代料。御裝束官下之間雖レ奉レ餝レ之。是又不レ及ニ御沙汰一之條。旁以本宮御裝束可レ奉レ渡之由。有ニ衆議評定一如レ此。然之間臨ニ出御期一猶凝ニ評議一。御船代內外御裝束奉レ疊ニ清櫃納。新宮マテハ是又奉ニ粧餝一。依ニ數尅逗留一也。惣而殿內御事。一大事儀トシテ故實上猶可レ有ニ思慮一。御體奉仕等事不レ及レ申。其外事無ニ相傳故實一。出坐御裝束等奉仕事。又御船代蓋奉レ開事。役者四人。皆以故實ナウシテ彼勤事ナカレ。

一今度供奉權任。人數不足之間御出之時者。御神寶少シ奉レ渡レ之。雖レ然奉外權任。臨ニ其期一參着之間。召立讀進以後。少々奉レ渡レ之。又其後相殘神寶。私會釋以ニ權宮掌等一召。少々奉レ渡レ之。最爲ニ新儀一者哉。於ニ以後一是勿レ爲レ例。但古物渡之時者。少々以ニ便宜職掌一被レ奉レ渡事有歟。御出時權任遲參等之代。權宮掌以被レ奉レ渡者哉。

今度御遷宮者。去寛正之御遷宮ヨリ至ニ三十六年一之間。宮立以來御殿御朽損不レ可レ過レ之者哉。然間以外難レ堪之條。令レ取ニ御鬮一。任ニ神慮一奉レ成ニ遷御一者也。雖レ然爲ニ神宮一奉ニ執行コト之間。諸事率爾之沙汰也。於ニ以後一是勿レ爲レ例。神宮之器者。只可レ奉レ仰ニ本式沙汰一者也。

皇太神宮禰宜荒木田神主守晨

右以ニ守晨神主御本一令レ寫訖

明應八己未三月日大物忌父荒木田尚重六十八

右明應六年內宮假殿遷宮記以林崎神庫本書寫挍合畢

群書類從卷第八

神祇部八

治承元年公卿勅使記　三條內府實房公

安元三年。八月四日改元爲二治承元年一。

八月三日庚午。天晴。不二出行一。早旦。藏人左少弁兼光書狀到來。披閱之處。來廿九日爲二伊勢公卿公卿字不レ可レ有事歟。勅使二可下令二參向一給上者。依二天氣一言上如レ件。禮紙云。殊可下令二參勤一給上之由。被二仰下一之旨候也。明日改元定間。必可下令二參仕一給上候者。則使ヨ行國奉二此書狀於相府一申云。□此事不進不退之由承之。然而期日近々之間。尫弱者彌難レ叶候哉如何。行國歸來云。期日誠近々也。定不二相叶一歟。當時趣无二指故障一出立難レ叶之由可レ被レ申歟。猶可レ令二勤仕一者。可レ被レ延二定日一之旨可レ宜歟。欲レ令レ申二此旨一之間。淸光又爲二相府御使一來示云。雖二近近一何事可レ候哉。然而御共參仕之輩定難二出立得一歟。如二夫幷馬一召ヨ遣田舍一。可レ有二行程一事也云々。承候了。廿九日難レ叶之由欲レ令レ申也者。予返事狀云。來廿九日。伊勢勅使可二勤仕一之由同承候了。但當時无二指故障一。然而期日近近之間。出立不レ可レ叶候也。以二此趣一可レ然之樣可下令二計披露一給上者。禮紙云。猶可二勤仕一者。可レ被レ延二日次一候哉。於二期日近々一者。縱雖二領狀一定及二闕如一之條。尤恐思給候也。秉燭之後。兼光獻二書狀一云。來廿九日。勅使事猶相構可下令二勤仕一給上者。殊急思食事候之間。重所被レ仰也。返事云。廿九日。勅使事子細先度令レ申候了。不レ可レ叶候也。若及二來月中旬一者。可二相構一候歟。

四日辛未。天晴。未剋許參二向殿一。于時在茂參上。有二年號字沙汰等一。又堀川相公參上晡時退去。秉燭之間。着二束帶一參内。依二改元定一也。先レ是上卿左大臣以下參上。藏人右〔左歟〕少弁兼光下二年號勘文一。諸卿次第見二下之一。至二右大弁長方朝臣一讀二申之一則又發レ語。諸卿定申了。以二兼光一被レ奏二聞其趣一。一兩度雖二勅難一。遂以二安元三年一爲二治承元年一。以二康平元年例一可レ令レ作二詔書一之由被レ仰二上卿一。此後予退出了。委旨注二別記一了。

予退出之時。於二陣腋一兼光示云。勅使事來月十日進發。不レ整二威儀一必可レ令二參向一者。予答云。於二威儀條一凡不レ有事也。及二來月十日比一者可相〔脱字歟〕。

五日壬申。晴。早旦參二向殿一申二勅使間事一。又以二泰貞一有下示二左少弁一事等上。是日次□間事也。又來九日十日之間可レ承二内々仰一之由同示了。

六日癸酉。内々令レ催二共人等一。仰二内々仰一之後催也。然而有二何事一哉之由。相府示給。仍少々所二告觸一也。雜事注文等不レ書。十日承仰之後可二書注一也。抑自二今日一精進。是明日拜之故也。

七日甲戌。入レ夜雨灑。未剋許參院。布衣。中宮大夫隆。花山中納言兼。左衞門督時。左兵衞督成。源中納言雅。束帶。參二郁芳門院御忌日一云々。左京大夫脩。三位中將知。等參會。予於二殿上一相二逢頭中將光能朝臣一云。承二伊勢勅使事一候。一身騎馬馳出候。於二身之耻辱一者全不レ可レ顧候。奉二爲君一見苦事候歟。尤恐思給候。又承二内々仰一之後。輙不二出仕一。而十日可レ承之由。兼光申候也。然者件日以後不レ可二出仕一。便宜之時可レ然樣可下令二披露一給上者。以二藏人行房一示二院幷上西門院御方女房一。院御方女房返事云。只今御膳之間也。令レ入二見參一了。上西門院女房今可二相逢一者。仍芳談不レ幾則退出之間。前駈成保朝臣入水。是馬依二河臥一也。此馬凡不二川臥一云々。但炎暑之比。馬汗流熱苦之間。騎人不用意之時定事也。成保桃尻之所爲歟。暫可レ立二入小屋一之由示了。歸路至二六條川原邊一間。隨身秦兼宗馳來云。右頭中將云。勅使事近代なにかと煩樣候爾。无二左右一領狀之條。返々感思食。殊被二悅仰一之旨。可レ申之由候者。答云畏承候了。被二仰下一之旨。不レ能レ申二左右一也。可レ然之樣。可下令二計披露一給上。又私二便宜之時。可下令二披露一給上之由令レ申候處。忽令二申入一給悅申候者也。今已有二叡感一。且是有二神感一歟。

八日乙亥。晴。未時許參二向殿一。中將參會。日沒之間退去。今日多申二勅使間事等一。

九日丙子。天晴。早旦。神祇權大副兼康來。是昨日仰二行國一召遣也。爲レ尋二問神事間不審等一也。則召レ前相二尋事等一。

一奉二內々仰一之後。家中佛事沙汰文書幷觸二凶事一之文書等可二取去一歟。

答。不レ可レ有レ憚。

一精進屋用二此家一如何。

答云。强雖レ不レ可レ苦。先々多被レ借二用他所一歟。任レ例他家可レ宜歟。

一輕服日數之內人路次着用料裝束口入沙汰如何事。

答云。不レ可レ有レ憚。至二御參宮日御裝束一可レ有レ議。其猶以不レ觸レ手。只下二知口入許事一不レ可レ有レ苦也。

一裝束染色裁縫之間事。尼幷懷姙人觸レ手如何。

答。不レ可レ有レ憚也。

一物張女類憚輩可レ忌歟。

答。可レ憚也。

一日來納二諒闇装束一物。於二彼装束一撤了。其後置多留装束遠爲レ奉レ仰參內之日着用如何事。

答。不レ可レ有レ憚者也。

一裏錦之護如何事。

答。承二內々仰一之後。不レ可レ持也。

一奉二內々仰一之後。不淨輩不レ可二同火一歟事。

答。可レ憚也。

一同時尼法師狀披見可レ憚歟事。

答可レ憚也。

一同時女犯之輩參二入家中一事。

答。可レ有レ憚也。但雖レ被レ尋二仰此旨一。不善輩於二偸犯之參上一者。彼等咎也。不レ可レ有（脫字歟）

一薤蒜事。

答。全不レ憚。爾宜等乍レ食參二入宮內一也。

一右衞門尉親次。近日有二故成親卿追善一之所云々。然而件所不レ觸レ穢。只修二佛事一許也。又至二來廿六七日一之間云々。件男又无二指 奉行事一。而共二相定如何事。

答。不レ可レ有レ憚也。

此次兼康語云。勅使事先日有二御卜一。抑卜之處。一奉二爲上又使一共以不吉也。二奉二爲上一吉也。爲レ使不レ宜歟。後承レ之。一土御門大納言邦綱。二藤大納言實國。三予。藤大納言聞二此事一辭申歟。午剋許參二三條殿一。前越州參會。日沒之間。予退出。參二向殿一申承之後退去。今日運二遣佛經等盛信直廬一。明日可レ承二內々仰一之故也。

十月丁丑。申剋許微雨間灑。今日法皇御二幸八條院一云々。是諒闇之後。初有二此事一也。予今日依レ可レ承二勅使事一不參也。又不二見物一。雖レ相二待消息一及二申剋一不二到來一。依不審令二泰貞尋一兼光一之處。返事云。聊有二穢氣之趣一。仍相二尋法家一之處。非レ穢之由令レ申也。申二上子細一了。猶可二奉行一之由被二仰下一者。雖レ入レ夜可レ申也。不レ然者來十三日十六日之間云々。兼光頗懈怠歟。自身有二障事一者。令二他職事一可レ遣二消息一也。勿論歟。乳人依二月水事一今朝小兒參二向殿一。然而入レ夜歸渡了。是今日不レ承二神事一之故也。

十一日戊寅。終日雨下。未剋參二向殿一。未レ奉二神事一之故也。

十三日庚辰。晴。早旦。小女參二向殿一。乳人月水之故也。是今日可レ承二勅使事一也。申時許。藏人左少弁兼光書狀云。來月十日可レ被レ發二遣伊勢公卿勅使一候乎。可下令二參勤一給上候者。依二天氣一言上如レ件云々。返事云。來月十日。爲二勅使一可レ參二向伊勢一之由謹承候了。恐々謹言。則家門立レ札。其銘曰。

自二今日一至二來月十日一。僧尼重輕服幷不淨之輩。不レ可二參入一。治承元年八月十三日。

抑昨日以二泰貞一左少弁示曰。十三日可レ始二神寶一。又可レ仰二遣勅使事一。而件日衰日之由。覺悟如何。此事不レ可レ有レ憚歟之由存知。而猶以二行國一申二向殿一之處。不レ可レ憚歟。就中故太政大臣殿任二大臣一。太政大臣度歟。衰日奉レ仰歟之由覺悟也。予又引勘之處。久我大相國勅使兩度。嘉保二年。長治二年。共衰日奉レ仰。參內承之。已是吉例也。仍不レ可レ有レ憚之由存也。但先例若有二被レ憚事一者。不レ可レ及二沙汰一之由示レ之了。

十四日辛巳。晴。仰二行國一遣二消息於內宮一禰宜忠良。外宮二禰宜彥章等許一。是无事可レ遂二使節一之由可二祈請申一旨也。又荒木田範明元正等許同遣之。是宿雜事等事也。

十五日壬午。晴。去夜夢二僧侶一。於二佛經類一者。先日併取去了。然而驚二夢告一令二搜求一之處。出居廊長押上。見二出楊柳觀音一體一。則以取退了。信心彌凝。謹愼殊重。可レ恐々々。又行國同有二夢想事一云々。又障子色紙形畫圖有二僧法師等一。或云。是繪像佛同事也云々。雖二强事一取退了。敬神之至。以レ重爲レ先之故也。晩頭。堀川相公光臨。言談已後。及二秉燭一退歸了。
十六日癸未。微雨間降。巳剋許相府渡給。取ヨ出雜事注文一覽之。申承事等種々也。抑去夜夢想又見二僧侶一。眼前謁談之由也。佛像併取去了。爲レ之如何。倩思レ之。裹錦之護等不レ可レ憚之由。先日兼康所レ聽也。仍予朝夕所レ懸之護。奉二神事一之後不レ懸レ之。只置二寢所枕上一也。若是等佛像所レ見歟。爲レ相ヨ試今夜之告一。併渡二他所一了。兼光幷小女之護同以渡了。
十七日甲申。朝晴。巳剋之後雨下。臨レ夕休止。去夜无下謁二僧徒一之夢上。知二去兩夜夢想彼護等所レ見歟一。每度嚴重彌成レ信者也。左少弁書狀云。人數注文內々可レ給候。自レ是可レ獻之由返答了。撰出召人數新文爲二士代一。今度人數相計令二清遠書レ之。先以二行國一奉レ見二向殿一。已後則令二清書一了。使清遠遣二左少弁許一了。此次示二驛家間事一了。又可レ被二尋仰一之日次相尋了。清遠歸來云。驛家事不レ可レ有二懈怠一。能々可二申沙汰一被レ仰レ之。日次事來廿九日歟。不レ然者來月三日之間歟。如レ此事早令ヨ參上申二案內一。又可レ蒙レ仰者。
廿日丁亥。使行國申ヨ承向殿事等一多々也。數度往返。是伊勢下向間事等也。不二委記一。
廿一日戊子。以二行綱一奉二人數注文於向殿一。可レ送二內府許一料也。闕宿雜事。可レ有二沙汰一之故也。
廿二日己丑。陰晴不レ定。今日食二魚味一。恒例精進日也。然而依レ承二神宮事一不二精進一也。
廿三日庚寅。晴。申剋許越後前司入來示二出立事等一。日來依二服日數之內一不レ來。又去廿日頓病。而自二昨日一尋常也。仍今日來訪之由被レ示レ之。
今日。大極殿事始云々。
廿四日辛卯。晴。以二行國一申二向殿一云。輕服日數之內人京出送事。相ヨ尋兼康一之處。申云。何事候哉。但强非㆓大切人㆒者不㆑參可㆑宜歟云々。又故殿御下向之時。德大寺左府許尋㆓遣之㆒。返事同㆓兼康說㆒如何之由令㆑申了。示給云。有㆓何事㆒哉。神社行幸幷齋院初齋宮等御禊。輕服人供奉常例也。觸穢者又供奉歟。可㆑准㆓彼例㆒也。不㆑來㆓精進屋㆒。自㆓路頭㆒打出不㆑可㆑有㆑憚事也云々。仍大炊御門大納言尋㆓示其由㆒了。息男少將事也。

廿七日甲午。朝陰。巳剋以後晴。辰剋許相府渡給。被㆓申仰㆒事種々也。

廿九日丙申。陰晴不定也。川原祓所幷路次(自㆓精進所㆒向㆓川原㆒之間。)掃除之事。令㆓行國㆒仰㆓撿非違使基廣㆒了。自㆓二日㆒至㆓十日㆒。每日可㆑令㆓巡撿㆒之由。同仰了。又陰陽權助濟憲可㆑奉㆓仕祓㆒之旨。同仰㆑之。申剋許左少弁示送云。來月二日。伊勢勅使事可㆑被㆓召仰㆒。可㆓參內㆒者。示㆓承之由㆒了。禮紙云。精進屋守護事。可㆑被㆑仰㆓使廳㆒者。秉燭之後。將中納言被㆓入來㆒言談之間。亥剋終歸了。多是被㆑尋㆓出立之間事㆒。

九月一日丁酉。陰晴不定也。今日日蝕不㆓正現㆒云々。未剋許泰貞來云。左少弁云。自㆓神宮㆒申旨如㆑斯。見㆓事趣㆒宮司　事於㆓左右㆒爲㆑遠。今二ケ度雜事申出事也。只今參院可㆓奏聞㆒。其後企㆓參上㆒可㆑申。而泰貞見來候之間。且令㆑申㆓神宮申狀㆒。以㆓主典兼親狀㆒宮司公俊觸㆓祭主㆒。祭主示㆓左少弁㆒也。其狀趣。十五日參宮者。彼日夕大祓神事之時。離宮官舍可㆓指合㆒之由也。勅使宿所之舍。可㆑備㆓神事㆒。然者參宮了歸㆓着離宮㆒之條。可㆓指合㆒也。直可㆓歸京㆒者。有㆓何事㆒哉云々。予以㆓行國㆒申㆓向殿㆒之處。被㆑仰云。參宮之後歸㆓着一志㆒之條。定難㆑叶歟。一志與㆓離宮㆒之間。其道頗惡之樣覺也。臨㆓夜陰㆒者。尤不㆑往歟。兼光返事云。參宮日則着㆓一志㆒之條。定難㆑叶歟之由承及候也。但如㆓注進之例一者。實此障候歟。其時例不審。先々勅使參宮了。直着二一志一者不レ及二沙汰事一歟。若又可上延引一者可二急承一也。明日不レ入二精進所一之前可レ承者也。則泰貞歸來云。畏承了。只今經二奏聞一之後可二參啓一。若今夜不二承切一者。明旦可レ參也云々。

二日戊申。或陰或晴。早旦。昨日事等相ヨ尋兼光二之處。只今經二奏聞一可レ申云々。但今日召仰不定也。來五日歟。是日時定。上卿各故障之故云々。午剋許兼光示送云。久安四年四月廿三日時定。廿八日進發。件度故內大臣殿御勤仕候歟。召仰何日候哉。所見候者可二注預一候。日時定以前召仰事。先例候云々。返事云。久安四年四月廿一日召仰也。於二日時定事一者无二所見一。日時定以前有二召仰之例一者。今日可レ宜之由存候也。則又示送云。召仰今日猶可レ候之由被二仰下一候也。日時定來六日可レ候。今日御參內何剋可レ候哉。返事云。召仰今日之由承了。參內事先先以二內豎一被レ召。仍其時可レ參之由存候也。但付二此仰一可レ參歟。兼光又示送云。只今可レ被レ進二內豎一。但若遲參者。且御參內何事候哉云々。則洗髮沐浴。着二束帶一（不二新調一。但有二用意一。）參內。（前駈盛信朝宗也。）候二殿上一藏人一人不レ見。仍以二主殿司一示二參入之由於兼光一。頃之來仰云。來十日。爲二幣帛使一可レ參二伊勢大神宮一。予微稱之後。尋ヨ問參宮日事等一。次參二內侍所一。（先洗レ手。招二朝宗一。主殿司尋レ記之。）兩段再拜之後退出。是无事可レ遂二使節一之由祈給也。又能々可二祈申一之由相ヨ語女官一了。又尋二在所幷名一了。自二今日一至二進發日一每日可二奉幣一。（向二巽方一也。）次向二川原一（二條東南邊。）修レ祓。（陰陽權助濟憲朝臣束帶。）了奉二遙拜一則入二齋所一。（春日富小路內藏權頭敦任朝臣直廬也。相府御沙汰也。此一兩日修理目代定景奉仕也。）于時亥剋許歟。則又沐浴着二衣冠一。於二庭中一解除之次。又奉二遙拜一了。解脫抑門立二引注連一又庭中立レ札。

三日己酉。陰晴不定。晩頭雨灑。入夜降雨暴風。辰時沐浴之後。着衣冠出一條川原（網代車。前駈布衣。）解除（濟憲勤之。）了。奉遙拜歸齋所。入夜又沐浴。於庭中解除之次。奉遙拜。此後雨降。自夜前左右看督長各一人幷人馬等在東西辻〔近歟〕。（左春日富小路。右春日万里小路。）僧尼幷不淨物等不迫門前。是職事下知使廳也。河原祓所幷路次（自齋所至川原之間。）掃除事。去晦日仰撿非違使基廣了。仍勤仕之。又毎日巡撿其所等。至此事。仰家人廷尉是例也。今夜自向殿給宿直輩等人々令候門邊。

四日庚戌。晴。辰剋沐浴。着衣冠向河原解除奉遙拜。入夜亦沐浴解除。遙拜等如朝。但庭中也。

五日辛亥。晴。早旦向川原修祓之後。兩段再拜了。歸齋屋。入夜又沐浴解除奉拜。此後近江守在任入來國。不叶事候。闕如之由以盛信示之。返事粗示了。又召前談雜事。自壯年之時見馴之男也。又志馬二疋。（葦毛。鹿毛。）各預舍人等了。明旦可召覽也。

六日壬子。朝夕解除幷遙拜等如日來。今日被勘伊勢幣日時云々。上卿左府。此次石清水。賀茂平野春日等社。可有奉幣云々。仍有其定。入夜相府渡給。申承事等種々也。依清淨所入給屋中也。今日座主宮引給馬一疋。（仁毛駮。）入夜信乃少將實教送一疋。（栗毛。）使淸遠示驛家（近江。）幷勢多橋事等於左少弁了。則有返事。

七日癸丑。晴。辰剋出川原。入夜又解除。遙拜如例。今日皇太后宮權大夫（朝方）送馬二疋。（糟毛。仁毛。）又中將被引送一疋。（鹿毛。置鞍。）又越後前司一疋。（川原毛駮。）中將幷越州馬等一見了。返送云。明日夕。明後日朝等之間。可引遣之由示了。不煩立飼之故也。

八日甲寅。晴。辰初出川原解除遙拜。巳剋許左京大夫脩範。引送栗毛馬一疋。見目尋常之上可云逸物歟。抑伊勢勅使不乘用葦毛馬之由云々。然而未傳憒說。又不見舊記。依不審相尋小野卿許之處。答云。伊勢勅使不令乘用葦毛事所承傳候也。頗由緒候歟云々。尋藤大納言之所。不見舊記。然而爾宜等憒所申也。仍前事止毛候也云々。申剋許法印實慶引送仁毛馬一疋。又左衞門督時忠。送一匹白栗毛。尋常馬也。入夜六角相公家通。引送小馱一疋。又左少弁送葦毛馬。抑舂再拜等如例。亥剋許大炊御門大納言實定。被引送馬一疋。鹿毛。

九日乙卯。晴。朝夕解除等如日來。未時許自院給御馬。栗毛。御使左衞門尉知保。令盛信受取之。御使取差繩末求之。尋盛信給。使取之引入門內了。其後以盛信示云。御馬畏承預了。可然之樣可令計披露。御使給馬一匹。鹿毛。侍二人引之。知保取之給從者云々。須相逢也。而出門前无便之間不謁也。相逢之體者可有披露也者。御厩舍人幷飼口居飼等給布。舍人二端。飼口居飼等一段。其前後之間人人多引送馬。其中內大臣舍人居飼等給布。其法同院御厩舍人等。則又須給共人等了。

十日丙辰。自昨日有雨氣。卯剋許雨休止。午時許遂降雨。今日可進發之日也。尤依有其恐。神祇權少副定隆許可祈禱之由示遣了。是今日副使也。巳剋。左府參內給之由聞之。仍沐浴卯剋許先洗髮了。之後着束帶。無文帶。蒔繪太刀。出二條川原。前駈六人。解除了。給陰陽師祿。被物一重。前駈仲信取之。此次奉遙拜了。參內着殿上。先是左府着仗座。奉行宣命事。頃之頭權中將光能朝臣來召。仍予參上。當御眼路跪候。依御目許參進。候御座西間簀子敷。則依御氣色指笏膝行參上。給宸筆宣命。逆行退下本所拔笏取副宣命磬折候。依御氣色起退去。左廻。出殿上。以頭中將尋申云。宸筆宣命讀申了。於寶前可燒候哉。小時歸出仰云。可燒者。此後左府以頭中將被奏宣命草也。乍陣奏之。二通伊勢諸社也。此間予徘徊中門廊。而依良久居小板敷。招頭中將言談之間。左府進中門被奏淸書。光能朝臣傳奏之。御覽了歸給之後則退出。予相從之參神祇官。先是新宰相中將參上。上卿座右東腋。仍令改敷西腋着給。南面。予幷宰相中將着東腋南北對座。以西爲上。上卿召外記被問使參否。源中納言。左京大夫幷光能朝臣等未參云々。可催遣之由被仰了。今日八幡賀茂平野春日等社。可有奉幣也。又內侍遲參云々。度々催遣了。而未參上。秉光參上申云。內侍遲參之時。且裹伊勢幣。其例候歟。示給云。可宜也。又內侍不參也。代以女法爲代官之例覺悟。若有近邊之輩者可召遣歟。則召遣了云々。數剋之後。內侍適參上。先是幣物裹了。仍只懸手云々。上卿幷予弁外記史移着南廳。上卿東第二間。使第三間。以上北面。弁第四間。外記史內記第五間。以上東面。神殿東舍須設件座也。而彼舍顚倒之後。近例用幄。而今日依雨儀不立幄。只今不降雨。何不立幄哉之由。相府示給。然而依可有遲々也。使等參自東門給幣物退出。此後平伏如例。次予給宣命。相互進寄給之。此座同席上可敷半帖等也。而兩座間四尺許有絕席。其間上也。仍起座欲進寄之處。猶只互進出可及取之由依示給。隨彼命了。准東廊儀者。給宣命退出之時。可經柱外也。而依深泥經上卿後了。且申相府也。予於北門外給宣命於中臣退出。自郁芳門歸精進屋。先是前治部卿來座言談。无程了。被向相府方了。其後改着裝束。衣冠薄色織物。指貫藤丸文朽葉織物。出衣文□鸚鵡。是皆故殿例也。垂纓非衛府之人多以如此。半靴。其行列。先前駈八人。皆下向之輩許也。次一家人々。次中將。衣冠小舍人二人。隨身四人。着當色。次恩息侍從公兼。布衣京出許也。依幼少長途不可相具也。次予。舍人二人。赤色山吹衣。次隨身近武。次侍等。次乘替馬。二疋。次辛櫃二合。次冠筥。下家司右官掌賴兼。其路自富小路南行。至大炊御門東折。自京極南行。至二條東折。經川原入押小路末。經金剛勝院西大路南行。自姉小路末東折。至秡戶修秡。神祇官奉仕之了。向京方修之。以下次第列居。予就路。亥剋許着勢多驛家。國司雜事可令有若亡。膳所羞小饌。其後又國司進饌云々。食事了沐浴。着衣冠於東庭解除。向巽。遙拜了付寢。抑於秡戶着改嚢深沓。騎乘替馬。出衣押入股裁了。

十一日丁巳。陰晴不定。申時許乾風烈。是拂陰雲也。寅剋羞食了。沐浴之後於東庭解除。神馬神寶同之。但神寶只二荷逢之先例之由神祇官所申也。辰時就路。是馬部衞士等不出人夫之由訴訟之間。不奉持神寶之故也。至野洲河解除。神寶神馬併會之。秡了就路。午剋終着甲可驛。國司供給如形。但頗過勢多雜事云々。今夜宿直人等內府沙汰也。今日前駈幷侍等着水干狩襖等。但朝宗。俊宗。通清。打梨布衣也。是今朝依恐雨氣也。而終日不雨降。支度頗相違歟。淸光着水干。

十二日戊午。晴。朝饌之後沐浴解除。幷遙拜等了。卯剋許就路。於外白川解除神寶神馬等整立之。於山中聊羞破子膳所儲之。了。未剋着關驛。國司供給如形云々。爲內大臣沙汰有雜事之儲。先日自左府被示遣也。又祭主卿同有儲。今夜風猛烈。仍殊祈請。則又神祇權少副定隆今度副使也。許可祈申由仰遣了。亥剋許風休。是祈請之感應歟。入夜國司來。以俊宗通清等有申旨等。其中不送□詞。今夜爲內府之下知宿直輩來護。是先日所觸示也。

抑解除遙拜等如二夜々一。自二今夜一不レ脱二衣帶一付レ寢。是依レ入二神國一也。先例至二離宮一不レ脱レ之。而故殿例如レ此。仍隨二彼例一也。今日山中嶮岨无レ極。有二下馬步行之所等一。今日。朝宗俊宗着二水干狩襖一。自餘人々昨日裝束也。通清猶如二昨日一也如何。

十三日己未。陰晴不定。寅剋羞レ食了。沐浴了。則着二衣冠一。天漸欲レ曙之間。於二庭中一解除之後。召三出內府儲之沙汰男一給二馬一疋一。青侍二人引レ之。祭主儲沙汰者。欲レ給二褂一領一之處。此男相三兼兩方之沙汰一云々。仍不レ給。未剋着二一志驛一。國司之儲如レ无也。小野幷和泉守信兼有レ儲。是自二公家一被二仰下一也。國司不レ可レ叶故也。今日通清着二繡狩襖一。補二日來之體一歟。須名雖レ有二繡之號一。其實頗中品歟。

十四日庚申。陰晴不定。辰剋就レ路。至二多氣河一以レ舟渡レ之。神寶先渡レ之。雜人幷馬等尋二淺瀨一渡レ之。次於二松樹下一修レ祓。太神宮司儲二祓物幷座等一。予座繧繝緣半帖。祓物折敷高坏也。王以下座白緣小半帖。祓物无二高坏一。予座傍挾二紙於竹一立レ之。是□手歟。又儲二手水一。前駈役レ之。杉與(錚歟)桶。入レ水置二松樹下一。祓了就レ路。神寶以下使幷過二齋宮南路一。是齋宮不レ御之例也。超二筒丘一之後。暫下馬休息。小時又就レ路。自二此所一共人等雜掌以下不レ乘レ馬。於二油多野一有二見物之輩一故也。午剋終着二離宮一。宮司儲二十分之一一云々。但加二勘發一之後有二沙汰一之由候歟事。祭主有レ儲。入レ夜沐浴了。於二東庭一解除。今日有二雨氣一。仍殊以祈請。又內宮一禰宜忠良。外宮二禰宜彥章等許殊可二祈請一之由仰遣了。今日前駈盛信。朝宗。俊宗仲信等着二布衣一。自餘猶水干狩襖也。但泰貞着二薄色奴袴一。

十五日辛酉。自二昨日一有二雨氣一。而辰剋許陰雲漸収。日景間見。寅剋洗レ髮之後。食事了。沐浴之後。着二束帶一。有文帶。螺鈿劍。裝束併不レ用二日來之着用物等一。至二帶太刀一舊物也。但帶革新調レ之。宮司雜事稱レ有二懈怠一。神祇官等遲參。度々加催之後適參上。仍於東庭切懸外修祓。神祇官等列之。神寶不會之由神祇官所申也。祓之後予一人遙拜。神祇官等早以起座了。次予以下騎馬引過南門乘之。其行列。先拂衞士二人。次御幣一荷。（內外宮各一裹。）次宣命持。（付榊枝持之。）次神馬。次神寶。次神部。（衣冠。）次祇承撿非違使二人。次宮司三人。（下﨟爲先。）次卜部。次齊部。次中臣。次王。次勅使。次前駈束帶輩六人。次布衣者二人。次侍九人。共人等。衞府官之外。太刀幷弓箭之類。不可隨身可留離宮之由去夜下知了。仍不隨之。至宮川乘舟渡之。編舟三艘其上敷板。板上敷筵幷高麗帖一枚。予乘此舟前駈。同乘之馬幷雜人等尋瀨渡之。於東岸修祓。神馬神寶（外宮神馬神寶許也。）整立之。自此所不令進前。參外宮於一鳥居外下馬。解劒留此所共人之中。有衞府三四人可解劒之由。同下知了。自此所予前行。次王。中

臣。齊部。卜部。次第行列參進。至第二鳥居下。大內人二人着衣冠。一人奉太麻立。予取之。意氣一人又持鹽湯。（入小土器。）以榊葉灑之三度了。進入之間着衣冠之男四人進出。前行至御輿宿西砌列立。（北上西面。予至北第二柱北頭立。）先是爾宜等列同舍西庭。（舊記北上也如何。南上東面。第一彥章與予相對也。）又當玉串所（疊石。其四角立榊。又石上置榊。）立白木高机三脚。（東西妻。）其中央机上置幣物。彼机南舁立神寶。神寶南引立御馬。當予列前程中央置手水。（入土壺加杓。其傍挾幣於木立之。）內人二人進寄件所之後。予揖離列進寄跪置笏。（左。）洗手拭手了。取笏左廻復列。次中臣以下次第如此洗了。次計渡神寶。其儀。着束帶之男一人取目六授當時第一爾宜彥章。彥章見了授第三爾宜。三爾宜取之進寄神寶下。合目六撿知之了復列。先是計幣物。次予又揖進。跪半帖上。（當石壇北頭南北相對。敷白緣半帖二枚。）置笏拍手。取木綿鬘結冠額。（結冠

後一也。一結之後。攪合レ之。其末只垂也。取レ笏左廻復レ列。次中臣又結
レ之復レ列。取二宣命一立二王上一。次齊部又結レ之
了。則給二木綿緌一立二幣案東頭一。次宮司又給二鬘
木綿一。則取二玉串一前行。三人皆如レ此。次禰宜次
第取二玉串一前行。立二道左一。神馬神寶次第行列。
其次第御馬神寶。禰宜。上﨟爲レ先。次宮司。同上。次御幣
案。齊部相從之。次勅使。次中臣。次王。次卜部。入レ自二
南面第二御門等一。第二御門懸レ幌。仍着二衣冠一者參レ之。各着二石壺一。宮司禰宜
東上北面。王以下西上北面。予中央頗進レ北又寄レ東也。先レ是神馬神寶等立二第三
御門外東腋一。次中臣着二前石壺一。徒跣。指レ笏讀二
宣命一了。左廻復座。次一禰宜召人被レ定者稱
唯出來。取二玉串等一置二御門腋一。次開二御鑰封一
出レ鑰置レ之。次禰宜取二御鑰一參進。以下相從參
入。奉レ開二御戶一无レ程開給。喜悅无レ極。先レ是
又昇二入神寶等一。則又奉納。此間予取二出宣命一。
副レ笏起座。北進五尺許跪居。揖指二笏於右方一。
開二宣命一封紙禮紙卷二付之一。讀レ之了。卷了副レ笏左廻復

座。如レ本納二宣命一。次宮司禰宜等復座。出二御門一列二
立左右腋一。相揖進行也。次神人封二御鑰一了。予以下奉拜四度
了拍手。次又拜四度又拍手。此後私祈請了。予
以下起座退出。至二多賀宮遙拜所一。立二石壺一。西上
南面。再拜拍手。又再拜了。拜了至二初木綿所一。解二
木綿鬘一懸二「直イ无會殿方」榊葉一了。爲レ懸二木綿鬘一進行之時。與二禰宜一
揖。此事舊記不レ見。而禰宜彥章所レ申也。仍隨レ命揖了。着二直會殿一。經二東北一入レ自二北戶一。着二西腋座一
南面。兼居二肴物一結二黑木一搆レ机。机足付二椙葉一。
幷筥等机面編二弓弦葉一敷レ之。又結二黑木一爲下
盛二肴物一之器上。予以下座定之後。頃之禰宜等着
座。儲二白生袍一着也。儲二此袍一之間追着也。了各拍手。次彥章起座進二
予座下一。又今一人同進居。頃。權禰宜持二來盃一。
居二折敷小土器一也。有二尻居一。一人又持二瓶子一相從。彥章取レ盃
盛レ酒授レ予。予拍手受レ之。飲了置レ盃。又禰宜各
一人勸二王幷宮司等一如レ此。次又兩獻。了禰宜
等復座。抑二三兩獻。禰宜先飲レ之。他器小土器也。更又
盛二他盃一授レ之。此兩獻。予不二拍手一。彥章所レ申

也。至初獻者稱大宮盃云々。云神酒之由彥章示也。三獻了撤肴物。次給祿。前駈等取之。下家司着束帶行事。本宮人相副之云々。不參之輩料乍入辛櫃渡本宮了（云々。）先是前駈等着饗饌座（云々。）事了予以下起座。禰宜等列立同舍坤角。（北上東面。）予出北戶經同殿東巽外。南行三許丈留立。向禰宜揖。禰宜答揖了。自本路退出。（衣冠者四人。前行至二鳥居下。）於一鳥居外帶劔騎馬參內宮。於一鳥居外下馬解劔參入。向御裳濯川修祓（神寶使等列之。）了。於二鳥居下鹽湯太麻如外宮。自此所着束帶之男四人前行。至御輿宿北方。予以下列立。（西面南上。有石壺。）先是禰宜等列立其南。（相去四五丈許。西南北上。）予向禰宜揖。禰宜答揖了立直西面。取洗手如外宮。次內人取送文授一禰宜成長。成長見了授第三禰宜。三禰宜召權禰宜某（兼居御輿宿御邊。）授之。彼男取之立禰宜列來（頗向乾。）

披讀之了。更讀上之任色目合點了。（持硯者相從之。）予以下給鬘木綿之儀同外宮。但宮司禰宜取玉串事異外宮取二枚也。內人左右手取之。受取人不改左右手也。宮司取之了。進行立道右。禰宜立道左了。禰宜先行。其行列如外宮。各參入荒垣門內。着石壺座。其間儀皆如外宮。但內人取置玉串儀相副歟。御戶御史奉開。喜悅多端。予讀宣命了。作法如外宮。奉拜拍手儀又同。次目禰宜成長。成長進來予左邊。予授宣命示可燒之由。內人持來火。成長則燒之。（見舊記以西向神前破却之燒之云々。而不破如何。）次予以下左廻退去。經荒垣西頭之間禰宜列立初所。（出西門歟。）予相揖過之。荒祭宮遙拜所奉拜如外宮。（四度兩段也。禰宜等所申也。）拜了解鬘木綿懸榊枝了。着直會殿。（入北戶。）荒祭宮御封之由神主申。後有盃酌。其儀如外宮。但居飯。仍下箸。了撤之。給祿。予出北戶至同殿坤。與禰宜揖過了。先是彼等列立坤角。於鳥居外帶劔騎馬。至外宮鳥居前下馬過了。着離宮。于時申斜也。自昨日有雨氣。今朝猶如此。此邊輩云。海動是雨氣也云々。而自辰剋許陰雲漸収。參外宮讀宣命之間。青天高晴。白日清朗。實是神之感應也。天長地久。寶祚長遠。頗愚臣奉公之節可久之相。今已顯此日也。今夜祭主許遣馬一疋宿離宮云々。是例幣使也。

十六日壬子。晴。未明給馬於權禰宜範明元雅等。又內宮一禰宜忠良許遣馬一匹裝束一具。除大口汗取等。是故實也。又外宮二禰宜彥章給馬一匹。依神事指合不來。然而給之。但昨夜給也。食事了。卯一剋起離宮就路。巳剋於一志驛羞破子。元雅相儲也。至雜人有用意云々。又儲秣。予召前給織物掛一領。朽葉。朝宗給也。了就路。酉剋着關驛。國司幷內府有儲。今日前駈等各水干狩襖也。

十七日癸丑。晴。寅剋終食事了。卯剋許欲就路之間。先召國司忠清於前。給女裝束一具。國司取之。一拜了退去。予着沓懸尻於緣。前駈等在地來也。其後則就路。申剋着甲可驛。國司有儲。抑於外白川羞破子。膳所羞之。今日前駈之輩多着水干袴。或有帶胡籙之輩。

十八日甲寅。寅剋就路。共人多以遲參。巳剋於粟津野聊開破子了。未剋入洛。車遲持來之間。於圓勝寺前相待之。頃之持來。仍乘車歸家。朝宗。俊宗。於此所改着布衣。通清自本着指貫。仍彼三人在車前。自餘水干狩襖等着用輩併在車後。

十九日乙卯。天晴。午剋着束帶。參宮日着用裝束着之。蒔繪太刀。无文帶。參內。前駈二人。毛車。着殿上。招左少弁兼光奏遂御願平安之由。此次傳奏神宮禰宜等之解狀一。卽歸來云。參宮无事之條。殊悅思食云々。予卽起座。超二中門廊一之間。左衞門督直衣。出來云。可二見參一之由仍レ有二勅定一所レ參也。暫居二此所一言談。今度參宮平安之由殊以褒譽。然間左源中將通親出來云。女房被レ申下可二見參一之由上。可レ參二南面一。隨卽參二彼所一。女房若州出會。問二參宮之間事一。予奏二子細一。有二種々感言等一。主上又御簾中。有レ暫予退去。於二中門廊一與二左金吾一言談移レ時退出。歸路之次參二左府一。其後歸レ家。梳レ髮之後沐浴。次解齋。抑昨日依二凶會日一不二參內一也。今日雖二御衰日一依レ有二先例一所レ參也。且此旨進發日於二神祇官一示二兼光一之處。有二先例一不レ可レ憚歟。但又以二此旨一令二披露一。歸洛之時可レ示云々。仍昨日尋遣之處。先例相存。明日可二宜定一。延久有二此例一也。

右治承元年公卿勅使記以勢洲林崎文庫本書寫挍正

正應六年七月十三日公卿勅使御參宮次第

勅使從二位行權中納言藤原朝臣爲兼。王從五位上行正親正兼重王。中臣從四位下行神祇權少副大中臣朝臣師世。忌部從五位下行神祇權少副尙孝。卜部大司長藤。少司國世。當日未中剋許參三着於二一鳥居一。在二御厠御鹽湯一如レ例。祇承宮掌大內人俊職神主。忠賴神主。親政神主代憲安神主也。但上座二人束帶。

勅使以下烈參。於二玉串行事所一對拜如レ常。例幣。錦綾。一二神馬。御辛櫃等。玉串行事所石橋下檀仁南北仁奉二昇居一。禰宜一尙良。二泰氏。三章延。四氏棟。五經有。六氏成。七成言。八氏尙。

勅使御手水役延行神主。尙政神主。一禰宜孫子兩人共束帶。上座北。取レ紙。次座南。取レ杪。但南爲レ上之處。今度令二參差一。次正親以下手水役。御鹽湯內人則宗。山向内人清光勤之。勅使御蠶木綿進。冠乃巾子仁被結之。但於先例者。御神寶送文讀合以後。獻蠶木綿之例也。又勅使列立石壺者。四姓官人石壺ヨリ南仁一拘ヲ置天作之。爰勅使獻蠶木綿之後。烈立石壺ヲ立去天。東松本仁令休息給之間。正親中臣忌部卜部等同不烈立。大司少司計烈仁立。仍大物忌父與兼神主。取錦綾送文進宮長。則宮守物忌父忠村計見員數。其後大物忌父與兼自宮長錦綾送文於取之後。地祭物忌父在言自幣神部之手請取。藏人所送文渡大物忌父與兼。同又進宮長。件送文於渡二禰宜迄八禰宜加一見取渡之後。又迄二禰宜取上之後。與兼取之。物忌父忠村取之獻之。讀合ノ役人氏繼神主仍進參天。一御辛櫃前仁向北讀合。又別紙御劔送文幷荒祭宮被進御神寶送文等。同所令讀合也。畢之後本宮目代常政請取彼送文。物忌父等相共一々奉計見知。其後御玉串奉獻如常。御馬飼内人二人。着褐冠請取御馬。御辛櫃者自御輿宿前清酒酒作内人等奉持之。

參烈次第。前陣禰宜。次宮司。次一二神馬。次錦綾案。次御神寶。次御辛櫃。次三色物忌父等參。次勅使四姓官人被參烈。勅使着座於石壺。但其石壺八重疊東端南方江三尺七寸許去之新造之。四姓氏人宮司禰宜同烈着石壺。錦綾案者。八重疊奉立中心。一二神馬御辛櫃者。八重疊東玉串御門妻仁奉引立昇居。忌部者不着座石壺。直蹲踞幣案前。中臣進參於詔刀石壺。讀上宣命之後歸着本座。忌部同着版位。其後御玉串行事之儀式如常。其後鎰取内人案求取御鎰櫃封。開御鎰櫃御封之由申之。仍一禰宜捧持正殿御鎰參烈於内院。禰宜東上北面仁蹲踞。宮司西上北面仁蹲踞。御辛櫃者昇ヲ居御橋東妻一。錦綾案者御橋西妻仁立レ之。于時鎰取內人進參天取二正殿御鎰封一。於二大司前一開二正殿御鎰御封一之由申レ之。其後一禰宜參昇。大物忌子御橋昇殿如レ件。仍開二御戶一先拜ヲ見殿內一。其後一禰宜可レ參二禰宜一之由。付二其詞一竝參二御橋左右一。六禰宜氏成神主者。自二地下一奉レ開二御戶一之由爲レ被レ申二事由一勅使江參。歸參之後先錦綾八段奉ヲ納之一。其後宮守物忌父尙國神主。請ヲ取藏人所送文一。奉レ始レ自二金銀御幣守送文一。次第執進レ之。奉納畢之後奉レ差ヲ堅御鏁一。禰宜烈ヲ居於本座一。鎰取內人正殿御封畢之由申レ之。其後退出。於二八重疊西一宮司禰宜對拜如レ例。面々着ヲ座石壺一。鑰取內人御鎰櫃御封畢之由申レ之。其後拍手兩端。其後勅使震筆宣命笏仁取副天御拜四ヶ度。拍手兩端。又御拜四ヶ度。拍手兩端。但後兩端手被レ略レ之。其後守二勅使之命一。一禰宜進參天賜二彼勅命一。八重疊西坤角江被二步寄一之時。大物忌父一﨟與兼神主進參。請ヲ取彼宣命一。三分仁破レ之而奉レ燒レ之。一禰宜向レ北。大物忌父向レ東。于時其翠烟神殿仁靡。御納受爲レ烟焉者歟。其後一禰宜歸ヲ着本座一。抑御火火箸。御火內人兼致二用意一。臨二其時一所レ令二持參一也。其後勅使私被レ奉ヲ進神馬一疋一。八重疊東公家神馬奉二引立一在所仁立レ之。是爲二新儀一歟。於二同幣紙一者。八重疊之上仁居レ之。一禰宜進參志天奉幣。其後勅使四姓副使宮司者自二南御門一退出。禰宜者自二西御門一退出如レ常。御輿宿北對拜如レ例。

一荒祭宮神拜所御拜次第。勅使初者東仁被二蹲踞一之處。違二先規一之間立直天。先勅使。次四姓氏人。西上北面蹲踞。宮司禰宜東上北面烈。御拜四ヶ度。拍手兩端。其間者荒祭宮御神寶者。本宮忌屋殿東仁奉二昇居一。御拜畢之後。玉串大

內人貞常士公。相共參ニ彼宮ニ致ニ行事ー。大內人物忌等昇殿奉ニ納之ー。
二一殿鋪設着座次第。勅使御座。大文高麗端疊三帖。繧繝端席半帖。在下獻盃疊一帖并取ニ瓶子ー座疊一帖上。小文高麗也。四姓副使座。一殿後戶西間。小文高麗端疊二帖。宮半帖敷レ之。在ニ獻盃疊一帖ー。小文高麗。東上南面。宮司座西壁副。小文高麗端二帖。宮半帖。在ニ獻盃疊ー同。南上東面。禰宜座。一殿自ニ東第二柱本ー敷レ之。東上北面。小文高麗端疊五帖。宮半帖敷レ之。勅使獻杯一禰宜尙良。取ニ瓶子ー三禰宜章延。陪膳役人延行神主。尙政神主。一禰宜孫子。正親正獻盃二禰宜泰氏。宮司獻盃四禰宜氏棟。四姓副使并宮司陪膳地祭物忌父在言。大物忌父副包延。宮守物忌父副盛重。地祭物忌父千與元等勤レ之。本職官符權禰宜大內人等可レ令ニ參勤ー之處。不參之間。物忌父等勤レ之。尤可レ有ニ其沙汰ー者也。御酒三獻之後拍手一端。其後於ニ一禰宜獻盃座ー。神宮條々要須注進解狀於被レ進ニ於勅使ー。其後勅使御前饗膳。陪膳役人一殿後戶江直取出天賜。雜色不レ及ニ手長役ー。四姓副使并宮司者直會之後退出。家子一人。其座主神司殿東乃北間。小文高麗端疊一帖在ニ獻盃疊ー。小文高麗。獻盃五禰宜經有。陪膳權一行兼神主代守直神主。延良神主一禰宜孫子。兩人共束帶。勤レ之。前駈二人。其座同殿西間南。東上北面。紫端端疊二帖敷レ之。獻盃陪膳。荒祭宮大內人宗千與。同宮大物忌父清光勤レ之。但一殿饗膳同時沙汰也。但主神司殿東南北ニハ坊領ヲ引廻。
一祿物次第。朱塗辛櫃二合。一殿東妻昇居。一禰宜ニハ勅使家子。又自ニ二禰宜ー前駈引レ之。但祿ヲ被レ懸事。代々自レ後面々禰宜乃右乃肩仁被レ懸レ之處。今度自レ前被レ懸レ之。違ニ先規ー者歟。取レ祿事。自ニ一禰宜ー守ニ次第ー。祗承宮掌忠賴神主取レ之。面々雜色給レ之。其中七八禰宜者乍レ懸被レ立之間不レ及レ取。祗承其〔者歟〕雜色取レ之。則勅使被レ立レ座之後。櫻宮御前マテ被レ參之。剋祗承宮掌依レ申ニ子細一。任ニ先例一一殿後ヨリ所レ被ニ退出一也。其上下祿物一々計渡レ之。此中於ニ子良母良三色物忌父等祿物一者。任ニ惣員數一代々於ニ一殿一請取之處。今度祿入多留辛櫃二合。行事官奉行者返取之爲ニ先例一之由申レ之。本宮公文之仁者。被レ奉レ送ニ於太神宮一色々祭物入物幷御辛櫃無ニ返送例一之由答レ之。互相論之間。依レ及レ入レ夜數不レ請ニ取之一。以ニ翌朝一自ニ公文所一所ニ請取一也。是新儀違例也。但於ニ二合辛櫃一者所レ留ニ置本宮一也。

一參勤物忌父等交名事。大物忌父一﨟與兼神主。宮守物忌父一﨟尙國神主。地祭物忌父一﨟有久神主。三人者御玉串奉拜供奉。兼邦神主。大物忌父。二﨟。忠村神主。宮守。二﨟。在言神主。地祭。三﨟。祭庭供奉。大物忌副包延瑞垣御門幌役。宮守物忌副盛重玉串御門幌役。地祭物忌副千與光第四御門幌役人。

不參輩交名事。弘元大物忌父三﨟。服氣。家氏宮守物忌父三﨟。服氣。弘氏地祭物忌父二﨟。輕服。彼分ニ祿物一。雖レ爲ニ服氣輕服中一。各所ニ分宛一也。

權禰宜宮守物忌父荒木田神主尙國記レ之。

勅使御前饗膳次第。平手カラ物二枚。九羽生物トコロモリ二枚。九羽サタエモリ。一ハイミツヲシカイ合燒物。一ハイヒタイヲ平手一枚ニ切合テ盛レ之。クロツキ一杯。カイシキヲシテカワラケニモル。アワヒモリ一杯。追惣ニクタモノ是在。其菓子ノテイ。惣官御參ノ時モルカコトシ。コレヲ引ックロウ。

正應六年七月十三日公卿勅使御參宮間事。記ニ別紙一。

今度勅使一殿仁着座。饗膳之時爲ニ獻盃一。一禰宜尙良被レ致ニ其勤一。任ニ先例一請ニ大宮土器一被レ進ニ勅使一之處。先被レ勸ニ長官一之刻。依ニ勅

使氣色被飲用之後。取其土器勅使所令飲用給也。但有舊例云々。抑勅使御出京者七月八日云々。同十三日離宮院可令着給之處。路次之間乃被除驛歟。同十一日仁被着離宮院之間。於離宮院一箇日有逗留。又宮長拜領分一神馬。隔六ケ日之後。勅使御參宮之時神馬ハ惣官進爲先例之由有御沙汰之上外宮方以翌日引進之旨。惣官一分奉行人延雄神主之狀内宮祠官。到來之間。一神馬ヲ擬被引進之處。件馬以前他用之間。勅使私仁被進神馬河原毛ヲ。被引進之間。惣官中所被留置也。又今度宮長拜領馬。一神馬一疋。白葦毛。勅使私被進神馬一疋。河原毛。又勅使御下向之後。自離宮院一疋。糟毛。自家子一疋。栗毛。二神馬ハ四禰宜氏棟神主得分。黑也。

又十三日勅使御下向。夜以子息八禰宜氏尚神主。孫子尚政神主。爲長官代官被差進離宮院之處。二重衣一領。又一重自勅使賜之。則被進長官云々。但十三日夜。離宮院江自宮長石大小三被進之。

權禰宜宮守物忌父荒木田神主尚國記之。

天皇我詔旨度。掛畏岐伊勢乃度會乃五十鈴河上乃下都石根仁大宮柱廣敷立弖。高天原爾千木高知弖。稱辭定奉留天照坐須皇太神乃廣前爾恐美恐美毛申賜者久止申久。朕忝毛茁胤乎稟弖。神器乎守留。爰去年乃冬比與利。異國忽爾牒書乎送弖。强和好乎求牟。若逆命倍者可用兵之由乎告久。綷既爾文永與利起テ今爾及倍里度云止毛。我朝未容其言須。誠安危乃間多難決久。理亂乃本毛叵辨志。邊將毛堅久防禦乎儲弖。鎭爾警衛乎致勢者。邦家能煩比無爾非須。旁太衆庶之患倍有利。加之須頃者天變屢呈禮。地妖頻示須。又炎旱涉旬弖。稼穡不節阿良須。云彼云是比。一歎一愼牟。是則朕加薄德乃令レ然留上爾。日本久具其柄乎失弖。國策朝典毛衰微志。州縣鄕邑毛凋弊志弖。賢人聖人毛不レ佐須。宗廟社稷毛不レ與留故奈利。然而毛自今以後爾。廢乎興志絶乎毛繼弖。風乎移志俗乎易弖。祖宗乃道乎道止志。帝王乃德乎德止志弖。政令乎守可レ行幾義心乎誓比。叡念乎凝志弖祈申者。皇太神定弖靈睠乎垂禮。立止古呂爾冥助乎施給布倍志止所念行天奈牟。故是以吉日良辰乎擇定弖。從二位行權中納言藤原朝臣爲兼。王從五位上行正親正兼重王。中臣從四位下行神祇權少副大中臣師世乎差遣弖。忌部正五位下行神祇權少副齊部宿禰尙孝加弱肩仁太繦取懸弖。內外乃宮仁禮代乃大御幣爾金銀乃御幣乎相副弖。持齊利令ニ捧持一弖奉レ出給布中爾。內宮爾者御弓。御箭。御餝劔。御桙。御錦蓋。御鏡。御裝束。御玉佩。御麻桶。御線柱。唐錦一段。唐綾一段。火取珠一顆。作花三枝。金鳳一羽。雕馬一疋爾。左右乃御馬各一疋乎牽副弖進給布。外宮仁者御弓。御箭。御餝劔。御桙。御錦蓋。御鏡。御玉佩。御麻桶。御線柱。唐錦一段。唐綾一段。火取珠一顆。作花三枝。銀鳳一羽。雕馬一疋爾。右乃御馬一疋乎牽副弖進給布。又荒祭宮爾金銀獅子形各一頭進給布。此外加內外乃宮仁銀劔各一柄乎副弖進給布。掛畏岐皇太神。此狀乎平久安久聞食弖。形兆末レ見爾災孼乎攘比。兵戈未レ起爾逆亂乎撥免給比弖。天皇朝廷乎寶位無レ動久。常磐仁夜守日守仁護幸倍奉給弖。天下淳樸仁海內淸平爾護恤給倍止。恐美毛申賜者久申。

辭別弖申賜者久。殊爾思食事在弖。內外二宮乃正權禰宜以下爾(所職)各賜ニ一階一布。此旨乎令ニ照察一給弖。取祈乃勅願者幽谷乃如レ應レ響久。明鏡乃如レ寫レ象仁志弖。寶祚久長爾玉躰安穩仁護恤給倍止。恐美恐美毛申賜者久申。

正應六年七月八日

右正應六年公卿勅使參宮次第以勢州林崎文庫本挍合

群書類従卷第九

神祇部九

神鳳鈔 伊勢太神宮造替遷宮事日食米處々注文

二所太神宮御領。諸國神戸。御厨。御薗。神田。名田等。

合。

大和國。

宇陁神戸。二宮御領白布十八段冤 卅七丁三段三百歩。十一石二斗一升五合。内宮御祭御神酒代。白布廿一段。如二先分定一。

攝津國。

中村御厨。卅七丁。藤井中納言家領。件御厨元庄園也。而依二宿願一任二傍例一。承安五年寄進。神領供祭物。上分米三石。雜用料八丈絹三□。

御厨。

伊賀國。

神戸百五十丁。四十五石。内宮供祭料。白布三段幷造酒(料歟)米二石。懸力稲四十束。荒妙一段。

多良牟六箇山。五十三丁五反。御饌調備料笙。藤黑葛幷三度御祭御贄等雜器料正日檜木。此外苧麻布紙等勤レ之。

喰代御厨。内宮七十丁廿一石 見勤三石。 兩宮穴太御厨。薗イ 二丁。二石幷苧。外宮。御贄苧菓子。

阿保神田。兩宮廿三丁 各三石。雜用一石。 兩宮比志岐御厨。薗イ 十一丁六段。三石四斗八升。内宮御神酒代。布十七段(白布六反幷苧く)。

兩宮若林御薗。各三石。

迄レ此承久以前神領注文定。

阿波御厨。六石。雜用十二石。饗料外。　長田御厨。　廣瀬山田本御厨。　田原御薗。　大内御薗。

伊勢國。

度會郡。

宇治郷。　沼木郷。　箕曲郷。　繼橋郷。　二見郷。高向郷。伊蘇郷。湯田郷。外城田郷。內城田郷。(內宮)大淀御厨。供祭物三石。六九十二月。(內宮)大方御厨。一石。十二月。鹽合御厨。二斗。九月。同在二新田一。(內宮)野中御薗。一石。九十二月。(內宮)大野田御薗。三斗。十二月。(內宮)永沼御薗。二斗。(內宮)柑子御薗。三斗。六月。(內宮)高羽江御厨。卅三丁二段百八十歩。麦三石。各六九十十二月。田中御薗。一斗。九十二月。(內宮)永野御厨。(薗イ)二斗。十二月。(內宮)岡依御薗。二斗。十二月。(內宮)高柳御薗。五斗。十二月。(內宮)津嶋崎御薗。二斗。十二月湯田。(內宮)若菜神田。一斗六升。十二月。(二宮)大橋御薗。各六斗。別五升。二斗五升。□田御薗。三斗。五六十二月。原御薗。大林村。外宮田畠。段

迄レ此承久注進。

(內宮)泊浦御厨。(內宮)伊介御厨。(內宮)松下御厨。(內宮上イ)同土御厨。坂手御厨。尾御薗。(內宮)久津賀御厨。久具御厨。摩加江御薗。(薗イ)中嶋御薗。鳩山御薗。長屋御厨。岩坂御薗。忌部御薗。鹽津御薗。无漏御薗。(外宮一石三斗)中至御薗。(外宮三斗)小俣御厨。(內宮)立花御薗。長御薗。新關御薗。(開イ)前野(笠取(服イ)御房)御薗。(外宮一斗)土師御薗。齊宮上野御薗。(外宮五斗)少栗生(外宮一斗栗イ)御薗。糟屋御薗。小林御薗。(外宮段別五升宛)有瀧御薗。村松御薗。(外宮段別七升宛)玉丸御薗。(外宮五斗)牛庭御厨。(二宮三石纜橋ニモ在)一瀬御薗。(二宮)生鮎御薗。(小河)大藏山御薗。神田。九段。二見御厨。(二宮)土保利御薗。飯倉御薗。梨子御厨。(內宮)稲繼御薗。(二宮)池上御薗。(內宮)一瀬御薗。松倉御薗。黒橋御薗。(內宮)大沼御薗。泉御薗。三橋御薗。(二宮)止羽御薗。野田御薗。石河御薗。櫻御薗。檜尾御薗。小勾御薗。勾御薗。鹽合御薗。古宇治御薗。若田御薗。𦾔田御薗。新關御薗。(開イ)馬瀬御薗。田村御薗。蒜田御牧。積良御牧。衣佐御薗。上薗御薗。高笠御薗。上野御薗。中野御薗。船橋御薗。松本御薗。大庭御薗。(湯田)佐奈御薗。(湯田)贄村御薗。六屋部御薗。(湯田)

多氣郡。

（外宮六斗）四鬮生御薗。（外宮六斗）齊宮柑子御薗。（内宮一斗五升十二月）池田御薗。
（内宮一石（イ五斗））笠服庄。九十二月。（外（内イ）宮一石九十二月）杤原御薗。栗井御薗。一石。十二月。
（内（外イ）宮三斗十二月）宇保御薗。（内宮六斗十二月）志貴御厨。（内宮）下津竹御薗。六斗。十二月。
（内宮）當下御薗。一斗。十二月。（内宮）前村御薗。一斗。十二月。（内宮橋木イ）橋本
御薗。三斗。九十二月。（内宮）石取御薗。一斗。九月。（内宮）鉢尻御薗。二斗。九月。
（内宮）河田御薗。六斗。（内宮）音部御薗。四斗。六九十二月。中麻績
御薗。三斗。十二月。（内宮）逢鹿寺御薗。一石。（内宮）三家在家。上分。
（内宮廻イ）藤迫御薗。（内宮）腹太御薗。（内宮神田一町一段）濱田御薗。三斗。九十二月。
（内宮）坂本御薗。三石八斗五升八合。佐田御薗。七斗。神坂御
薗。七斗。朝東御薗。二斗。九月。家垣内御薗。三斗。青
（六斗）泉新御薗。六斗。壺方御薗。三斗。一竹御薗。（外宮）齊
宮柑子御薗。
迄ン此建久元（イ无）注文定。御贄上分沙汰定。
池上御薗。藤原御薗。二石五斗二升九合。丹河御薗。四石
四斗五升。此外神田一町。（三石一斗五升）土田河原御薗。（田中村三丁）失田御厨。四

澗生御厨。堺御薗。（外宮）荒蒔御薗。佐久良御
薗。朝東御厨。（内宮四丁）富墓御厨。片岡御薗。深
田御薗。中河原御薗。麻績郷。三宅郷。
有爾郷。（内原村）田邊郷。（内佐奈村）相可郷。流田郷。櫛
田郷。糟屋御薗。平尾御薗。石村御薗。
（外宮）片山御薗。槻本御薗。池上。（笠服）大歳御薗。相可
瀬御薗。美佐御薗。

飯野郡。

中万郷。七十二丁七段。（兄イ）完國郷。黑田郷。六十丁一段二（三イ）十步。
長田郷。四十六丁五段三十步。井平郷。十六丁三段。（内宮）牛庭御
薗。一斗。十二月。（内宮）池田神田。一石。九十二月。同所攝池田御
薗。一斗。（内宮）魚見東御薗。三斗五升。九月。同新御薗。二斗五升。
（内宮）不世止御薗。一斗。九月。（外宮）伊呂止御薗。九斗。六九十二月。（柿イ）稲
（二宮四十丁三石）黑部御薗。當時東七百。西八百。（内宮）羽爾御薗。二斗。九十二月。
（内宮）木神田。一石二斗。九十二月。（内宮）長倉御薗。一名號二越勝寺一。九斗九升。六九十二月。

内宮古河御薗。五斗。　内宮柑子御薗。一斗。九月。　内宮泉御薗。一斗。九月。
内宮石河御薗。三斗。　入江御薗。七升。九月。　山田御薗。
三斗。　平内御薗内赤松。一斗。　一塲堺イ御薗。一斗。
迄レ此承久注文定。
外宮鞭書御薗。四丁。二斗。　外宮二斗佐福御薗。　外宮二斗飯野岡御薗。
外宮九斗治田御厨。　七見散在神符召田。　内宮大宮部散在
昌補御薗。　峯林御薗。　荻尾御薗。外宮但下蛸道所在内宮御領在之
外宮若菜御厨。八十五丁二段。三石。　外宮八田御厨。　土田御薗。
櫛田河原御薗。九斗。　口戸御薗。　莫胡御薗。
内宮大西御薗。　眞奈胡御薗。　麻績古河御薗。
竹庄神領。　上河御薗。三十餘丁。　黒田平田兩牧御
薗。　薑御薗。　池田御厨薗イ。　鴨田御薗。　牧御
薗。　魚眞イ田御薗。　古瀬御薗。　中稲木御薗。
飯高郡。
神戸百九十三町三段。御神酒三缶。長筵
二十四枚。祭料并造酒〔米脱歟〕十八石三斗。

懸力稻四十束。端裏筵十四枚。長筵六
枚。牟年イ魚郡所當御神酒米一石。筵六枚。
御餉米廿七石一斗。在□料八石。四十石二斗。
云々。在粮料八石。祭料并造酒米十八石
云々。
二宮三十一丁勾御厨。各六石。六九十二月。　内宮深長御厨。二石。六九十二月。　南内宮英太御
厨。三石。六九十二月。　南内宮英太神田。一丁。四石。　内宮井村御厨。三石。六九
十二月。　内宮茅原田御厨。三石。　内宮牟呂山神田。五斗。十二月。
内宮深田御厨薗イ。五十丁（イ三十八丁九段六丁）二石。九十二月。　内宮蛸道大藏山御
薗。一石五斗。　内宮長峯御薗。二石一斗。　内宮有重神田。二十丁一段半。五斗。十
二月。　内宮岸江御厨。三石。六九十二月。　内宮光用御厨。五十七丁。各二石。六九十
二月。　内宮大墓御薗。一石五斗。六九十二月。　内宮薦御厨。十五丁。一石。　深
田新御薗。六斗。九十二月。　内宮五斗有失御厨。　内宮高志御薗。六斗。六九
十二月。　内宮山村御薗。十丁。六斗。　内宮若松御厨。八ケ里二十丁。三石。（十三石イ又
十八石イ）。　内宮縣御薗。一石。　内宮堤御薗。五斗。六月。　内宮久米御薗。

二斗五升。　南黒田御厨。　岸江御厨。二十丁一石。　(二宮)五勾
御薗。四十一丁。(一石二ケ里イ)　寒河御薗。三石。　岩内御薗。八丁五斗。
宗重神田。一石。六九十二月。　芝井御厨。七斗五升。
迄レ是御贄上分沙汰分。
(代二貫)粥見御薗。七丁三段百二十歩。　(二宮二十丁)五箇山御薗。　(柚二十丁)眞弓御厨。
坂奈井御厨。五十丁。　(内宮)松山御厨。百丁。　(外宮)梅田御薗。
一石五斗。十一丁。　(苦イ)若木御薗。二十丁。　光用名。二十一丁。　忠越
御薗。六丁。　廣瀬御薗。　(内宮)瀧野御厨。綿二十兩。河北河南役。菓子御
贄在之。六丁。　(八丁)岩藏御厨。　(内宮)平生御厨。　會田御厨。七十
丁。　(横比イ)横北御厨。九十九丁七段。　(内宮)大石御薗。九月御籾。　(外宮平イ)手丸
御薗。二十七丁。　河南河北御厨。十一丁五段。　野田玉垣荒
田。六十丁。　近吉御薗。二十丁。　本忠光。十五丁五段。　忠光
名。八十丁。　光吉。二十三丁。　忠越新光吉。十二丁一段。　福木
御厨。十三丁五段。　永方御厨。百二十丁四段九十歩。(四十四丁イ)　春光新
光吉。四丁二段。　正延永方。二丁四段。　藥丸得光名。十一丁九

段餘。　得重。四丁五段。　春丸開田得光。三丁半。　久富
名。三丁五段大。　永富。三(十イ)十四丁。　成忠。三丁七段。　犬丸。七丁
七段。　光富。九十二段三百歩。　成淸。十五丁二段。　荒田河原。三段。
(實イ)豐富安富。五丁二段。　武國。三十九段少。　友武。一丁五段。
山室吉光。七丁。　(實イ)山室成武。一丁五段。　忠近。十二丁。　淸
成。十三丁(七丁イ)　瀧藏御薗。　宮野。　開田。　淸松。
田牧。二十丁。　(外宮)忠近御薗。十丁六段。十三石。　手原御薗。
(外宮)立野名神田。一丁。
同神戸内神領。
比郡田。　(外宮五斗)臼井御厨。(蘭イ)　白加志御厨。　平田御
薗。　酒木御薗。　入江御薗。　富墓御薗。　堺
御薗。　松尾御薗。　(位イ)住田御薗。　上津原御薗。
神戸名田。　下牧。三十六丁。　守忠。五丁五反。　成忠。二反。
武淸。三丁三反半。　永平。一丁。　犬丸。三丁七反。　同次男
名。一丁八反半。　得光。二十丁。(三十九段イ)　(忠イ)福富。三丁三反。　武恒。七丁
二反。　本童子丸。十三丁七反。　國岡童子丸。十三丁七反。　位
田童子丸。五丁四反。　尊釋寺返童子丸。　童子丸次

男。二丁。　牟山神田。一丁三反。　吉安。五反。　本福延。二丁一反。　福末。一丁五段。　五覺院。二丁八反　安樂寺。一丁七反　相可寺。一丁。　堝社。三反。　久富。一丁。　延吉。三十八反　余戸寺。二丁三反

一志郡。

神戸二百五十町三段六十歩。御神酒六荷。白鹽一石二斗。祭料幷造酒米二石。懸力稲四十束。荷前御調糸四絇。同絹三疋。

内宮茋生御薗。六石。六九十二月。　内宮蕪原御厨。六十二丁百歩。九丁。三石。六九十二月。此外神田九丁。外宮同前。　内宮波互御厨。四丁九段。六石。六九十二月。　内宮近連神田。二石四斗。六九十二月。　内宮生津御薗。六斗。六九十二月。　内宮永用御厨。二十三丁。三石。九十二(月脱歟)　内宮生田御厨。六斗。　内宮七栗御薗。一斗。六九十二月。　内宮甚目御薗。一石五斗。九月六月。麥。　内宮若栗御厨。二十丁。六九十二月。(イ六十一石五斗十二月)　内宮矢野箱木御薗。一石。外宮三石。鹽雜用三石。　内宮田尻御薗。二斗。六九(十二月)。　内宮イ安田二十丁平津御薗。一石三斗。(イ六石)　内宮坂本御薗。一斗。九月。

内宮曽司御薗。六斗。　澁河御薗。三斗。　出口神田。七斗。　重富神田。五斗。

迄レ是御贄上分歟。

外宮小社御厨。三石堝。　外宮大阿射賀御厨。役(彼イ)是二十六石。凡絹二十疋。　外宮小阿射賀御厨。四十三丁八段。十三(五イ)石。　外宮北黒野御厨。　内宮中村拝野御厨。上分一石五斗。雜用二(二イ)石。　二宮同東御厨。　二宮都御厨。麥薗。　外宮南北黒野厨。八十丁。二十石四斗。　内宮見長御薗。二十丁。　外宮野田御厨。上分二石。雜用八石五斗。二十丁。　外宮燒出御厨。五斗。　德友御厨。　河方御厨。　内宮嶋抜御厨。三石鹽。　外宮垂水御厨。九斗。　二宮藤方御厨。鹽六荷。　宮野御厨。　外宮本平御厨。上分一石。雜用三石。　外宮麥上分一石北高橋御薗。　坂本御薗。　外宮一松御薗。堝九斗。　二宮大原御薗。廿丁。九石。御贄紙。　黒野御薗。　外宮永用神田御厨。三十丁。三石。　小阿射賀神田。二丁。　八大御厨。七十五丁。二十五石(十五石イ)。　承久御寄進西薗御厨。　西濱

御厨。四ヶ神領内。　末藤。二丁。　松高。三丁。　下牧御薗。
外宮荷前神田。五丁。　吉清御厨。十三丁四段。神田。　外宮八大御
薗。四斗。雑用一石二斗。　牛目野御厨。　下津御薗。　小森
御厨。四貫。　大口御厨。二貫。一石。

安東郡。

郡所當御神酒一缶。神戸御神酒三缶。副
米一石二升。祭料造酒米二石。懸力稲四
十束。郡所當御神酒三缶。副米 一石二
斗。隔度勤レ之。祭料幷造酒米十二石。
安濃津御厨。御贄六九十二月。在二家別一。　別保御厨。　上津岡
御薗。　乙部御薗。　長江御薗。　士課イ深御薗。

安西郡。

郡所當御神酒一缶。郡所當御神酒三缶。
副米一石二斗。隔度勤レ之。　祭料幷造酒米十二
石。
内宮イ東西御厨開田御厨。三石。六九十二月。　内宮河智御厨。二斗。九十二月。　内宮大谷
御厨。四斗五升。六九十二月。　二宮野田御厨。各二斗。十二月。　内宮長岡御
厨。七丁六段小。三石。六九十二月。　内宮四丁三段鹽濱御厨。三石。六九十二月。　内宮長野御
厨。十一丁。三石。六九十二月。　内宮十石六九十二月部田御厨。　内宮小牧御薗。一斗。　内宮坂
本御薗。一斗。　内宮佐々禮石御厨。一石。六九十二月。　大口御
厨。一斗。　二宮辰口御厨。二十丁。外三石。内九斗。六九十二月。　二宮小稲羽御
厨。三丁。各九斗。六九十二月。　二宮切田御厨。六丁。各三石。六九十二月。　二宮小野平
御厨。六丁。各九斗。六九十二月。　内宮小船別名。三斗。　二宮二丁建部御厨。
一□八升。　内宮加志尾御薗。三石。六九十二月。　荒倉御薗。三丁(十イ)。
二石。六九十二月。　内宮福次神田。三斗。九月。　内宮内佐宇神田。四斗。九十二月。
二宮飯原御薗。各二斗。九十二月。　中津町神田。五斗。

是迄御贄上分注文定。

外宮五百野御厨。七石五斗。二十八丁。　外宮松崎御厨。五斗。　外宮大縄御
薗。三斗。　別保御厨。一丁三段。奄藝郡歟。　内宮三十三丁一身田御厨。一石五斗。
上分。奄藝郡歟。　徳光御薗。　眞次御薗。　外宮二十三石岩田御厨。

（外宮）岩崎御厨。九段。九斗。　田部御薗。　（外宮）豐石（古イ）野御厨。六丁。上分二斗。雜用八斗。　長屋御薗。三段。　（外宮）堺御薗。三石。　平田御薗。二十丁。　產階御薗。　淸酒神田。三丁五段。　月讀宮神田。二丁。　伊佐奈岐宮神田。一丁七段。　懸稅神田。一丁七段。　氏神社神田。三丁八反。（四丁三反）　四至神田。　須山神田。一丁。　瀧原神田。五丁。　伊向神田。六丁九反。　西開田御上分。三丁。　禰倉神田。二丁九反。　母良神田。一丁三段大。　子良神田。四丁餘。　御笥神田。三（二イ）丁七反。　鳥名子神田。一丁餘。　淸秡神田。一丁九反。　江神田。八反。　水卷神田。一丁。　田所神田。六丁九反大。　國崎由貴神田。二丁五反。　卯日神田。五丁六反。　鍬山神田。二丁。　內宮渡神田。五丁九反。　同宮渡神田。十四丁五反。　郡門小神神田。三反。　湯田神田。二丁餘。　十五所神田。三反。　權大司神田。一丁。　少司神田。一丁。　東一身田。十五丁。　黑忠神田。二丁二反。　依國神田。一丁九反。　是安神田。二反。　久忠神田。三反小。　永光神田。一丁。　時末神田。四反。　晴元神田。六反。　氏延神田。一丁。　時里神田。三反。　（宮イ）言次神田。四反。　依安神田。九反。　時安神田。七反。　助用神田。一丁六反。　助遠神田。一丁。　是延神田。三反。　末平神田。三反。　眞次神田。　吉道神田。一丁八反。　藤包神田。一丁。　德光神田。四反。　東開田神田。一丁五反。　中方神田。十一丁。　守忠神田。六丁五反。　永富神田。七丁八反。　壹岐神田。五丁。　大代方神田。二丁七反。　氏久神田。一丁。　德重神田。十七丁六反。　德安神田。二丁三反。　近則神田。三丁五反。　延國神田。六反。　末包神田。七丁三反。　有恒神田。三丁一反餘。　末光神田。一丁。　庭房神田。四丁四反半。　春日神田。四丁四反餘（半イ）。　字靜禪房神田。五反。　貞吉神田。四反。　氏方神田。二丁七反大。　井後名。一丁。　本忠光。十二丁。　德光別名。三反。　末國名。五反。　弘永名。九反。　重頼名。五反。　田部土和本。八反。　曾禰久松。　興福寺。二丁二反。　觀任寺。　田中寺。一丁三反。　西光寺。三反。　中福寺。

三反。常樂寺。二十五丁。釋尊寺。六(八イ)丁。鹿苑寺。二反。
快樂寺。一反小。五樂寺。一丁。四郎冠者。十四丁五反。
郡司職田。六反。外宮泉御薗。二斗。外宮宿奈部御厨。二石六丁。
大稻羽御薗。三丁。外宮二(一イ)石五斗久松御薗。外宮下內田御薗。
一石三斗。內宮渡神田。二十二丁七反。外宮渡神田。六丁二反。
瀧原神田。七丁八反。高宮神田。四反大。相可屋神
田。三丁七反。前田膳正神田。七丁。一丁七反豐石屋神田。
上野御薗。六丁。高志御薗。一斗。武光御薗。筑
前神田。七丁。忠束神田。三丁八反。御馬飼神田。一反餘。
武光神田。一丁。横大內人神田。五反。久延神
田。三反。宗綱神田。二反。守富神田。二丁二反。福次
神田。四丁。伊向神田。四丁二反。福富神田。一丁四反。
懸梲神田。九反。舘母神田。子良神田。一丁。弘
成。一丁七反。永吉大門。二反。辰口本名。四丁二反。吉
光後家。一丁四反。吉光。五反。眞次神田。九反。辰口
一女子。八反。同別本勞。三丁。朝與。一丁。本永

松。五反。逆常御薗。大稻庭御薗。四賀茂御
薗。宅所御厨。薑御薗。近淸。四反。上神
田。四反。富永。一反大。淸重。三丁(反イ)永吉。二反。眞(貞イ)
方。二反餘。久松別安部。五反。美作住田。二丁。內
田數地。一丁。氏末。一丁八反。重武。三反。秋凪。三反餘。
外六神田。二丁七反餘。國貞。二丁七反餘。栗賀久松。二丁
三反餘。栗原爲元。一丁五反。高吉末延。五反。淨土寺。
二丁二反。伊治光方。二反小。武久黑重。六反。辰口。
三丁。村主寺。三丁三反餘。國貞。三丁七反餘。高吉。二丁七反。
稻羽爲元。得光。一丁。延貞。三反。武久。五反餘。
得光。四反。依光。四反半。福富。二丁。武元。一丁。懸
庄。一丁五反。子燈寺。二丁。成富。四丁二反。樂燈寺。
五丁四反。同別。二反。本福延。八丁五反。富永。一丁五反。
本守富。一丁五反。末富。二反。福利。一丁七反。得延。
十一丁。曾禰庄。五丁五反。曾禰庄。四丁。弘永。十五丁五反。
岩倉田。二丁二反餘。保福。一斗。五樂。三丁六反。小(チイ)富。

二丁。遠長谷寺。四丁二反。朝與。四反。用永。三丁。四條命婦。一丁七反。豐永。三丁五反。守武。五反。武末。一丁九反。弘富。一丁四反。貞國。八反。萩野御薗。一反半。伊治名。六丁。忍田爲光。六丁。禪力。二反。國行。二反。曾禰久松。一丁三反。武光。五反。爲行。三反小。貞國。二反。岡田神田。三反。稻羽爲元。二反。用福。七丁。氏神社田。十四丁二反餘。四所田。七丁五反。郡司職田。廿(十イ)二丁。度會權大領職田。六丁。內宮渡神田。二十二丁七反。內一神田。十四丁四反半。內二神田。二丁四反。內三神田。一丁三反。內四神田。一丁六反。內五神田。一丁。內六神田。三丁。外宮度神田。一丁四反。外一神田。八反。外五神田。五反。外六神田。六反。不輸寺領。和谷寺。四丁三反。釋尊寺。五丁。國分寺。八反。飯江寺。一丁三反。雲林院。六丁二反半。尼寺田。一丁。常明寺。二十八丁九反。同新開。十八丁七反大。安部寺。

奄藝郡。

西村(玉イ一野)御薗。一石五斗。六九十二月。(本御贄)窪田御厨。三石。同。(二宮)大古曾御厨。八十丁。各三石。(內宮)豐久野御厨。五斗。外宮三斗。(內宮)上野御厨。五十三丁。六石。口入二十石。(內宮)石丸御厨。十五丁。(內宮三石)林御厨。口入三石。(內宮籾六斗)丹庭野御薗。(內宮三石)吉淸御厨。九十二月。(內宮)越知御厨。三十二丁。上分三石。六九十二月。口入三石。(二宮)得田御厨。五十丁。五石。(二宮)晝御厨。六十六丁。口入七石。玉野御薗。西村御薗。秋光御薗。林前御厨。河曲郡歟。三石。(鈴鹿郡楠原)片淵御厨。七十五丁。十五石。(イ十石)(二宮元イ)爲光御厨。四十丁。各二十石。但近年依寮米責十五石闕之。

迄此御贄上分承久注進定。(薗イ)

(外宮籾石)小林御厨。(外宮)成富御薗。河合御薗。(二宮)古濱御薗。(外宮)南黑田御厨。三石。(外宮籾一石)北黑田御厨。若栗御薗。廣瀬御薗。莫大御薗。濱田御薗。部田御厨。二十八丁。一身田御厨。三十六丁。江嶋御厨。社御厨。新濱田御薗。尾崎御厨。高成御厨。(內宮一石五斗)玉野村御薗。

鈴鹿郡。

神戶御神酒三缶。副米九斗幷造酒米一石。懸力稻二十束。荷前御調糸三絇。

（内宮）庄野御薗。十丁。三石。六九十二月。　（内宮）豐田御厨。五十丁。上分一石五斗。六九十二月。雜料七石五斗。　（内宮）末弘御厨。十丁。六石。　黑田御厨。十丁。一石三斗。六九十二月。　（内宮）鷲岡御厨。　（内宮）東開御厨。　（内宮）平田御薗。五斗。十二月。　（内宮）同新御薗。五斗。十二月。　安乃田御厨。四石。十二月。

高和里（田イ）御厨。一石。　仁布河御薗。　立貝（見イ）御厨。五斗。六九十二月。　吉澤（神戸イ）御厨。　安樂（承久御寄進）御厨。上分一石。六九十二月。　（内時御神領内）葉若御厨。二斗五升。九月。　原御厨。八十三丁。内宮上分百石。御祈禱米。外宮上分三石。　河内（南イ）御厨。　井後（承久神領内）御厨。二斗五升。九月。　深溝御厨。十三丁。　須可崎御厨。　八野御厨。　某若（蕪歟）御厨。　土師御厨。五丁。　（外宮）非鼓（蕃イ）御厨。　成高御厨。

山部御厨。

河曲郡。

神戸御神酒三缶。副米九斗。祭料幷造酒米二石。懸力稲三十束。織御衣一疋。荷前御調絹二疋。筵十枚。薦三十枚。

長藤御厨。外宮上分二石。雜用九石。

同神戸田數百六十三町。或本云。本田百町。加納九十町云々。

長藤御厨。二十三丁。　箕田安田御厨。二十二丁。　（内宮）深馬路御厨。二十丁。三石。六九十二月。　（内宮二十丁）野日御厨。　（内宮）長澤御厨。　光富神田。　若松南（御贄二十丁）御厨。　（内宮）玉垣御厨。八十三丁三反餘。九石。六九十二月。　同御厨内野邊村。　（内宮）斛光御厨。二十五丁。　（内宮）松永名。　（外宮）須可崎御厨。上分六石。雜用十石。　（内宮）箕田御厨。五十丁。三石。十二月。　（外宮）土師御薗。三石。　多賀宇田御厨。一石。九月。　（内宮）柳御厨。十丁。五石。　（内宮）河南河北御厨。十一丁五反。　（外宮）山邊御薗。一石二斗。雜用料二石。　池田御薗。　河曲神田。内宮五石。外宮三石。　加治墓御薗。　同松永。　（内宮）同淸重。六斗。　（内宮）同松重。一石五斗。二十丁。（イ二丁二反）　南堀殖永恒名。二十三丁餘。三石。　（内宮）若松御厨。　高富御厨。

迄ㇾ此御贄上分注文。

南黑野御厨。六十八丁。　黑野御厨。三十丁。　江嶋御厨。　（内宮）山邊新御厨。五丁（十歟）二丁。五斗。神田。　畔光御厨。　（外宮）井戸御厨。　永男（長用イ）御厨。　吉藤光富。十九丁。　（外宮）高成御厨。

六石。　高恒神田。　河曲神田。　山鳥御厨。　松
永御厨。三十丁。
桑名郡。
神戸御神酒三缶。副米九斗。祭料幷造酒
米一石。懸力稲二十束。二十七町二（一イ）段。
稲光御厨。六十丁。　高苦御厨。三十丁。　宮永西林御
厨。十一丁。　苦木御厨。四丁八（大イ）反。　内宮富津御厨。十九丁。外宮三石。
奥村御厨。一丁五反。　八太御厨。七丁五（三イ）反。　末永御
厨。十五丁。　椿神田。　東富津御厨。十九丁。　梅田御
厨。七丁三反。　若江御厨。十五丁。　原御厨内。　名越御
薗。田三丁六段。　多度。小机二十前。
三重郡。
郡所當御神酒一缶。
内宮智積御厨。百八十丁。十石。入加地子二十石。　二宮治田御厨。各三石。九十二月。
二宮潤田御厨。二十六丁。上分六丁。各三石。六九十二月。　内宮岡本御薗。　大强二宮上分
七石諸宮饗米也原御厨。十一石。　二宮栗原御厨。三丁。各三石。　二宮吉澤御厨。各三

石。六九十二月。　内宮須久野御厨。三十丁。三石内。　二宮豐岡御厨。各神田一丁。
多米御薗。各三石九斗。　内宮今河御厨。　二宮遠保御厨。各三
石。　二宮田長御厨。三十丁。各五石。　内宮米富神田。　二宮稲田御
厨。七丁。各三石。　内宮飽良河御厨。十五丁。各三石。六九十二月。　二宮松本御
厨。三丁。三石。　内宮十五丁一石八斗高角御厨。六九十二月。　高角神田。四斗三升。
道定別名。　外宮（二宮）一石九斗小泉御厨。各四石五斗。　内宮縣御薗。　内宮豐久
御厨。一石五斗。　二宮櫻御厨。各三石。　内宮佐山御薗。一石。　二宮釆女
御厨。四反十五丁。三石。六九十二月。　外宮長松御厨。四石。　南山田
御厨。山田御厨内三石。　二宮曾井御厨。上六丁四反十丁。各三石。六九十二月。　内宮櫻
神田。　長澤御厨。各一石八斗。　外宮長尾御厨。三石。　二宮池庭（庭イ）
御厨。六丁。各三石。　二宮一名南宮小山田御厨。上分田六丁。内三石九斗。外三石。　小古
曾御薗。　同庤敷地。六斗。　北山田御厨。一名號河嶋又號卄山田上分田六丁。
内宮一石。六九十二月。　小松御厨。一斗。六九十二月。　新開御厨。一石。
良田神田。
御贄上分注文定。

坂部御厨。百八十丁。分田六丁。上　外宮庭田御厨。三石。　外宮飯倉御
厨。一石。　末正名。　同新開。　外宮高柳御厨。一石。薗。
良河御厨。三石。　外宮高岡御厨。　外宮鹽濱御薗。鹽五斗。
外宮衣比原御厨。六石。　小古曾御薗。　外宮垂見御厨。
七斗。薗。　寛丸御厨。三石。　椿御薗。二十六(二イ)丁七反。　永尾
御薗。　爲元御薗。　極樂寺。　本安田。十五丁。
内宮志賀摩御厨。　外宮河嶋御薗。三石六斗。　二宮平田御薗。
深町御厨。　猿喰御薗。　岡本御薗。　日長新御
薗。　内宮渡神田。一丁。　外宮渡神田。五反。　子
良神田。三丁五反。　酒殿四所。一丁。　瀧原神田。三反。
郡司寄神田。四丁。　足見田社神田。三反。　則松預
神田。四丁。　野田御薗。七反。　高澤名。十八反。　用福名。
十五丁。　御筒造神田。一丁。　山向神田。二丁五反。　國生
社神田。二反。　月讀宮神田。二丁。　根倉神田。二丁。
子良料神田。二丁。　大土國玉社神田。三丁。　御鹽
燒神田。一丁。　酒殿神田。二反。　櫻宮神田。一丁五反。
祭料田。一丁。　太宮神田。二反。　村天玉神田。二反。

牟山神田。二反。　大歳神田。二反。　十一所明神神(子イ)
田。二反。　伊佐奈岐(日イ)神田。二丁。　友守神田。四丁。　午
日神田。二丁。　望月神田。二丁。　外宮物忌爲村神
田。二丁餘。　柴田郷弘永名。一丁五反。　同郷用永名。一丁。
同郷千富名。六丁。　河後郷二宮方神田。十八丁。
同郷中村名。一丁三反。　同郷民福名。一丁五反。　郡司職
田。六丁。　小林御厨。　柴田郷司職田。　河後郷
司職田。　薦野御厨。　泉御厨。

朝明郡。

郡所當御神酒料米三石。　祭料幷造酒米
十八斛。
二宮小嶋御厨。各三石。六九十二月。　二宮長井御厨。四十丁。各三石。　内宮山村御
厨。三石。薗。　内宮衣平御厨。八十丁。三石。　二宮保保御厨。各三石一斗八升。
同別名。一石五斗。　内宮鶴澤御厨。五十丁。二石八斗。　内宮宇頭尾
御薗。治四丁三反。二(一イ)石八斗。　内宮(嶋イ)鶴野御厨。(薦イ)一石五斗。十二月。　嶋田
御厨。三石。同。　額田神田。五斗。同日。　二宮田口御厨。二十一丁。各

三石。六九十二月。　内宮山イ岩田御薗。三石。同。　内宮澤渡神田。五斗。十二月。
内宮德光御厨。二石。　内宮若菜神田。　内宮光任別名。二十一丁。一石五斗。
内宮小向御薗。三十丁。二石七斗。　内宮池田御薗。　内宮長松御厨。十八
丁。三十三石。　外宮石田御厨。三石五斗。　福永御厨。二十五丁。二石。
御鹽神田。五斗。　柿神田。五斗。　外宮山田御厨。四丁。五斗。
弘永御厨。六十丁。　二宮坂部御厨。各三石。五十二丁。　二宮金綱御
厨。各三石。十五丁。　大失智御厨。十丁。　常樂寺御薗。　長
橋御厨。　外宮富田御厨。十二石。三丁。　鵤御厨。三丁。　本能
登御厨。　茂福名。三十三丁。　吉澤御厨。三十丁。　下
宮神領。横イ三(二イ)十丁。　上下宮四至神田。　内宮神田。
外宮神田。　荒祭神田。二丁。　子良神田。七丁五反。
氏神神田。四丁四反。　奈々原神田。一丁五反。　御鹽燒
神田。二丁一反。　射宮神田。五反。　新能登神田。五丁。
末永名。　德勢名。十九丁。　用永名。九丁。　千富名。
三丁。　郡司職田。十丁。　開田御厨。　高野御厨。
坂本御厨。

員弁郡。
郡所當御 神酒三缶。祭料并 造酒米十八
斛。
大谷御厨。内宮三石。外宮一石五斗。六九十二月。田文云。大泉大谷五丁。　和泉御
厨。内宮一石八斗。外宮三石。　同御厨太郎丸名。　留米御
厨。二宮各一石五斗。　二宮治田御厨。六石。　内宮丹生河御厨。一百八十丁。
三十三石。大御贄上分三石。　内宮大井田御厨元日饗料。二十丁。十石。小上分三分。
高日御厨。三丁。三石。　内宮鶴澤御厨。　梅津御厨。二宮各三
石。一名小泉。　内宮志禮石御厨。三十丁。三石。　内宮饗庭御厨。　内宮宇
治野御厨。上分四。四丁。　二宮萩原御厨。三丁七反。　内宮麻生田御
厨。十五丁。三石。　内宮大泉御厨。百丁。三石。　二宮穴大御厨。各三石。本田六丁。
二宮大墓。上分田三丁。各三石。　外宮咎原御厨。上分廿丁。三石。　内宮石榑御
厨。五十丁。白米。　内宮佐々田御厨。上分田三丁。　内宮小嶋御厨。
深瀬御厨。上分田六丁。　内宮片火日イ御厨。八丁。　仁大御厨。
笠田御厨。二宮上分田二丁。各三石。　内宮鼻戸御薗。上分三丁。　松尾
御薗。上分田六丁。三石。　二宮岡本御薗。　二宮中河御厨。上分田六丁。一石五

斗。六九十二月。　長深御厨。十五丁。三石。同。　内宮志竈御厨。三石。同。　内宮阿下喜御厨。五十四丁村。外宮段別五升。院濟十石。　切田村。三石。同。　二宮嶋田御厨。上分田六丁。各三石。　内宮宮村御薗。十丁。　二宮小田中御厨。各三斗。六九十二月（イ小中田御薗）　内宮倉垣御厨。六丁。　富津御厨。　内宮嶋富御厨。上分二丁。一石五斗。外宮一石。　二宮松尾御厨。各三石。上分田六丁。　保々別名。六石九斗。　新栞神田。五斗。　正月節供料。三斗八升。十二月。　御筥上分。三斗。　瀧祭神田。三斗。九十二月。　大止呂御薗。一斗。九十二月。　小山田御厨。二斗五升。六九十二月。

御贄上分注文定。

饗庭御厨。内宮一石五斗。外宮三石。　外宮平田御厨。一石五斗。　内宮太郎丸名。一斗五升。　曾井御厨。内宮。三石。　内宮石河御厨。三石。七丁。　麻生田御厨。　梅戸御厨。　外宮高柳御厨。二十四丁。三石。　山田御厨。五丁。　岡田御厨。上分田六丁。　外宮小中上御厨。一石五斗。上分田二丁餘。　外宮田中御厨。五斗。上分田八反。　穴太内開田。六丁。　栞御薗。外宮。五（三イ）斗。　星河御厨。内宮。上分田二十丁。外宮六丁。三石。　二宮小泉御厨。各三石。　外宮多度御厨。一石五斗。　外宮高畠御薗。三石。　并永光。一丁。　茂永御厨。一丁。　大戸御薗。　阿奈宇御厨。　富津御厨。　同田井郷。守忠名。　鴨大明神社神田并幣料田。　射宮社田并幣料田。十二丁。　宮郷内宮神田。　外宮祭料田。　御鹽神田。八反。　御筥神田。三丁。　俵（傣イ）神田。　射宮社神田。八反。　大社神田。四反。　用福名。一丁。　子良神田。三丁四反。　節供田。一丁五反。　四所料田。二丁二反。　平栗神田。三丁。　星河大明神神田。二反。　久米郷外宮神田。五丁三反。　同郷用永。二丁。　笠間郷荒祭宮神田。一丁。　長毛神田。三反。　用福名。五丁。　内宮神田。二反。　氏神社神田。九反。　郡司職田。十二丁。　宮郷司職田。　久米郷司職田。二丁。　笠間郷司職田。六丁。　栞御薗。　氏福神田。　宮神田。二丁九反。　内宮節供田。八反。　鳥名子歌所琴生。　外宮縣二丁二反。　長深。二宮。各三石七丁。　勾庄大墓御厨。十丁。　本御薗。五十丁。段別五升。　吉福。十九丁七反。　東禪寺御厨。

納所。　新納所。
此外菓子魚具已下供祭御贄進濟神領等畧之。
內宮一圓不輸御領。　伊雜神戶幷七箇御薗菻田。佐八御牧等也。

志摩國。

答志郡。

神嶋。　須賀嶋。　名切。　和具。　越賀。　相佐賀(須イ)。　泊浦御厨。　越濱。　伊介。　坂手御厨。　篠嶋。　大津。　國崎。　士具。　立神御厨。　伊雜神戶。　的屋御厨。　鵜方御厨。　竈子御厨。(二丁八反四十歩。)　大久田御厨。　小久田御厨。　比志加御厨。　大屋嶋。　南濱御厨。　長瀨御厨。　畔蛸御厨。　相可御厨。　片田御厨。　奈波利御厨。　中津濱御厨。　中井須山御厨。　伊奈瀨御厨。　小路御厨。　押淵御薗。　上津長御厨。　切原御厨。　安瀨御薗。　南船越御厨。(元十七貫。近年七貫。)　贄嶋。　佐々良御厨。　慥柄。　迫。　道方。　猿田御厨。　東船越御厨。　中濱御厨。　坂崎御厨。　錦御厨。　木本御厨。　阿曾御厨。　丹嶋御厨。　佐和。　須賀利御厨。　中嶋御厨。　坂倉御厨。　伊志賀御厨。　舞江。　伊熊御厨。　多和奈志。　道後。　燒野御厨。　村嶋。　若菜。　□司御厨。　□御厨。　入江御厨。　□御厨。　株尾御薗。(八反。畠二丁。)　白木。(三反。畠二丁。)　榊御薗。(一丁。畠一丁。)　賀茂村所在。(內宮神田二町二反。大。外宮神田二丁二反。小。)　船木原御厨。(一丁八反。荒野。)　小山御薗。(二丁三反三百歩。)　鳴瀨御薗。　生栗御薗。　小大野御薗。(都合十一丁一段。分米三石二斗三升。)

近江國。

(二宮御領)黑丸御厨大給主俊貞。(件御厨去建仁二年所ニ進立一也。國司廳判具也。供祭物內宮方上分米三石。雜用料七石。外宮方同前。)
(二宮御領)淺井御厨。(代々國司免判文畢。供祭物上分米三石。口入料米五石。近代宮司惣百餘石領納之。)
(外宮一百五十丁　六十四石三斗)福永御厨。(上三石。神馬二疋。長日御幣紙六十帖。子良装束。口入料十(サイ)石。　岸下。外宮上分三石。口入十石。七十丁。七石五斗。　佐々木御厨。外宮二十丁三反。上分六石五斗。口入分二十石。　坂田御厨。　外宮柏木御厨。三十六丁。三石。　外宮同新御厨。三十丁。六石九斗。　武松新上分。　松村新上分。

美濃國。

中河御厨。内宮五十石。長絹二十疋。外宮二十五石。長絹十疋。三百五十六丁。　二宮小泉御厨。八丈絹十(サイ)四。八十四丁三反六十歩。　内宮池田御厨。六十七丁七反三百歩。上分田六町。段別百五十文宛。八丈絹六疋。紙五十帖。　内宮下有智御厨。八丈絹二十疋。紙五十帖。尺絹七疋副進。

内宮止岐多良御厨。　内宮津布良開發御厨。但建久以後神領。

惟加納。七十六丁三段餘。　大井戸加納。八十二丁三段六十歩。

尾張國。

本神戸。内宮御神酒三缶。副三丈白布三段。祭料造酒米三(ニイ)石。懸力稲四十束。織御衣二疋。荷前御調絹二疋。糸三勾。麻簀十枚。　外宮御神酒三缶。三丈白布三段。祭料米三石。糸二勾。葦簾三枚。酒壺一口。

二宮本神戸。田五十町五段。畠二十一丁五反三百歩。

二宮新神戸。田八十町一反。畠七丁三百歩。

二宮同新封戸。新神戸同。

二宮笑生御厨。一名治開田神領。十五个里五百四十丁。　内宮一樢御厨。上分三十石。田六十二丁。畠二十四丁五反。　内宮上樢栗御厨。油一漆(緑イ)。畠一丁。　内宮下樢栗御厨。同一丁。　内宮野田御厨。上分八丈絹六疋。　内宮立石御厨。上分糸十兩。口入八丈絹五疋。外宮十兩。新用八丈絹五疋。(部イ)　内宮楊橋御厨。油一斗。赤曳糸十勾。　内宮三人戸御薗。油一甁子。　二宮御母板倉御厨。五十丁。　内宮奥村御厨。上分十石。　二宮伊福部御厨。各八丈絹三疋。五十丁。　同花正御厨。御封方三十七丁。　同散在封戸田。　同漆御薗。　外宮瀬邊御厨。田二丁六反。畠三十丁八反百八十歩。　外宮畠十五丁高屋御厨。采代糸三(二イ)十勾。赤曳糸菓子等。　外宮詫美御厨。御油一甁子。赤曳糸等。三丁餘。

外宮酒見御厨。采代糸十勾。畠十三丁。　外宮千丸垣内御厨。

外宮新溝御厨。采代糸五勾。畠四丁九反。

新溝神領。采代糸五勾。畠六丁。　前野御厨。　羽禰田御厨。上生栗御厨。三石二斗一升。新生栗御薗。一石二斗一升。
清河御厨。人身御薗。外宮鈴裳。八十丁。千與氏
御薗。七丁四反。内宮但馬新神封戸。外宮生栗御厨。玉
江御厨。陸田御厨。田一丁。畠七丁。佐平手イ原御厨。下
津御厨。末御厨。柿御薗。有光。秋吉御
薗。千與氏恒貞。散在生栗。竹河御厨。
穂積。内宮田代髙嶋楊津御厨。新加散在神領。
二宮治開田御厨。各八丈絹十疋。口入各同。清納御厨。奈
木。二丁。廣資給。畠一丁。赤地。畠二丁。秋野。一丁。
四良丸。四反。前田。清須御厨。草部御厨。
參河國。
本神戸内。御神酒三缶。用紙三百。瓶子
十二口。祭料造酒米二石。懸力稲三四イ十
束。荷前御調絹四疋。疊二十枚。新内
御神酒三缶。用紙九十帖。瓶二十口。祭
料造酒米二石。懸力稲四十束。荷前御調
糸四勾。絹一疋。短籄二十枚。新加内。御
神酒一缶。用紙三十帖。瓶四口。造酒米
一石。懸力稲十三束。荷前御調糸二勾。
絹四丈。短茵七枚。
二宮本神戸。見作二十八丁二段。
同新神戸。見作十七丁七反。
新封戸。同。
二宮大津神戸。前祭主卿知行。七條院御祈禱所。内宮橋良御厨。六石。二宮生栗
御薗。各栗二石。油二斗。神谷御厨。内宮十石。別進十石。外宮十石。菓子雜用二十石。
内宮髙足御厨。十石。外宮饗庭御厨。見作三分一。所當内七石五斗。上分殘口入。
外宮薑御薗。六石。外宮伊良胡御厨。上分三石。雜用三十石。外宮蘇美
御厨。上分六石。雜用三十石。外宮吉田御薗。上分三石。菓子雜用十一石。外宮角平
御厨。五十二丁五反。蘇美同所。吉胡御厨。富津御薗。
秦御薗。河内御薗。大墓御薗。院内御薗。
根田。田原。新家。野依御厨。岩前御
薗。上谷御厨。内宮加治御薗。二宮濱田御薗。泉
御薗。保田御薗。内宮香淵御薗。十月一日饗料所。大草
御薗。勢谷御薗。内宮杉山御薗。四月七月兩度饗料。彌熊

御薗。赤坂御厨。外宮蘇美御薗。富永御薗。

遠江國。

新神戸内。三度御祭御神酒三缶。瓶苫祭料懸力造酒米八石。荷前御調二疋。織御衣一疋。雑用荷前御調絹一疋。生絹一疋。荷前御綿五十二屯。木綿二斤。種薑二斗八升。疊四十枚。蒲土薦七枚。外宮畧之。

二宮本神戸。十八石。六十丁。號二中田神田一。

内宮新神戸。四十四石八斗。百九十一丁六段。號二濱名神戸一。

新封戸。

篠原神戸。九丁三段。小。口入三十石。下郷外宮領。上分六石。雑用六十石。　小高御厨。三百丁也。山口同所也。上郷内宮領上分六石。

内宮尾奈御厨薗。五十五丁。十七石五斗。上分十五石。凡絹三十疋。

内宮郡田御厨。上分田見作八十九丁。段別一斗。　内宮蒲御厨。三十石。五百五十丁。

二宮鎌田御厨。上分二十一疋。百丁。　二宮同御厨良角神領。内上分三石。

内宮刑部御厨。上分三十石。魚三十斤。外宮上分三石。百餘丁。　内宮祝田御厨。五十餘丁。

二宮美園御厨。五百丁。内宮上分二十石。口入二十石。長日御幣紙三百六十帖。外宮上分二十石。雑用二十石。

二宮豊永御厨。百四十三丁。内宮十石。外宮三石。雑用七石。　外宮大墓（マヽ）御厨。上分八丈絹二疋。雑紙十帖。

池田御厨。　外宮大崎御薗。雑紙九十帖。

小牧御厨。　宇治乃御厨。　小松御厨。

佐久目御薗。　外宮山口御厨。小高同所。　方田御厨。

土田御厨。

駿河國。

二宮大津御厨。百八十丁。内宮上分白布三十段。紙三百帖。外宮四丈中布三十段。雑用三十段。　二宮同新御厨。二百丁五反百八十歩。

二宮大治鮎澤御厨。二十五反百八十歩。内宮布十段。外宮見作三分一地利。内宮布六段。錢雑用料。　内宮高部御厨。上分百石。口入三十石。

内宮方上。上分三十石。百七十八丁六段。

小楊津御薗。上分三石。雑用三十石。二百八十丁。

小粉御厨。　岡部御厨。

伊豆國。

外宮蒲屋御厨。鍬五十勺〈口缺〉。雑用百口。三十丁小。　内宮塚本御厨。自二神宮一買得木部知行。仍上分壹貫宛沙汰云々。

相模國。

大庭御厨。内宮上分籾四十石。白布十三段。長紙五百帖。百五(五百イ)十丁。十三郷。權五郎影正寄進家田一。
船橋家知行之。然上分斗當十貫文沙汰。堤郷各
別本神領也。出口室田知行。絕上分十貫沙汰。

武藏國。

飯倉御厨。當時四貫文。

二宮 大河土御厨。内八丈絹三十疋之内。十疋瀧原。上分
御幣紙四百三十。口入三十疋。外上分八
丈絹三十疋。長日御幣四百六十八帖。
橘。七百三十九丁。七段六十歩。

同新田七百餘丁。前祭王井宮
司内宮前一禰宜跡知行之。

内宮 榛谷御厨。白布三十疋。

二宮 七坂御厨。内上分白布三十段。口入布段別六丈。外上分四丈。布二十五段。雜用七十五段。一名岡田百三十一丁。

飯倉御厨。長日御幣。五十丁。

上野國。

二宮 蘭田御厨。上分四丈。布三十疋。二百餘丁。

内宮 須永御厨。上分布十段。口入二十段。
五十四丁七反。

内宮 青柳御厨。布三十段。百二十丁。建永符八十丁。

内宮 邑樂御
厨。布五十段。五十六丁。

二宮 高山御厨。各四丈布十段。二百八十丁。

内宮 玉村御
厨。布三十段。百二十五丁。

細井御厨。七十丁六段三十五歩。

大藏保。
七十五石。

廣澤御厨。

寮(来イ)永御厨。

安房國。

外宮 東條御厨。上分四丈布五段。長日御幣紙五百六十帖。雜用料布百段。

白濱御厨。

東條御厨内也。號二阿摩津御厨一。

上總國。

武射御厨。一名南々卿(郷歟)。

下總國。

相馬御厨。内宮上分布五十段。口入百段。雜用布百段。外宮上分四丈布五十段。御幣紙三百六十帖。千丁。

内宮 夏見御厨。上分布三十段。口入三十段。一名船橋。二百丁。

遠山形御厨。

葛西猿俣御厨。百八十丁。新御厨在之。

萱田神保御厨。

下野國。

二宮 簗田御厨。内宮上分絹五疋。口入九十三疋。綿二千把。布二百段。外宮上分八丈絹十疋。四丈布十段。雜用料
同國絹四疋。
布九十段。

二宮 寒河御厨。上分同百八十丁。御幣紙三百六十帖。建暦三年被レ下二院廳御下
文。爲二
向神領一。

常陸國。

小栗御厨。内宮御領上分絹十疋。口入三十疋。三百二十餘丁。

甲斐國。

外宮 石禾御厨。二百五十丁。

飛驒國。

穴野御厨。

信濃國。
（内宮八ケ條）麻績御厨。上分鮭百五十尺。同児一桶。搗栗一斗。干菜米一斗。口入料六丈布六十段。四丈布十六段。鮭三十隻。同児一桶。
（内宮）會田御厨。七十丁。
（外宮）長田御厨。二百八十丁。上分四丈布二百段。神馬二疋。雑用布百段。一名保科。
（内宮）仁科御厨。四十丁。布八十段。
矢原御厨。千八百九十一丁。
藤長御厨。内宮布五十段。長日御幣日別二丈。外宮同前。
同内布施御厨。
同富部御厨。百五十丁。八所。
村上御厨。小所。

越前國。
（内宮）足羽御厨。上分絹七疋。口入二十疋。百八十丁。
山本御厨。外宮上分八丈絹六疋。雑用二十疋。百八十丁。
（外宮）泉北御厨。上分三十石。長日幣紙并雑用米二石（百イ）七斗（石イ）。七十二丁。
安屋御厨。

越中國。
弘田御厨。三百三十丁。内宮上分長日御幣紙六百四十八帖。外宮上分十五石。八丈絹十五疋。四丈布十五段。綿百五十兩。鮭十五隻。
（内宮）鵜坂御厨。五十丁。
伊水御厨。鮭百五十隻。

越後國。
色鳥御厨。長日御幣紙五百四十帖。口入料米絹布鮭等員數同前。

能登國。
（内宮）櫛比御厨。上分布百段。口入五十段。八十丁。
（二宮）能登嶋御厨。七十丁。
（二宮）富來御厨。湯浦。

加賀國。
（二宮）富永御厨。二百餘丁。内宮上分三十石。口入百二十石。外宮上分十石。魚五十隻。雑用米四十石。

伯耆國。
（内宮）三野御厨。四百六十丁。上分八丈絹十疋。口入八丈絹十疋。鐵十廷。鋌十枚。
（内宮）久永御厨。七百五十四丁。鐵千廷。鋌百枚。

丹波國。
（内宮）漢部御厨。上分十石。

丹後國。
（内宮）岡田御厨。上分布五十段。口入百段。二十九丁九段四十歩。
（内宮）大垣御厨。紙百帖。二十七丁。
（外宮）太多御厨。上分八丈絹三疋。御幣紙雑用十七疋。

但馬國。
（内宮）田公御厨。上分紙五段（帖歟）。口入百帖。件御厨建仁二年寄進。上分紙在之。

若狭國。

（内宮向イ）白笠御厨。件御厨。去正治元年。可レ爲二太神宮領一之由。國司奉免之上。建仁三年七月十日。被レ下二宣旨一之後。同年八月日注。上分口入員數。上分絹拾疋。口入料十疋。

播磨國。

（内宮）國分寺御厨。

備前國。

（二宮）永治御厨。勅願寄進。建暦二年。所レ被レ下二院廳御下文一也。

備中國。

（内宮）神代野部御厨。花山院前右大臣家領。建仁二年建立之。供祭物。上分料鐵貳千廷。口入料鐵千廷。

長門國。

（内宮）三隅御厨。上分十石。

伊豫國。

（二宮）玉河（イ丹生河）御厨。臨時祭料。　前祭主（土御門）御領。件御厨爲二二所太神宮御領一。可レ宛二臨時祭料用途一之由。任二院宣一。建仁三年四月日國司奉免之後。同年五月三日。被レ成二院廳下文一之上。任二先度廳下文幷國司廳宣一。以二彼保一永爲二一圓神領一。宛二臨時用一送。能隆卿子々孫々相傳。知二行保務一。可レ令レ奉レ祈二仙算一之由。元久元年三月九日重被レ成二下院廳御下文一。隨卽國司廳宣。留守所施行具也。仍　千富　每年以二彼御厨所當物一。所レ令レ勤二仕臨時祭一也。

御厨。去建保五年。被レ下二奉免宣旨一也。二宮上分饗料米等。相幷百石。

讃岐國。

笠居御厨。内宮六九十二月。每祭十五日饗料所。

阿波國。

桑乃御厨。

諸神田注進文。建久四年。在京司。

度會郡。　二段。瀧原宮神田。在二田邊鄕一。

多氣郡。　一段。竝宮御筒作内人德成勞。

飯野郡。　二段。竝宮御筒作内人德成勞。

飯高郡。　一野。字阿波良木神田。贄海神事料所。

安濃郡。　一町一段。在二安西郡一。竝宮大内人德元勞。　重昌神田。宮守子良神田五段。在二同郡一。同宮二内人時久勞。　一段。新長松御厨八町一段之内宮平（田字イ）田恒内宮子良神田。　九町八段百八十分。在二同郡一。瀧原竝宮三月三日節供料。　中万神田十一丁之内。二町五段之宮守子良神田。　五段。在二同郡一。瀧原宮二內人武光勞。七段半字等小垣內宮守子良神田。　一町九段百八十步。在二同鄉一。村主鄉二段。黑忠神田。宮守衣粮田。　一町二段。在二同郡一。字草生神田。三町五段在二同郡一。瀧原大內人勞。當時有二公用貢一。　六町一段。在二安東郡一。荒祭宮正月元日。十五日。二月鍬山伊賀利。五月六〔月脫〕日御祭。九月御祭。十月一日。十二月御祭。年中八箇度神事勤料。　三町。本宮正月七日節供料。重東神田。　二町。伊佐奈岐宮神田。　一町七段百八十步。大物忌父氏弘子良粮料。　二町。在二安東郡一。號二粮食一。內人末澤勞。　二町五段。在二安東郡一。大物忌父季貞神主子良衣粮料。　一町五段。在二安（東イ）西郡一。同季貞神主子良粮料。　二町七段。在二〔恐有衍字〕安西東郡一。同助永勞。　三町七段。在二安西郡一。大物忌父光兼子良衣粮料。　三町。安東郡一町。安西郡二町。號二清秡神田一。同光兼沙汰。　一町四段。在二安西郡一。大物忌父氏弘子良衣粮料。　五段。在二同郡一。同物忌氏弘勞。　二町。在二安西郡一。一禰宜勞。　二町。在二同郡一。四禰宜勞。　二町。在二安東郡一。三禰宜勞。　四町。在二安東郡一。山向內人貞次勞。　三町九反。在二安東郡一。代々分附渡神田。　十町三段。在二安西郡一。同分附神田。　一町五段。在二安東郡一。眞光神田。號二御鹽燒神田一。　一町七段。在二安東郡一。號二清淨神田一。　二町五段。御笠縫內人國包勞。　二町。在二安西郡一。二禰宜勞。　二町五段。在二安東郡一。荒祭宮物忌子良衣粮料。　十町。在二安東郡一。御笥作內人利里勞。幷宮守物忌父則淸子良衣粮料。　十八丁。內三町　六段號二氏末神田一。一町在二安東郡一。號二御笥神田一。　五町八段。在二安西郡一。宮守物忌父眞　之子良衣粮料。　六町三段五十分。在二安西郡一。物忌父豐眞賴房子良衣粮料。

三町半。在二安東郡一。同子良幷與玉御神酒料。
一町。在二安西郡一。御鹽燒神田。　七町。在二安東郡一。一町御笥神田。四押加部三十一坪會與利町。
三重郡。　八町八段。伊佐奈岐宮。　二町三段。山向内人貞次勞。　二町。月讀宮三月三日節供料。地祭内人末友勞。　五町。正月七日節供料。地祭内人末友勞。　五町。九月九日節供料。號二守富神田一。　八段。竝宮神田。號二朝田神田一。　一町。地祭物忌吉兼子良衣粮料。
　五町。號二字守富神田一。　六町。荒祭宮御笥作内人枝時勞。　二町。地祭物忌父吉兼子良衣粮料。　二町。同吉兼勞。　七町六段。渡神田代々分附。　八町二段百步。號二櫻神田一。十八町。内三町二段號二氏末神田一。庄田進上沙汰。二町。山向内人德次勞。　二町二段。菅裁内人成包勞。　一町六段。淸酒作内人有光勞。

一町六段。酒作内人末房勞。六月十六日櫻御前神酒勤之。　一町。瀧原御笥勤料。　九町。御笥作内人友員(貞イ)勞。　四町。大内人常重衣粮。瀧祭神田。　九段。三重郡坂部散在分。段別三升宛徵納云々。權物忌爲國勞。
朝明郡。　二町伍段。號二御鹽燒(竈イ)神田一。本宮神事勤之。　六段。瀧原寄神田。　二町。本宮分附神田。號二柿神田一。　一町六段。號二子良神田一。
員弁郡。　一町。本宮御鹽燒神田。
奄藝郡。　一町。本宮御鹽燒神田。　一町。荒祭宮四至神祭袍料。
河曲郡。　御笠縫役田池田與五條二河副里八坪内一町神田。　一十七町。　二町。瀧祭節供料。保元年中。依二勅願一奉レ寄。
一志郡。　六町。

延文五年三月日。本宮注進本幷外宮一禰宜晴宗神主之本等勘之。書寫之。注文之內朱點者。建久四年二宮進レ官注文自レ本所レ令ニ合點一。墨點者。自レ其以來書入云々。以ニ泰昌神主本一書寫之。但今度皆以レ墨書。

氏經

慶安三年十月十八日書寫畢。

右本者大主長左衛門宗茂。數代秘藏之處。令レ借ニ用之一寫留了。万一神領再興之時。可レ爲ニ龜鑑一者歟。但此本內宮一禰宜從三位氏經卿相傳之故。外宮神領頗有ニ遺漏一歟。猶可レ考之而已。

右神鳳抄以小野高潔本爲本書以屋代弘賢本及武州足立郡人馴嶋東雄本挍合了

群書類從卷第十

神祇部十

古老口實傳

神事部。

一年中行事。正員禰宜勤役條。

正月。

朝拜神事以前。三色物忌父等賀參也。大宮幷別宮各節給之前。別菓子八種。肴二種也。但別宮物忌等。宮別交菓一折敷。肴魚物二種。濁酒一瓶子。三提給之。追ニ第三禰宜一賀參例也。云々。大宮下部十六人。母良節等持來。各節給之。交菓一折敷。魚物肴二種。濁酒二瓶子給之。

番日記書様。

注進。 厶年正月上旬。番長内人 等參勤事。

合。

厶神主。至ニ正月一者神主二字无。略儀也。亦不レ付ニ合字一也。故障服氣之仁。不ニ勤仕一例也。

七日定事。七草饗膳一前□家案主給之。但以ニ米一升一出納所下行例也。禰宜布衣不ニ把笏一也。參會之時。服氣禰宜者。御饌道以北端石仁副天步行。經ニ北屏外一也。神事以後勤仕之。雨降之時。於ニ便宜宿舘一勤仕之。政所舘。宮中觸穢之時。延引例也。於ニ例講一者勤仕之。寛喜。壽永。仁治。正應例分明云々。

十五日。御竈木伐事。楠栢白榶花木木北。此五種木者不レ用之也云々。一禰宜分者十六人。下部所役也。仍不レ論ニ一禰宜故障等一奉レ伐。但不ニ合點一也。二禰宜以下各五荷。長一丈。口徑一寸。故障服氣之時。不レ奉レ伐也。服氣以後勤仕之。

權任各一荷。

以二池上山一爲二採用山一也。嘉禎宣旨分明也。
吉書事。
御常供田堰溝事。宮中番直事。取署使給節也。服氣禰宜不二進署一例也。十五日以前連署解狀廳宣等。自二上首一次第進署也。
二月。
上亥子日。母良子良番物忌父等。一禰宜宿館候也。飯酒館家司沙汰也。
氏神祭日。御坐紙一帖。一禰宜所レ進之。祝請預。正權禰宜等幣紙一手用紙四枚也。春二枚也。進之。祝請二取之一。服氣之時不レ進之。
六月。
十一日。宮中大庭御池宮道等掃治。當郷刀禰奉行也。
一瓶子一種。一二禰宜方所レ進之。刀禰定役也。
十五日。由貴御饌料。松二把。柏十枚。於古荒蠣少分。禰宜等所レ進之。物忌父下行也。服氣之時不レ進之。件料物一禰宜家司乞之。若又乞二物忌等一也。
一禰宜分者。諸御厨御薗所役。就中二月所課也。仍一禰宜服氣之時無レ憚也。
當二返抄一一禰宜服氣之時者。二座禰宜加レ署例也。在二返抄米一。
當祭御調糸四勾。一禰宜供進之。母良役歟。
四七兩月日。祈祭幣紙一帖。一禰宜勤役也。祝下行之。
九月。
十五日。由貴御饌料。禰宜勤役供進如二六月一也。
懸税稻。一禰宜七束之中。大宮三束。高宮土宮月讀宮各一束。風神社四把。北御門社同。皇神客神各三把也。但風神宮號之後八把加增也。已上七束八把也云々。
傍官禰宜分五束之中。大宮二束。三所別宮各八把。風神社北御門社四把。皇神客神各二把也。但風神宮號以後四把加增也。已上五束四把也。

權任等无定數。任敬神志者也。

以清淨作田稻供進之。如古神田稻用之。

御調布各一段。正禰宜勤仕之。長六丈鐵尺定經數八十。弘如麻布也。料麻一束。

件御調者。一二三分者。由貴幷御氣殿幌。二宮御座奉用之間。不麁惡勤仕之。勤仕之間。服氣人不同座也。

傍官禰宜假服氣之時者。一禰宜勤仕之。一禰宜服氣之時。政所母良勤仕之。

織御衣各一疋。六丈料糸二□。依為戶所當勤仕之間。服氣故障之時無憚也。

十月。

宮崎御常供田御稻奉納之時。作下部等一二禰宜方江一瓶一種進上之。在大物忌父送文。道前三郡。安濃東西郡。飯高正權專當等。一二禰宜方江酒肴節料。安濃專當各鳥一羽。飯高專當各筵二枚。

十二月。

十五日。由貴勤役如六九月勤役也。

當祭高宮饗膳。福末神田所役也。一禰宜後見宮出納所沙汰也。

六九月者戶々勤役之上。不定分者勢伊太河新開田預勤仕之。

晦日夜。御燈御油所與利奉進之上。一禰宜參酒殿祝詞申也。正權禰宜等隨其志奉獻之。神領所出油之波津穗平取也。

禰宜神主等奉頂御稻御倉事在之。正中與利出入也。御劔給。口傳在之。

一當鄉在家役事。

御馬蒭。諸鄉符。

大豆禰宜巡役。自十月迄三月。一疋一禰宜沙汰。一疋番禰宜。

木柴。東宮御座之時。積良所役也。西宮御座之時。家沼木繼橋山幡積良在家人等伐進之。

一禰宜方節料。輕在家勤仕之。各薪一荷。

二禰宜方節料。在家人等勤仕之。各薪一荷。各濁酒三度給之。十二月以後者。无ニ此儀一也。

□或鍛冶。或檜物。或商人等。依ニ所能一色々仁所レ進之。

一山宮祭。禰時長者行事。若長者故障服氣之時。第二座禰宜勤行也。宮中番禰宜參勤事。可レ有ニ思慮一之由。古人禁之。件祭精進中。宮中神事。直會饗膳之時。魚鳥食用无レ憚者也。祭年人亦同也。

一常明寺勤役事。

正月八日。七日寺定。　二月行。號十二月行也。天喜以後延引。以ニ十二月一勤行也。仍御神事同日勤行也。號ニ辰神供一也。立ニ八封一也。　櫻會。天喜以後延引。以ニ十二月一行。次第勤行云云。　安居。四月八日與利七月十四日万天。　凡供。行(片敷)親之時。一瓶一種。二親喪人一瓶一外居濁五升飯。　黃葉。禰宜巡役也。八年一度勤之。　神事。三ケ日潔齋。在ニ寺定一。　十二月行。二月行延引。號ニ十二月行一也。　例講。正二三四五六七八月。禰宜勤行之。九十十一十二月。權任四人勤行之。潤月者各出米合力勤仕之。　名。　一切。　虫拂。无ニ定日一。禰宜等勤仕之。七月中。　妙見堂行。妻子勤役云云。在ニ指符一故載ニ妻子名字一也。

一日天八王子鄕社勤役事。天地人生化元祖也

正月二日神事。魚食无レ憚也。　同月八日仁王會。无ニ魚食一也。　二月豋山。　二季甞。

宮中觸穢之時。式日延引例也。

一十二月晦日。夜門神祝詞文。不レ可レ有ニ疎畧之儀一也。以レ文可ニ申上一也。

一二禰宜勤役事。後見政所出納所。母良鎰取等勤役。不レ注之。

廿年一度宮中末社。上御井宮。下御井宮。風神社。北御門社。荒神客神二門氏神。

酒殿神　幌幷　調御倉　神幌覆布。料所在之。行經神主口入所也。

一殿疊半帖。直會食上。料材河守所役也。　子良舘莊嚴。出納所沙汰也。垂布。疊。屏風。手水桶。杓等。　子良裳。近年八員禰宜沙汰也。每年九月以前下行也。正安元年九月始之。　同帷布。近年松山御厨別進也。外宮禰宜常良神主口入。　番文奉下帳番日記料紙。近年松山御厨別進也。同常良神主口入也。　每レ旬宮中掃治事。幷一鳥居宮道及橋等。仰ニ出納所及在鄕刀禰等一也。　大宮別宮御井水入櫃等。大宮月讀宮御料。維行長官始之。以ニ昔塥一也。无レ櫃也。

一神宮古物御裝束所レ用篇目。

桐竹呉錦幷刺車錦。奉藏護之外。及ニ顯露一无ニ他用一。不淨之時。不レ觸レ手也。　色色錦御衣等。不淨類之外。所用无レ憚也。

件古物錦綾類。常明寺幡等ニ。古人所レ用。是則无ニ不浄之儀一故云々。建長遷宮之時。東大寺幡料ニ戒壇院上人。相ヨ副官長者之状一。雖レ有ニ所望一无ニ承知一者也。

綾絹。昇殿裝束之外无ニ所用一也。无用以後燒弃之。綿。昇殿小袖等之外无ニ所用一也。无用以後燒弃之。

一假殿御裝束絹事。

御一宿之時。御樋代御船代等御裝束幷御假櫃幣絁之外。諸事无レ憚也。

一古物御樋代御船代等。存ニ如在禮一。宿館中可レ令ニ秘藏一也。莫レ及ニ顯露一云々。故天井ニ奉レ居之。忠行長官遺敎也。爲ニ嘉例一者也。

一御床板。御氣殿同之。御帳柱等无ニ私用一也。不ニ踏越一事也。如ニ宿館戸一者所レ用也。

一正殿材木寄進□殿例也。无ニ人用一也。祭官氏之外无ニ他用一也云々。

一寶殿。如ニ月水所幷足駄類等一。不レ用ニ不浄處々一者也。此外採用无レ憚云々。

一玉垣柱。瑞垣板。諸殿堅魚木。蹈越留處々ニ有レ憚者也。能々可レ存ニ禁法一者也。諸尊形躰表也。氏忠遺戒之由。一禰宜雅元常物語云々。

一宿館事。

凡廿年一度二宮造替遷宮年。停ヨ止天下斧音一云々。故則不レ造ニ私宅一者也。康平遷宮年。二禰宜雅通託宣炳焉。

古老傳云。造ニ宿館一土用无レ憚云々。准ニ末社一云々。上代萱葺。中古萱葺板屋相交云々。近代一向板屋也。

垂木ニ曾利奈志。以ニ正直一爲ニ本意一也。以ニ南面一向レ神。爲レ宗也。

存ニ車寄一可ニ造構一也。齋宮御參宮之時三所女房在ニ寄宿事一云々。上代神主等。乘車參入之間。齋宮御參宮。古記云。齋宮女房車破損之時。用ニ神主車一云々。

一祠官等黑木假屋可レ有ニ思慮一云々。但皮剝者无恐也。祭主隆世卿御一宿假殿之時。祭主假屋黒木柱被剝皮畢。敬神之至神妙。

一神官參籠之時不用臺也。或高坏追重无憚云云。於圓臺者。比土高坏云々。

一一禰宜公文所以清淨爲先也。故雜人輙不亂入也。亦於寢殿不修佛事。可移他所也。

一故障之時昇殿裝束與不同宿也。輕服之時隔間也。日本神祇本記。遷宮假殿心御柱沙汰文等。是同也。

一服氣神主參籠之時。大庭所可隔其間也。

一雜書云。重服人不可解除也云々。除服祓以前禁之。

一犬具參事禁之。

一宮中觸穢之時番文不把笏也。

一宮中鳥居內。吐唾等事用疊紙也。解脫上人遺戒。神是崇驗瑞顯然也云々。

一深更神拜可有思慮事。諸神集給時也云々。參會人不吉云々。

一神拜置道中央步參事。可有思慮也。片寄步之。

一朝熊社參向事。可有一身思慮事。

一氏神祭以後。番禰宜沐浴事。

一致齋散齋及番直勤仕之時。僧尼同宿同火禁之。

一昇殿日。女人與同宿禁之。但隔間也。

一高聲事禁之。

一音曲管絃樂舞禁之。

一帶兵具事。可存式條也。

一忌火用湯黃事。古老禁制之。

一猪油所用事。古老禁制之。

一番禰宜參內宮事。可有思慮也。但正月二日式日神事也。无禁法也。

一參宮前三箇日致齋。不預穢惡。宜存六色禁忌也。弘仁二年二月六日格云。其散齋之內。不得弔喪問疾食宍。不判刑殺。不決罰罪人。不作音樂。不預穢惡事。式云。凡祈年。賀茂。月次。神嘗等祭。前後散齋之日。僧尼及重服奪情從公之輩。不得參入內裏。雖輕服人。致齋前散齋之日。不得參入。自餘諸祭齋日。皆同此例。

一昇殿人前七箇日齋籠也。致齋散齋。无違犯義云々。

一御饌番禰宜前夜參寄候也。番日記以後交替告知也。番日記以前可有思慮也云々。

一昇殿日不食酒肉五辛等也。忌火沐浴之時。鹽并上御池水用之。

一參籠之時。不放烏帽子云々。古人云。上代宿館者鳥居內大庭也。中古者外御馬屋邊中堀內也。近古者中外竝樹邊也。因之不慎恐云々。敬神之至。非如在之儀云々。忠行長官等。常奈江具他爲帽子。於夜者令着用云々。祖父。（行能長官。）同前也。

一諸祭日御在所近邊巫。鼓音禁制符明也。

一月水女血氣。或鋪設。或板敷落付事出來者。以（子良中）他人削退之後。（御氣殿板敷橋月水不淨之時）沐浴解除以後。參宮无憚云云。（但鋪設者。可取退也。）

一祭日同火女月水出來者。即沐浴參宮无憚也。小血并蛭血等。（解除之後无憚也云々）沐浴之後。神拜无憚云々。大血（者忌之云々。）鼻血同前。

一月水女。七箇日以後。三ケ日潔齋。第四日參宮无憚云々。

一產忌事。血留九十日以後者。停止參宮也。宿館同前也。產生穢七ケ日也。无血氣者六十日以後者。自產屋令通也。七十日以後者。同宿參宮无憚云々。火者百日忌之云々。

一赤利病忌三ケ日。參宮人不可同宿也。明判云。赤利病人與同宿徃反。當神事時忌之。

一灸治穢七ケ日。參宮人不二同宿一也。

一神宮職掌内人持二死人一忌事。儒云。持二死人之一者。若過二其穢一者。何不ㇾ從二神事一。

一葬籠僧并持二死人一者。或百日或一廻以後參宮云々。持二死人一者。一廻以前。御殿材木夫役勤仕。及杣作等可ㇾ有二其憚一之由。正元士宮假殿之時有二沙汰一者也。至二御船代等一者。法師及一廻内葬籠夫等。无二勤仕之法一云々。

一齋日及宿舘近邊馬血取事。（正應以後宿舘近邊不憚上古者有制止也）可ㇾ有二思慮一者也。儒云。見二血氣一事齋日禁之。謂忌ㇾ血法言語稱二赤汗一者。可ㇾ忌之狀與二僧尼條一同云々。

一宿舘近邊膠煮事。（近代事也）可ㇾ令二思慮一者也。格云。神祇社内多有二穢臭及放二雜畜一。敬神之禮。豈如ㇾ此乎。宜下國司長官自執二幣帛一愼致中清掃上事　　　云々。

一宮地并宮山樹等採用事。一切禁之。違式罪其如何。

一宮道竝樹内雜人等往反事。（宮人并御常供物運送人夫等無制也）從ㇾ昔禁之。（樵夫市人田夫野人獵師狩人。）

一宮中近邊西北在家。門戶大道。高聲念佛金口音等禁之。

一山田大道不淨人并惡行犯人等不ㇾ通之。河北道通之。

一癩病者。（永久長寬仁治制符）神宮四至内居住并往反禁制之。

一不ㇾ帶二職掌五品一輩者。（新一也新恩也）服氣白丁與同之。雖ㇾ爲二五品一不ㇾ帶二權禰宜職一者。无二昇殿之法。雖ㇾ爲二六位一（第四）帶二權禰宜一者。令二昇殿一者也。可ㇾ存二式條一也。

一本職内人等。雖ㇾ爲二異姓一。外院候天賜二饗膳一之上者。同火无ㇾ憚也。

一雜任權職内人等重輕服事。重服權職同宿同火可ㇾ有二思慮一歟。重服下人等。至二往反一者无ㇾ憚歟。

一輕服權職事。同宿无ㇾ憚歟。於二同火一者可ㇾ有二思慮一歟。但日天八王子頭役勤仕之歲月。同宿事可レ有二思慮一歟。

一宮中觸穢中。不レ供二進朝夕御饌一也。因レ斯私酒宴樂舞遊興事等。可レ有二思慮一也云々。是敬神至也。祖父一禰宜行事分明也。

一權禰宜幷物忌等。稱二六位一新米念(食歟)用之條。違二(新米禁制者叙爵以前也)本記一者歟。謂神主部物忌。九月十五日以前。不レ可二新米食用一云々。服神部亦同。

一祠官等向二北方一不レ可二放矢一云々。是二宮正躰御座方。北斗出現方也。

一宮中例番相違之時。存二敬神忠(志歟)一。以後日。番直勤仕不レ可二思慮一云々。壽永沙汰文具也。

一祠官服氣幷遠行旅宿之時。本宮神事自番之日。於二心中一潔齋遙(庭上)拜无レ怠云々。

一其身服氣之時。以二他人一秡勤仕无レ障也。故障月水女等。祈禱秡可レ立二代官一也。

一墜火物事。古人云。其身清淨之時。食二用火物一者无レ憚云々。又炙物(准火干等)。焼物(准海老等)。荒布(正月)。藻(正月)。索餅。粽。桶餅(柏付也)。飪。火旱。鴨子。毛焼水鳥。(當日无レ憚云々。)

此等類者无二禁忌一云々。舊記云。但當日調備之物。從二神事一人可レ有二思慮一云々。和布煮栗。祭日從二神事一人等。可レ有二思慮一云々。近代古人禁之。

一祠官氏人。男女不レ食二麝香一。依レ有二鹿氣分一也。又以二人骨一不レ用二合方一也。服藥方。麝香鹿馬牛犬。如レ此六畜類諸不淨物禁之。

一舊記云。神官不レ食レ鶴也云々。付狠熊類亦同云云。

一正員禰宜。不レ食二四足類一者也。雖レ爲二權任一宮中宿舘齋日。不レ可レ食レ宍之由。格式文分明也。(謂レ宍者。如二狐兎宍一也。故祭二百神一以レ魚祭替也云々。)

一神宮人血氣未レ去以二鹿髓一。入二家中庭一。神事尤

可有思慮也。古骨掃除人當日不可從
神事之由。代々明判具也。況血氣骨哉。
一高宮穢物出來。同坐人內 宮遙拜所東方谷江下
天。闇谷口退出也。
一土宮穢物出來。同坐人西方日加江退出也。（古人云。御井參道除。元宜存延曆儀式帳也。仍御井南岡世木寺前大道退出云々。除御井道故也。故舊堀跡現在也。）
一風神社穢物出來。同坐人東方闇谷口退出也。但
神拜 前後。无着座以前。或聞穢之由或
見付穢者。自本參道可令退出也。諸
穢者以見付為始。以着座為穢故也。康
治寛喜勘文明也。御池土橋道穢物。不及本
宮。亦乍立見付人。退出不為穢也云々。橋
穢物不及本宮。土橋同也云々。
一神宮輩不怖穢惡事。剝六畜皮事禁之。世（寛喜）
木（三年）二禰宜光高神罰。于今无相違者也。（禰宜職記事。）
一神宮付不淨物名。食用魚鳥事可思慮也。
壽永一禰宜彥章。以堅魚魚膾稱鹿食用之
問。卽有靈夢告而則五月廿四日卒去云々。
一參宮人不乘馱馬云々。有落胎危故也。延
喜康平文明也。仍不負神稅等也。
一神主供祭料外。殺生態禁制之。
一（鷹歟）應飼事禁之。沼取雜魚等同禁之。
一鴨諸小鳥飼事禁之。
一當家雙六及簺態等。一切禁制 之也。曾祖 父敎
令。迄于子々孫々不可違犯者也。
一飼犬事。不淨基。鬪諍種也。更无其要者哉。
一祭日神事飲酒可加斟酌者也。所謂貶酒闕
色。所以无汚云々。
一當鄉所住之外。遠所白拍子與同火事。可有思
慮也。鹿食火有疑也。
一神官者。桐竹（神御衣文也）幷小車文形。不用衣裳文也。又
（神御衣也）黄色衣面仁赤裏可有思慮云々。（忠行一禰宜遺命云々。）
又无文 柿染衣 裳忌之。（為失衣云々。）
一神職氏人召仕 從女之名字爾。榊葉木 綿志手有

レ怖事也。仍代々禁三制之一。件兩名者齋宮女嬬
之定名也。是神代古風傳也。故神職人一切禁
之。
一神宮法。不レ知レ姓職掌號ニ秦氏一例也。其儀相三
叶本記一。
一一禰宜不レ從ニ神事一之時。後座禰宜供奉之間。
一禰宜廳舍參道。幷番文座可レ有ニ思慮一也。
但御政印奉仕之時爾波。小分居レ上天雖レ奉
レ向ニ御政印一其後者如レ本座仁須利下流座也。
不レ至ニ一禰宜一志旦。不レ侵ニ其法一也。昇殿之
時御戸出入亦同也。一禰宜御戶東方。傍官御戶西方。但年中四箇
祭。臨時勅使參宮之時。內院石壺者一座无
レ憚也。如レ此事加ニ斟酌一。可レ有ニ思慮一也。
一古人云。上御池者。表ニ祭官吉凶一。中御池者表ニ
宮司吉凶一。下御池二鳥居外也。者表ニ禰宜吉凶一也云
云。御饌道者物忌吉凶。御井參道土橋怪異
道。大物忌子吉凶也。

一調御倉白蛇出現事。一禰宜怪異也。
一一禰宜者。雖レ爲ニ假染一酒殿與ニ調御倉一以北。前官一禰宜後戶等退出道也
大楠方江不ニ出入一者也。是一禰宜退出忌方
也。
一朝夕御饌供進最中不ニ神拜一也。可レ有ニ思慮一事
也。故人云。朝夕御饌供進之時。參籠之仁等
不レ食事。是恭敬之至也云々。故止ニ諸音聲
等一云々。能々可レ有ニ思慮一也。
（供進之時參會人禰宜子良等退出之程者內御馬屋邊候也）（爾永建長弘安有子細哉）
一神宮怪異事。
殿舍上鷺鵄居事。飛蟻蜂房无名蟲。古木顚
倒幷落枝等事。卽注進之處。被レ行ニ御占一。下ニ
祈謝宣旨一。仰ニ諸社司等一御祈禱之間。神宮爲
レ吉也。近代依レ无ニ奏聞一不レ被ニ祈謝一。因レ玆
神宮爲レ凶之由。雅繼光胤神主等申之。
一酒殿者神居殿也。故預出納外。雜人輒无ニ出入一
者也。又人用雜物等不ニ納置一之。祭器置方角
在之。

一可レ存二祠官一古書。取二詮要一。
二宮尊號事。　三姓氏人本源事。　殿舍本緣
事。寶基本記等。　中臣秡本緣事。　官位次第事。十考
四考長上神主禰宜內人物忌玉串考定贊事。　御鹽湯本緣事。桃柘鹽三種水合以爲
レ湯也。以二榊柘葉枝等一拂灑之。　鹽湯沐浴事。本記。　冠事。付踏事。
笏事。　明衣事。　木綿事。　玉串事。　水火
非常難出來之時裝束用意事。付參拜儀式。
一神宮秘記數百卷內最極書。
飛鳥記。　大宗秘府。　大和葛寶山記。神祇部。
心御柱秘記。　神皇寶錄。
此五通者一見之處。二世利益 所謂正覺正知
本師明文也。
一如在禮儀用心書。
十七箇條憲法。聖德太子御作。　德失鏡。天神御作。　貞觀
政要。　帝範。　臣軌。　老子經。　古文孝
經。　曲禮。　月令。
一諸天三寶敎令。以二梵網經一爲二最極一也。宜レ加二
一見一。內證外用二神道佛道一。常住本无慈悲。神
主孝順至道。思之思之。諸天子垂跡。諸佛出
世。千經万論。歸二一心一而已。作レ大作レ小。作
レ有作レ无。作レ淨作レ穢。作レ善作レ惡。是一心
作也。
一齋宮院內禁制如二式文一。
月水故障。服氣男女等。退出之法也。
鼓笛音。院中禁忌之。用二尺拍子一也。
巫態禁忌。御託宣記。
六色禁忌內外七言如二式條一也。
鴨子不二供進一之。貞觀以後禁制也。
一造伊勢太神宮使家中禁法事。
宣下以後。僧尼重輕服奪情從レ公不二出入一
也。神主輕服之時出入同座无レ禪之內。(由賦)　造宮
所目代傍親承安 例文出對之云々。朝夕食事
用二土器一也。不レ食二雜人火一者也。
一宮司家中禁法事。

着任之路次不レ用レ笠也。不レ乘ニ〔白歟〕自毛馬一也。
次第作法行事記具也。入ニ家內一四方拜別記具也。
僧尼及重輕服人々等。不ニ同宿同座一也。但僧者烏帽子直垂如ニ俗形一改ニ其像一者同座云々。
着任以後別火。不レ食ニ他人火一者也。用ニ土器一也。二宮正員士同火不レ禁之云々。
家中門內故障產婦禁之。移ニ他所一也。
御正印事。延久宣□分明也。不レ可レ令ニ依違一者歟云々。
旬參每度沐浴濯ニ本烏一者也。大司康家所帶記分明也。就ニ沐浴字一濯ニ本烏一之儀勿論也。
忌火歟者男所役之云々。當日精進也。女犯。鷄鳴以後沐浴例也。
一宮中掃治之間。正殿寶殿瑞垣等ニ生付懸玉葛。不ニ掃退一者也。神明御饌在之云々。故近則建長正殿。文永同正殿。東寶殿棟持柱南面瑞垣ニ生懸玉葛。守ニ舊記一不レ被ニ拂退一之也。

玉葛者。皇帝御代天地无窮長久瑞吉葛也。因以ニ神離一爲レ餝緣也云々。神詞詠分明也。
一大小神祇使者。狐烏鷄蛇鏑。是則五官王夜刀神也云々。故示ニ吉凶一者也。在ニ神咒一。
一神聖禁戒。千經所說。禮是心基也。故天下恠異聖朝御藥。不レ可レ不レ愼者也。因レ玆古人傳云。其國主其氏長者歎者。齋念宜レ專ニ謹愼之誠一也。禮亂則神明已散。思之思之。
一沼木鄉惣刀禰事。應和年中以ニ二禰宜一被レ定三置刀禰職一以來。補ニ小刀禰一撿三〔察歟〕寮鄉內不淨一令レ禁ニ狼藉一者也。鄉民所帶文書紛失之時。請ニ在地刀禰判一。

判

件ーーー實正明白也。仍任ニ傍例一所レ加ニ證判一也。

沼木鄉小刀禰ーームー判

彼田書文書ー之由。在地刀禰證判明白也。仍爲ニ沼木鄉惣刀禰一。任ニ傍例一加ニ證判一之。

豐受太神宮二禰宜度會神主判

正安二年六月　日以㆓當宮二禰宜行忠神主書寫本㆒書㆓留之㆒畢。

于時正和昭陽之曆。无射白月之天。以㆓先考御書寫之本㆒爲㆓存知㆒遂㆓書寫之功㆒。抑此記者故西河原後長官（行忠神主）執印以前所㆑被㆓勘錄㆒之古老口實傳也。當家尊可㆑存㆓此旨㆒者歟。

權禰宜正四位上度會神主延誠

右古老口實傳以小野高潔本書寫雖有不審依無類本不能挍合

詔刀師沙汰文

奉行政定神主。

內宮祠官等申。外宮祠官等。以㆓諸國參詣輩等所㆑捧御幣物㆒抑㆓留當宮分㆒條。神慮有㆑恐由事。申狀如㆑此。可㆑爲㆓何樣㆒矣。有㆓所存㆒者可㆓示給㆒也。仍執達如㆑件。

五月七日　　神祇權大副判

外一三位殿

表書云。

外一三位殿　　神祇權大副親忠

內宮祠官等謹言上。

欲㆘早停㆓止二宮相兼非儀㆒被㆑相㆓分詔刀師於二宮㆒蒙㆗平均神恩㆖。爲㆓外宮祠官等㆒以㆓諸國參詣輩等所㆑捧御幣物㆒抑㆓留當宮分㆒條。神慮有㆑恐子細事。

右稱㆓三姓氏人㆒者。大中臣荒木田度會是也。仍中氏者。掌㆓天神地祇祠㆒職。爲㆓三氏之上﨟㆒

兼二二宮之拜趍一者也。

爰正權禰宜。內宮者荒木田。外宮者度會氏。各居二一宮奉仕之職一。全無二兩宮兼行之法一。

然間王侯卿相被レ奉二獻幣帛一之時。二宮御祈禱師令二奉幣一者例也。關東將軍家相州刺史以下大名。又以同前也。

而以二諸國參詣貴賤幣物一外宮祠官職掌人等一向抑留。而令二拜領一之條。神慮有レ恐。且離二當氏一之人難二啓白一之故也。

因レ玆彼宮氏人等者。錢帛充レ藏。酒菓堆レ案。貧富雲泥。自今以後者。分二幣帛於內外宮一可レ遂二神拜一之由。被レ下二御下知一者。瑞籬風前彌儼二禮奠一。齋屋露底益均二慈惠一。凡處々權扉社官等。各憑二諸檀之力一令レ繼二累葉之業一。何限二于當宮一不レ申二達理途一哉。

然早停二止二宮相兼非儀一。分二詔刀師於內外宮一。爲レ蒙二平均神慮一。言上如レ件。

元弘二年三月日

外宮陳狀。

外宮祠官謹弁(謂脫歟)申。

諸國參輩幣物間事。

右內宮祠官等去三月日訴狀偁。今月七日惣官御文偁。內宮祠官等申。外宮祠官等以二諸國參詣輩等所レ捧御幣物一抑二留當宮分一條。神慮有レ恐由事。申狀如レ此。可レ爲二何樣一哉。有二所存一者可二示給一也者。

神宮施行。子細同前也。

抑彼申狀偁。內宮昔(者歟)荒木田。外宮者度會氏。各居二一宮奉仕職一。全無二兩宮兼行之法一云々。此條暗二元始一歟。將又姧曲甚歟。不審非レ一。所以者何。兼神天照太神皇御孫尊。御降臨之昔。度會遠祖天村雲命。一名天二上命。一名後小橋命。自レ爲二供奉功神一之以降。天波與命。天日別命。彥國見賀岐建與束命。彥由都久禰命。彥楯津彥久良爲命。大若子命。

一名大幡主命。已上九代。遵二于大神之御遷座一名〔各歟〕奉三仕所々一畢。
爰垂仁天皇卽位二十五年。丙辰天照太神五十鈴河上御鎭座之當初。以二大若子命一被レ定二太神主一畢。
次景行。成務。仲哀。三代御宇。　乙若子命奉仕。
神功。應神。二代御宇。　爾佐布命奉仕。
仁德天皇御宇。　小爾佐布命。
履中天皇御宇。　彥和志理命。
反正天皇御宇。　小和志理命。
允恭天皇御宇。　事代命。
安康天皇御宇。　阿波良波命。
雄畧天皇御宇。　大佐々命。
已上自二大若子命一至二大佐々命一累祖九代。
爲二大神主一奉三仕内宮一畢。
雄畧天皇卽位二十一年。丁巳依二内宮御託宣一。明年戊午秋七月從二丹後國與佐郡一被レ奉三迎豊受太神一之時。大佐々命爲二御使布理一。奉レ御三鎭一座山田原一後。大佐々命爲二大神主一兼二二宮一同御宇奉仕。
清寧天皇御宇。　御倉命。
顯宗天皇御宇。　佐部支命。
仁賢天皇御宇。　野古命。
武烈天皇御宇。　乙乃古命。
繼躰天皇御宇。　神主飛鳥。
安閑天皇御宇。　神主水通。
欽明天皇御宇。　神主小事。
敏達天皇御宇。　神主加味。
用明天皇御宇。　神主小庭。
推古天皇御宇。　神主伊志宇麻。
舒明天皇御宇。　神主調。
皇極天皇御宇。　神主馬手。
孝德天皇御宇。　神主吉田知加良。
齊明天皇御宇。　神主富杼。

天智天皇御宇。　神主志初大。
天武天皇御宇。　神主御氣。
已上帝錄十七代。遠祖十九代。爲二所太神宮之大神主。一身兼行兩宮神事畢。都□三十七代爲內宮管領之祠部也。
天武天皇卽位元年壬申改大神主禰宜。雖被始置執行職於兩宮。共以當氏之曩祖也。
持統天皇御宇卽位元年丁亥以荒木田野守被任內宮禰宜以降。兩氏相竝爲禰宜職也。
天照太神御鎭座五十鈴原之初。以中臣祖大鹿嶋命定祭官。以度會祖大若子命定大神主。以荒木田祖天見通命玄孫大宇禰奈等被定物忌畢。所職之元由。奉仕次第。各以如斯。
然間自物忌雖轉補禰宜於荒木田氏人者。古來无二宮兼行之例。唯度會氏人爲奉仕兩神之器也。是以欽明天皇卽位元年庚申以神主小事娘宮子爲齋內親王代齋奉。其御世三十二年之間。天皇平安人民豐樂也云々。是又當氏之美談。兼行之蹤跡也。
加之奉餝內宮御座於外宮院內。曉天蹈霜。晚陰載(載歟)星。每日兩般供進御膳。啓內外宮之詔刀。奉祈朝家事。專當氏之勤役也。式文懸鏡之上者。掌二宮啓白之條。誰成疑惑。
居一宮奉仕職之由。乍令自稱。荒木田氏人中。當宮幣物詔刀條事。與情相違。然而察廣大之神慮。外宮祠官敢不成愼之處及訴訟。比興至極歟。
又偁。以(抑歟)諸國參詣貴賤幣物外宮祠官職掌人等。一向神留而令拜領云々。
　牒文如前。
此條兼(無歟)跡形之不實也。祠官事廣殆數十人。其中何族押留內宮分哉。早付彼宮祠官等。檀那幷詔刀師云二押留一幣物之色目。一々被レ召二注文一。可レ有二誡御沙汰一歟。

或徘二徊瑞籬之緣邊一。或令レ媚二參詣之緇素一。好指二南望一幣物一。剩待二請路次一。奪二取幣物一之輩。在二內宮一之由雖レ令二風聞一。至二當宮一者未二承及一者也。

又偁。因レ玆彼宮氏人等者。錢帛充レ藏。酒菓堆レ案。貧富雲泥。可レ謂二勿論一者歟云々。

牒文。

此條雖レ爲二枝葉一。就二問狀一粗所レ述二心緖一也。念日非二當宮祠官成一レ阿。雖レ不レ預二幣物一。依二自然之運一有二福祐之名一。前業之所レ感。不レ足二喜憂一乎。

抑中臣者掌二天神地祇之祠一職。兼二二宮之拜趍一云々。

牒文。

外宮者天神七代之大元。內宮者地神五代之最初也。今所レ言之地祇何神哉。所存頗不審。早可レ令二注進一者也。

牒文。

次如二申狀一者。內宮祠官等謹言上云々。以二訴人之身一奉行之條。尤可レ被二停廢一者也。

以前條々抽レ簡取レ要。披陳言上如レ件。

正慶元年五月日。

私記。

內宮方者裏多太郎太夫政定神主作レ之云々。

外宮者爲家行未禰宜之時作レ之。于時檜垣三位長官被二取捨一畢云々。

此一問答。內宮方人々閉口了云々。

右詔刀師沙汰文以平高潔藏本一挍了

群書類従卷第十一

神祇部十一

元亨元年十一月廿二日高宮假殿日記

自十八日禰宜并大宮物忌。高宮物忌等。參籠也。

一假殿御裝束次第。

廿一日。番文以後。奉洗新宮。高宮職掌役也。桶二。杓二。布一反。自宮司方請之。禰宜等各沐浴。就案內申。參　木柴垣許。各衣冠。一常良。二行文。四良行。五行尙。六家行。七予。八雅任。九貞香。十貞鄉也。三朝棟。依雜熱事雖參宿舘。無供奉。着忌屋殿南例所。鳥居西脇。西上南面。爰如記錄者。御裝束自調御倉奉出之處。今度無其儀。予申云。御裝束者。令奉納何所哉。可被相尋之由。令申之間。被尋荷用等之處。御倉不坐之由申之。仍不審之餘。相尋高宮職掌之處。於御裝束者。已就公文所之指南奉昇高宮新宮御前云々。是以外次第也。總被召寄如先例自本宮可被先立之由有衆議。被召寄宮中沙汰人奉行等。無故實之故歟。不可思議次第也。御裝束筵等。奉居案二脚奉昇。高宮職掌役也。先陳祇承宮掌家國一人也。今一人不參不可然。次御裝束。次禰宜於木柴垣南際例所。有御鹽湯。各參內院神拜之程。御裝束等。御池際杉木本徘徊。別宮遙拜如恒。其後次第又參高宮。忌屋殿東内宮遙拜所。大杉本案於南(乃歟)北止相竝。二脚立之。禰宜西上南向蹲踞。案於東方爾向西。御秡有之。散供米自宮中沙汰之。大宮一繭物忌貞兼。勤仕之。先御裝束。次禰宜引廻之。禰宜以下手水有之。次本宮神拜。御裝束者。假殿前奉置之。參假殿御前西上向北也。御戶者兼奉開。一禰宜參後。自餘禰宜等應召參爲先例歟。而無其儀。二禰宜卽推參違先規哉。其後皆參昇。一禰宜東向西着座。自餘禰宜次第久留利止。御戶西際一□氏。後先氐着座。御床板中程兼奉居置了。召貞兼先召筵二枚御戶前仁敷之。奉置御裝束。爰於先規者。進司中送文於一禰宜。讀合之後。可奉餝御裝束歟。仍相尋之處送文無之。寔於一禰宜公文所云々。以外次第也。仍走取之間。經數尅了。予申云。永仁三年二月十九日假殿之時。如今送文留公文所之間。取遣之條。依經數尅。

御裝束奉仕之由。所見分明也。有員數上宮司送文爾可見也。御沙汰有何樣哉令申了。而宮司奉送絹以外薄如綱(綱歟)之上。鎚毛知又以外底弱之間。毛知者五寸許也。金鎚者僅二寸五分許也。以此絹奉餝之條。依可有事恐。召雅見文尙被觸送司中云。前々司中奉送絹中。以善絹奉懸御幌用絹恒(垣歟)例也。而今度所進絹以外素惡也。所詮御帳者。以是可奉用御幌絹垣絹一疋。可被尋進也。次毛知金鎚者。天井組入肱金可打料也。而件肱金者大。毛知金鎚者以外底弱也。以件金鎚等可奉打哉否。可有御了見也。忽可被造進之由也。彼是問答之程。予八九十禰宜。御糸與利多氐麻津留。相向大司宿舘。大世古次郎大夫行近神主舘。令問答之處。如返答者。件絹者。於父祖之記錄者。代々織延也。仍守先例致沙汰了。非新儀。内宮去七月正殿假殿之時。自此絹毛以下品之織延雖致沙汰。高宮今度之儀。異于他之由。被下嚴密院宣之上。身仁毛以敬神自前々事宜絹蕁進云々。又金鎚毛知。守代々記造進了。非私儀云々。仍重又相觸之處。終不事行。大方此御裝束等。於一禰宜館公文所請取之。尤不法事者。加精好可返遣之處。無左右領納之條不可然。以彼絹奉餝之。問答之間。已經數尅及亥下尅。殿內御油燈心等。自宮中請之。絹二疋之中以。四丈幌奉裁之。長六尺五寸。三幅。一二禰宜役。奉縫之後入筒貫奉懸之。肱金打之。東一西二勤仕之。爲三幅之間。兩方柱通依絹狹奉仕難叶之間。守先規絹少分相加。令打之處。柱今四五寸不行付冠木仁。兩方見合。以外肱金樣長間。打津女須。長々止打之。司中奉送金槌。難立事用之間。召寄三頭工近澤。今度假殿之時。新槌奉用了。次御門幌長五尺五寸。三幅。裁之。下役人方縫可奉懸之由召含了。天井御帳料四丈津々。二切殘置之。取合切々絹垣方下行三切之內。二切一丈五尺津々有之。今一切者今少分長云々。二切於二幅奉閇。所殘切於一切仁氐。末仁閇付之。絹垣串者六有之。當宮職掌請取。於忌屋殿奉閇之。次召寄小足代二脚。奉入天井組入釣金。奉打次第。如乾元二年二月廿三日高宮假殿之時行忠日記者。先辰巳。次丑寅。次未申。次戌亥。云云。然而今度辰巳方一。未申方二勤之。仍令申子細之處。令閣有評定。一禰宜被申云。前前記錄如此歟。其上訪本宮例。先辰巳。次未申也。當宮方角同本宮。尤可訪彼例歟云云。仍各一揆了。先巽一。坤二。艮四。乾五勤之。次天井覆御帳。以四丈氐三幅爾引延天。東西止相竝氐奉懸之。絹上切目端者東也。自南方相竝。鼻總奉仕之。重下北端也。東一西二勤

之。後和奈切放之。次又以二四丈三幅一如レ元奉二
引延一天。南北止奉仕。御前者御板敷仁。五寸許
宇地波江多利。後波僅一尺許有之。和奈同切之。各四
方天井不地仁閇付之。又自レ上一尺許下氐。一
處津々閇之。御前者下閇也。其後取二出足代一。
召二薦二枚一。自二御戸中心一寄二敷居際一。北江相竝
氐敷之。以レ東爲レ上。次司中奉レ送筵十枚也。
如二前々日記一者。長筵四枚也。而今度小筵也。
二枚御床上料殘置之。仍以二八枚一奉レ敷之處。
不レ及二半分一。仍以二文尙一問二答司中一之處。守二
先規一致二沙汰一上者。難レ叶之由申切云々。無レ謂
次第也。爰文尙去乾元二年爲二司中目代一致二作
所奉行一之時。如二記錄一者。廣筵尋常買賣筵也。八枚令
レ進之處。尙不足之間。重小筵進之由。所二記置一
也。今度所レ進筵者。僅小筵也。必不レ可レ依二枚
數一。所詮大筵八枚忽可レ被二沙汰進奉一。敷二滿以
前小筵一令レ餘者可二返進一也止。再三令二問答一

之處。自二里宿大世古亭一取寄。及二亥下刻一進
之。自二里宿一取進之條。可レ爲二何樣一哉云々。文
尙申云。前々當日自二和市一買進。尙以奉レ用了。
況自二宮司亭一令レ進之條先規之由令レ申之
間。令二解除一本宮物忌父貞兼。奉レ敷之。自二巽角一敷始。
東乃西端下羽。西乃東端上羽也。仍大筵六枚敷
之處。北西方不足之間。西方迄二北際一五枚。北
西端小筵與利迄レ東三枚敷之。仍八枚也。皆以二竹縫
針一縫之。無二定所一。廣筵二枚令レ餘之間。司中返渡了。次
奉レ居二御床一。北去レ壁笏一長也。其上小筵二枚敷之。南乃
北端者下羽也。北乃南端者上也。其上白布一
端。二重引延氐。二幅奉仕引延天。二幅相竝。二
重仁重氐奉レ敷之。和奈西也。東西餘分者。御床
乃下仁押入之。次燈臺東西各一基津々立之。切
目壁副也。出二御火一之後。奉レ閇二御戸一。自二末
座一退出。於二木柴垣外一蹲踞。勤二仕御秡一。有二御
鹽湯一。其後先立二御匙幷絹垣等一。奉レ納二本宮御

倉之後。各退出也。自戌刻雨降。雖然臨鷄
鳴之期晴天。
一御出次第。
鷄鳴以後。就案內用裝束。禰宜等參集木柴
垣許。一二四五六七八九十也。着廳舍如本
宮假殿。御火一體事勤之。後着例所忌屋殿
南。爰御鑰案。自高宮不持參之間召寄之。
奉居御假櫃。先祗承。次御鑰。次御假櫃案。次
絹垣等。禰宜權官參有御鹽湯。於玉串殿前
禰宜與宮司對拜。宮司手水者兼用之。大司長
康。十七歳歟。少司國重參。權司者未補也。禰宜參
內院。其間絹垣已下。御池際爾徘徊。別宮遙拜
之後參高宮。內宮神拜所案南北止奉昇居
之。禰宜東上南向蹲踞。宮司西上南向蹲踞。中
强也。案東向西氐勤御秡。貞兼。在後手。御假
櫃已下禰宜等參本宮。東上向北。宮司西上北
向着座。中强也。詔刀文兼渡大司。大司又亘

少司國重。進參令讀之處。長官被申云。大司
被勤仕之處今度任用勤仕如何。大司答云。
別宮者每度任用勤役例也云々。其間問答及
數刻了。爰宮司侍文長。文能子。高聲任用勤仕間
例也。奈止不被勤仕哉云々。爰長官主被返
答。古佐加志宇令申者哉之由。被突鼻了。其上非
時服夏袍也。尤不叶詔刀任云々。此上何可
爲計之由問答之處。終國重勤仕之。凡勤役
體比興事也。非飄居蹲踞。玉串供奉鬘木綿之
後。又立之。一拜之後。又蹲踞讀之。不可思
議事也。此人元來一文不通也云々。歸本座之
後。御封開之由申之。令參昇奉開御戶。昇
殿仁□□。其時列立御門。西脇與利西江開氐令
立。宮司東脇也。皆北爲上。一禰宜召召立神
主貞棟。長官甥予。十禰宜舍弟也。如木。任次
第奉出御神寶。讀終後揖拜退出。爰一禰宜
爲先陣警蹕。兼着木綿鬘先例也。今度無

其儀一。仍自後內々令レ申之處。尋寄着之。無沙汰事也。一禰宜者御門脇蹲踞。自餘南谷祭東上北向蹲踞。抑今度之儀。異二于他一之上。物忌等許者不レ可レ叶。禰宜二人可レ參云々。本宮御體於一二禰宜奉仕之。高宮波三四禰宜。土宮五六禰宜。月讀宮七八禰宜。風宮九十禰宜可レ參之由治定了。而三朝棟依二雜（贄賜）熱事一不參。四良行一人。昇殿前七箇日參籠也。御體等奉レ鎮二假殿一之後。各參二新宮一御前列立如二本宮一。仍本宮御戶者。昇殿役人奉レ閇之。又召立次第讀レ之。神寶奉レ納二新宮一之後。奉レ閇二御戶一。少司進參申二詔刀一。無二玉串一。徒跣也。歸二本座一後。八度拜。二度拍手兩端也。其後奉レ先ヲ立假殿御鑰等一。禰宜參二本宮一。御倉奉納之後退出了。宮司者其後也。爰可レ奉レ取ヲ替本宮御板敷一間。明日未明可レ有二古物渡一。各令二用意一可レ被レ參之由。權官被二相觸一了。仍翌朝廿二日朝各就二案內一參二例

所忌屋殿南一。奉レ先ヲ立御鑰一。本宮物忌父貞兼參。有二御鹽湯一。參二高宮新宮御前一神拜之後。參二本宮御前一奉レ開二御戶一之後。任二本宮古物渡之例一被レ分。禰宜一六八九十。本宮御門西脇。北上東向列立。二五七予者。新宮御前如二本宮一列立。奉レ出二神寶一權官不レ謂二上首末座一請取奉レ渡了。其後閇二新宮御戶一各參如二本宮座一。爰本宮御板敷幷御床。可二改替一之間。先御板敷平金。予幷五禰宜參昇奉與（舁歟）之。爰一禰宜被レ命云。盜人依二參昇一如レ此被レ改者也。而平金事不レ載二以前注文一之間。不レ被二官下一。眼前踏穢所於波可二放退一。御床下文角御神寶下於波令二放置一可レ用云々。仍如レ此令レ放了。所二踏穢一平金十三。尙可レ奉レ用二平金十六一也。御床平金十二放置之。御船代西壁外爾案上奉レ置之。御幌取之。各奉レ先ヲ立新宮御匙一。參二本宮一御倉奉納之後退出了。當日云二本殿御板敷一。云二御萱

茸一。并盜人參昇跡等令ニ脩補一了。工等人數可レ注之。御板敷取替之時。又奉レ洗之。臨ニ酉刻一申ニ案內一。禰宜九人參ニ柴垣本例所忌屋殿南一。奉レ先ヨ立御匙并官下御裝束一。奉レ納ニ朱漆辛櫃一合一。有ニ祇承御鹽湯一。參ニ內院一神拜。別宮遙拜如レ恒。高宮忌屋殿東大杉木本。又南北御辛櫃舁居之。禰宜南向西上蹲踞。御辛櫃與利毛東。向レ西勤ニ御秡一。貞兼。其後舁居之。新宮神拜之後又參ニ本宮一。先一禰宜昇殿。尤二禰宜已下可レ應レ召事歟。無ニ其儀一。又推參違ニ先規一哉。已及ニ夜陰一。炬火油者宮司役也。先平金自ニ巽角一奉仕之。不レ汚平金以ニ十六一氏奉仕。次第。御前二竝十。又東西壁副氏五久留利止打之。已下相□十六。御床下以下不レ付之。抑此平金事。去十月廿一日。於ニ廳舍一予申云。高宮假殿之時。御板敷可ニ改替一者。平金事可レ爲ニ何樣一哉。可レ有ニ沙汰一歟止申。爰二二四禰宜。於ニ別宮一者

無之云々。其後罷歸引ヨ見送官符一之處。高宮三十二雙之由也。仍今月十六日。御籾奉納之時。先々令レ申ニ高宮平金事一。被レ載ニ送官符一之條分明之由令レ申之處。皆閇口了。去月令レ申ニ所存一之時。令レ經ニ奏聞一者。定ニ御假殿一以前有ニ勅許一歟。仍如レ此無ニ勿體一事也。次懸ニ御幌一。此幌者去九月御祭之時。先以官下奉レ懸了。今度御祭之時無ニ御幌一。可レ爲ニ現露一。任ニ先例一御祭之次可レ奉レ懸歟止。予兼令ニ申置一之處。被レ尋ニ先規一之間之由令レ申之間。以ニ御祭次一被レ懸了。九月小筒貫大之間。差入之段難レ叶之刻。閇付奉レ懸之。仍今度予氣津利氏縫目差入。奉仕之次奉レ居ニ御床一。去ニ北壁一事笏一長。打ニ平金十二雙一。東一西二勤之。官下御裝束爲ニ末座禰宜後一之間。九十禰宜退出。御辛櫃盖(蓋歟)皆取入舁ヨ參殿內一。次天井生絹覆於東西氏奉仕。其上東一西二。次十二幅御帳欲レ奉レ餝之處。十

幅外無之。今二幅不足。東北西止引廻氏奉仕。天井爾不地閇付之。長本數長尺歟。四尺餘有之歟。以外短者也。前御帳爲二四幅一之處。二幅。今二幅不足。是同短。十幅御帳南押廻分與。今二幅御帳以レ糸引寄閇之。如二前々一者。今四幅不足之間。南方角兩方不二行合一。其後土代之布奉レ敷。（長六尺。二幅也。）東一西二之後。奉レ鎮二御船代（東五十。西予八。）其内仁。爰一禰宜被レ命云。御船代内御裝束奉レ餝之時者。每度差貫久々利於止起。踏久々美氏奉仕而。以二畧儀一御床仁跪於懸差及二奉仕一之段。可レ爲二何樣一哉云々。六拜予不レ可レ有二何苦見一哉之由令レ申之間。久々利於不レ解。御床爾跪於懸氏奉仕之。東一西二。手長役依レ爲二三座一。四良行可二勤仕一云々。帛御被於可レ進之由被レ命之處。進二帛御裳一以外次第也。其後又進。尙返下之間。其後者尋失仰天。不レ知二帛御被一之條無下底弱也。令二尋求一之間。御衣御裳已下。皆疊於引阿佐夜加須。予令二

指南一之處進之。其後生絹御被。已上長各四尺五寸。弘各二幅。納二綿五斤廿兩一歟。次可レ爲二帛御衣一之處不レ見。不審之餘披二見送文一之處。不レ載二送文一之間無レ力次第也。先日錦御衣外者。悉被二調進一之由載二請文一了。以外違目哉。尤可レ引二合送官符一之處。無沙汰之條神宮失錯哉。其上生絹御衣。其上可レ爲二緋御衣一之處。一禰宜被レ命云。御裳奉レ餝之後。其上錦御衣於押取氏奉仕先例也。而今度錦御衣無二官下一。御裳上無二御衣一之條可レ有二事恐一。緋御衣於准二錦御衣一。御裳上奉レ餝之條。可レ爲二何樣一哉云々。尤可レ宜之由六拜予令レ申之間。帛御裳奉レ餝。次紫紗御裳奉仕之。其上准二錦御衣一。緋御衣奉仕之。綠御帶二筋進之。前々者大畧一也。今度二被レ奉レ送之。仍二筋奉レ餝之。御櫛箱一合。有二櫛四枚一。髻結二筋差二入御床下一了。御船代盖者。北方身仁寄懸氏奉レ置之。次燈臺二本。

東西立之。自二末座一退下。出二御火一之後。奉レ開二御戸一。本宮御倉奉納之後。及二亥下刻一各退出了。

一還御次第。

子下刻中二案内一。禰宜束帯。一禰宜之外者皆懸尻。參二廳舍一。皆參之後參二例所忌屋殿南一。先祗承。次御鑰櫃。有二御鹽湯一。於二玉串殿前一宮司止對拜。參二内院一。其間御鑰徘二徊御池際一。別宮遙拜之後。參二高宮新宮一。御前東上北向。宮司西上北向。中强坐少司讀二詔刀一如二今朝詔刀一。又可レ讀レ端之處。奥讀之。讀終之後又高宮氏波（讀脫歟）端讀。於二本宮一者奥可レ讀之處。違二先規一可二讀直一之由予令レ申之間。又讀直之。凡少司式。失錯越度非レ一之間。不レ及二委細一。歸二本座一之後。禰宜者御門脇東向北上列立。宮司東脇北上西向列立。如二今朝一。一禰宜召二召立神主一。次第讀終之後。鳥役人勤之。後出御。一禰宜警蹕。自餘禰宜谷際東上北向止蹲踞。奉レ鎮二御體於本宮一。自二新宮御門前一四五禰宜脱レ沓參二入絹垣一。於二前々一者。絹垣役者當宮職掌也。昇殿人數二人。火炬火滅役是四人也。今度御體奉戴一人。八十一面御鏡四合四人也。而去五月御出現之時。天鏡已下八十一面。皆四合取入之間。今度悉被レ改二御座一之間。於二殿内一經二數刻一云々。以外移レ時許也。其後四禰宜罷出。一禰宜召二召立神主一。次第讀之。神寶奉納之後。出二御燈一奉レ閉二御戸一。御前禰宜東上北向。宮司西上北向。中强坐。詔刀事終之後。拜手有之。奉レ先二立御匙一。已立座罷出之處。雅蔭政所勤行文持參之間。歸二着本座一。當殿瑞籬巽角御門東脇西向讀上之。任二先例一次第名字書付之。不參禰宜不レ書之。令レ書之後。令レ置二硯際一立座。宮司公文文長進寄。大司少司名字書也。其後各立座。御匙已下奉二納本宮御倉一罷出了。

一同廿三日朝。禰宜參例所本宮忌屋殿南。奉先立御匙。（有御鹽湯。）又自新宮古物渡有之。各衣冠。權官大畧參高宮。本宮神拜之後。如昨日禰宜等兩方神寶悉奉納之後。一禰宜參御門內。自餘禰宜可參之由被命之間各參。爰爲向後。殿內御神寶令目錄同分。分置左右。散々物者雖納置殿內。不可有所詮。祭器古可燒之由。分明之上者。禰宜等許後日沙汰之條。非無思慮。如此正權悉參之時。可燒之由令存如何云々。面々尤可然之由令申之間。一禰宜參大床東方。二禰宜參西方。就一禰宜指南。二禰宜行文執筆記之。（尋取可書。）其後奉閇御戶各退出。新宮坤角於大杉東火乎切氏奉燒之。一禰宜加封付御鏁。御封畢止申。拜手有之。奉先立御匙各參本宮。御倉奉納之後退出了。爰於木柴垣本一禰宜命云。今度配分物事可爲何樣哉。前々者禰宜八人也。十人加補之。別宮假殿今度始也。割分上首可宛九十禰宜兩人歟云々。又今度昇殿人數加增。彼等分如何。非常配分物者。本殿御板敷舊板六枚。同御床一脚。御板敷平金十三。御船代內。此五月御出現之時。自本宮東寶殿奉申合祭主方令出奉。餝幣絁五端之內。一端波御形御被盜失之間。准御形御被奉餝之上。所向後不可奉出。今一端者天鏡奉餝之間。殘三端有之。是又何樣可相分哉云々。仍面々有評定。今日御裝束以下古物配分了。委于配分文。配分。古殿御板敷者。六禰宜皆合（令歟）所望之間。自長官領狀了。假殿二禰宜得分殿內御床。天井釣金等悉不相分。二禰宜一向得分也。官下御裝束。朱漆辛櫃。長官得分也。爲先例之間。不載配分文。也

可尋注條々。

召立文。　神宮解狀。　院宣。　工等食文。　神宮注進宮司狀等。　日時勘文。　宮司御裝束進文。　官下御裝束進文。　勤行文。　廿二日御修理工人數。　本宮御板敷杣取庭作人數。　詔刀文。　本宮新宮昇殿人數。　兩度古物渡之時昇殿人數。

元亨元年十一月廿三日分配高宮假殿用途物事。

合

一禰宜。　橋一基。　大針一。　楉三十五。

二禰宜。　案一。　大針一。　楉二十。

三禰宜。　案一。　小針一。　楉十五。

四禰宜。　足代一。　小針一。　楉十五。

五禰宜。　燈臺一。　錐一。　楉十五。

六禰宜。　燈臺一。　小刀一。　楉十五。

七禰宜。　毛知一。　足代一。　楉十五。

八禰宜。　鎚一。　搔板一。　楉十五。

九禰宜。　小刀一。　楉十五。

十禰宜。　搔板一。　楉十五。

同日分配高宮本殿造替御板敷幷御床平金等事。

合

一禰宜。　御床一脚。　板一枚。　絹二丈。但幣絁二疋之內。平金三。

二禰宜。　板半。　絹九尺。　平金一。

四禰宜同。　五禰宜同。　六禰宜同。　七禰宜同。　八禰宜同。　九禰宜同。　十禰宜同。

今夜加參昇殿分。　合紅幣絹壹疋之中。

四禰宜一丈二尺。　大宮大物忌父貞兼七尺。　同康高同。　同康賢同。　同御炊物忌父秋重同。　同用益同。　權禰宜副御鹽燒重主五尺。

外宮高宮板敷間事。宮狀副具書。　如レ此。子細見ニ于狀一歟。今度之義異レ他。被レ改之條可レ宜歟。可レ被ニ計申一之由。被ニ仰下一之狀如レ件。

十月十五日　春宮大進判

祭主三位殿

外宮高宮板敷間事。今度之義異レ他。被レ改之條可レ宜歟。可ニ計申一之由被ニ仰下一之旨。謹承候了。於ニ先規一者雖ニ不レ同候一。今度神威之嚴重超ニ上古一候。被ニ敷改一之條尤可レ宜候哉。次宮司請文者。非常大破修造之時被レ付ニ別功人一之趣申子細候歟。於ニ此段一者。所ニ歎申一非レ無ニ其謂一候哉。以ニ此旨一可レ有ニ御披露一候。仍言上如レ件。

十月十九日　神祇權大副判請文

逐啓。

官狀宮司請文勘例等加ニ一見一返上之候。

外宮高宮板敷事。　奏聞之處。今度之義異レ他之上。可ニ敷改一之由可レ被レ下ニ知大宮司長泰一之旨。被ニ仰下一之狀如レ件。

（元亨元）十月廿八日　春宮大進季房

大夫史殿

逐申。

可レ擧ニ申功人一之由可レ被ニ下知一之旨。同其沙汰候也。

外宮高宮板敷可ニ改敷一事。爲ニ藏人春宮大進奉行一被ニ仰下一之旨如レ此。仍獻之。可レ被ニ存知一之狀如レ件。

十月廿八日　左大史判奉

伊勢宮司殿

以ニ亡父自筆記一書寫之。但此本爲ニ草本一之間。字居所。又文章聊不審事等多之。後見之族能々可レ加ニ料簡一者也。本者返ニ進長官一。

正平廿四年己酉十月廿六日

禰宜度會神主章尙花押

高宮御裝束奉餝日記（元亨元年十一月廿二日高宮假殿之時。爲懷中俄記之。）

禰宜就案內參例所。（各衣冠。）御裝束辛櫃御匙奉先立之。祗承。次裝束。次禰宜。有御鹽湯。本宮神拜奉開御戶（本宮物忌父。）之後。一禰宜參。應召二禰宜已下昇殿。先召寄毛知金槌幌乃肱金（在位金。）奉仕之。（東上一。西二役。）二條之內長六尺三幅入筒貫天。絹端於打付也。次自巽角乃板敷平金奉始也。去壁事八寸。同本宮寄敷居西江五竝。北江五竝。彼是廿五雙也。又角平金四雙。都合廿九雙也。御床小平金十二雙仕之。（一竝仁六雙津々。）次奉居御床。去壁笏一長。次天井之釣金打之。次奉上天井之後。天井生絹覆於東西止奉仕。次十二幅乃御帳（長八尺。）東北西止南仁毛廻。其上御前乃四幅乃御帳（長八尺。）奉仕之。以糸皆閇付也。其後以土代之布（長六尺。二幅。）奉敷御床。次奉鎮御船代。其內仁帛御被（裏同。）立樣仁中折仁奉仕也。折目者北。端者南也。其上生絹御被。（裏同。以上長各四尺五寸。廣各二幅。納綿各廿兩。）其上仁帛御衣疊（奈加羅。）御領於西仁志氏南向仁奉仕須。其上生絹御衣。其上緋御衣（裏同。）疊天。同樣仁奉仕須。其上少分東江引下氏。帛御裳一腰奉仕之。（腰波西。毛々他地波南江。南向仁奉仕。）其上紫御裳奉仕之。其上錦御衣（裏緋綾。以上單鬮。長各四尺。西首四尺。長二尺。）打廣氏奉仕之。（御領於向南。御袖波東西江廣氏奉仕。御鬮波押入。建長波疊奈加羅奉仕。失錯也。）緑御帶一（長六尺。）傍仁可奉仕。（近代入御辛櫃。不得其心。）次御櫛筥一合。奉置御床（紫御髻結二。各長四尺。）燈臺二本立之。（西止東仁間乃中寄其後壁際立之。）其後韓櫃一合丑寅隅仁西向仁昇立。爲奉納御絲也。其後取出雜物。退下之後。御秡御鹽湯如恒。

以故殿自筆記書寫之。

正平廿四年己酉十月廿六日（花押）

右以林崎神庫本挍合了

群書類從卷第十二

神祇部十二

小朝熊社神鏡沙汰文

言上
　事由。
右小朝熊社御前御鏡二面內。一面不二御坐一之由。彼宮祝重里。今日巳時依二令ㇾ申候一。即禰宜等拜見之處。件事一定候。先爲ㇾ申二上子細一。忠輔神主所ㇾ令二參上一候也。誠恐謹言上。
　五月一日　　　內宮禰宜荒木田重章在判
進上祭主殿政所
小朝熊社御前御鏡一面不二御坐一事。忠輔申狀承了。此條極大事歟。尤不便。仍執達如ㇾ件。
　五月一日　　　神祇大副在判

小朝熊御前社祝宇羽西重里解申進申文事。
　言上。當社御前御鏡二面內一面俄不二御坐一狀。
右件御鏡二面。自二往昔之當初一。當社御前流徹江澤之中所ㇾ在岩之上御坐也。每年三度御祭。六節令二神事神態一之時。祝等參勤之外不二拜見一。爰去三月三日神事之時。參勤之處。無二相違一御座之由拜見了。而去四月卅日重里他行之間。當日申時許。不ㇾ知二誰人一男。來二向于住宅一申云。只今參二當社一拜二見御前神鏡一之處。二面內一面不二御坐一之由。申置罷歸云々。重里歸來之時。妻子所ㇾ申二此旨一也。成ㇾ驚參二彼御

社㆒。拜見之處。既有㆓其實㆒。成㆓事疑㆒雖㆑尋㆓求近
邊㆒。所㆑不㆓御坐㆒也。抑件御鏡年來坐㆓于彼岩
上㆒之間。大風洪水之時雖㆑流㆓徹其上㆒。更以
無㆓相違㆒御坐之處。今此事出來。非㆑無㆓事恐㆒。
此旨不㆑可㆑不㆓言上㆒。仍勒㆓子細㆒。進㆓申文㆒如
㆑件。以解。

建久十年五月一日　　祝宇羽西重里

太神宮神主
注進。別社小朝熊御前社祝宇羽西重里言上。
當社御前御鏡二面內一面不㆓御坐㆒事。
右得㆓彼社祝重里今月一日申文㆒偁。件丨丨丨
丨者。件御鏡事。就㆓于重里申狀㆒禰宜幷祝部
等相共參㆓向社頭㆒。拜㆓見件御鏡本在所岩上幷
江邊㆒之處。一面不㆓御坐㆒之條已有㆓其實㆒。此
旨不㆑可㆑不㆓言上㆒。仍注進如㆑件。

建久十年五月二日
大內人正六位上荒木田神主豐重

禰宜正四位上荒木田神主重章
丨丨丨丨丨丨丨丨丨丨忠滿
丨丨丨丨丨丨丨丨丨丨元雅
丨丨丨丨丨丨丨丨丨丨定滿
丨丨丨丨丨丨丨丨丨丨光定
丨丨丨丨丨丨丨丨丨丨氏定
丨丨從四位上丨丨丨丨成定

小朝熊社御前御鏡不㆓御坐㆒事。本宮注文一通
獻覽之。子細見㆓狀中㆒候了。早可㆘令㆓申上㆒給㆖。
恐々謹言。

五月三日巳時　　內宮禰宜在判

謹上　大司御館。

小朝熊御前御鏡二面內。一面不㆓御坐㆒事。注文
給了。早可㆑令㆓申上㆒候也。謹言。

五月三日　　大宮司在判

言上
小朝熊神社御前新道堤事。

右件事。昨日言二上子細一候了。隨レ仰爲レ令レ停二止彼道一。重所二申上一候也。誠恐謹言。

五月廿日　　內宮禰宜荒木田在判

進上　祭主殿政所

小朝熊神社御前新道事尤不當歟。早可下令二停止一給上也。兼又仰二神人等一。殊可下令二守護一給上。仍執達如レ件。

五月廿一日　　神祇大副在判

廳宣　權禰宜行親神主幷在地刀禰等。

可下早任二祭主仰一令上レ停二止小朝熊神社御前新道一事。副二下祭主仰一。

右件道事。先日言二上子細一之處。早可レ令二停止一。兼又仰二神人等一。殊可レ令二守護一之由所レ被二仰下一也。然則任二其狀一。停二止件新道一。仰二神人等一。可レ令二守護一之狀。所レ宣如レ件。以宣。

正治元年五月廿二日

禰宜荒木田神主七人在判

小朝熊社御前御鏡之本起。不日可下令二注進一給上之狀如レ件。

五月十七日辰時　　左大史小槻在判

謹上　祭主三位殿

追申。

此事殊急思召事候也以レ夜繼レ日早々可下令二注申一給上候。應保三年令二申上一候歟。本宮定令二覺悟一候覽。謹言。

小朝熊御鏡本起事。被二仰下一之旨如レ此。任二其狀一。不日可レ令二注進一之狀如レ件。

五月廿三日　　神祇大副在判

謹請

小朝熊社御鏡事。

右相二副左大史仰一被二仰下一之旨。謹拜見候了。件事傍官相共成二評定一。先迹所見有無可二言上一候也。誠恐謹言。

五月廿二日　　內宮禰宜在判

太神宮神主
依二大夫史仰一注ヨ進小朝熊社御前御鏡本起一
事。
右今月廿三日祭主下知偁。同月十七日大夫史
仰偁。小朝熊社｜｜｜者追申二此事｜｜｜者。
謹所レ請如レ件。任下被二仰下一之旨上。撿二案內一。件
御鏡神宮許不二存知一。只自二往昔一彼御鏡二面。
當社御前江邊岩上所二御坐一也。每年三度御祭。
幷六節令二神事神態一之時。祝等參勤之外不二拜
見一者也。至二于應保三年注進一者。小朝熊社寶
殿內所二安置一御鏡二面。御被一帖。御樋代一
合。狙一枚。折敷十枚紛失之由。就二祝清次申
文一。經二次第一言上之處。召ヨ上彼祝等於官庭一。
經二問注一之後。御鏡御唐錦令二官調進一。御被。
御樋代。狙。折敷。紙等。宮司任二遷宮例一。可二調
進一之由。長寬元年六月廿二日。所レ被二宣下一
也。彼者社內安置之神寶也。此者岩上鎮坐之御
鏡也。而根元由緒更難二勘得一。是神宮度々炎上
之時。古來記文多令二燒失一之故也。仍粗勘二子
細一注進如レ件。

正治元年五月廿六日

進上

小朝熊御鏡事請文一通。

右子細載二于狀中一候。隨成調所二進上一候也。誠
恐謹言。

五月廿六日　　內宮禰宜荒木田在判

進上　祭主殿政所

應レ令ヨ伊勢太神宮重尋ヨ搜紛失子細一。當宮別
社小朝熊御前社御鏡一面不二御坐一事。
右左中弁藤原朝臣公定傳宣。右大臣宣。奉勅。
重仰二本宮禰宜一。尋ヨ搜紛失子細一者。

正治元年五月廿七日　左少史小槻在判

同年六月一日祭主下文。同四日司符到來。子細
同前也。小朝熊社御前社御鏡紛失事。　宣旨次

第下知。就ㇾ之件事惣官御下向以前。定二其沙汰一候歟。請文兼日可下令二參上一給上。謹言。

六月四日午時　　大宮司在判

謹上　內宮長殿

追申。

件宣旨上下向。以ㇾ夜繼ㇾ日可ㇾ令ㇾ急之由。蒙二其仰一罷下之間。件事依二所勞二□留。仍于今遲々之由。官使所二令ㇾ恐申一候也。請文尤可下令二急上一給上歟。謹言。

廳宣　權禰宜忠輔神主。

可下早任二宣旨。祭主下文。司符一。尋中搜紛失子細上。當宮別社小朝熊御前鏡一面不二御坐一事。

副二下宣旨。祭主下文。司符一。

右去五月廿七日宣旨。幷今月一日祭主下文。同四日司符到來偁。子細具也。然則早御鏡紛失子細。早尋二問當社祝幷見聞輩等一。可ㇾ言二上子細一之狀。所ㇾ宜如ㇾ件。以宣。

正治元年六月五日

小朝熊神社御前岩上御坐鏡二面之內。一面不二御坐一之由。就二彼社祝申文一注進候之處。件御鏡不二御坐一事。可ㇾ尋二搜紛失子細一由所ㇾ被二宣下一也。而令ㇾ參二彼社一給之時。件御鏡不二御坐一之由御拜見之旨風聞候也。是何月何日候哉。承二件子細一爲ㇾ召二問祝等一所ㇾ令二尋申一候也。謹言。

六月五日　　內宮禰宜在判

謹上　廨績祐殿

依ㇾ不二指事一候。久不ㇾ申之處。悅承候了。今月依ㇾ爲二當番一。去晦可二參洛一候間。聊有二小恙一于今遲々相愼。今明可二罷上一候也。他事期二後信一。謹言。

六月五日　　神祇權少祐有能

追申。

令ㇾ參二詣小朝熊社一候。去四月十二日ト覺候也。謹言。

小朝熊社祝礒部時次等解申請本宮廳裁事。

壹紙。被㆑載㆚可㆘早任㆓宣旨祭主下文司符㆒。尋㆗搜紛失子細㆖。當宮別社小朝熊御前御鏡一面不㆓御坐㆒事㆙。

右被㆓今月五日本宮廳宣㆒偁。同四日司符偁。同一日祭主下文偁。去五月廿七日宣旨偁。云々者。謹所㆑請如㆑件。抑當社幷御前社寶殿者。共在㆓高山之上㆒。其山下坤方隔㆓江河二十餘丈之程㆒水邊岩上。件御鏡二面。自㆓往昔之當初㆒所㆓御坐㆒也。云㆓大風洪水之比㆒。云㆓海潮湛滿之時㆒。孟浪雖㆑浮㆓其上㆒也。鎭坐更無㆓相違㆒。而每年三度御祭。六節會神事神態之時。祝參勤之外不㆓拜見㆒者也。但至㆓大風洪水以後㆒者。猶成㆓事疑㆒所㆓參拜㆒也。爰去三月三日神事之時。御前社祝重里參勤之處㆓。無㆓相違㆒御座之由拜見了。其後去四月卅日重里他行之間。當日申時許。不㆑知㆓誰人㆒男。來㆔向于住宅㆒申云。只今參㆓當社㆒拜㆔見御前御鏡㆒之處。二面內一面不㆓御坐㆒也。爲㆓當社祝㆒之由依㆓承及㆒。令㆓告知㆒之由申置退歸云々。重里罷歸之時。妻子所㆑申㆓此旨㆒也。成㆑驚參㆓彼御鏡御在所㆒拜見之處。既有㆓其實㆒。成㆓事疑㆒雖㆑奉㆓尋求㆒。不㆑令㆓御坐㆒。于時依㆑及㆓晩景㆒。翌日早旦重拜見。卽言㆔上事由㆒了。此以前至不㆓承及㆒者也。但至㆓于時次㆒者。其時他行之間。重里一人令㆓注進㆒哉。仍任㆓宣旨次第下知㆒。重言上如㆑件。

正治元年六月六日　御前社祝宇羽西重里

小朝熊祝　礒部時次

太神宮神主

依㆓宣旨㆒注㆔進廳㆒重尋㆔搜紛失子細㆒。當宮別社小朝熊御前御鏡一面不㆓御坐㆒事。

右宮司今月四日符偁。祭主同一日下文偁。五月廿七日宣旨偁。左中弁藤原朝臣公定傳宣。右大臣宣。奉勅。重仰㆓本宮㆒。宜㆑尋㆔搜紛失子細㆒者。謹所㆑請如㆑件。抑件御鏡事。可㆑令㆑注㆔進本起㆒

之由。去五月十七日依レ被二仰下一。神宮不二存知一之旨言上先畢。而今可レ尋二捜紛失子細一之旨依レ被二宣下一。重召二問彼社祝時次等一之處。所レ進請文如レ此。如二其狀一者。去五月一日祝重里申狀無二相違一哉。爰就二風聞之說一相尋之處。宇治鄕人貞淸申云。日月者不二覺悟一。依二要事一罷二過彼御鏡御邊一之處。一面不二御坐一之樣粗所二拜見一也者。件日月三月晦比歟云々。又神祇權少祐大中臣朝臣有能。參二詣彼社一之刻。件御鏡一面不二御坐一之由。見知之旨依二風聞一尋二問實否日月一之處。去四月十二日參拜之旨所二返報一也。然者彼三月晦比以前不二御坐一歟。此外見知之輩。所レ不二尋得一也。仍勒二子細一注進如レ件。

　正治元年六月七日

小朝熊社御前鏡紛失事。宣旨請文急給可二歸洛一之由。官使頻令二責申一候之。其旨殊蒙二官仰一云々。早速可下令二沙汰一上給上候。謹言。

　六月六日　大宮司在判

謹上　內宮長殿

追申。

件御鏡事可レ注二進本起一之由。御敎書之請文以二後日一撰出。可レ令レ獻二覽一候也。謹言。

左弁官下伊勢太神宮。

應レ令レ祈二謝公家御愼并怪所天下驚恐病事等一事。

右得二祭主神祇大副大中臣能隆卿去五月四日奏狀一偁。太神宮司同月三日解偁。禰宜等同月二日注文云。別社小朝熊祝宇羽西重里今日申文偁。件御鏡二面ヽヽ者。依相副言上如レ件。今神祇官陰陽寮等卜申之處。官卜云。依二神事違例穢氣一所レ致之上。可レ有二公家御愼及怪所幷天下驚恐病事一歟者。寮占云。依二神事不淨不信一所レ致之歟者。左大臣宣。奉勅。宜下二知本宮㆒令祈㆓謝御卜趣㆒者。宮宜承知。依㆑宣行之。

正治元年九月十七日　大史三善朝臣在判

二所太神宮神主

依㆓宣旨㆒注㆓進廳㆒令㆑祈㆓謝公家御愼并恠所天下驚恐病事等㆒事。

右宮司今月二日符偁。祭主去九月卅日下文偁。同月十一日宣旨偁｜｜者。謹所㆑請如㆑件。公家御愼并恠所天下驚恐病事等事。任㆓宣下狀㆒。殊致㆓丹精㆒所㆓祈謝㆒也。仍注進如㆑件。

正治元年十月六日

宮外記勘文。

正治元年五月十五日。內給宣旨。左大臣。右大弁。

祭主從三位行神祇大副大中臣朝臣能隆言上。大神宮司言上。禰宜等注進。別社小朝熊御前社祝宇羽西重里申。當社御前御鏡二面內一面不㆓御坐㆒事。

副進。

宮司解狀一通。

禰宜注文一通。

勘㆓申先例并形御鏡本起㆒。兼仰㆓本宮㆒同令㆑注㆓進本起文殿㆒。

勘。祭主神祇大副大中臣能隆卿言上。太神宮等(司等歟)注進。別社小朝熊御前御鏡二面內。一面不㆓御坐㆒事例。

右先例并御鏡本起。宜㆑引㆓勘文簿㆒之處。件例誤無㆓所見㆒。但保安二年八月　祭主親定卿言上云。今月廿四日申時。大雨頻降。廿五日亥刻許。宮中洪水溢滿。廿六日巳時。拜㆓見瑞垣內㆒之處。正殿下所在天平賀之內。四百五十一口所㆑流㆓寄御垣內乾角㆒也。件天平賀。廿年一度御還宮之時。宮司差㆓傜丁㆒。殊致㆓潔齋㆒所㆑令㆓造進㆒也。流淨(洗歟)可㆑令㆓安置㆒歟。將可㆓造替㆒歟。依㆓

先例所言上也者。令神祇官陰陽寮等勘申之處。官卜云。安置本平賀宜歟。寮占云。被用由不快歟者。天平賀可從神祇官卜申。荒垣破損。官(宮歟)司可修造之由。同年九月十一日被下宣旨了。又去長承二年三月同禰宜等注申云。今月二日午時見付。三日御節供餅料。忌屋殿糯。進士宮御糯之間。二桶內一桶。米占二升許失給者。同令官寮等卜申之處。官卜云。依神事不淨所致之上。公家可愼御藥事之所致歟。寮占云。依神事穢氣所致之上。公家可愼御藥事歟。期恠日以後卅日內。及去四月。來七月節中幷壬癸日也者。下知本所。且致祈請。且可令注申神事穢氣之由。同年五月八日被下宣旨了。仍勘申。

正治元年五月十五日　右史生大江忠兼

紀　良重

左史生中原爲國

三善友成

伊勢太神宮禰宜等注進。別社小朝熊御前社祝宇羽西重里言上。當社御前御鏡二面內一面不御坐例事。

長寛元年三月十一日。祭主神祇大副大中臣師親言上。別社小朝熊禰宜等注申。當社御躰奉安置御樋代幷覆御被一條。奉懸御帳御鏡二面。爲御饌調備俎一枚。折敷紛失之事。其狀云。今月三日御節供依爲式日。任先例雖可備進。自廿日比。二宮一同丙穢依觸來。過其穢限六日申時。祝包吉爲供進恒例御節供。奉開御殿御戶令拜見之處。彼御樋代幷御被鏡。已以紛失。加之御樋代內波太衣御綿紙等所落散也。抑御樋代。御俎。折敷等者。廿年一度造替御遷宮之時。造宮使所被調進也。其替尤可被奉調哉。至于御錦(錦歟)御鏡紙等者。遷宮之每度相副所奉遷也。自レ昔于今無下被二造進一之例上。禰宜等參三向彼社一加二實撿一。已有二其實一。爰奉レ拜三見御躰一之處。御床之前依二落坐一。各廻二議定一。先御床之上敷二榊枝一所レ奉二安置一也。然則任二祝等注文一。御樋代御被早可レ被二調進一。御綿落散御鏡紛失之條。誠是希代之事也云々。同祝等注文云。御樋代。長一尺。弘一尺五寸。高一尺一寸。御被。長三尺。弘三幅。納レ綿。御鏡。依レ爲二往古神寶一。不レ知二寸法一。大樣三寸許歟。俎。長一尺二寸。弘一尺。折敷。長一尺二寸。弘一尺。御樋代內納上品紙一帖。御座料當時朽損散落云々。

廿九日。內大臣已下參三着仗座一。被レ定三申伊勢太神宮別社。小朝熊御鏡二枚。俎一枚。折敷十枚紛失幷御躰床前落立事。先レ是被レ尋二先例於官外記一。

四月六日。內大臣參三着仗座一。被レ行二軒廊御卜一。是伊勢太神宮司申。去三月六日申時見付。當宮別社小朝熊社御躰奉二安置一御樋代幷覆御被一條。奉レ懸二御帳一御鏡二面。及御饌調備俎一枚。折敷十枚紛失事也。神祇官卜云。依二供奉違例不信一所レ致之上。恠所可レ有二口舌病事驚恐一歟。陰陽寮占申云。依二神事違例穢氣不淨一所レ致之上。恠所可レ有二病事之憂一歟。期二彼日以後卅日。及來九月。十月。明年正月節幷壬癸日一也。

五月六日。內大臣參入。被レ立二伊勢奉幣使一。宣命云。近日太神宮司等妓發示之由乎上奏世利。就中恒例乃御祭連々爾穢氣出來天。式日皆以相違天。後日爾勤行須度聞食驚幾給上爾。小朝熊乃社波皇太神乃崇重乃社奈利。彼社乃累代乃御鏡幷神寶物等。皆以自然爾紛失之由乎。宮司等同以上奏世利。依二何咎祟一天如レ此等乃恠異乎波所レ致曾止。令二卜求一之處二兵革疾疫可レ有之上爾。公家御藥可二愼給一支由乎勘申世利。若是齋宮寮祭主宮司等中爾。違例不信不淨依歟。卜令二覆推一之。供奉所司乃違例依天所レ致ト勘申。自然乃懈怠ト伊へトモ。競惕之思不レ知レ所レ措須。加之又去月廿六日洛中外爾雨レ雹禮利。仍公卿使遠爲二發遣一爾令二占卜一之處爾。神慮不レ叶之由乎勘申世利。進退失レ度天不レ可二默止一。依天自二去四日一限二三箇日一。仰二中臣一天。神祇官令二參籠一天結願退出之時。重令二占卜一天。其告吉ハ公卿使乎發遣天。任二叡誠一天。調二飾神寶等一。可二奉出給一所念行ナム云云。今度被レ副二進御劔御箏等一。

七月五日。内大臣參入。被レ勘下可レ調二始伊勢太神宮別社小朝熊社御鏡一日時上。今月五日。

八月廿一日。右大臣參入。被レ立二祈年穀奉幣使一。今日被レ調下獻先日所二紛失一小朝熊別社神寶御鏡二面。弘三寸。御被波太衣綿一屯上。員數不二注進一。問計進之。已上納二朱塗辛櫃一合一。在二兩面染綱鼻久利我青絹覆。蘇芳折立油單并鏁鑰等一。此事不レ被レ載二宣命一。被レ副二官行事所送文一者。

十月十四日。祭主神祇大副大中臣師親言上。早可レ被レ造二下當宮攝社小朝熊神社寶殿御鎖一具二之事。禰宜等申狀云。件社爲二當宮第一攝社一。廿年一度御遷宮之時。所レ奉二造替一也。而自レ本不レ被レ奉レ差二御鎖一。只所レ用レ匙也。爰去三月不慮之外。殿内奉二安置一御樋代并御被神寶等紛失已了。其旨就二祝等申文一。卽言上之後。且被レ調二進御被神寶等一。且自今已後。差二定番直之輩一。可レ守二護別社一之由。六月廿二日。所レ被レ下二宣旨一也。就二其狀一案二事情一。件神社遙離二邑里一隔二江河一。鎭二坐深山之內一。僅以二當社祝二人一。次第社役之上。難レ致二日夜不闕守護一歟。仍被レ造二下御鎖一。奉レ差二固御戸一。尤可レ爲二便宜一歟云々。

十一月十四日。被レ擇下下可レ被（調脱歟）レ始二小朝熊鎖一并雜事日時上。調始日時十二月二日。用日時十七日。件御鎖事始申上之。官外記勘二申先例一之後。於二神宮一上卿内大臣家令二寄人評定奏聞一。被レ勘二日時一也。件御鎖付。十二月日時。使可レ被レ奉レ遣云々。右彼社御鏡紛失事。先例如レ斯。付二此蹤跡一。宜レ被二計行一。

歟。云神宮云諸社。雖存准據之例。先規已分明也。何頻求他例。仍不注申之。御鏡本起所見不詳歟。若長寛紛失之時。爲被調獻之鏡者。累代神寶之由見彼時注文歟。抑如今度爾宜等申狀者。件鏡年來坐岩上云々。如長寛解狀者。若奉懸御帳歟。聊似相違。非無不審歟。彼御鏡本起幷先度紛失間事。神宮定存知歟。可被尋問。且今度紛失事。不知誰人男。來告罷歸云々。此條甚疑殆。憖可搜尋之由。同可被仰下歟。其後。且任先例。且有時議。可被計申歟。於御卜者。先可被行歟。仍言上如件。

五月十五日　　大外記中原師重

勘申。

祭主神祇大副大中臣能隆卿言上。伊勢太神宮別社小朝熊御前岩上御鏡二面内一面不坐例事。

一御鏡本起。

延喜類式云。

伊勢太神宮。所攝諸社廿四座。朝熊社。

同式神名帳云。

東海道伊勢國度會郡朝熊神社。

或書云。小朝熊社一處。

稱神櫛玉命兒大歳兒櫻(大歟)文刀自。形石坐。又苔虫神。形石坐。大山罪命子朝熊水神。形石坐。倭姬内親王御世定祝。

右彼社之號。式條之中雖不注小字。太神宮攝社内小朝熊之外。無朝熊社之號云々。爰知。彼朝熊□小朝熊社歟。於本社之名號者。已載式條。至御鏡之本起者。詳無所見。但或書云。朝熊水神。形石坐。倭姬内親王御世定祝者。彼岩上御鏡二面之外。年來之間他御躰不坐云々。然者御鏡已爲御躰歟。

一准據例。

當社例。

長寛元年三月十一日祭主神祇大副大中臣師重朝臣言上云。太神宮別社小朝熊社御鏡奉二安置一御被二條。御樋代一條。奉レ挂二御帳一御鏡二面。狃一枚。折敷十枚紛失者。召二件社祝并鑰取一。問二注子細一之後。於二本宮一行二所當罪科一。御鏡令二官調進一。御被御樋代狃折敷。宮司尋二還宮例一調進。兼又自今以後。差二定番直輩一。可レ守二護別社一之由。可レ被レ下二宣旨一。

他社例。

延久二年十月十四日夜。感神院燒亡。

同月十七日。差二遣左少史紀重倫已下一。勘二錄火事間事一。

同月廿八日。在二公卿僉議一。

同年十一月四日。被レ行二軒廊御卜一。

同月七日。被レ奉二幣帛於彼社一。

同三年六月三日。彼院言上云。蒙二宣旨一可レ奉二造安置燒失王子御躰三躰一。被レ奉レ仰二始日時一。

同月十七日。宣旨偁。仰二彼院一任二日時一可レ奉レ造二八王子之躰一者。今月廿七日庚辰。

同年七月廿四日。在二軒廊御卜一。被レ奉レ造二蛇毒氣神像一吉凶事也。

同年七月廿四日。宣旨偁。蛇毒氣神像可レ奉レ造吉凶。令二陰陽寮勘申一之處。於レ奉レ造可レ吉之狀所二勘申一也。任二彼勘狀一須二以奉レ造。而致二敬信一成二祈請一之後可レ奉レ造也。宜仰レ彼知二其旨一。僧名日時等追將二下知一者。

同月廿九日。宣旨偁。令丙權少僧都良秀率二淨行有智十口一。七ケ日之間轉二讀大般若經一。祈下請可レ奉レ造二蛇毒氣神一之由上。必致乙冥感甲者。

同年八月廿二日。宣旨云。始レ自二今日一。廿五日間。於二感神院一。差二遣權少僧都良秀一。率二淨行十口一。轉二讀大般若經一。可レ奉レ造二蛇毒氣神一之狀。殊令下致二祈請一七ケ日內。必顯中冥感若示現上。

限以二七ヶ日一者。
同四年二月廿八日。宣旨云。令下權少僧都公範籠二彼院一。七ヶ日祈中申蛇毒氣神造否之由上者。去年以二權少僧都良秀一被二祈請一。然而依レ無二其驗一。重所レ被二差遣一也。
同年五月十七日。注二進蛇毒氣神可レ被レ造否之由祈請之間夢想事一。三月十日夜夢想云。着レ冠幷赤色押二金簿一衣俗。其躰甚大。感神院寶前顯現。以二童子一人一爲二侍者一。其髮左右相分。手捧二白杖一。又他夜夢想云。紺青色坐忿尊申足臥給。公範申云。是者佛初成道之時。作二障碍一之輩落形歟。着二布衣一僧答云。非二所レ問魔形一。是此變貞也者。爾後夢覺了。
同月十五日。有二公卿僉議一。
同月十九日。宣旨云。令二院家如レ本奉レ造者。
永保三年閏六月十五日。出雲國司言上云。鎭守水澤明神御正躰失御坐者。
同月廿日。宣旨云。令三官外記勘二先例一者。
同年七月三日。宣旨云。宜下仰二國司一祈請重經中言上上。
寛治二年十一月廿三日。官符云。大隅國正八幡宮損失神寶。宜下仰二太宰府一注二神民解狀色目一早令中修造上。但此中於二神已面形一一枚一者。依レ爲二往古靈物一。難レ測二造否一之旨。須下先仰二法眼圓清一相二尋子細一經中言上上。
右文簿之所レ注不レ詳。今所レ載二于狀一。右之准據例等。或有二夢告一奉二造立一。或稱二靈物一無二造立一。長寛元年三月。小朝熊御躰奉二安置一御樋代幷覆御被一條。奉レ懸二御帳一御鏡二面紛失。爲二一所之例一雖レ須レ被二准據一。彼御鏡爲二靈物一之子細。件時無二其沙汰一。仍難レ比二今例一。抑御鏡本□見不二分明一。但或書云。朝熊水神形石坐。倭姫内親王御世定祝者。彼岩上御鏡二面之外。他御躰不レ坐云々。御鏡已爲二御躰一歟。抑神宮司

宜レ令注進子細一。隨レ狀被ニ量行一。且令レ致ニ祈請一。且可レ被レ期ニ感應一歟。仍注進如レ件。

正治元年五月廿日

此間闕

又云。九月懸稅稻一千四百卅七束。小朝熊社十束。

延喜式云。太神宮所レ攝廿四座。朝熊社。

又云。四月九日神衣祭。是日笠縫內人等供進簑笠一。朝熊社二具云々。

同神名帳云。伊勢國度會郡朝熊社。

長寬元年四月六日丙寅。內大臣着ニ仗座一被レ行ニ軒廊御卜一。是伊勢太神宮司言上。別社小朝熊社御躰奉ニ安置一御樋代并覆御被一條。奉レ懸ニ御帳一御鏡二面。爲ニ御饌調備一俎一枚。折敷十枚紛失。三月六日申時見付之事也。官卜云。依ニ供奉輩違例不信一所レ致之上。恠所可レ有ニ口舌驚恐一歟。寮占云。依ニ神事違例。穢氣不淨一所レ致之上。恠所可レ有ニ病事之憂一歟。

五月六日丙申。內大臣着ニ八省院一被レ立ニ伊勢奉幣使一。宣命云。小朝熊乃社ハ。皇太神乃崇重乃社奈利。彼社乃累代乃御鏡幷神寶物等。去比自然爾紛失之由乎宮司等同以奏上世利。依ニ何咎祟一旦如ニ此等一恠異遠波所レ致曾止。仰レ寮旦令ニ卜求一之處爾。兵革疾疫可レ有支上爾御藥乎可ニ愼給一支由ヲ勘申太利云々。

八月廿一日己卯。右大臣參入。被レ立ニ祈年穀奉幣使一。是日被ニ調進一小朝熊社神寶等。官行事所送文云。御鏡二面。徑三寸。御波太衣綿一屯。員數不ニ注進一間計進之。已上(納脫歟)朱漆辛櫃一合。在ニ兩面覆并鑲青絹折立蘇芳綱鼻久利黑染物油單一。右太神宮小朝熊社料紛失代。依ニ先日奏狀一新調奉レ送如レ件云々。

小朝熊御鏡事。引勘蠹簡一起本不レ詳。但延喜式神名帳載ニ朝熊社一。太神宮所攝別社廿四座內第一社。延曆太神宮儀式帳載ニ小朝熊神社一處一。

其號雖レ二其實一也。件社倭姬内親王定祝之由見二同帳一。據ヨ勘日本書紀一。垂仁天皇廿五年二月丙申。天皇以二倭姬命一爲二御杖一。貢ヨ奉於天照太神一。是以倭姬命以二天照太神一鎭ヨ坐磯城嚴橿之本一而祠之。然後隨二神誨一取二丁巳年冬十月甲子一。遷二于伊勢國度遇宮一云々。就之案之。太神宮御二度會宮一之時。倭姬命同立二朝熊神社一歟。攝社彼時多定祝之由所見也。神殿崇二山腰一文籍雖レ無レ所レ疑。御鏡坐二巖首一。時代既不二分明一。然而神異殊勝。世傳稱之。今忽紛失尤可二驚恐一。先行二御卜一。隨二狀跡一可レ被二計行一歟。且任二長寛例一立二伊勢奉幣使一。可レ被二謝申一歟。彼度所レ奉レ懸二御帳一之御鏡二面。三月紛失。八月新調被レ奉レ獻。雖レ可レ准二彼者爲二神寶一此者稱二御躰一。輕重尤異二准的一。兼又改造之儀。更不レ可レ然。靈器或燒損或紛失。然而先規有レ議皆不二鑄冶一。如レ聞。彼御鏡二面之内。一面大一面小云。既暗二古制一。豈輙新造乎。唯專祈謝令レ仰二神感一者。靈鏡早坐二巖上一。聖化彌二海内一者歟。

右文籍所レ注如レ件。

正治元年五月廿日。

大外記兼主水正助教伊勢權守淸原眞人良業勘申。

左弁官下　伊勢太神宮。

應レ令下且注ヨ進神事違例不淨一且祈中謝公家御藥恠所口舌上事。

右得二祭主神祇大副大中臣能隆卿去三月十七日奏狀一偁。太神宮司同日解狀偁。禰宜等同月十六日注文偁。得二別社小朝熊社祝重松今月十六日申文一偁。去三日巳時御饌供用之次拜見之處。御鏡御坐指二東方一。令レ相ヨ去御本座一五寸許也。此旨不レ可レ不二言上一。仍言上如レ件者。仍禰宜幷祝部等相共參ヨ向社頭一拜見之處。件御鏡相違之條既有二其實一。此旨不レ可レ不二言上一。

抑祝重松去三日拜見事。于今不レ可二言上一之條尤依レ無レ謂。加二勘發一之處。於二重松一者卽時相二觸祝長淸時一之由所二遁申一也。雖レ須下尋二糺淸時一言上上。當時故障之間。有二遲怠之恐一所二言上一也。仍相副言上如レ件者。令二神祇官陰陽寮等卜申一之處。官卜云。依二本宮神事違例不淨一所レ致之上。恠所可レ有二口舌事一歟者。寮占云。依二神事不淨一所レ致之上。公家可レ愼二御藥事一歟。期二恠日以後廿日內及來四月七月十二月節中幷戊己日一也者。權中納言藤原朝臣定高宣。奉勅。宜レ令下本宮注二進神事違例　祈中謝占卜趣上者。宮宜承知依レ宣行之。

嘉祿三年四月一日　大史小槻宿禰在判

中弁平朝臣在判

同年五月廿五日祭主下文偁。下太神宮司。

同日司符偁。司符二所太神宮神主者。

二所太神宮神主。

依二宣旨一注進。應レ令下且注二進神事違例不淨一且祈中謝公家御藥恠所口舌上事。

右今月廿五日司符偁。同日祭主下文偁。去月一日宣旨偁。得二祭主ーー一者。謹所レ請如レ件。然則早任二宣下之旨一可レ令レ祈二謝公家御藥恠所口舌一也。相二當神事違例一事等追可二注進一也。仍注進如レ件。

嘉祿三年五月廿六日

太神宮神主

注進。可下早經二次第一上奏上。且禰宜等聽二禁河一相二具祝部一遂二參洛一。先奉レ拜二見御形實否一且成二勸請一令レ鎭二坐本處一。被レ致二國家鎭護一。當宮攝社小朝熊神社前岩上神鏡二面內。一面先年紛失處。御在所披露由。京都有二御沙汰旨一。自二去比一令二風聞一事。

右彼神鏡二面。小朝熊神社岩上自二往昔一所下令二鎭坐一給上也。事之奇異曾無二比類一歟。就中件岩者江河邊町已徧。每至潮水之去來莫不沈波浪之滿溢。然而其座不動。其形儼然。爰二面内一面紛失之由。祝宇羽西重里。建久十年五月一日告申之間。禰宜等參向拜見之處已有其實。仍經奏聞。或被下諸道。或被行仗議。旁經御沙汰之後。可待歸座之由。所被仰下也。任其旨禰宜等深致祈請。屢送歲月之處。件神鏡在所於京都令披露之由。自去比所風聞也。頗雖似浮說。又非無其證。而于今未被仰下本宮之條。欝陶惟多。且又祠官之輩。其號雖同。職掌之人。其氏各異。仍此神鏡事。祝部是爲其最者也。然則早經次第上奏。且禰宜等聽禁河相具祝部遂參洛。先奉拜見御形實否。且成勸請令鎭坐本所。爲被致國家鎭護。注進如件。

寬喜二年九月四日

小朝熊神鏡正治年中忽以紛失。已送星霜之處。或桑門依夢想之告竊奉蔽東山巖崛云云。而稱出現期至之由。近日有稱申旨。綷已珍事也。疑□多端。然而輙難□歟。急差進古老祠官等可奉加撿知之由。被相觸祭主隆道朝臣者。依天氣執達如件。

九月十七日　　中宮亮資賴奉

大夫史殿

追申。

神事之時。祝殊奉拜見云々。正治重里若未存□候哉。可令相尋玉也。

小朝熊神鏡事。爲頭中宮亮奉行被仰下之旨如此。仍獻覽之。存此旨可令致沙汰之狀如件。

九月十七日　　左大史小槻在判

謹上　祭主殿

小朝熊神鏡事。相副御敎書頭中宮亮奉。大夫史

仰下狀如レ此。早差二進古老祠官一。可レ奉レ加二撿知一哉。仍執達如レ件。

九月廿一日　　神祇權大副在判

內宮長殿

追申。

正治之重里存否事。同可レ被レ申二子細一也。

謹上

小朝熊神鏡事。

右相二副御敎書一被二仰下一之旨謹承候。此事重事候之間。傍官禰宜相共成二評議一。早々可レ成二上請文一候。誠恐謹言。

九月廿二日　　內宮禰宜荒木田在判

太神宮禰宜

依二御敎書一注進小朝熊神社前岩上神鏡事。

右今月廿一日祭主下知偁。同十七日大夫史仰偁。同日中宮亮御敎書偁。｜｜者。禮紙仰偁｜｜者。謹所レ請如レ件。抑件神鏡事。去建久十年紛失。旁經二御沙汰一可レ待二歸座一之由被二仰下一之後。任二其旨一禰宜等殊凝二丹誠一致二祈謝一之處。件御鏡在所。於二京都一令二披露一之由去比依二風聞一。禰宜等聽二禁河一相二具祝部一遂二參洛一。先可レ奉レ拜二見御形實否一之由令二言上一畢。而今古老祠官等可レ奉レ加二撿知一之由遮被レ仰之條。勅定與二解狀一忝所二相當一歟。兼又於二祝重里一者。先年依レ爲二窮老之者一。令二卒去一了。雖レ然譜第祝部相續奉二供奉一也。然則且任二御敎書之旨一。依二注進一相二具祝部禰宜等一。爲レ令二參洛一。注進如レ件。

寬喜二年九月廿六日

小朝熊神鏡事。御敎書御請文取進候了。恐惶謹言。

九月廿四日　　權禰宜泰長請文

小朝熊神鏡間事。以二御奏狀一申上候之處。子細先日被二仰下一了。抑禰宜等聽二禁河一上洛事。何年例乎。委可レ令二注進一之由。所レ被二仰下一候也。不日可下令二注申一給上之狀如レ件。

九月廿六日酉時　左大史小槻在判

小朝熊神鏡間事。任二次第解一副テ進奏狀一之處。去月廿六日。大夫史被二仰下一之狀□夜到來。任二其旨一早可レ令レ申二子細一之狀如レ件。

十月一日　神祇權大副在判

大宮司殿

同日宮司送二內宮一之狀。子細同前也。

太神宮神主

依二大夫史仰一注進。禰宜等聽二禁河一上洛例事。

寬治六年十二月五日。同月卅日。兩度依レ被レ下二宣旨一。同七年正月參洛。當宮假殿遷宮延引事。

仁安三年正月四日。依レ被レ下二攝政殿下御敎書一。同十日參洛。當宮御炎上事。

建久三年十月廿四日。同十二月廿二日。度々依レ被レ下二御敎書一。同四年三月四日上洛。二宮御常供田事。

右宮司今月一日告知偁。同日祭主下知偁。去月廿六日酉時大夫史仰偁。小朝熊神鏡事、、者。謹所レ請如レ件。禰宜等應二勅喚一聽二禁河一令レ遂二參洛一之例。略載二狀右一也。此外或依□遂二參洛一或付二訴訟一推參。雖レ多二其例一不レ遑二悉注一。抑小朝熊神社前岩上御鏡者。往昔以降。專爲二嚴重鎭座之奇靈一。不レ知二垂跡根元之由來一。祝部奉レ祭テ祀於小朝熊神社一之時。同致二禮奠一奉レ祈二朝廷一其來尙矣。而件神鏡二面內一面。去建久十年改元正治。忽依二紛失一。卽經二上奏一之處。或召二諸道之勘文一。或公卿之議奏。旁有二御沙汰一可レ待二歸座一之由。被二仰下一之後。禰宜等任二其旨一致二祈請一。送二歲月一之間。件神鏡在所披露之由雖レ令二風聞一。不レ被レ仰テ下本宮一。仍禰宜等聽二禁河一相テ具祝部一遂二參洛一。先可レ奉レ拜テ見御形實否一歟之趣。言上先了。是則不レ申者依成不忠不義之恐。令言上所存之旨許也。其上可在勅定歟。而今禰宜等聽禁河上洛事。何年例哉之由被仰下之條。依神鏡事被召問參洛之例歟。若然者。件神鏡前々無紛失沙汰。仍就件事參洛事。其例勿論。又件神鏡事。或依桑門夢想之告。竊奉蔽東山巖崛之由。所被載先度御教書。彼桑門所行。自由之至。奸犯之甚也。就中爲髮長之身猥犯神宮之事。誠未曾有也。早遂斷罪且被謝進神慮之恐。且可被致向後之愼也。仍注進如件。

寛喜二年十月四日

禰宜聽禁河參洛例事。請文奏內々爲御草覽令進上候。此上且可有御披露候。隨內々仰可成上候。恐々謹言。

十月三日　禰宜在判

下四郎大夫殿

禰宜聽禁河參洛例事。御教書請文草。內々經御覽候之處。此狀不可有異議歟之由候也。少々加押紙候也。恐惶謹言。

十月四日　權禰宜行長

件請文可被申上之由相副狀。同六日送司中了。隨卽可申上之由。同日返事到來之。

小朝熊神鏡事。禰宜等無左右。聽禁河上洛條不可然。先可令召進彼社祝等之由。可令祭主隆道朝臣給者。依天氣執達如件。

十月十四日　中宮亮資頼奉

大夫史殿

同日大夫史狀。同十八日祭主下知。同月廿九日宮司告狀。子細同前也。

太神宮神主

依頭中宮亮御教書次第下知。注進小朝熊神鏡事。

右宮司去月廿九日告狀解。祭主同十八日下知解。大夫史同十四日仰解。同日御教書解｜｜者。謹所請如件。任被仰下之旨。可令召進彼等之狀。注進如件。

寬喜二年十一月一日

件請文成調。同日送司中了。可申上之由。同二日返狀所到來也。

太神宮神主

依頭中宮亮御教書令召進小朝熊神社祝等事。

右小朝熊神鏡事。先可令召進彼社祝等之由。任去十月十四日頭中宮亮御教書次第下知之旨。彼社祝長礒部清時 景松等所令參洛也。仍注進如件。

寬喜二年十一月十一日

注文二通（本宮正殿鏁事。小朝熊祝參洛事。）副司解返獻候。謹言。

十一月十八日　大宮司在判

次第解二通（本宮正殿御鏁事。小朝熊祝參洛事。）所調上候也。明日神宮使并祝等可參洛候。急申成御奏狀可返給歟。恐々謹言。

十一月十九日　禰宜

下四郎大夫殿

小朝熊神鏡。正治年中紛失。而或桑門奉蔽東山巖崛之由申之。爲奉實撿。不日可被參洛者。依天氣執達如件。

十一月廿六日　中宮亮在判

二位神祇大副殿

追申。

於禰宜等者。被聽禁河之條不可然。召具存子細古老權官一兩人。可令急參洛給。此事沙汰之于今經日數之條非無事恐歟。不日可被上洛之由所被仰下也。

小朝熊神鏡事。爲頭中宮亮奉行。被仰下之

旨如レ此。仍來五日可レ令ニ參洛一也。古老權官兩三輩。不日可レ被ニ差上一也。仍執達如レ件。

十二月二日　　神祇大副在判

內宮長殿

謹請

小朝熊鏡神事。

右相ヲ副頭中宮亮御教書一。來五日可レ令ニ參洛一也。古老權官兩三輩。不日可ニ差上一之由。被ニ仰下一之旨謹承了。早存ニ此旨一可レ致ニ沙汰一候。成定誠恐惶謹言。

十二月二日酉時　　內宮禰宜荒木田在判

任下被ニ仰下一之旨上。相ヲ催成重 守長神主等一之處。各辭退。仍成康有忠成行神主。所レ令ニ參洛一也。

太神宮神主

依ニ頭中宮亮御教書。二位神祇大副下知一。注ヲ進小朝熊神鏡一間。令レ催ヲ參古 老權官一子細事。副ヲ進參洛交名注文一通一。

右件事可レ催ヲ參古老權官兩三輩一之由。相ヲ副頭中宮亮御教書一。二位神祇大副被ニ下知一之旨。謹所レ請如レ件。隨卽任下被ニ仰下一之旨上可レ令ニ參洛一之由。相ヲ催古老權官一之處。或稱ニ老屈難レ堪之由一。或號ニ其身不レ諧之旨一。急速參洛更難レ合レ期。隨又件神鏡事。不レ存ニ子細一之由各所レ申也。因之所レ召之人數不足之間。一禰宜成定神主。子息權禰宜成行神主所レ令ニ參洛一也。件成行年弱間。雖レ不レ存ニ子細一。付ニ老弱一爲ニ不足一者依レ有ニ其恐一。如レ此所レ令ニ參洛一也。抑小朝熊神社祭祀式日者。今月廿日也。仍件神鏡事御形實者。彼祭祀已前。相急尤可レ奉レ渡ニ本宮一哉。仍注進如レ件。

寬喜二年十二月日

依ニ小朝□〔熊イ〕神鏡事一權官參洛事。神宮請文大畧草幷御使申狀。委令レ申候了。抑趣又委令レ申候也。恐々謹言。
十二月四日　散位能守請文
追申。
催二權官一請文等返上候也。御請文草。參洛
注文。同返上候。恐々謹言。
十二月五日。權官成康。有忠。成行。憲繼神主。
幷祝長清時。祝重松等參洛。着二安濃郡曾根村一。
同六日。着二大岡中村一。同七日。依二深雨一逗留。
同八日晴風雪。上洛。
件事。入洛之後沙汰之間。所レ經二日數一也。
小朝熊神鏡奉迎路次守護事。可二差進一之由。重
時言上候也。可下令二披露一給上之狀如レ件。
十二月廿四日　權中納言定高
頭亮殿
神鏡ツヽミマイラセムスル料の錦一丈ツカハ
サレ候。成安の神主の許へ可レ被レ遣候。神官ニ
チカヒテマイラセテ候アヒタ。ツカハサレ候
也。恐々謹言。
十二月廿五日　章――名字草間不見之。
神主殿是ハ永元神主也。
件事任下被二仰下一之旨上。同廿六日成康。永元神
主等。進二向稲荷社一。上社。隨卽下社禰宜清賢。上
社禰宜公時中社禰宜他行之由云々。等。各衣冠尋常之躰也。
於二當社拜殿一可レ奉レ渡之事評定之處。彼清賢
答云。此神鏡守護事。日者蒙二勅定一致二其沙汰一。
乃至二奉レ渡之事一。仍不レ蒙二其仰一了。然者此樣
先可レ申二頭亮一也。可レ被レ相二待其左右一之由令
レ申之。以二消息一令二馳申一。然間相二待左右一者。
今日依レ可レ及二晩景一。再三令レ申二子細一之間。
歸二道理一所レ奉レ渡也。件御鏡祝部等奉二堀出一
見知之處。神鏡之條。無二相違一歟。仍彼社禰宜
送文偁。
奉レ渡
小朝熊神鏡一面事。

右所レ奉レ渡如レ件。
寛喜二年十二月廿六日
稻荷社上社禰宜從五位下秦宿禰公時
〔書賦〕物官下社禰宜從四位下秦宿禰清賢
件送文髮長出也。
奉二請渡一
神鏡一面事。
右件御鏡號二小朝熊神鏡之由。或桑門奉レ敬稻荷山一之間。於二本宮一爲レ拜二見實否一。依二頭亮御奉行一。奉二請渡一如レ件
寛喜二年十二月廿六日
太神宮權禰宜荒木田神主成□
件文憲繼出之。〔書賦〕
隨卽奉レ納二官下御辛櫃一。祝部所二捧持一也。仍自二稻荷社巖一赴二于山階一所二下向一也。是依二勅定一也。富永御厨同山階爲眞住宅御一宿。次大岡一宿。次安濃一宿。同廿九日入レ夜令レ下二着神宮一給。仍同卅日朝。於二御裳河字鏡淵邊一。一禰宜以下各拜見之處。不レ及二異議一歟之由評定。仍相二具禰宜元兼延季延成神主一奉レ送。着二本所一。相二竝所レ殘之一面一。如レ本奉二鎭坐一。任レ例元日節會可レ令二供用一之由。召二仰祝部一。致二沙汰一了。件奉レ裹二錦一丈一辛櫃一合者。淸時請預之。於二錦者令レ分二配上洛祝部等一云々。
太神宮神主
注進。小朝熊神社御前岩上神鏡內。先日紛失一面。禰宜等加二拜見一奉レ鎭二坐本所一事。
右件神鏡事。就二頭中宮亮 去月廿六日御敎書一。依二次第下知一。差二權禰宜成康。有忠。成行等幷小朝熊祝長淸時等一。令二參洛一了。而職事頭亮仰云。此書以二神宮次第解一經二奏聞一之處。先參洛權官等。請二預彼神鏡一。奉レ迎二本宮一。禰宜等相共加二拜見一定二實否一之後。不日可レ言二上一之由被二仰下一云々。隨則件輩奉レ相二具彼神鏡一。今月

廿六日出レ京。今日卅日到着之間。擇二本宮瑞籬之邊一。於二御裳河之汀一。禰宜等奉レ加二拜見一之處。御正躰不二相違御一歟之由。一禰宜成定神主令レ申之上。次座禰宜以下祠官等悉所二同申一也。仍不日奉レ送ヨ着小朝熊神社御前岩上一。相ヨ竝年來所レ殘之神鏡一。如レ本奉レ致二鎮坐一。任レ例元日節會可レ成二供用一之由。祝部所レ致二沙汰一也。抑件神鏡。去正治元年紛失以後。禰宜等久致二祈請一相ヨ待歸座一之處。聖代明時。忽以出現。是則朝家之嘉瑞既呈。神宮之裳〔崇歟〕重云新者歟。但御紛失事。爲二或桑門 之所行一之由。所レ被レ載二庄々御教書一也。然者先度如二言上一。於二彼桑門一者。早可レ被レ遂ヨ行斷罪之法一也。仍粗注進如レ件。

寛喜二年十二月卅日　大内人ーーーー

禰宜ーーー

注文一通（小朝熊御前岩上神鏡事。）所二成上一候也。不日成ヨ副司解一可レ被二申上一候也。不レ可レ及二遲引一候。謹言。

十二月卅日　内宮禰宜

謹上　大司御舘

注文一通（小朝熊御前岩上神鏡事。）給候了。仍副二司解一申上候也。謹言。

十二月卅日　大宮司（在判）

小朝熊神鏡間事。爲レ被レ尋ヨ仰子細一。不日可レ令二參洛一由。爲二頭中宮亮奉行一所レ被二仰下一也。神宮使請ヨ預神鏡一。在京路次之子細。禰宜拜見之間。存知之趣。鎮ヨ坐本座一事等。來十七日參洛以前。委可二被レ注給一之狀如レ件。

正月十四日　神祇權大副（在判）隆道

内宮長殿

謹請。

小朝熊神鏡間事。

右件事。早任下被二仰下一之旨上。細々可二注進一候也。誠恐謹言。

正月十四日　内宮禰宜荒木田（判）

言上

小朝熊神社御前岩上神鏡内。先日紛失一面
御下着鎮坐間事。

右件神鏡事。御沙汰之間。依レ召令レ差二進祝長
清時等一之處。頭中宮亮去年十一月廿六日御敎
書偁。小朝熊神鏡。正治年中紛失。而或桑門奉
レ蔽二東山巖堀一之由申之。爲レ奉二實撿一。不日可
レ被二參洛一者。禮紙仰云。於二禰宜一者。被レ聽二禁
河一之條不レ可レ然。召下具存二子細一古老權官一
兩人上。可下令二急參洛一給上。此事沙汰之後。于今
經二日數一之條。非レ無二事恐一歟。不日可レ被二上
洛一之由。所レ被二仰下一也者。相二副此御敎書一。依
二依惣官。同年十二月一日御下知。差二權禰宜
成康。有忠。成行神主等一。同月五日致二參洛一。以二
同八日一入洛。同九日早旦。言二上職事頭亮一之
處。來十九日可レ奉レ遂二拜見一之由蒙レ仰。而十
九日雖レ及二甚雨一。成康等渡〔侵賊〕レ雨參二上職事許一之
處。今日甚雨之上。明日廿日猶吉日也。召仰可
レ有二沙汰一之由。十九日延引。廿日參上之處。勅
定猶未レ斷也。廿一日廿二日之間。可レ被レ遂二御
沙汰一云々。仍廿一日參上之處。又以延引。而入
レ夜之後。就二官使之告知一。廿二日朝。同參二上職
事御許一之處。限二權官等一令レ决二實否一之條不
レ可レ然。仍各不レ能二拜見一。奉レ相二具神鏡一。不
レ入二京洛一。直道下向。早於二神宮一正員禰宜相共
可レ奉二拜見一也。御進發日次事。神宮早可二擇
申一也者。以二廿五日一壬午令二注進一之處。神妙之
由蒙レ仰之後。件日猶又延引。可レ爲二廿六日一之
上。依レ被二召仰一件日成康等以二永元神主一爲二
指南一。參二詣稻荷山一。相二觸彼社神主清賢公時
等一。勸二請神錦一裹之。奉レ納二朱漆小辛櫃一。令二
祝部重松久次等一致二頂戴一。當日直自二稻荷山一
令二下越一。於二山階邊一一宿。廿七日着二大岡一。廿
八日着二安濃一。廿九日入レ夜着二神宮一給。仍其時

如ニ注進一。於ニ御裳濯河汀一。相ヨ伴傍官禰宜等一。奉レ加ニ拜見一之處。不レ及ニ異議一歟之由各加ニ評定一。相ヨ具禰宜元兼延季延成神主等一奉レ送ヨ着本所一。相ヨ竝所レ殘之一面一。如レ本成ニ鎭坐一。任レ例。元日節會可レ令ニ供用一之由。召ヨ仰祝部一致ニ沙汰一候了。此等旨。載ニ先日注文一。令ニ奏聞一了。抑勸請之間事。故依レ不レ給ニ御教書一。稻荷社神主雖レ成ニ不審一。且相ヨ觸子細一。且致ニ請取狀一。所レ奉ニ請迎一也。兼又路次守護事。依ニ勅定一爲ニ六波羅之沙汰一。雖レ被レ差ヨ進兵士粮料乘馬等一。稱レ不レ合レ期。頻中ヨ請身暇一之上。兵士僅雖レ有二人一。不レ帶ニ弓箭一。其躰尫弱之間。强依レ不ニ怯惜一。件兵士自レ路（門屋坂邊）。令ニ退歸一候云々。於ニ彼錦幷辛櫃一者。自レ上所レ被ニ沙汰進一候也。請ヨ預神鏡一在京路次之子細禰宜拜見之間。存知之趣。奉レ鎭ヨ坐本處一事等。大畧如レ此候也。誠恐謹言。

正月十五日　　內宮禰宜荒｜｜｜｜

進上　祭主殿

追言上。

件神鏡事。正治紛失之時。如ニ上之御沙汰一者。禰宜等致ニ祈請一可レ待ニ歸座一云々。仍御到着之今。爲レ遂ニ早速歸座之義一。不日所レ奉ヨ鎭本所一候也。且是御形落居之後節。爲ニ日旅所一之條尤事恐候之故也。重誠恐謹言。

言上

事由。

小朝熊御前岩上御鏡。乍ニ二面一不ニ御坐一之由。彼社祝重松今日酉時依ニ令一申候。卽禰宜成行神主拜見之處。件事一定候。先爲レ申ヨ上子細一。常親神主所レ令ニ參上一候也。誠恐謹言。

正月十日　　內宮禰宜荒木田判成定

進上　祭主殿政所

小朝熊神社御前岩上御鏡。乍二面不御坐之由。今日十日酉時當社祝所申上也。而彼御鏡一面。去建久十年不御坐之間。及奏聞有御沙汰之處。或桑門奉取之後。近年被奉尋出了。而如然之僧侶。非無其疑。奇様之輩。行道可被尋沙汰之由。内宮廳所候也。仍執達如件。

正月十日　權禰宜仲能奉。此文以大内人久用為御使被遣了。

鈴鹿關守中。

御文委見候ぬ。あやしはふたる者仁於伊天。古万加仁尋聞候はん。能々尋問はん須留なり。

正月十七日申時　守護御代官一野三郎家重在判

太神宮神主

注進別社小朝熊御前社祝宇羽西重松言上。

當社御前岩上御鏡二面紛失不御坐事。

右得彼社祝重松今月十日申文偁。今月十日。參社之人退出申云。今日辰時為奉拜當社御鏡。令參詣之處。御鏡二面不御坐。而於彼御跡之邊畔。頗雜物等所令落散也。所謂香粉少分。裹紙油單破端少分一尺許是也云々。重松忽以相驚。速疾走參拜見之處。告知之說既有其實。因玆相尋村人等之處。申云。今月四日。不知面貌之髮長二人。尋問參詣之道路。赴參當社之御方。頃之罷歸之由見知之。其後同九日申時。同髮長一人自社方令徹道畢。今就之案之。若為件髮長之所行奉迎侵歟。非無事之疑之由云々。誠此次第似有其謂歟。隨卽件御鏡。迄今月六日者拜見之處。鎭坐敢無相違。仍勒在狀進申文如件者。就申狀相具重松等。禰宜參向加拜見之處。二面相共紛失之條已有其實。今撿案內。件御鏡二面內一面。去正治元年紛失。而禰宜等致祈請。期歸座之間。或桑門奉蔽東山稻荷山。巖崛之由申之。為實撿可令參洛之由。依宣旨次第。去寛喜三年十二月。權禰宜之中。相催便宜之輩致參洛。且加拜見。且奉勸請。如本奉成歸座了。隨卽掘廻四面。殊愼寸心。就中件掘相當舊跡。其標多端。而今二面相共如此紛失。尤以驚恐也。凡先日歸座沙汰之時。自由奸犯之科尤深。彼桑門可被懲肅向後傍輩之由。殊令言上了。然而未及御沙汰之由。如此奸行既所積習也歟。此旨不可不言上。仍注進如件。

天福二年正月十日

廳宣。

可早付在所召留其身言上子細熊野詣道者下總國臼井鄉住人南無妙房身事。

右小朝熊御前御鏡二面紛失之處。爲彼南無妙房所爲之旨。非無其證。而大古曾地頭右馬允許。可爲宿所云々。然則早付在所召留其身。可言上子細之狀。所宣如件。以宣。

天福二年正月十二日

注進一通。

小朝熊御鏡二面紛失事。所成上候也。早可被申上候。謹言。

正月十二日　　　內宮禰宜在判成言

謹上　大司御舘

小朝熊神鏡紛失事。已成神宮注文。付宮司候了。嫌疑事候之間。差權禰宜元行神主相尋候之處。依申旨候。令參上元行候。尋問可令申上給。恐々謹言。

正月十二日

下四郎大夫殿

右小朝熊社神鏡沙汰文以林崎文庫本書寫挍合了

群書類従巻第十三

神祇部十三

八幡愚童訓上

降伏事。

三千世界中央。一四天下南邊。刧初ニハ人化生ニテ。壽命長無量也。有ニ光明飛行之德一。有ニ自然衣食資一。無ニ貴賤上下位一。無ニ合戰鬭諍之愁一。漸ク果報衰ヘ。地肥林茂粳味ウセ。既農業ナリシカハ。東作西収相論煩起ル。サレハ慈悲深。智惠サトキ大三摩多王トシテ。彼隨ニ勅宣一。土毛以ニ六分一一可レ入ニ共官庫一トソ定ケル。金銀銅鐵輪王ツヽキ出レ世ヲ。東西南北ノ億兆遍ク靡レ風。天無ニ二日一。地無ニ二王一。聖主膺運モヤミシカハ。天竺ヲ五分シ。十六大國。五百中國。十千小國。粟散邊土出來シ。帝王各御座。此中新羅。百濟。高麗國王臣。貪欲心飽ニタル事ナク。憍慢身不レ絶ルニ故。討ニ取日本國吾朝一トテ攻來事數ケ度ナリ。夫秋津嶋ハ。五畿七道悉ク行雲行雨社壇也。一人萬民皆天神地神之御子孫ナリ。去ニ大梵天王統御一。離ニ中華異域相接一。三韓雖レ飯ニ此土一。吾朝未タ屬ニ他國一。三千座ノ神祇竝ニ百王守護權扉一。大小乘佛法傳ニ衆生與樂救跡一。神明擁護不レ怠。佛陀冥功無ニ止事一。爭カ傾ニ神國一。誰滅ニ佛家一ヤ。倩筭ヘニ異敵之襲來一ヲ。人王九代開化天皇四十八年廿萬三千人。仲哀天皇御宇廿萬三千人。神功皇后御代卅萬八千五百人。應神天皇御時廿五萬人。欽明天皇御宇卅萬四百餘人。敏達天皇御代ニハ播磨國明石ノ浦迄着ケリ。推古天皇八年四十三萬人。天智天皇元年二萬三千人。桓武天皇六年四十萬人。文永弘安御宇ニ至マテ。以上十一ヶ度雖ニ襲來一。皆追歸サレ多滅亡セリ。其中仲哀天皇御時異國ヨリ責寄トテ。先塵輪云者。形如ニ鬼神一。身色赤。頭八ニシテ。乘ニ黑雲一飛ニ虚空一日本付。取ニ亂人民一事無レ極。遠退テ射レ之弓箭オレ。近寄心迷滅レ身。人種既盡ナントスル時。帝王此事不便也。自御幸十善力ニテ塵輪ヲ降伏シ玉ハント思食。故皇后乞ニ御暇一惜ニ御名殘一。疾可レ歸。其マテハ御待アレトソ誘申サセ玉ヒケル。后申玉ヒシハ。心憂ヤ。ケニ女人ノ思フ程ハ思召サヌニヤ。片時モ奉レ離。可レ在レ世不ニ思設一。敵陣ヘ入セ玉共。一矢ニハ先立可レ當物ヲトテ出立伴玉ヘハ。御志深嬉シク思食トモ。習ハヌ旅路スカラ。御痛シク思玉フ事無レ極。抑此后ト申スハ。第十五代ノ帝皇神功皇后。後ニ

ハ顯ニ神明一。聖母大菩薩ト申ハ此后ノ御事也。御門ハ五萬人軍兵ヲ前後靉靆。長門國豊浦郡付玉フ一。「武内大臣」安部高丸・惣門ヲキヒシク堅サセテ。塵輪來急可ニ奏申一。都人臣力ニテ不レ可レ有ニ討事一ト被ニ仰含一ケリ。彼二人帶ニ弓箭一。門兩方守護スルニ。第六日當テ黑雲忽タナヒキ。塵輪瞋レ目。持ニ弓箭一來ケレハ。高丸武內大臣・奏ニ聞此由一。御門自取ニ御弓一。箭ハケテ射サセ玉ヘハ。塵輪頭ヲ射切テ。頭身二成テ落ニケリ。塵輪ウセヌルハ雖ニ悦也一。イカヽシタリケン御門流矢ニ當セ玉ヒテ。則玉躰有レ恙。實筭限成給フ。御心細モ思食ケレハ。后ノ取ニ御手一。我御胸上置玉テ。生者必滅ノ習不レ嫌ニ老少上下一。今ヲ宸後奉レ見悲哉。黃泉ノ空ヲイカヽセン。又御身ハタヽナラヌ御事成テモ三月トヤランナレハ。彌御心苦ケレトモ。此孃レ玉フハ皇子ナルヘシ。搆テ討ニ隨異國一。皇子位ツケ御ニ

國土ニ玉ヘシト。御涙搔敢スソ申給ケル。其時皇后落涙ヲオサヘツヽ。異國事御心安可ニ思シト食ニ計ニテ。臥沈給フ御有様。外ノ袂マテ難レ堪コソ覺レ。娥媓女英二后。虞舜ニヲクレ奉テ歎給ケルモ。是不レ過ニト見玉フ。三ケ日申ト二月六日。御門終崩御ナリシカハ。一天早暮ニケリ。三光既無カ如シ。皇后御歎自餘ノ理ニモ過。貴賤ノ悲モ超タリニ常篇一。然ルニ間皇后御物狂ノ氣色出來リ玉ヒキ。武内ノ大臣御簾ヲ半卷上テ。如何ナル事ニテ御座ニヤト被レ申ルレハ。吾御裳濯河邊ニスム天照大神也。三韓既十萬八千艘舟ヲ出テ。率ニ數萬軍兵一。只今來ントス。此地ニツカヌ先ニ急キ向ニ異國一玉フヘキ也トソ被レ仰ル。武内言。爾者現ニ一ノ驗一サセ給ヘト申。詞畢ラヌ先ニ。放レ光照テニ十方一言ク。一ノ針ヲ入レヨレ海。三尺鮎食付テ可レ上ル。御髮ヲ川ニ入給ハ。水神女龍神女二人來テ御髮ヲ二分ヘシ。榊ノ枝ニ大ナル鈴ヲ付テ上リニ山巔一。驚ニ朝廷神達一申

玉ハヽ。其瑞忽可レ顯ユトテ。御心本復シ玉ヒケリ。任テニ神託一針ヲ入ルレハレ海。三尺ノ鮎ニ食付テ上ル。御髮ヲ浸セハレ河。水神龍神二人ノ童女參テ御髮ヲ二分ク。此龍神女ヘ嚴嶋大明神。水神女ハ宗像大明神ト顯玉ヒケリ。四王寺山ニ御幸シテ。榊ノ枝ニ大ナル鈴ヲ付テ。捧ニ御手ニ立給事六日ニナレトモ無ニ其驗一。六日間終供御モマイラス立透シ給ヘハ。近イ付給ヘル御妹二人。一人ハ寶滿大菩薩ト顯レ。一人成ニ河上大明神一給フ。此二人御妹申玉ハク。サノミ如何坐スヘキ。タヽナラヌ御身也ト諫留給ヘトモ。更ニ御身ヲタハヽスシテ。御祈請無ニ二心一ケリ。サレハ四天王來レ下成ニ石躰一。起降伏頼ヲ玉ヒシカハ。是ヲサテコソ四王寺山ト名ツケレ。第七日ニハ虛空ニ光明充滿シテ。卽虛空藏菩薩ナリ。虛空藏菩薩又成ニ俗躰一玉フ。其御形翁仙人如シ。此俗ノ申曰ク。我是地神第五彥波瀲尊也。軍大將軍ヲ先トス。我子月神トヘ云。

力强心武。是ヲ可レ進。攻ニ隣敵一給ヘトテ。月神ヤ有ト召ハ。月神空中ヨリ出。御冠赤衣ヲメシ。エヒラ胡籙ヲオヒ。鏑矢ニ御弓ヲ取持セ給テ前ニオワス。彦波瀲尊住吉明神御事也。月神ト申ハ高良大明神御事也。住吉サラハ暇申トテ・騰トシ給ケリ。皇后如何ニヤ見捨玉フヘキ。同扶給ヘト懇ニ申サセ給シカハ。住吉モ難ニ振捨一思食テ終御留有ケリ。サラハ御舟ヲ作ハヤト仰ケレハ。化人百人忽出現シ。我黨三百人アル也ト申終ネハ。二百人來テ先百人具シテ成ニ三百人一。御舟何艘可レ造ヤラント申。四十八艘ト仰ケレハ。長門國舟木山入出ニ材木一。豐前國宇佐郡ニテ四十八日四十八艘ノ御舟ヲ作立。神功皇后阿彌陀如來變化ニテ御座セハ。六八超世悲願ヲ起シ。救ニ沉淪苦海衆生ヲ一給ハントテ。法藏昔誓ヲ不レ忘・四十八・トソ定給ケル。住吉申サセ給ケルハ。御舟ハ出來ヌ。梶取ニハ誰ヲカサセ給ヘキト有シカハ。武内被レ申ハ。何人ニテモ住吉御計可レ有被レ申シカハ。當時常陸國在ニ海底一。安曇礒良ト云人ヲ可レ被レ仰。夫年久海中住テ海案内者ニテ有被レ申カハ。夫召ニハ誰ヲカ可レ遣ト有シカハ。都可レ行者ナシ。去トテハ奉レ遣ニ月神一。武内計被レ申ヲ。住吉大怒給テ言。月神忝モ天神也。爭人王使トハ可レ成。所詮行ニ除目一。官ヲサッケ可レ遣トテ。藤大臣連保名付テ礒良許ヘ遣。須臾間行着テ。神功皇后爲ニ征罰一異國向給。梶取爲參給ヘシト有レ仰ケレハ。軈ウツフシニ臥テ無ニ御返事一。如何ニヤ〳〵。宣旨勅答何トカ可レ申再三被レ迫。我是送ニ海底年序一。餘目ヲスル者ナレハ。六十日五十日ナントモ不ニ起上一程。諸石花ヒセト云者顏吸付。面見苦サニ臥テ候也。以ニ御手一撫ニ我顏一給ヘト被レ申シカハ。高良三度撫玉フニ。石花ヒセ少々落テ貌輕成タリトテ起上給。雖然猶面見苦如鬼。何様ニモ不可背宣旨。今三ケ日内可参被申ケル。高良則帰給テ奏此旨給フ。其後又住吉大海南西ヲ良久御覧。娑竭羅龍王。旱珠満珠云珠ヲ金鉢入テ只今愛之翫。借彼玉射敎。不切敎異賊降伏セハヤトテ。可遣御使被申ケル。ケニモイミシカリナン。誰ヲカ御使トスヘキト武内申セシカハ。皇后御妹豊姫ハ如如来相好無類侯姿也。縦雖龍畜身。此女人ニハ爭心不解。遣豊姫給ヘト住吉計申給フ。豊姫行玉フヘシ。御共ニハ誰ヲカ付可奉。如何様ニモ可具二人給。其内一人藤大臣連保ニテ可有。一人ヲハイカヽスヘキ。哀礒良参レカシ。夫吉先達ニテ有ンスルト武内被申ケレハ。住吉仰。礒良只今大魚打愛シテ。都テ不欲参時始御神楽彼見之急可参。住吉自取拍手歌ヲウタヘハ。諏訪熱田三嶋高良大明神。笙笛和琴篳篥ヲナラシ。五人ノ神楽男ナリ。奉始寳満大菩薩。八人女房八乙女成テ御手振鈴舞コタレ給ニケリ。神楽濫觴是也。礒良見之。我ヲ参思食被始神楽。三ケ日中参ント乍申今迄遅参恐アリ。只爭可参。與アル舞ヲ一ツ舞テコソ参スレトテ浄衣单皮ハハキメ。我依宣旨参也。海中ヨリ誰皇后参者アル。便船セントノ玉ヘハ。旱亀ト云亀近寄。我コソ承龍王仰。諸小龍共皇后御舟下奉付。四州海中ヲ催廻テ只今参也。我上乗給ヘ。刹那程可到申セハ。此亀甲乗テ。神楽畢先常陸國ヨリ豊浦付参給テ。餘顔悪事ヲ耻給テ。袖ヲトキ覆御顔タレ。御頸懸鼓。青農ト云舞ヲマヒ澄給ケリ。サテコソ今世迄モ青農面ニハ布切ヲ垂タリケレ。豊姫具高良礒良龍宮可行給成シカハ。皇后御妹豊姫ト御手ヲ取組。御涙ヲ流サセ給テ。住一樹陰汲一河流タニモ七生マテノ契也。況兄弟姉妹昵多生曠劫好也。我此合戰向ント思理能々可心得給。廿三歳・后宮・備テ。齢ヲ不老門内ニ伴。祈壽長生殿上。鴛鴦衾千秋重ント語。魮鮹ノ枕並萬春コソ祝シニ。御宇纔九ケ年也。御歳五十二年ヲタニ過サテ無程ケル契也。有待習ト云ナカラ無常悲爲何。漢王淮南黥布當流矢失給シヲ呂太后被歎。身ニツミ被知哀也。サレトモ其御子惠王儲君御坐テ受天位續。國家更不亂。是東宮不坐。民心怖キ。但不可盡皇胤。皇子腹御坐。生給皇子。何玉姿御覽置ヌ先皇叡慮内コソ悲ケレ。皇子生給。無親御子ニテ御坐事サヘ。兼テイマハシヤ。物ノ心付テハ父イツクト問玉ハンニ。何カハ我可答。在任ニモ申恨タエスシテ坐御誕生平安。御寶躰無恙坐。運久民間治レト一方ナラス思哉。今年二月何ナレハ。生滅無常風十善花荒。

會者定離霞。九重月ヲホ(オ脱歟)フラン。獨フセヤノ曲ナレハ。短春夜ナレトモ。明兼タル寢覺哉。無主宿習ニハ。永日影向居テ暮煩詠也。片敷袖下紐トカテ。幾日成ヌラン。合ミル夜ノ夢タニモ。マトロマレネハエコソミネ。泪ヲツヽム衣無キ隙朽ヌラン。八聲鳥驚。未昵事盡セス。衣成曉ノ露置シヲ慕カネ。篠目恨シカリシ空ナレト。暮ナハトコソ憑。其面影在明月望ハ歸サノ物トヤ人ハ詠ムラン。マタ夜ヤ寒キ。君ヤコヌ。待宵。今別ノ道ナレハ。御幸跡絶ハテス。待シ今ハノ身ナレトモ。思馴シニ夕暮風驚騷カレテ。千々摧心哉。憂コト大苦サニ打添御産氣。トテモ角テモ安カラス。敵爭不打。縱女人身也ト云トモ。三韓軍交テ。一期際戰ント心計勇トモ。海上遙隔。風波難去カタク。我武士纔ニテ敵兵不知數。可如何共思煩。汝早到龍宮。旱珠滿珠借來ルヘシ。依珠威力ナラハ。敵國降伏無レ疑。龍宮珠ヲカスナラハ。我腹ニ宿ラセ給ハン王子也。龍王御智ニ可レ成ト沙竭羅龍王ニ申ヘシトソ仰含玉ケル。其時豐姫此理リ哀サニ落涙ヲセキ敢。勅宣承テ香椎濱ニ出向ニ海中ニ。藤大臣連保曰。日本國神功皇后宣旨ヨテ早滿二珠ヲ借ニ豐姫來給ヘリト被レ仰。時沙竭羅龍王聞レ之出ニ小龍一。此珠龍宮重寶也。手渡可レ進。是入給ヘト被レ申。勅使三人隨ニ小龍跡一入ニ龍宮城一。旱珠云ニ白珠一。滿珠云ニ青珠一。奉ニ此二豐姫一。（藤大臣イ）高良奉レ持。三ケ日云時自ニ龍宮一出。皇后進レ珠給。豐姫申河上大明神御事也。安曇磯良申志（ト九州ニテヘ）（鹿ノ嶋イ）賀嶋大明神。常陸國ニテハ鹿嶋大明神。大和國ニテハ春日大明神トソ申。一躰分身同躰異名御事也。御ヨメト勅約有龍女。當社第二御前姫大神申是也。此御腹四所君達御坐ス。若宮。若殿。宇禮。久禮。（香椎ノ濱ニアル椎ノ木ノ三俣ノ枝ノ上ニ顯ルイ）是也。皇后崩御シ給シ仲哀天皇治ニ御棺一。・合戰ノ有樣草陰ニテモ御覽シ。遠守

成ラセ給ヘト。生タル人物ヲ云樣ニクトキ申サセ給ケル。御棺ノ内ヨリ可レ奉レ護之由有ニ御返事一ケルコソ不思議ナレ。此御棺芳事充ヨ滿諸方ニ。逆風ニモ薰スルハ不レ異ニ闇生樹一。サテコソ是ヲハ糟（鹿椎イ）居ト云ケルヲ。香椎ト申改。香椎ト名付ケル。皇后御長九尺二寸。御齒一寸五分也。光御歳三十一。芙蓉膚和媚愛有。初春風ナヒク青柳ヨリモ嫋カニ。羅綺ウス物猶重事ヲ可レ妬ニ機婦一。況帶ニ甲冑ヲ一携ニ弓箭一御坐事イッ習セ玉フヘキナレ共。綠御髮ヲヒンツラニ取。カラ輪ニ分テ。御甲ヲメシ。桑轅御手ニ多羅樹眞弓。八目鏑ヲ持給フ。（弓ヲ多羅樹云コトハ此多羅ヨリヲコレリイ）・イト物細御腰太刀ハキ。蹈ニ都ッ羅疊一御足召ニ藁沓一。紅御裳上唐綾威ノ御鎧ヲ奉ル。御ウミカ月事ナレハ。御乳房大ナルニ隨テ。御冑胸板ヲソ高スル。猶引合アキシカハ。高良クサスリヲ切テ御脇下付給。今世脇楯ト云ハ自レ是始リキ。如レ冑クサリケル差用ニハナケ

レトモ。可レ勝レ軍吉例思ヲ故也。彼舍利女鷲子ヲ嬢ミタリシカハ。智惠明而十八部ヲ暗讀。長爪梵士詰伏ス。此皇后宮孕ニ天子ヲ玉フニヨリ。武藝勇猛ニシテ引ヨ率千萬人一。異敵合戰進出給ケリ。三世諸佛叶ニ妙果一。一念瞋恚煩惱御座・ト云ヘトモ。强暾難化衆生ヲハ金剛鬼神形躰ニテ降伏ノ門出テ入ニ菩提道一不レ異。柔和忍辱相ヲ受。忿怒嫉妬面ナク。后宮イハシテ錦帳纒レ。荒風タニ無レ當御身。趣ニ合戰陣一交ニ軍兵中一給事。只日本可ニ滅亡一事悲故。先皇守ニ御遺誡ニ玉フ也。寶滿大菩薩河上大明神。神功皇后御妹ニテ御坐セハ。女人御身ナレトモ。携ニ弓箭甲冑一同伴給ケリ。諏訪熱田三嶋宗像嚴嶋神達取合三百七十五人。鹿嶋四十八艘舟乘給。此三百七十五人神達毎ニ一艘一變レ身同レ姿人。一艘三百七十五人御坐。此内梶取鹿嶋大明神。大將軍住吉大明神。副將軍高良大明神也。今兩大

將軍皇后從ニ前後左右一侍。樊會張良翼ヨ從漢祖ニ誅ヨ伐楚王一。矜迦羅制多迦奉ヨ仕明王一降ヨ伏惡魔一給歟覺タリ。呉越將兵癰ヤミシカハ。親自吮レ之。撫ニ戰士一曾不レ惜レ命。越王在レ軍。人送酒江注。之飲味タラスト云ヘトモ皆醉形。所ニ樂生一也。所ニ惡死一也。先立事諍。輕レ死非レ樂レ傷。夫將兵如ニ親子一時。兵將仕コト如レ父如レ云。今兩大將食ワカチ一レ味。回ニ謀異朝外一。授ニ勝士卒中一。感レ人給シカハ。盡レ力忘レ身。上下無レ隔將卒同調。何ナルタケキ武士モ是ニハ如何向ヘキ。去程皇后御産氣出來。御腹頻惱敷思食ケレハ。對馬國ニテ自ニ御船一下。脱ニ御冑一白石冷ニ御腹一。御裳腰夾レ石給テ。我奉レ孃御子可レ成ニ日本主一給上ナラハ。今一月不レ可レ出ニ胎内一ト請申サセ給シカハ。御腹内ヨリ十月ニナレハ立直タル計也。軍靜ラン迄生マシ。早ク向ニ異國一給ヘト申サセ給御音聞召。合戰事忘レ。

サラハ皇子生給ヘカシ。今一目奉見トソ思召シ。餘床敷サニ猶御音ヲ聞マホシク御坐。何仰アルソト度々問之給フ。責テ御事也。皇子時剋フルヲ侘サセ給テ。ハヤ出サセ給ヘシ。御飯朝マテハ生マシキトアラヽカニ有仰ケルニ被勵。ケニモ角テ可有ナラネハトテ。奉御冑御舟ニソ被召。天竺淨飯王皇子。摩耶御腹御坐テ顯佛威神。日本仲哀帝皇子。御腹御座テ親打御敵。太子賓客白樂天生テ。其母立苦クスルモ侘シカリシカ。居タル時計快カリケルトテ。此子名居易云。居易ト書テハ居タルヤスシト讀故也。今我朝皇后大菩薩ヲ孃玉フハ。身心安穩ニシテ戰場得自在。孃姙セシニハ居易増リケリ。皇后御舟已對馬ヲ推出テ。皓々タル分風。漫々タル過海。見馴玉フ都ヲ雲居外遠リ。待惜山端懸思月影浪出テ浪入八重鹽路漕渡。敵國迄コソ責寄タレ。異賊十萬八千艘四十九萬六千餘人アリ。鶴翼圍。魚鱗陣ヲハル。矢石如雨。白刄交揮所。日本勢僅千一タニモ不當。勝劣異ナル事ヲ譬レハ。鷦鷯大鵬双。蝘蜓難陀比タルニ相同。鼷鼠向朝日。螳蜋障飛車ヨリモオホケナシ。凶徒分雲霞大勢中取籠。入籠鳥。懸網如魚。翅燒林可消。螽酌海潮盡。今合戰難及。撫龍鬢踏虎尾有恐。天下大者莫勝於秋毫。以泰山之故爲小云カコトクニ。出此志有樣。一人當千男子死生不知武者ナレハ。其鋒崎森然。是ヨリ又可勝者又有不覺。秋毫如欲大交異賊。敵軍其數多ケレハ。比泰山秋毫小ナントス。無類似タリケル。爰日本皇后御船近唐笠計光夜々照ケリ。白張着タル老俗現申合力可申。何ナル人ソト問玉フ時。南閻浮提大地頭ナリト申去ヌ。大勢ニモ不憚。皇后副將軍高良大明神ヲ牒使遣サル。高良虛空作立仰云。日本國者是雖レ爲ニ微少卑劣拙國一。又貴重賢哲神國也。因レ玆自ニ往古一至ニ異國異朝ノ數アラス。卽無始別所也。今有ニ何由一可レ歸ニ高麗國一哉。縱雖ニ女人身一殊爲ニ勝負一來也。牒送如レ件云々。爰高麗國王大臣人民等。大嘲哢。返牒詞云。日本此賢所也。以ニ女人一爲ニ軍兵一欲レ傾ニ敵國一。何況男身上武藝ヲヤ。敢不レ可ニ入對一嗚呼。付ニ其時一。副將軍高良仰テ白色珠海入玉フ。投ニ此珠一給故玉垂宮トハ申ケレ。旱珠既海入シカハ。潮皆干テ成ニ陸地一。異國軍兵悦舟下テ責來間。日本船ヲハ小龍有レ下故出レ水浮。異賊ヲ遙見下シテ受ヨ入青色珠一給。海水漲波濤漂上ウツマケリ。眇々タル郊野。湛々タリ江湖。草木皆ミクツトナリ。敵軍已成レ魚。民屋浮流。是則立田河散布ヲ見ニ紅葉一不レ異。帝闕潮サヽヘテ大海水構ヨ成ニ龍宮一入。昭王招涼珠。消ニ三伏熱一。皇后旱滿珠ク滅ニ三韓敵一。依レ之異國王臣堪兼テ立ニ誓言一申。

我等日本國成レ犬。卽可レ守ニ護日本一。每年八十艘御年貢ヲ可レ奉レ備。全不レ可ニ懈怠一。有ニ若敵心一。可レ蒙ニ天道一迫申。時皇后御弓弭ニテ大盤石上ニ。新羅國大王日本國犬也ト書付給。御鉾ヲ王宮門前ニ立置セ給テ御歸朝有ケリ。犬追物ト云事ハ。異國人犬カタトリ射ニ敵軍一表示也。故當世迄モ不ニ斷絕一者也。官兵退散後。此石文字末代耻也トテ燒失シケレ共。彌鮮ナリ今不レ消。若又有ニ異心一時。瘴烟必競起ト聞ケリ。皇后新羅百濟高麗三ケノ大國ヲ女人御身纔以ニ小勢一不レ歷ニ數日一。不レ廻ニ時刻一。責靡御歸朝有ケルユヽシサハ。戒日天王隨ニ五天竺一。秦始皇帝殞ニ六國一。周武王燒ニ鹿臺一殷紂ヲ戮シ。漢高祖討ニ漢陽一誅ニ項羽一。黃帝切ニ蚩尤一止ニ天下暗一。越王打ニ夫差一雪ニ會稽耻一ヨリ增タリ。異國向士卒歸ニ舊里一有レ悅。此士殘人民得ニ本主一有レ勇。父子相ヨ合貌一。西巴放レ林自ニ鹿兒一過タリ。皇后瞻仰給フ御眸楊威郡守民ヨリモ越タリ。異國ノ合戰ニ打勝事雖ニ毎度事也ト。敵國皈伏シテ日本國犬也ト奉レ備ニ年貢一。皇后外不ニ御坐一。喩モ類モナカリケル皇后ノ威德哉。遠訪ニ異代一。近尋ニ本朝一。女人赴ニ合戰場一退ニ隣國怨一事。未レ聞ニ其例一。但過去世般沙若羅王・中國王御坐キ。彼后ノ有ニ御産一。五百葉蓮裹ニ五百卵一生事有樣耻敷思召。入レ箱潜流レ河。此箱隣國打寄。其王恠テ見給ヘハ五百卵カヘリテ爲ニ五百人男子一。國王愛レ之養育給。生長シテ力强心剛ニシテ皆無レ比勇士也。國王悅レ之。般沙羅國ハ自レ元敵ナルニヨテ。差ニ遣此五百人一令レ責。般沙羅王大數給ケリ。后且退ニ軍兵一給。我彼五百人可レ申事有トテ。登ニ高樓一。汝知否。五百人ハ皆我子也。爭向レ父可レ引レ弓曰。五百人軍兵。以レ何父子ト云コトヲ知ント云シカハ。事有樣語ツヽ。我乳房ニ五百乳アリ。汝皆口ヲアケ嬴ニ我乳房ヲ。五百人口一度可レ入。是五百人母故也トテ。乳房ヲシホラセ給ヘハ不レ違ニ御詞一有シカハ。彼兵改ニ武心一弛レ弓脫レ甲父付ケリ。彼依テレ子止レ軍雖モ手取ニ武具一自打事ナカリキ。今皇后取ニ弓箭一殄ニ異賊一給事。漢家本朝無ニ爲タメシ師一也。女人凡夫態ナラス。又齊孫子云將軍。吳王闔廬書ニ十三篇兵法一奉ニ吳王一。吳王曰。女人成ニ武者一乎。孫子言。可レ成。宮中婦人百八十人アリ。敎レ之彼ニ召寄。孫子此百八十人ヲ二分テ兩人后大將トス。持ニ兵杖一可ニ合戰一云。大咲不レ戰。其時吳王最愛后頸ヲウツ。汝等軍セスハ皆加樣可レ切云ケルニ。恐テ戰ケル程ニ。達ニ武藝一申トモ不レ到ニ軍陣一。本朝神功皇后御身纒ニ甲冑一立ニ箭崎一。分ニ萬里海路一從ニ三大國一玉フ事。權化御所行ナレハ樣ナカリシ事共也。此外后宮ヘヤサシキ事ヲ尋レハ。濱沙不レ知レ數。思ニ契深事一千尋底際ナシ。サレ共今后趣ニ戰場一討ニ異國軍一給ニ增レルコトナトカリケリ。若皇后女人也ト思召。取ニ弓箭ヲ給事ナカリセハ。天下早被レ取ニ異賊ニ。日本忽滅亡シナマシ。我國我國タル事爲ニ皇后恩德ノ。御自身被レ召ニ甲冑ヲ。攝津國難波西宮ニ留ムナリ。弓箭南都大安寺傳リ。御裳宇佐彌勒寺納テ今アリ。其外三萬八千十人荒神兵具共ヲ埋シカハ。名テ武庫山ノ。亡卒訪ニ菩提ヲ。造ニ靈鷲寺ヲ造ニ立丈六阿彌陀三尊ヲ。書ニ妙法蓮華經三部ヲ。修ニ色々善根ヲ給フ間。哀ミ愍シヱフ當國他國ヲ大慈大悲恩惠也。皇后御歸朝後十日ト申セシカハ。仲哀天王九年十二月十四日也。此日筑前國宇美宮ニテ御產平安皇子御誕生シ給シカハ。第十六代ノ帝王顯玉ヒ應神天王神明ニテハ。掛モ忝八幡大菩薩祝給是也。皇后御合戰時御腕鞆ヲ懸テ引ニ御弓ヲ給シニ。ヤカテ皇子ノ御腕ニ鞆形アリ。相ニ似タリ腫物ニ。鞆名譽田號ト依コソ。御名ヲハ譽田天皇トハ申ケレ。天竺ニハ悉陀太子妃耶輸陀羅孃姙シ給シヲ。太子見捨テ家ヲ出。苦

行六年ヲヘテ釋迦成道給シ時コソ。羅睺羅尊者御誕生有。祖皇大怪投ニ猛火中ニ給フニ青蓮生テ受ニ御足ヲ。大王自懷取愛敬實ニ甚シ。生死苦比丘六十年孃ンテ白髮生シテケル。周伯陽八十一年マテ母ノ腹宿ケリ。欲スレハ謂ニ之ヲ嬰兒ト年已八十。欲レ謂ニ之老父ト又且新生。故謂ニ之老子ト。南岳大師。聖德太子。弘法大師。此三人權者經テ十二月ヲ有ニ御誕生。今皇子ウミカ月ヲヘタテ。軍靜待セ給テ御產アルコソ貴ケレ。御裳腰ニ夾セ給シ白石ヘ。大分宮御躰トテ。御產時槐ノ枝倒ニ立取付タリシカハ聽テ生付今アリ。當時木ニ三度迄生替タル木ナレトモ。一枝猶逆ナル形也。宇美槐ト國母仙院奉レ始ヲ。御產平安御祈佛御衣木ミソキ被レ用ヒ此槐ヲ。河流ニテ胞衣洗セ給。其血飲シ魚皆腹赤成ケル。今世迄不レ替トソ申ケル。香椎被ニ安置セ仲哀天皇御棺ヲ。武内宿禰自ニ海路ニ長門國豐浦宮奉レ送。御葬ナス事ナカリケリ。皇后御位

付給事河内國長野山移築山陵タテマツリケリ。二宮坤宮一塚アルヲハ。納御棺跡也トソ申ケル。終顯神明。當社中御前大菩薩御同座有トソ傳タル。二宮申奉崇皇后社壇也。彼宮東遙見渡海上出嶋アリ。干珠滿珠投置給處ヲ息津邊津名タリ。或又此二珠河上宮納トモ云ヘリ。長五寸計頭二寸尾細トソ註シタル。抑皇后異國降伏次年春二月都歸給シニ。賀コサカノ王ヲシクマノ王兄弟。皇子出來給事ヲ嫉テ。竊タハカリテ待聞シカハ。武内宿禰皇子懷カシメテ自南海紀伊國湊廻テ。皇后御舟指難波着給フ。其後武内宿禰誅戮二人王。皇后御歸朝後。相列高麗寺オキニ。晝海唐笠計光。夜山光ケル。仍奏聞申。時皇后仰。何樣。高麗ニテ合力申ント云南閻浮提大地頭也名乘神覺ルト勅詔有。何クニモ日本國内任意垂跡シ玉ヘト勅定ヲ被下ケレハ。依之今伊豆山

所ト御坐伊豆權現是也。皇后息長足宿禰女ニシテ。開化天皇五世孫。御母儀葛城高額姫也。卅二御年卽帝位。治天六十九年ヲヘテ。一百ト申四月十七日。大和國十市郡磐余稚櫻宮崩御ナリ給フ。天下淚ヲハ袖シカラミセキ不敢。折知顏時鳥彼方此方鳴渡。ソヨヤ月雲隱シハ是モ別ヲ忍トヤ。花橘匂。馴昔袖香何思連ツツ。サテシモ可有ナラネハ葬禮ノ儀式ヲ調テ。大和國秋篠山陵奉納。異國蜂起時ハ此山陵奉官幣祈申サセ給也。則是當社ニハ東御前大多羅志女御事也。神龜元年筑前國若椙山香椎宮造。崇聖母大菩薩給ヘリ。正直者頭ト梢平椙枝我可住御誓アル故トテ。餘所杉木立事替。此社頭椙梢平生タリ。御殿前アヤ杉アリ。勅使參者(著懸)シテ折枝奉鳳闕。去社頭一町餘置御棺。椎枝根サシ蔓ヘテ今ニアリ。星霜積故ニヤ當時櫟木成タリ。名木ナレハ井垣アリ。

此所望前松杉森々風掃帝城之敵。顧後溟海漫々波打異域賊。左ハ手向神木綿四手カクル祝子双棲家イト茂。右年ヘテ清池水濁底澄玉フ和光影モ知レタリ。抑八幡大菩薩仲哀天皇第四御子。御母儀神功皇后ニテソ御坐。先皇異國流矢當テ崩。母后御手自挑戰終打取給。サレハ父母御敵ナルカ故。異國降伏御志深。末代マテモ禦時神明トコソ成給。神功皇后三年四歳ニテ春宮立。七十一御歳第十六代帝位備。應神天皇被仰。天下治給事四十一年。此御宇書文字替結縄政。縫衣裳始。自百濟國衣縫工幷五經博士奉故也。其德被四方。其恩覆一天。御歳百十一申二月十五日。大和國高市郡輕嶋豊明宮崩御アリ。大内山發花此春風散シケル。譽田築山陵。ヲホケノ霜ウツモレス。諸官諸卿諸共歎涙白玉褁兼タル袂哉。アヤシノ麻衣。秋野ナラテ露茂。四方草木末マテモ思ナシニヤ靡ラム。胡塞指テ行雁此悲堪ストヤ。夙日鳴百千鳥愁有トソ知レケル。ソモ二月望月ナトウタテ敷カヽルラム。鳥瑟日影双樹旃檀煙五十二類戀慕アリ。龍顔雲痛マシ一人晏駕。天百千萬人涕泣アリ。其後仁門菩薩顯テ六卿山修行シ給事八十餘年。次種々御形様様示現ト雖。量時待人隠冥德顯威光給ハス。第卅代欽明天皇十二年正月至テ。大神比義斷五穀精進捧御幣祈申時。二歳小兒顯レ立竹葉上玉フ。我日本人王十六代譽田天王也。護國靈驗威力神通大自在王菩薩也告給。百王鎮護三韓降伏。神明第二宗廟祝給者也。豊前國宇佐郡馬城峯石躰底初垂跡所也。天平勝寶元年造營宇佐宮。卅三年必造替奉。九州平均課役也。譽田天皇第四御子。第十七代帝王仁德天皇ヨリ今上陛下至マテ。何大菩薩非御子孫可有。其上靈威越餘社。自殿内出御聲一。勅使御返事有ナントシ給ケルニ。孝謙天皇道鏡法師可レ有ニ踐祚一由申サセ給シニ。我朝ハ神代ヨリ已來。民王トスル事ナシ。神吾物ヲ云ニ依テコソ如レ是聞ニ非例一。自レ今以後不レ可レ有ニ勅答一トテ。御詞留ケルコソ悲ケレ。然レトモ猶神驗掲焉事昔不レ替新也。件勅使和氣清丸成シヲ。惡申タレハコソ御許ハナケレトテ。ワケノキタナ丸ト名テ。二足ヲキリ乘ニ空舟一流サル。其悲無レ類。只一筋奉レ祈ニ念大菩薩一計也。此船宇佐濱打寄ラレタルニ。猪來テ添レ舟。清丸是取付乘ヌ。忽宇佐宮南樓到シカハ。是偏大菩薩被ニ召寄一ケルニコソト貴テ。卽猪ヨリ飛下テ流レ泪處。御殿内ヨリ五色虵ハイ出テ清丸カ脛ヲ舐。如レ元足成シカハ心中ノ悦無ニ喩方一ケル。果ニ宿願一造ニ足立寺一。卞和被レ切ニ兩足一成王卽勸ニ其賞一。切ニ蘇武一脚一漢王哀ニ其勞一トイヘトモ被レ切足不ニ出來一。於ニ清丸一被レ切足直

シカ。サレハ大菩薩靈驗古今都無レ譬。掛賴人ソナキ。爰新羅國大王。七歲ニナル呼ニ太子一曰ク。汝生シヨリ置ニ清淨床一。遠ニ汚穢氣一。イツキカシツキツル本意。我打ニ取日本國一思ニ神國ニテ權實二類守護給故不レ叶空送レ年。縱神明掲焉定テ十地菩薩應化可レ過サル歟。不動咒力攝ニ十地菩薩一誓ヒ。マス行ニ不動靈驗一。日本諸神狩ニ籠水瓶一。其時我行取ント仰ケレハ。太子言。捨ニ身命一不レ可レ背ニ勅宣一。況於ニ餘事一哉。不レ得ニ其德一王宮不レ可レ來トテ出。籠ニ居山々寺寺一。日々夜々精勤。三平等護摩煙添ニ四種法身内熏一。五古鈴驚覺聲ニハ成ニ兩部諸尊歡喜一。本不生智水ニハ浮ニ大空圓滿月一。無自性心地祕密瑜伽春花開ク程成ヌレハ。爲レ顯ニ行德一大王許行給フ。父云。汝先施ニ威力一致ニ信敬一有シカハ。暫觀念自身成ニ不動明王一。靑黑暴惡相良也。火焰一熾盛ニシテ雙ニ左右二童子一。大王傾首合

掌。今疾日本可行給。我又調兵船可責寄出立給ケリ。聖人七十年着西府縛諸神。熱田大明神成劔。印契中ヨリ免出ント給ヲ。聖人以袈裟劔カフラシメテ納之。宇佐宮炳然トシテ昇天給故無咒力及事。此平城天皇御宇也。其時七歲小兒猿澤池端去地事七尺。我日本鎮守八幡大菩薩也。百王守護ノ有誓トモ。有驗上人自異國來テ日本諸神水瓶取籠テ。其間大勢寄來テ打取ントス。異國漸解纜。既駈籠諸神。我未入。若請一萬人僧南畔海邊ニシテ向西方祈念常在靈鷲山釋迦大師。南無仁王護國般若波羅蜜唱。以此法力我蹴破水瓶奉出諸神可禦今難有御詫宣カハ。朝家騷驚如偏敵目見急啒請萬僧仁王經被講讀カハ。大菩薩蹴破水瓶給。然トモ二度マテハ不被破。第三度申蹴破給テ。諸大明神悉出靈驗施給シカハ。新羅上人山陽道

至。備後國大菩薩被蹴死給カハ。異賊襲來事忽停。三百餘座神祇偏鎮護國家ノタメナレトモ。大菩薩外何レノ神明此事ヲ告知シメ給。有驗聖人恐皆水瓶籠ラレ給ヒシニ。大菩薩神力內證高法界ヲ照。外用深此土及給故。十地菩薩ヲハ攝不動神咒ニモ不被縛。威力自在ニシテ靈德嚴重也。譬聖人德鉛刀一割。大菩薩通力鏌鋣利劔。聖人行功似泥虵。大菩薩靈驗如鷹龍。異國聖人モ日域ノ神明大菩薩及靈驗給事ナシ。但大菩薩忝御坐。此ヲ案スルニ有佛法德諸神合力アリ。然必偏佛法諸神奉賤事有ヘカラス。禦此難給シ般若甚深以智劔聖人封閇水瓶ヲ破シ。大小神祇以通力新羅非道避怨害給。サレハ佛法大菩薩增威力諸神大菩薩添化用御坐ス。大菩薩大將也。諸神軍兵也。大菩薩勇士也。佛法城槨也。臣範。（軌躰）（足躰）天寒時傷心。人勞時傷國。養心者不寒

其足ヲ為レ國者不レ勞ニ其人ヲ云。敬ニ佛法ヲ崇ニ諸神ヲ奉レ仰ニ大菩薩ヲ也。捨ニ佛法ヲ輕ニ諸神ヲ奉レ賤ニ大菩薩ヲ者ナルヘシ。帝範。枝葉扶疏則根柢(底歟)難レ拔。股肱(既)隕則心腹無レ依。舟航之渡レ海也必假ニ橈檝之功ヲ。鵠鶴之凌レ雲必因ニ羽翮之用ヲ如レ云。有ニ助伴勢ヘ故其主彌徳アリ。不レ可レ懷ニ偏執ヲ。雖レ然本末存レ別。大菩薩耀ニ靈威ヲ我朝安全可レ祈。上代佛神奇瑞新正シキカ故。異國凶徒退散速也。及ニ澆季ニ政不ニ廉正ナ。佛陀冥睠ニモ預ラス。神明擁護モ漏ナン時異賊襲來。日本纔小國也。打取不レ可レ旋レ踵。其上天平勝寶七年御託宣。若吾氏人中一人有ニ愁歎ニ。去レ社住ニ虚空ニ天下發ニ種々災ヲアルニ。當時氏人懷ニ道理ヲナカラ溺ニ悲涙ニ。神事衰廢シテ崇敬無レ誠。可レ留ニ神明跡ヲニヤ。天變。地夭。風水。旱魃。疫癘。兵革。横死。頓病打連。國土不レ穩。人民絶事ナシト雖。政ヲシテ蝗虫カリシ量忌史記。天ハ

不レ勝レ徳タメシ稀也。其中文永五年二月一日。公家奏ニ蒙古牒狀ヲアリ。其狀云。上天眷レ命大蒙古國皇帝奉ニ書日本國ニ。朕惟自レ古小國之君境土相攝。尚レ務講レ信修レ睦。況我祖宗受ニ天明命ヲ奄ニ有區夏ヲ。遐方異域畏レ威懷レ徳者不レ可ニ悉數ヘ。朕即位之初。以ニ高麗無辜之民久瘁ニ鋒鏑ニ。即令レ罷ニ兵還ニ其疆域ヲ反ニ其旄倪ヲ。高麗君臣感戴來朝。義雖ニ君臣ニ而歡若ニ父子ノ。計王之君臣亦知レ之。既高麗朕之東藩也。日本密ニ邇高麗ニ。開國以來亦時通ニ中國ニ。至ニ朕躬ニ而無ニ一乘之使以通ニ和好ヲ。尚恐王國知レ之未レ審。故特遣レ使持レ書布ニ告朕志ヲ。冀自今以往通レ問結レ好以相親睦セン。且聖人以ニ四海ヲ為レ家。不ニ相通好ヲ豈一家理乎。以至レ用レ兵夫孰所レ好ナラン。王其圖レ之。不宣。至元三年八月日書タル。是見ニ公家武家大驚ル。可レ有ニ返牒ニ哉否。牒使可レ截レ首否。諸道勘文諸卿僉議様々也シカ共。無ニ返牒ニ使計被ニ追

歸。是則虎ヲ放野狼飼不異。此牒使夜々見廻筑紫地。船津軍庭懸足迯道至マテ差圖ヲシ。相人景氣注所案內。計スマシテ返ケリ。後嵯峨法皇御賀可被行トテ。天下營閣他事止メラレ。異國降伏ノ御祈禱諸社諸寺被始之。就中當社三月五日淨行社僧四十五人モテ被行毎日仁王講。同十三日十四日。實相房中道房爲先。持戒淨侶卅人大般若經被轉讀。當結願金泥大般若供養アリ。導師實相上人。請僧卅口社僧也。如斯進々祈禱共有シカハ。恠實共多中爾。文永十年八月。放生會時奉見付有不思議。注進曰。昨日十五日寅一點。爲奉成御幸。任例御殿司等奉伺正殿之處。中御前御劔御袋爲鼠被食損之上。御劔鞘三寸餘計折令墜御茵上給。雖然所墮御茵上御鞘折不奉懸手。先以御袋御劔奉入神輿。從御幸畢。還御之後奉取彼御茵之上鞘折奉納御袋矣。西御前東御前御劔袋同爲鼠被食損之。三所御劔御袋共鼠造巣者也。仍注進之。言上如件。文永十年八月十六日。御殿司執行法眼和尚位俊源上書。以此狀經奏聞處。御劔袋爲鼠被食損事。從久壽元年以來其例雖多。御劔鞘折事此始也トテ。大驚セ給テ。紀傳明經明法道等博士有御尋。大內記良季勘狀。被行軒廊御占有先例。平野第二神殿彼金盖緣金放落准據申。仍被行之。上卿大納言源朝臣某具。職事右近中將藤原實冬朝臣。弁。左中弁藤原親朝朝臣參候。依何咎祟所致。推之。依神事違例不淨所致之上。公家非致愼御藥事。禁裏幷恠所可被誡火事歟。又天下有驚恐事歟。神祇官陰陽寮一同申之。然十月廿日子刻。禁裏萬里小路殿燒失。占文之旨不相違。天下驚恐何事有ンスラント。上下萬人跼天蹐地覺タル。祈謝宣命云。

天皇詔旨度。掛畏岐石淸水爾御座勢留八幡大菩薩廣前爾。恐美恐美毛申賜者久度。御前御劒之袋乎爲レ鼠食損世良禮。中御前之御劒鞘令レ折賜布由聞食。驚令ニ占求ー給爾。占卜之所レ指戒懼不レ輕。是則地世及ニ澆季ー比。德亦菲薄奈留加所レ致奈利度。兢惕之思比寤寐無レ休。然猶牒謝之道者神明所レ宥奈禮者。專答ニ無二之丹祈ー弖。何無ニ如在之玄應ー良牟度所ニ念行ー奈禮者。故是以吉日良辰乎撰定。從二位權中納言源朝臣師親。散位從五位上源朝臣有綱度乎差遣弖。禮代大幣令ニ捧持ー弖奉レ出賜布。掛畏支大菩薩此狀乎平安久聞食弖。縱比依ニ理運ー所レ致厄會也度毛。縱恠異爾付弖可レ來良牟不祥也登毛。却ニ妖氣於未兆爾ー耀ニ皇明於無疆ー弖。天皇朝廷乎寶位無レ動久。常磐堅磐仁。夜守日守爾護幸衣奉給弖。四海泰平仁萬國悅豫仁護恤奉給倍度。恐美毛申賜者久度申。辭別弖申賜者久。去春之比以來太。列宿之變頻仁臻留。況去月廿日夜宮室忽有ニ火孽ー弖。殿舍悉爲ニ煙炎ー度利。非常趣幾冲襟無レ聊者。自今永無ニ如レ此之妖異ー天。彌播ニ帷馨之靈德ー弖王躰安穩爾。黔首歡娛爾。護幸給倍度恐美恐美毛申賜者久度申。文永十年十一月廿一日トゾ有ケル。又宣旨被レ下。神事違例穢氣不淨注進。公家御ニ愼アリ御藥ー。天下幷恠所。驚恐。動搖。病事。火事等祈謝ヘシト有。御劒御袋乍ニ三所ー被ニ調進ー。十一月廿六日勅使權中納言藤原經任也。十二月廿五日御劒可ニ改造ー否事被レ行ニ仗議ー。參陣公卿內大臣師繼。大納言源通基。同藤原伊賴。同信嗣。中納言藤原經俊。太宰權帥源雅言。參議伊豫守平成俊。左近衞權中將具房。四位參議實冬朝臣等也。又撿挍法印宮淸。別當法印行淸被レ召。御劒御躰歟。神寶歟。爲ニ御尋ー也。行淸申云。神躰也。貞觀六年造ニ寶殿ー崇ニ三所御躰ーンヌトアル。今御劒是也。委細之深義奏聞セラレ畢。宮淸法印可レ有ニ上洛ー共。頭風氣有トテ不レ及ニ

參內。可注進之由被仰下。奉行內藏頭賴親也。仍所司解以此申。其狀云。右宗廟御璽者鏡與劔御歟。件御劔者尊神垂跡之後。廟壇草創以來。崇敬年久。幽明難測。彼御劔准神寶否。宜有聖斷平被載タリケリ。如斯重々有御沙汰。御劔被造改義無。神躰有謂故也。ケニ今御劔御璽宮上安置。若神寶ナラハ御璽上誰人可置。劔璽共御躰ナル條不可及異儀。安心院ニテハ僧神自御劔御躰拜見。御託宣靈鏡ヲモテ照朝野。以神劔振隣敵アルヲモテ。御劔崎ヲ以テ向異國アツル事アリ。向王城事白地ニモセヌ事也。放生大會御幸時致此作法。社僧故實。有口傳。漢高三尺劔靡隨諸侯被制タメシヤ。靈鏡普照理德。神劔摧破ノ智用。理智一躰。本地法身奉顯也。然此劔有恙。占文既不輕。天王驚恐事アラハ異國ナントト可襲來。降伏給ントテ鞘サキヲ顯給ニヤト憑敷事有ナントソ。人皆中合ケル。無天口以人云セヨトニヤ。同十一年九月比異賊四百五十艘大船三萬人乘寄來。對馬壹岐二嶋打落。筑前國今津ニソ着ケル。此由京都聞シカハ御祈禱共始ラル。十月廿九日於寶前兩座最勝王經轉讀。十一月二日山王諸座務祈禱。同八日御幸御祈アリ。請兩惣官勸賞被行。其上社務宮清召馬場殿銀劔砂金ヲ給ケリ。是異國降伏爲御祈也。慇懃叡信。宗廟照鑒有ント覺タリ。九國馳參軍兵誰々。小貳。大友。紀伊一類。臼木。ヘツキ。松浦黨。菊地。原田。小玉黨以下。神社佛寺司マテ我モ〳〵ト打立タリ。大將許十萬二千餘騎。都合數何萬騎云數ヲ不知。馬氣天アカリテ風ヲナシ。蹄足地響雷ヲナス。三尺劔光氷在手。一張弓勢當月明。着タル地鎧海水移影。蜀江錦洗同。立双旗濱風吹飜。枯野蕙花不異。日本兵共高麗唐人ニアナツリ習タル樣面々分捕センスルニ。御方勢多敵兵少。如何シテ一人取當ヘキ。異國人十人ニ味方兵一人コソ可向者ナルニ。御方勢多敵兵一人宛タニ當ヌ事ヲコソ歎。味方落ケルトハ曾不思勇計テ我先トソ懸出。カク待懸處十一月廿日蒙古自船下。乘馬擧旗責カヽル。日本大將ニハ少貳入道覺惠孫纔十二三者。箭合爲トテ小鏑ヲ射出タリシニ。蒙古一度トツト咲。大鼓ヲタヽキ。トラヲ打テ作時オヒタヽシサニ。日本馬共驚躍刎狂程。馬ヲコソ刷シカ。向ント云事ヲ忘。蒙古矢短云トモ。矢根ニ毒ヲ塗タレハ。チトモ當所毒氣ニマク。數萬人矢崎ヲ調テ如雨降射ケル上ニ。鉾長柄物具アキマヲ指シテ不弛。一面立双テ寄者アレハ。中ニシテ引退。兩方端ヲマワシ合テ取籠テ皆殺ケル。能振舞死ヲハ。腹ヲアケ取肝飲之。自元牛馬美物トスルナレハ被射殺以馬食トセリ。冑輕馬能乘。力强命不惜。强盛勇猛自在無窮馳引ヲ。大將軍高所居上可引所逃鼓ヲウチ。可懸扣ニ責鼓隨夫寄引。逃時飛ニ鐵鉋暗クナシ。鳴高ケレハ迷心失肝。目クレ耳塞テ忙然トシテ東西ヲ不知。日本軍如相互名乘合高名不覺ハ思ニ一人宛勝負處。此合戰ハ大勢一度寄合テ。足手動處我モ〳〵ト取付押殺生捕ケリ。是故ニ懸入程日本人一人トシテ漏者コソナカリケレ。誠哉不敎民ヲモテ戰之謂棄アル本文。今思知ラレケル。其中松浦黨多打レヌ。原田ノ一類深田追入ラレテ失ニケリ。日田青屋二三百騎ニテ引ヱタリ。青屋乘タル馬口强シテ自然敵陣ニソ引レタル。主人入シカハ彼手隨者共續テ懸タリケリ。ヒシ〳〵ト卷籠レテ殘少打死。主乘馬御方陣ヘ歸シニコソ青屋被行トハ知レケレ。山田若者五人蒙古被ニ追立。赤坂ヲ下ニケノヒ甲成テ逃處。蒙古三人揉ニ々テソ追懸タル。サレトモ疾迯延テ一町餘ニ也シカハ。蒙古無レ力。責テノ事ニヤ尻ヲカキ上テ此方ヘ向テソヲトリケル。其時山田ノ迯武者共。口惜事哉。アノヤツ原ニカク迫ラルルヨト。其中ニ精兵ノ有ケルヲ撰テ。盡レ力可キニ射當一アラネトモ。遠矢ニイテ。サラハ射テミントテ。南無八幡大菩薩願クハ此箭敵ニ當サセ給ヘトテ。何クニ當ルトモナククリ遣リケル程ニ。不レ誤射致シテ日本人ハ一度ニトット笑トモ。蒙古不レ音手負ヲ搔具シテ迯去リヌ。大菩薩非ニ御罸一外。何ニシテ此遠矢ヲハ可レ當ニ事有ソト。貴ト云ヒ嬉サト云計無ケリ。蒙古次第ニツヨク乘レ勝責來リ。赤坂ノ松原ノ中ニ取レ陣居タリケリ。軍立思ヒ違テ可レ向レ面様モナシ。御方引退テ懸合者モ無リケリ。爰ニ菊池次郎思ヒ切テ百騎計ヲ二手ニ分テ押寄テ散々懸散シ。上成リ下ニ成リ取ニ勝負一。家子郎等多被レ打。イカヽシタリケン。菊池許被ニ打漏一。自ニ死人中一懸出頸共數多

取付城内ヘ入シコソ揚ニ名後代ニ一カ。是偏大菩薩ニ祈念深カヽリシ故也。若勸賞有ナラハ。一番ニ賜タラム物ヲハ八幡奉ト手向ニ立レ願。故關東參テ給シ甲冑面目ノ餘可レ遺ニ子孫一思共。神恩報謝トテ當社ニ持參シタリキ。少貳入道カ子息三郎左衛門尉景資幷平四郎入道。手光太郎左衛門等始トシテ。寄合散々戰。此外大名高家我々ト責シカ共。物數トモセス蒙古ヒタ破責入テ。今津佐原百道赤坂迄コソ亂入タリケレ。異國合戰何事有ンソト。安平思餘リ妻子眷屬不ニ隱置一。ヨテ家々打入テ數萬人ノ妻子共ヲソ奪取ケル。分取センスルニ御方多ク一人タニ當ツカテ可トレ有ニ勇計一イミシケニ進シニ。只且戰ニアキレ騷テ無ニ云甲斐一。軍巳剋ヨリ始シカ日モ暮方成シカ。アナタ此方サヽヤキコトコソ始リシカ。何事カアラント恠シニ。武力難レ及ケレハ水木城引籠リ支テ見ント迯支度ヲコソ搆ケレ。聞レ之

コソ遲ケレ我先落シカト。獨モ戰者ナシ。少貳三郎左衛門尉景資。蒙古大將軍思敷者長七尺計大男。鬚ハ臍邊マテ生下。青キ鎧葦毛ナル馬乘。十四五騎打連カチ走七八十人カ程相具シテヲソイテ走ラカス。其時景資カ旗蟬口鳩カケリ舞シカハ。八幡大菩薩御影向ト憑敷奉レ憶ケリ。究竟馬乘弓上手也シカハ。逸物上馬乘タリ。一鞭打テ馳見返テ能引放矢。一番懸タル大男眞中射レテ馬ヨリ下ヘ逆コソ落ケレ。郎等共抱レ之ヒシメキタル紛ニソ景資御方引返。葦毛馬金作鞍置馳廻シヲ捕。後尋レハ蒙古一方ノ大將流將公馬也。蒙古生捕申ケルハ。鳩翔テ大將軍ヲハ打テケリ。八幡降伏目出タク貴事也。水木城ト申ハ前深田ニテ路一アリ。後野原廣續テ水木多豐也。馬蹄飼塲ヨリ兵粮淵屋アリ。左右山間卅餘町ヲ透シテ高キヒシク築タリ。城戸口ニハ磐石門ヲ立タリ。今礎石計成ニケリ。南山近テアヒ染川流タリ。右山腰ヲハ深廣ク堀ヲホリ。二三里廻レリ。昔神功皇后土與國大人ヲ禦給トテ。一夜中ニ誘ヘ給城ナレハ。神力致處凡夫態見サリケリ。縱穆天子韓華騮騄駬蹄曾テ難レ越レ之。縱勝軍王名將勇士武爭可レ破レ之。誠ユヽシキ城ナレトモ。博多筥崎打捨テ多大勢一日軍堪兼テ落事ヲ爲ニ奈何。可レ成ニ何事一ソヤト。アヤシノ民至マテ無ニ泣歎一ケリ。ツカノマモ惜キ命ノ習トテ妻子ヲ引具。助レ老懷レ幼。何地共ナク落行シハ。中有旅迷モ角ヤト悲ミケル。筥崎ノ宮留主始トシテ。僧俗社官固タリシカトモ。所レ憑軍共落ヌル上ハ角テモイカヽ可レ有。縱遁レ身ト云共。奉レ捨ニ神躰一忽敵ニケカサセン事コソ悲ケレ。有レ命限何ヘモカヽケ奉レ仰トテ。朱漆唐櫃奉レ移ニ三所御躰一。泣々出レ宮間。餘火急事ナレハ。神輿ニタニモ奉レ乘サリシコソ目モ心モ及レネ。御供留守左衛門尉定重。平左衛門尉景親。同景康。圖書允定秀已下社官共少々參テケリ。宇美宮ヘト急處。彼ハヤ一人モナク先ヨリ落テ閉二戸樞一可二立入一様モナシ。上山極樂寺ニソ入奉。折節雨降涙添テ。衣手濡ヌ處ソナカリケル。迯ツル跡ヲ顧レハ。在々所々猛火オヒタハシク燃上シカハ。是偏敵ノ態ト恐思レテ無二謂計一。此嶺彼谷隱居タル落人共。夜明押寄被レ捜何方ヘカ今一マト可レ迯悲ミケル。カヽル寂中ナレトモ。何ナル者カシタリケン。三首歌詠立。

少貳入道覺惠カ事。

臆病ヲイカヽハ少貳入道カ耻ヲ覺惠カ名ニ落ニケリ

大友頼康ヲ。

大友ハ子共ウチツレ落行テ方々ニコソ頼康ミケレ

筥崎留主子息綴ニ紅葉一着ニ直垂一落ケルヲ。

直垂ニ縫モミ千葉モ落ニケリハケシキ怨ヤ（冬クレハアタノ嵐ノハケシサニヌウモミチハモ落ソ行ケルイ）木枯ノ風

サル程ニ夜モ明レハ。廿一日ノ朝ノ海面ヲ見遣ルニ。蒙古ノ船無二一艘一皆々馳歸ケリ。見レ之。コハ何事。今日九國充滿無二人種一皆滅亡シナントコソ終夜歎キ明シツルニ。何トテ角歸ルラン。只事共覺ヌ在様哉トテ。泣笑色出。人心コソ付ニケレ。異賊兵船一艘志賀嶋懸テ迯ヤラテ有シニモ。餘恐テ左右ナク向者コソ無リケレ。蒙古カ方ヨリ手合テ云ケレトモ我行不レ謂ケリ。助舟寄ヌハ降ヲ免サヌニソト思切テ。其中大將入レ海失ニケル。御方地渡付。弓箭ヲ失脫レ甲。當ニ其時一我モ〳〵ト押寄テ高名ニソ生捕ケル。水木岸前引双テ百廿人被レ切ケル。蒙古退散シヌト云シカハ。此彼ヨリツトヒ雖レ集。親ハ子ヲ尋。夫失レ婦泣歎。宿所燒ヌ。無二資財一。何立寄テ可レ隱レ身方不レ覺。燒亡灰浦風被ニ吹上塞天。目ヲアケラレス迷ケル。文選。亂世之民如陷泥土陷火炭是ヲ云ルナルヘシ。落ニシ事ハ昨日ソカシ。夜間ニモ角替ハテヌル栖哉。入仙家仙人モ。經半日舊里廢テ改。博多迷落人一夜モ過ヲ歸シニ。無本宅跡。浅マシカリシ事共也。

八幡愚童訓下

サテモ筥崎宮本穗浪社御坐ケリ。彼所山高道嶮クシテ。飾會參府官人馬ナツミツカル丶ヲ憐ト思召テ。民苦シミハ我苦在。竈門宮ハ我伯母御坐。國司府官馬乘着笠。竈門宮御前ヲ透テ穗浪參條其恐アリ。又放生海上事也。穗波放生地非。昔我天下國土鎭護始時。戒定惠ノ三箱ヲ此松原埋メリ。早筥崎新宮移テ。戒定惠以力。靈鏡ヲシテ朝野人ヲテラシ。以神劍掃隣國敵。大宰少貳眞材朝臣。石淸水八幡宮ニテ步廊造進スヘキ由有立願。此新宮柏造進スヘシ。御殿ヲ乾ムケ柱カエヲ可用。末代人民力弱ク。公家勢衰比。異國逆人出來敵國降伏由ヲ書付テ。礎面吾座下可置。敵國人以定惠力自然可降伏。延喜廿一年六月廿一日七歲女子去地七尺ニシテ有御託宣シカハ。眞材首ヲ傾テ宿願未他人不知者也。神鑒無違事。信心銘肝急經奏問處。其官符云。託宣旨爲禦來寇。加之外賓通攝之境。營其宮殿殊盡美麗ヘシト被仰下シカハ。醍醐天皇御宇延長元年造營シテ被祝給ヘル八幡大菩薩別宮也。御座下文字公家宸筆ヲ被下。此所東西潟塡テ水脉不通シニ。祈禱シテ堀井忽得神泉。又頓宮前海新出高積。中間水泉涌出可成河源。松林廿餘里。其樹皆姬松也。古來無變。而始自ニ頓宮邊一卅餘株變爲ニ赤林一。康和二年ニハ三株幡アテ御殿ヨリ出テ虚ニ垂テ飛揚ル事アリキ。如レ是瑞相徃々有レ之。其地爲レ躰。北村里比テレ屋抑如ニ賓客一充レ衢成レ市聳渡夕煙民烟賑ニケリト喜也。後ニハ朝日輝ニ竈門山一交レ塵光ヲハ入江ニ鹽浮ヘタリ。田地廣闢テ農夫耕耘。決レ溝成レ雨。荷レ極爲レ雲。嘉禾九穗新ニ。瑞麥秀テ兩岐ヲイ。縄ニ結白露ホノカニ渡電有カ無歟ノ假宿。一切有爲法如レ露亦如レ電。詠メヤル青松滋ニ七八里一。名所中無レ類。落葉搔タメウナイコカ冬籠スル栖居モアリ。前ニハ蒼海遙見渡多賀嶋。コノ嶋。志賀嶋。三嶋浮出タル。無破蓬萊方丈瀛州ノ三神仙トアヤマタル。秦皇漢武求取シ不死藥。童男童女來ヘキシラヽノ濱ニスム月。極樂世界此方ソト教良ニモ入玉フ西空サヘ浦ヤマシ。十方淨土中以ニ西方一爲レ望。九品蓮臺間ニハ雖ニ下品一可レ足。卽身卽佛雖レ非レ外。上品上生懸レ望。西心催ニ西雲一。ユカリノ宮〔色歟〕紫イトナツカ敷覺タリ。生死海ニ釣スナル慈悲喜捨船苦眞如岸ニカヽリヌト。弱吽鍐舺ノ梶ヲトル松ヲ。秋風吹聲ヲ知苦斷集ト聞ツレハ。沖津白波音立テ。常樂我淨ト答ケリ。サレハ大菩薩。筥崎松吹風ト浪音。尋思四德ハラ密。角コソ詠給シカ。カヽル靈地玉ヲ餝シ神壇。柏ヲ用ル柱梁ニ。階門四面廊。淨行堂。彌勒寺。寳藏。經藏。シルシノ松至マテ。無レ殘コソ燒ニケレ。四面廊大宰大貳有國下向スルトテ。惡風漂シレ浪ヲ海ニ入ヌ可クモ成シカハ。難止サセ給テ。事故ナクハ廻廊造奉ント致ニ祈念一ケル程。艤テ海上靜テ着岸煩ナカリキ。

ワタツ海ノ海ノ面モ靜ニテ有國ヤスキ物ト
コソキケ

ト御託宣有シ時大貳首ヲ地ニツケ致ニ渇仰一催テニ信心一。此願未レ謂レ人。心中タチシヲ神鑒有ケル事ヨトテ造進回廊也。験松ハ大菩薩昔戒定恵三學ノ筥ヲ埋ミ玉フ所ナリ。此筥アル故筥崎トハ申也。彼験ノ松枝ヲサシ玉フ。生付タル松ナレハ験松トハ名付タリ。中比コノ松年ヘシ故ニ枯タリシヲ堀除ントセシ時三學ノ金筥ニ蓋打當タリシカハ。戒定恵三筥一定爰ニアリケリト彌信心催ケリ。此松木中ヨリシテ若松一本生出來榮蔓タリシカ今又已焼ヌレハ種ツク事モ有マシ。大菩薩捨ハテサセ玉ヒヌルニヤ。佛法同ク可キ二滅亡一スニヤト悲歎處。未熱灰中ヨリ君カ千年ヲ契ル松。二葉シテコソ生出タル。榮ルマヽニ本木モ枝モ梢モ不レ異レハコソ。此砌跡垂テ異國降伏シ玉フヘキトソ頼シキ。三學敎文絶ス可キレ有レ験也。倩思。上代佛法王法盛ナレハ天下幸甚ニシテ國家可モ二安全一。縱凶徒成ニ野心一。尚書云。天子有レ道則守在レ外ト云。其恐アルヘカラス。公家勢衰人民力弱カラン時異國逆人競來ト云共可ニ降伏シ給フ一御誓モ。末代薄福ノ我等迄モ殊可レ懸レ憑。貞松年ニ寒露カ如ク神恩人ヘノ危ニ見エタリ。サレハ今度既武力盡ニ終テ若干之大勢逃失ヌ。今カウトミエシ時夜半白張装束人卅人計筥崎宮ヨリ出テ箭サキヲ調射ケルカ。其コトカラオヒタヽシク。身毛竪テ怖ク。家々燃焰海ノ面移レルヲ波中ヨリ猛火燃出ルトミナシテ。蒙古肝モ心モ迷終テ我先ト逃レハ。被ニ生捕一日本人カヘレルト蒙古ノ被ニ生捕一タルト一同申ハ更不レ可レ有レ謬。從レ是コソ蒙古寄ル時海ニハ火ヲ焼コト出キニケル。日本軍兵一騎ナリトモヒカエタリシカハ。大菩薩御戰トイハレスシテ我高名ニテ追歸シタリトモ申ナマシ。一人モナク落失テ後多異賊ヲチ恐テ迯シカハ。神軍威勢嚴重不思議彌顯玉ケリ。養由弓ヲ取シカハ猿悲テ木ヨリ落。更羸弓ヲ挽シカハ雁連テ地ハカク。其道達スレハ人畜尚如レ斯有ニ威力一。理ナレヤ。合戰大菩薩定弓恵矢ヲ放給シニ。凡夫愚惡異國人前後ヲ失東西ニ迷シ事ヲ以可ニ計知一。御託宣以ニ定恵力一自然可ニ降伏一有シニコソ誠不レ違。定德故入ニ火生三昧一。恵德故摧ニ叛逆敵心一御坐。昔阿難尊者摩訶陀國舍ヲ去テ移ニ毗舍離國一給。摩訶陀國大王阿闍世王是ヲ奉レ惜。差遣兵一奉レ留毗舍離國王ヲ奉ニ向取一。起レ軍行程。兩國軍兵恒河ハタニ向合。已欲ニ合戰一時。我故多ニ武者ヲ失フ事不便也ト阿難思召。自身出レ火燒死給シカハ。五躰ヲ分テ兩國取テ軍靜マリケリ。彼阿難尊者ハ一代ノ教主常隨給仕ノ御弟子也。兩國止レ戰ヲテ住シテニ火生三昧ニ一燋スレ身。此筥崎明神ヘ百王鎮護異賊降伏ノ大菩薩也。退ニ凶徒一火性三昧ニ住燒レ社ヲ給フ。是則自在神力所レ致也。慈悲深重威德也。其後又弘安四年夏比。蒙古。大唐。高麗以下國々。兵共ヲ駈具テ。三千餘艘大船數千萬乘列ヲ來ケル。其中高麗兵船五百艘。壹岐對馬ヨリ上テ見合

物ヲ打殺シ。人民堪兼。妻子ヲ引具深山ニ逃籠處。赤子鳴聲ヲ聞付テ押寄致ケル程。片時ノ命モ惜ケレハ。サシモ愛スル嬰兒ヲ指致シテソ隱ケル。失レ子親計イツ迄アラン命ソト。身ナカラウタテシク泣歎心中ヲイカニセン。世中ニ糸惜物ハ子成ケリ。其ニマサルハ我身ナリケリト讀置シ人ノスサミヲ今ソシル。高麗ノ船宗像ヘノ興ニヨル。蒙古大唐船共ヘ對馬ニハヨラス。壹岐嶋ニツキ。自レ其筥崎ノ前ナルノコ志賀二嶋ニソ着ケル。是ヲミテ高麗船自ニ宗像一押出。蒙古ノ一所ニヨル。今度一定可レ勝テ可ニ居住一。世路具足耕シ作爲トテ鋤鍬マテ持タリケル。蒙古寄タリト自レ嶋博多へ告タレハ。夜中ノ事ニハアリ。周章騷匂呼。東西南北ノ馳集兵オヒタヽシ。自レ元海ハタニ數百町石ノ築地ヲ面キウニ一丈ヨリ高。此方ハノヘニシラ馬乍レ乘馳上リ。賊船ヲ見下テサケ箭射様ニ誘タル。其上火ヲタキ城口キヒ

シク搆タリ。關東ヨリモ秋田城次郎以下ノ大勢下ツトヒ。九國二嶋兵共神社佛寺輩迄。我々ト馳來。箭サキヲ調雖ニ相待。兵粮米乏テ力盡。鎧重ク魂モ身ソワヌ心地シテ。挽レ弓ヘキ様ナシ。文永ノ合戰ニ手程ミツ。叶マシクソ被レ思ケル。サレトモ神明ノ御扶ニテ勝事アラハ勸賞蒙ト思心ヲ爲レ先。抜々ニコソ志賀嶋浮ヒケレ。先一番ニ草野次郎二艘ニテ夜打寄テ異賊船一艘乗移リ廿一人カ取レ首。火ヲ懸テコソ歸ケレ。其後用心シテ船ヲ鏁合押マワシテ守護シ。寄者アレハ大船ヨリ石弓ヲクタスニ。日本船小クシテ打不レ被レ破ト云コトナシ。死者十八九。生者稀也。前後征蠻者十萬人行テ獨無ニ歸事ク見シカハ。此事無レ詮不レ可レ有ニ人種一。心々不レ可レ寄。止ニ夜討ノ合戰次第評定可レ有トソ被レ觸ケル。サレトモ猶不レ止。伊豫國住人河野六郎通宗異有イ賊警固ノ爲ニ本國ヲ立シ時。十年中蒙古不ニ寄來一者

異國ニ渡テ可ニ合戰一起請文ヲ十枚マテ書。氏神三嶋社ヲ(ノ歟)シテヲ灰ニ燒テ自飲ナトシテ。此八ケ年マテ相待處ツ。得ニ其時一。是身幸ニ非ヤト勇テ。兵船二艘ヲ以テ押寄タリシ程。蒙古放レ矢。究竟郎等四五人被ニ射臥一。所レ憑伯叔サヘ手負臥テ。我身石弓ニ左肩ヲツヨク被レ打可レ挽レ弓ニモ及ネハ。片手拔太刀モテ帆柱ヲ(仆歟)行テ蒙古ノ船指カケ。思切テソ乗移。散々ニ切廻テ。多敵首共トリ。其中大將軍ト覺玉冠キタリケル者ヲ生捕テ前ニシメツケテ歸ケル。大友嫡子藏人ハ卅騎計ニテ洲崎ヲ傳テ責寄セ。戰頸一取歸ケル。カクシテ後九國兵已度々合戰ニ及ヌ。關東武士達手ナミノ程ヲ見給ヘト被レ勸。城次郎カ手者新左近十郎。今井彦次郎。財部九郎。伯父甥(ケ歟)押寄散々戰。命ヲ限振舞テ打死シテ失ニクタリ。其ノチ蒙古遙奧鷹嶋ヘコソ漕寄ケレ。サラヌタニ人口様々ナレハ。九國既被ニ打落一長門着。只今責上

ナントモ申。東海北海ヨリモ寄來ナントモヒシメキケリ。一マトモ何方ヘカ可レ逃ト耳サヽヤキテ。去共ト云者ハナシ。サルマヽニハ米穀類西國ヨリハ不レ上。京都ノ商人ハ賣買不レ輙。コハイカニ。蒙古亂入セストテモ此飢渴ニハ可レ死。縱命可レ盡トモ鹿動ニシテ失ナン事悲サヨ。不レ遂ニ九品往生之望一逢ニ五道輪回苦一ヲ何トセン。我身一次事稚小ノ忽病無シテ絕入。無慙ナント無レ限心ウヤ。ケニ此亂今生後世障哉。擧レ頭訴レ天天色蒼々タリト被レ詠孔子心理也。神明佛陀御助非ンヨリ外ハ。人力武術ハ盡ハテヌ。無ニ爲方一トソ歎ケル。去文永モ味方既落ハテヽ萬死一生被ニ責成一タリシニ。大菩薩率ニ神軍一給テ降伏速也キトテ。只當社ニテ有ニ御祈請一。六月四日一山所司不斷最勝王經。大般若仁王講。尊勝陀羅尼等勤行アリ。十八日一日內五十人ニテ最勝王經百部轉讀アリ。廿日有ニ御幸一。御一宿。以ニ月卿雲客一被レ行ニ御神樂一。拍子八條侍從三位實清卿。資行朝臣。笛宗冬朝臣。和琴大炊御門大納言。篳篥兼行朝臣。人丈秦弘方也。資行朝臣奉ニ別勅一宮人秘曲ヲウタハル。御神樂ノ終當テ鎭西早馬到來。春宮大夫實兼卿以レ狀奏聞。自ニ去六日一至ニ于十三日一晝夜之間合戰。打ニ殺蒙古千餘人一。所レ殘船共引退之由申ケリ。神明揭焉有レ憑瑞相也。蒙古猶可レ有ニ襲來一。御祈禱ハ不レ懈。自ニ廿三日一山上所司モテ一千部法華經轉讀。百口僧ニテ十ケ日間也。七月一日卅人社僧ヲモテ大般若轉讀。又七社ニテ色々御祈被レ始。同四日壇御子風流渡。女御子ヲ成レ男。甲冑ヲキセ兵杖ヲ持セ。異國合戰打勝タル祝言儀式也。同夜ヨリ有官無官每夜尊勝タラニヲ行道シテコソ滿タリケレ。一山山臥七社勤行懺法種々御祈禱無隙。廿六日初夜時ヨリ南都北京持戒僧七百餘人。當社ノ寶前ニテ尊勝タラ尼アリ。其聲響キレ天ニ山彦答ニテオヒタヽシ。七日七夜不レ懈一向一心誦セラル。見聞人身毛竪テソ覺ケル。毎日酉時ニハ皆參也。南都西大寺思圓上人舞殿ニシテ尊勝法ヲ修シ玉フ。オモテニハ四海疊レ浪眉垂ニ八字霜一。六大無碍ノ秋月胸中ニ朗シ。三聚淨戒ノ夜ノ珠袂ノ上ニ輝ル。見貴サ催シテソヽロニ敬ヲ被レ成ケル。閏七月一日登ニ高座一致ニ啓白一。人ニ物云ヤウニクトキ申サレシハ。異國襲來シ貴賤上下道俗男女一味同心ノ歎。七道諸國煩也。悲哉二千餘社權者實社ノ亡ニ神國一。十二部經大乘小乘ノ失ニ法門一。縱皇運末ニナリ。政道無レ誠。神祇非禮ヲトカメ。佛天惡ニ虛妄一玉フトモ。他國ヨリハ我國。他ノ人ヨリ吾人爭テカ捨サセ玉フヘキ。公家勢衰テ人民無ランレ力時ト誓玉シハ今當ニ此時一レリ。早施ニ威靈一却ニ怨敵一可ニ御坐一。抑又異國比ニ此土一。蒙古是犬ノ子孫。日本則神ノ末葉也。貴賤相別天地懸ニ隔也。神與レ犬何及ニ對揚一。昔仰三韓道行三歸五戒ノ威力ニ不レ過。今吾朝憑ムヘ諸德ノ二百五十具足戒ヲ全ク受ク。尊卑遙別。智行有ニ淺深一。彼一人。此數輩。奪ニ他國ノ財寶一。亡ニ人民壽命一。背ニ仁義一。兼ニ殺盜非道一。守ルトニ吾朝佛法一敬ヒニ社稷神祇一。隨ニ五常一好ニ十善正理一。ヲ三寶智見（知賢）シ。吾神照覽シ玉フラント。二時計徹ニ骨髓一摧ニ心肝一揉ニ揉テソ被レ祈ラ。懸河弁說ウキアカリ。心地法水澄上。大慈大悲泪落シマニ香衣ヲ香袈裟シホル程ニソ成玉フ。滿座首ウナ垂テ隨喜ノ心アマリ。廟神モ定聞ニ召此理趣一捨不レ給覺シニ。殿中ハツタト一聲鳴タリ。サレハコソ大菩薩御納受アルニコソト彌信仰深キ。同七月四日舞樂モテ大法會ヲ被レ行。導師思圓上人。咒願本淨上人。七百餘人伴僧皆シ行列ニタチ。大般若一部。㝡勝王經百部轉讀。仁王講百座被レ行。樂人舞人モ異國亂入スルナラハ皆可レ死者ナレハ是ヲ最後ノ思出。來世引攝ニ爲モト盡ニ秘曲一施ニ藝能一。哀ナリシ事共也。五日ヨリ七日ニ至マテ一切經轉讀アリ。是別ノ爲ニ勅願一。僧食料五千疋自ニ院廳一沙汰也。如レ是自ニ一人一至ニ萬民一。道俗男女一筋ニ神ノ扶ナラテハ日本不レ可レ有ニ安全一。全祈ク請梅尾大明神一。御子ニ託宣シ玉フ事ハ。依ニ思圓上人法味一。神明增ニ威光一。吹シメニ大風ヲ一テ異賊ヲ可ニ滅亡シト一アリシ程ニ。靈託報謝セン爲。七日門徒引具。梅尾社ノニ參詣シ。理趣經被ニ轉讀一ケリ。去程十日餘比西國早馬着テ申ケルハ。去七月晦日夜半ヨリ乾風オヒタヽシク吹テ。閏七月一日。賊船悉漂蕩シテ海ニ沈ヌ。大將軍船ヘヨリ風已前青龍海ヨリ頸ヲ指出シ硫黄ノ香滿ニ虛空一。異類異形者共遮シニレ眼恐テ迯去。所レ殘船共ハ破テ上レ礒オキニ漂テ。海面算ヲ散ニ不レ異。人多重相ヨ似タリ嶋ヲクニ築一。身歿魂孤テ成ニ望ムヘ眼鬼一。雲南瀘水爭カ是ニ可キレ及。鷹嶋ニ打上タル異賊數千人。無レ船疲居タリシカ。破船共ヲツクロヒテ。七八艘ニ蒙古高麗

人ハ大略乘テ迯モトルヲ見テ。鎮西ノ軍兵共少貳三郎左衞門景資大將軍トシテ。數百艘押寄タリシカハ。異國人共船カアラハ迯モセメ。今ニ角トテ命ヲタハワス散々戰ヒツ。組テ海入テ指違テ死ルモアリ。落重テ首ヲトリ射フセ切伏打フセテモ勝負ヲス。敵モ味方モ不レ知レ數被レ討ケル。千餘人殘シカ平降ヲ乞ケルカ。サノミイケテモ無益也トテ。中河ノ端ニテ首ヲキル。始ハカウニ懸シカ後ニハ打積テ置。唐人共中ニハ少々生取テアル由ヲ披露セシ時ニコソ。京都關東モ靜テ上下ノ人々色直ケレ。是八幡ハッタト鳴タリシ時。大風吹シ時同時也シカハ。梅尾御託宣風ヲフカセテ滅亡スルトソ。西國早馬ヨリ先告玉シカハ。如何ナル不信輩モ大菩薩吹セ給タル風也ト仰悅ハヌハ莫リケリ。神護慶雲元年十一月廿日御託宣。大唐新羅國凶賊滅亡ノ爲ニ召ニ天衆地祇ヲ一アツメテ。海中造

レ嶋ヲ。軍來時西北風ヲフカセシメテ吾城内ニ入レテ
可レ亡ト誓玉フ。此嶋ハ昔一夜ノ間ニ俄出來タル大隅ノ向嶋
是也。今西北風吹キ敵軍悉吾城内ニシテ。正直
無ニ虚妄ニ靈託違ヌ事ソ貴キ。今行末明徳モ角有
ンスル嬉サヨト鳴ツ笑ツセヌ人ハナカリケ
リ。震旦ニハ楚漢久サヽヘテ五ケ年。挑戰七十餘
度。其中雎水邊ニテ高祖爲ニ項羽ニ被ニ取籠一。可
レ逃道モナカリケリ。今カウト成シ時俄大風吹
來。塵沙虚空飛散テ雨脚ヨリモ降ケリ。白日光
ナクシテ暗瞑トシテ天モミエス。項羽兵亂テ高
祖免レ玉ヒケリ。彼故ヲ尋ルニ。劉媼ト云女人
大澤ノ堤ニ晝寢タリシニ。龍ニアフト夢ニ見テ驚
キタレハ。雷電天ニハタメキテ上ケリ。自レ其
孕テ生タリシ漢高祖トイハレシハ。赤帝龍王
御子也。其驗ト覺シハ龍ノ鱗一高祖面ニアリ。
依之帝王顔トハ申也。腹立玉フ時此鱗サカカ
エル。サテコソ國王腹立ヲハ逆鱗ト書テ名ニ逆

鱗一タリ。高祖ノ在シ上ニハ五色雲聳。三尺劔
ヲモテ制ニ諸侯一。討ニ項羽一治ニ天下一。海龍王守故
ニソ風ヲ吹セ圍ヲトク。異國ヲ亡シ助ニ日本一
給シハ。大菩薩ノ守給故ニシテ。吹風破レ敵。
數萬賊徒悉片時程ニ失ニシハ。神威致ス處ニテ。
人力會不レ煩。登レ山而呼音達ニ五十里一因レ高之
響也。造父執レ御千里而不レ疲因レ馬之勢也ト如
レ云。我神徳風遠仰テ國家人民不レ勞。神功皇后
海水ヲアケ。文永ニハ猛火ヲ出。弘安ニハ以ニ大風一
平ニ異賊一御坐。水火風三災ノ劫末ナラネト出來
神慮ニ任テ自在也。濁世末代ニウケ。謀叛殺害ノ時ア
エルハ悲トモ云計ナシト雖トモ。大菩薩靈驗
新ニ不思議神變現サセ給ヘル時ニ生合セ。結ニ和光同
塵縁ニ皆得ニ解脱ノ惠一。奉ル仰悦過レ昔。盛者必衰ノ理
有爲無常ノ習也。サレハ飛鳥ヲモ落鳳闕皇風五十餘
世。霞ニユルク枯タル草モ榮シ。鷲嶺ノ佛日三千餘
年霧ニオホシ。醫藥ト筮効驗モ衰。天魔波旬通

力雖レ弱。末代迄モ盡セヌハ只八幡大菩薩靈威也。但御託宣。神云物ハイツキ祝祭ルニ。神德ハマスモノソトアルヲ以テ。如レ在致ニ禮奠一。成ニ崇敬信心一ナラハ。現當念願可ニ成就圓滿一處。身懈怠不法ニシテ假令計法樂公事態參詣。ナニカハ可レ叶ニ神慮一。然我科ヲハ不レ顧。利生遲ト恨申ソ愚ナル。喩其利惡ニ火燃ニ添レ薪望レ止ニ其焔一。忩ニ池之濁一燒レ浪欲レ澄ニ其流一不レ可レ得如也。同年八月十一日御幸アリ。是異國降伏御座御脫アリ。又亡卒ヲ訪イ爲レ貴ニ神威一。思圓上人被レ仰テ持戒ノ僧數百人ヲ引具シテ。寶前ニシテ一切經轉讀三ケ日。十三日結願ノ時ハ大法會也。ユヽシキ見物眞法樂也キ。此御願趣。昔大隅日向兩國ノ逆亂ヲ靜ントテ。公家殊宇佐八幡大菩薩御祈請アリシカハ。辛嶋勝世豆米相ニ率神軍一打平ニキ。其後養老四年九月御託宣。合戰間多致ニ殺生一。宜放生修シテ可

レ謝ニ彼罪業一有ショリ。網懸魚ヲ放。ワナニ入獸ヲユルシテ。最勝王經轉讀シテ名ニ放生會一タリ。是卽有ニ慚愧一者無レ罪。無ニ慚愧一者非レ無レ罪。我心自空罪福無主也告シメ玉フ忘ニ神慮一不レ給。異賊トイヒ云ニ官軍一。失レ命者其數多コト。責一人ニ歸スル罪慚愧神恩報謝御爲也。殊更今度叡慮深思圓上人ヲタノミ思召テ。如レ此成御事莊ニ神道一給シカハ。嚴重施ニ靈德一玉キ。自レ今後加樣上人モ難レ有。清淨ノ法味ヲモ誰カ備テ尊神ヲモ驚可レ有ニ揭焉驗一。政道ハ日日衰癈シ。人民漸々亡失。異賊ハ隨ニ國々。隣敵ハ方々ニハヒコル。自ニ四海一責寄ンニ。一定可レ危イカヽハスヘキト歎ニ。爰ニ思圓上人立ニ大願一事有レ憑。其願云。我異國太子ト生。續ニ王位一留ニ合戰一。自他人民ヲ安穩ナラシメント也。今此菩薩ノ善巧方便コソ大悲代受苦ノ自ニ誓願一過キ。遊戯地獄ノ自ニ慈愍一增レリ。深重悲

願ヤ通テ異國王ト成給フラン。上人遷化後異賊襲來事留レリ。夫頻婆娑羅王無ニ一子一コトヲ歎。相人ヲ召テ皇子今出來マシキ歟ト有ニ御尋一。此山奥ニ仙人アリ。過ニ三年一大王太子ト成ヘシト申ケルヲ。其迄待ンコト衰老身ナレハ遲ト思召シカハ。遣ニ勅使一被レ致ニ仙人一。仙人嗔テ云ケルハ。我必王子トナリ致ニ大王一テ死ケリ。卽婦人韋提希懷妊シ給テ產給シ皇子阿闍世。父王ヲ幽閉シテ致シケル。時人ハ未生怨トソ申ケル。我朝ニモ文德天皇御時。法花經三千部奉レ讀沙門內供奉ヲ所望ケルヲ。大納言伴善男不レ可レ有事也トテ申止タリシカハ。沙門我コソ法花經功依テ生ニ國王一。罰ニ伴大納言一失ニケリ。任ニ其願力一生ニ淸和天皇一伊豆國流シケリ。惡念タニモ果遂ク。善心爭不レ叶。治亂誠王所レ成也。上品十善功德タニ鐵輪王成ソカシ。何況菩薩具足戒マタシ。蒙古王ナラン事更可ニ相違一。サレハ成ニ彼王憶念宿願一無ニ怨害心一。自他王民安キ事返々可レ貴。其上又寶龜四年二月十五日御託宣。世改トモ神心不レ替アルモ賴敷クヤ。末代不善輩上古廉直ノ人々不レ同云トモ。神慮ハ不レ替守給ハンコソ嬉シケレ。サレハ近來モ洛陽ヨリ月詣セシ女房。速疾利生ナシト恨テ一兩年不參。程ヘテ後倩思直シテ參宮シタリシニ。千早振神ノ心ハ長ケレハワスルヽ人ヲ忘サリケリト。御示現新ニ有シソカシ。取分特ニ於ニ異賊一。因位怨敵乖跡誓アルカ故ニ。降伏速ナレハアタノ犯アルヘカラスト覺タリ。日本ニテ非ニ禦給耳一。折々他方カケリテ打靡事神通不思議ト云ナカラ。勝レ世覺ル御託宣。或時帶ニ王位一靡ニ異國軍一。或時渡ニ他界一退ニ濫惡一云告モアリ。後一條院御宇長元比。異國兵起テ來ラントセシ時。大菩薩現ニ通力一玉フ。大地忽震動シテ所造破レ船損玉シカハ。異賊無力留リキ。カヽル神明御坐國ナレハ十歳減劫ニ至マテ。隣敵爭可レ奪。非ニ異國降伏耳ニ。朝敵追討モ當世迄モ嚴重也。誠ニモ捨テニ夫亂政ヲ好ニ邪世ヲ。鎮護國家ノ無リセハ。吾朝早成ニ異國僕ト一。人臣王位ヲ盜モ有ナマシ。於ニ異國朝敵一八幡御方便ニテ速疾滅亡シ給ハ。九十四代朝帝異姓更ニマシハラス。六十餘州日域他人未王タラス。又震旦國隣大王娘大比留女七歳時。朝日光胸間ニサシ入テ御懷妊アリテ皇子ヲウミ給。王臣恠テ空船ニノセ奉テ。流レ着ントコロヲ所領トシ給ヘトテ奉レ浮ニ大海一。日本鎮西大礒岸ニ寄付給ケリ。其太子奉レ號ニ八幡一ヨリ。御船着シ所ヲ八幡崎ト名ケタリ。是ハ繼躰天皇ノ御宇ナリキ。大比留女筑前國若椙山ヘ飛入給テ後。香椎聖母大菩薩ト顯玉フ。皇子大隅國留テ正八幡被レ祝給リ。爰大隅本住人名ニ隼人ト成ニ敵心一奉レ追ヒ却ケ八幡一張テ陣ヲ雖ニ合戰ス。隼人打負

テ頸ヲ被レ切ル故ニ。惡縁トナリ依レ致ニ其難一ヲ。御幸ノ前ニハ二百人騎兵奉レ隨。隼人打取給御鉾ヲ號シテ名ニ隼風鉾一。實長八尺廣六寸也。仲哀天皇ノ御子トシテハ皇后御腹ニシテ異賊ヲ亡シ。大比留女御子トシテハ幼稚御年討ニ隼人一ヲ玉フ。於ニ武道一振ニ威德一。於ニ合戰一施ニ靈驗一給故ニ。承平比將門傾ニ天下一時。叡慮深賴ニ八幡一思食テ。臨時之祭起ニ勅願一。御誦經ヒマ無リシカハ。七十計ノ白髮ノ翁顯テ高キ岡ニ上登リ。白木ノ弓藤卷ノ片手オレタル狩俣ヲ指ハケ。我計コソトテハナタセ給ケル時。將門カ冑テヘンニ矢立テ馬ヨリ落テ失ケリ。此御矢ハ累代ノ重寳ニテ。内藏寮被レ納ケリ。サレハ異賊朝敵合戰場ニ取ニ弓箭一者。大菩薩ヲ氏神トシ祈請ヲ致ニ。感應揭焉ニシテ施レ功高名ヲセヌハナカリケリ。伊豫入道賴義責ニ貞任宗任一カト。敵强シテ送ニ數年星霜一。力盡ケレハ。金字大般若

經ヲ書供養シテ可ㇾ奉ㇾ納社壇一由立ニ願心一ケル。鵻鳩カケリ下旗上ニ、居タリケル。是御納受瑞也ト無二ノ信心有シカハ。亡ニ强敵一大ニ名ヲアケテ蒙ニ勸賞一果ニ宿願一レシ願文詞。誠雖ニ皇威之令一然。定是神誅之所ㇾ致也トコソ有シカ。或時携ニ源氏一撲ニ撕夷賊一スト御託宣有シニ不ㇾ違ケリ。敬神餘ニ其子ヲ八幡進テ八幡太郎ト申キ。彼跡ヲ思出テ賓治合戰ノ時足利左馬入道正義。戰場ニテ金字大般若供養ノ願ヲ立テ八幡祈請セシカハ。即時得ㇾ勝被ㇾ遂ニ其願一。願文句昔大守起ㇾ願後。經ニ數年一以有ㇾ敗。今小子者祈請中。僅在ニ一日一以得ㇾ勝。感應之速疾。効驗之嚴重。如ㇾ指ㇾ掌。所ㇾ驚ㇾ目也ト被ㇾ書タリ。鎌倉前右大將誅ニ平家惡逆一助ニ佛神王氏一。八幡大菩薩ヲ一心奉ㇾ憑給ケレハ。初度打手ハ水鳥鳩交リ追歸。結句合戰之時白幡自ㇾ天降。鳩空翔。鳩申ハ舍衞國日間互云所アリ。

其諸佛菩薩集說ㇾ法給。カレニ紫鳥ト云鳥アリ。日三節廻テ鳴聲ハ說法如ニ音樂一。其鳥我ハ化セルヲ凡夫眼ニハ鳩ミル也ト告給ヘハ。鳩ハ是吾神御變身也。忝大菩薩初後軍陣ニ立カケラセ玉シカハ。如ㇾ思源氏世トリ。海内ヲ握ルㇾ掌。故所々崇ニ別宮一。庄々ヲ爲ニ社領一。修ニ造廟壇一調ニ進神寶一或馬場ニツキ。或企ニ參詣一。種々報賽不ㇾ怠カハ。大菩薩御利生末世迄及テ當時尙右大將家跡也。サテモ一條院ノ御時。自ニ奧州一奉ㇾ鷹ヲハトヤト名テ御秘藏有シ程。此鳥親ヲ鵰鷹ミケリ。如何シタリケン歎ケル色外ニ顯レ。物ヲモ不ㇾ喰シテ命危ク見シカハ。非ニ只事一テ御占有ケルニ。大物思事アリ不ㇾ被ㇾ放者可ㇾ死之由ヲ奏聞シケレハ。日來ナツケ餇セ給シヲ惜ハ思食ケレ共。トテモ生マシカランニハトテ籠ヲ被ㇾ出タリシカハ。鵻八幡ノ幣棚參テ尾ニ付タル鈴ヲ食切テ飛上行シカハ。ヤマ鳩鷹同トモナイケリ。見ル者成レ恠シカト心中如何シテ自レ神外ハ知給ヘキ。其ヨリ後奥州親鷹被レ取梢。上ハ大キニ下小ク。二重ニ巣ヲクヒテ居タリケリ。鵰サキニ習テヲリ舞ヲリテ取ントスル時。下ノ其巣ヘツト寄サカサマニ成待處。ヲヽツキ取ントテ小キ巣ヲノソキ。頭アヲノキナカラ齧シカハ。ユヽシキ鵰モ無ニ云甲斐一成ニケル。其後此鷹ヲトルニスマハス被レ取。是ハ此ハトヤ也シカハ。事ノ次第ヲ奏聞シテ。鷹ヲソ進セタリケル。サテコソハトヤハ親ノ敵ウタントテ。大菩薩ニ參鈴ヲ奉ニ手向一祈ル効ノ甲斐アリテ。鷹ノ身ナレト鵰取テケリト。京中物語不思議ノ第一トソ申ケル。此鈴ハ金也。當社寶前ニ被レ籠今ニアリ。夜鶴ハ思レ子聲九皐高ク。林烏反哺孝三月ヲヨヒ。白鵄國毒ヲ除キ。病雀揚保カ恩ヲ報ヒ。丹穴鳳凰聖明ノ代ニイテ。雪鸚鵡盲父母ヲ養ヒ。秦吉了人鳥ノ言ヲ通。胡塞雁蘇武カ書ヲ傳フ。漢武マミエシ青鳥西王母使也。舊里歸仙鶴丁令威カ詞アリ。五百雁徘徊飛鳴シテ弓ヲサラス。三笠鷲ハ爭朗弁僧正タテ。勸學院雀囀ニ蒙求一（行歟）。神泉苑鷺ハ勅使ニ被レ取。加樣ノ鳥ハ多ケレトモ。サレトモ未レ見レ打ニ親敵一。心支度モ難レ有。人ヨリ增レルハトヤ哉。物知ヌ鳥タニモ討レ敵爲ニハ八幡申入テ遂ニ本意一者ナレハ。マシテ人倫トシテ取ニ弓箭一輩。誰不レ傾レ首。何不レ盡レ眞。一度ノ通夜ヲスルタニモ。武内大明神每夜廻テ金礼（札歟）面注ニ交名一サセ給也。眞實致ニ信心一祈ニ二世之大願一。何事カ可レ空。建長始。或上人交名入ント祈請セシカハ。第三日丑時武内大明神白張裝束立烏帽子ヲ被レ召。御履音氣高テ御殿ヲ廻給テ。汝交名ニ可レ入憶仰有キ。抑此武内大明神ト申ハ。孝元天皇四代孫。垂仁天皇十年景行天皇同時誕生シ給カ故。天皇特寵愛シ給キ。

景行天皇御宇棟梁臣タリ。成務天皇二年正月大臣タリ。生年五十歳。號ニ日本大臣一是ヲ以始トス。仁德天皇五十年薨給ヘリ。景行。成務。仲哀。神功。應神。仁德。都合六代朝政ヲ承リ行。御年三百六十餘歳ヲヘテ。因幡國上宮山中衣冠正クシテ入給フ。御沓許ヲ留置殘ニ一句文一タリ。法藏比丘豈異人乎。彌陀如來卽我身是ト有シ日ヲ薨シ玉フト名テ。御沓ヲ墓所ト奉レ崇。老子先生傳ヘニ一卷書一入ニ崑崙一。武內大臣留ニ一句文一上山入給。迦葉尊者殘ニ法衣一隱ニ雞足一。武內大臣拾〔マヽ〕ニ御沓一隱ニ上宮一給。須利般特學ニ一句一證果彼。武內宿禰以ニ一句一顯ニ證果一。黃帝登霞ニハ御沓墳墓ナセリ。就中應神天皇御宇元年四月武內ヲ筑紫ヘ下シテ見セニ百姓一シム。時舍弟甘美內宿禰望ニ兄職一天皇ニ讒言シテ申サク。武內志ニ王位一。新羅。高麗。百濟ヲ語ラヒ欲レ責レ都奏ケレハ。天皇大驚セ給テ差ヲ遣テ軍兵ヲ可レ征ヲ伐武內一ト有ニ勅定一。武內聞ヲ召此事一。我無二ノ勤功ヲ致ヨリ外更無ニ違勅之心一。依ニ無實讒奏一失ナン事コソ後代マテノタメ本意ナケレト歎給處。眞根子云。翁來テ申サク。我齢形皃御姿無ニ違事一ト人云リ。無レ過被レ誅玉ハン事コソ悲ケレ。我大臣ニチカヒテ京上リ明ラメ申給ヘト申セハ。武內大ニ悅テ南海ヨリ廻テ紀伊ノ湊ニ着給時。〔官軍〕管軍下テ眞根子ヲ武內ト思テ取レ頸上リヌ。大臣天皇御前ヘ參陳シ給程。甘美內ヲ召テ被ニ對決一。兩人堅論是非定難シ。天皇祈ニ神祇一給テ銅湯ヲ沸シテ。是各シニ入レ手。無レ科者其手損スル事ナカルヘシト有ニ勅定一。武內御手ヲ入ルニ水入タルカ如シ。甘美內手ヲ入シニ肉ミナ落テ骨計ナリ。武內無レ罪事ヲ知シ食テ。天皇彌寵愛シ玉フ。武內橫刀ヲ取テ欲レ害ニ甘美內一。天皇今ハ我可レ許トテ取留玉ヘルモ。仁恵深キ故也。皇帝モ武內モ共古昔ノ如來同彌陀ノ變身ナレハ。加樣疑惑爭カ可ニ出來一ナレトモ。不實ノ者ハツミセラレ。正直ノ者ハ被レ賞由ヲ末代ニ示玉ハン御方便トソ覺タル。大菩薩ノ應神天皇ト申時ハ一日萬機ノ朝政ヲ承。神明ト御垂跡アル今ハ御後見トシテ甍ヲ竝テ御坐。人ノ祈請國ノ吉凶執リ申サセ玉フコソ憑モシケレ。越前國氣比宮ハ奉ニ崇ニ武內一ヨリテ。大菩薩カケリ通セ玉イケリ。永承ノ比。氣比宮從五位下永通ト國司源致任朝臣ト相論アリシ程ニ。宮司理アリトテ賜ニ宣旨一下向セシ日。鳩來テ永通カ家ノ內ニ妻女カ項上ニ居タリケリ。永通驚ナカラ抱取テ放レ之。時北方ヨリ鷹出來テ相共御社中ニ入ニケリ。氣比宮顯始時成レ鷹給シナリシカハ。大菩薩モ武內モ互助ニ化儀一利生方便新也。或人神功皇后雞林ヲクタシ馬臺ニカエリ給テ宇美宮ニシテ御產有シ皇子ヲ越前國氣比宮奉レ預給シカハ。氣比宮皇子ヲ奉ニ請取一。我名ヲ讓。譽田トソ申ケル。譽田本是氣比ノ御名也。譽田卽八幡帝位時御名也。大菩薩氣比社トハ甚深御契約不レ淺。故御託宣ニハ我ニ幣帛ヲ奉者第一間可レ申トアリ。參詣人人可レ知レ之。正月元日朝拜神事モ第一間ヨリ參始儀式アリ。但當宮武內大明神寶殿乾方奉ニレ崇第一間事。一說口傳舊記注ス處也。叢蘭欲レ茂秋風破レ之。王者欲レ明讒臣蔽レ之ト云ル樣。大菩薩如何正直ナラント思食共。執事大臣讒佞ニ坐マサハ違事モ有ヌヘシ。臣以レ君爲レ心。君以レ臣爲レ躰。心安ケレハ躰安。君泰卽臣泰ナリ。無心章ニ於中一而躰悅ニ於外一。君憂ニ於上一而臣樂ニ於下一サルカ如ク。大菩薩正直頭ヲ棲シ。武內無實讒奏ヲ歎給。君臣一心上下無レ遠。カカル忘ニ神慮一可レ好ニ爭非據一。神不レ禀ニ非禮一云。非分非道ヲ祈申。爲レ世爲レ人可レ惡於テハ納受更無リケリ。平家一類筑紫到ニ宇佐宮一參テ。今一度都歸シ給ヘト種々立願アリシ時。
世中ノ宇佐ニハ神モナキ物ヲナニ祈ラン心ツクシニ
此御歌御殿ノ内ヨリ聞シカハ。ヨハリ終タル秋ノ暮哉トテ。心細クモ被レ出事ハ哀ニ見エシカハ。日來ノ惡行身餘リ。佛神國界ノ爲メ怨敵ト成シカハ。大慈大悲ノ神明モ捨終サセ給ケリ。積善家ニハ餘慶アリ。積惡門ニハ有ニ餘殃一。一業所感ノ罪人。三寶神祇不レ可レ有レ愍可レ恐。承久兵亂爲ニ御祈請一御幸アリキ。憑思食サレシ御祈師被レ召ニ撿挍法印一死去シタル由ヲ申ケルコソ返々忌シカリシカ。其上又若宮御前ニ敵方ムケテ被レ立タリシ御劔院方ヘ倒タリ。神慮アハヌ御祈請。不吉ノ瑞相怖敷覺エ。上皇御氣色モ替リ。供奉卿相モ心ヲサワカシケリ。楚莊公無レ災致ニ戒懼一。魯哀公禍大ニシテ天不レ降レ譴。今既有ニ此恠異一。御愼アラマシカハ廟神爭捨給。指レ掌ヲ神告ヲ恐給ハス。欲下悔ニ非於既往一愼中過於將來上云事モマシマサス有シカハ。合戰夜住吉大明神ノ社頭。京ヨリ迯籠上下男女多有シ耳。今度ノ軍ハ京方可レ勝ニテ有ツルヲ。大菩薩餘リ仰アリツル程。關東勝ツル事ヨト云聲アリテ。馬轡ヲト高鳴テ御寶殿ニ入給フ。聞人身毛竪ケリ。凡此君和漢兼ニ才藝一。究ニ詩歌淵源一。傳ニ諸道奧義一。佛神凝ニ敬信一給カ故。一日内書ニ一切經一供養。法勝寺ノ九重塔造營。熊野山容僧所ヲ造營御寄進シ給耳ナラス。造佛寫經御勤モ多。恒例臨時神ヲ行御坐。政道モ正シク。賞ニ才人一給事モ。忽人失事シケク民煩隙無リシカハ。一天恨普。四海不レ穩。就中早態。飛越。水練。相撲。獵漁。競馬。流鏑馬。酒宴。亂舞。白拍子。博奕。武藝。兵杖。太刀。刀。折烏帽子ノ御遊行。常ニハハヤル鵯合ナントノ事ノミ相續シテ。人臣安事コソ無ケレ。

輕操御振舞天子ノワサニ背キ。非愛御行宗廟ノ照覽タカハセ給ラント覺タリ。君子之過也如二日月之蝕一。過則人皆見レ之。更則皆仰レ之イヘリ。聖主トシテ如何ニモ可二愼給一。聊モ憚セ玉フ事ナク。故御所愛物不調事有トテ。彼女房ヲ南庭ニシテ白晝ニ密會セサセテ叡覽アリ。其夫兒ヲハアカリ馬ニ取ノセテ大路ヲ被レ渡シ。諸卿意見ヲ被レ召。長兼中納言廣採二史晴一集二其要言一被二持參一タリシヲ。叡慮ニ背シ故トテ四手付テヲハシケリ。其後大臣重レ祿不レ諫。小臣畏レ罪不レ言。以レ水濟レ水誰食レ之。獨智二其智一顚覆シテ無。道路以レ目シテ上足亡ン事ヲサヽヤキケル。卿二位殿龜菊御前理不盡ニ內奏シ。光親宗行中納言ノ御氣色。近習尊長尊範カ梟惡被レ勸。西面下臈メラカラヲ憑セ給テ。無益ノ合戰ヲ思食立テ。只一日ノ間ニ天下ハ暗ト成ハテヌ。獲二罪於天一無レ所レ禱。難レ得易レ失天位ナリ。事移リ時變シ。三所仙院國々諸卿ノ死罪濟々タリ。洛中ニハ武士充滿シテ奪二妻女一取二資財一。上皇被二押籠一給ヌル上祈人ナシ。アキ騷ル計ニテ塞キレ耳ヲ目ヲ拘テ泣歎。天地開闢ノ後カヽル爲師ヲミモ聞ス。是偏女性ノ恨近臣曲レルニヨル故也。實ナル哉ヤ姤婦ハ毀レ家。讒臣ヘ亂レ國。牝鷄朝スレハ其家必盡。奸臣在レ朝賢者不レ進イヘル事。當二其時一知三興亡術存二安危瑞一。四儒三納言ヲ始トシテ先代ヨリモ多カリキ。逆耳之辭難レ受。順心之悅易レ從。彼難〔者脫歟〕レ受藥石苦レ喉也。此易レ從者鴆毒甘レ口也。明王納レ諫病就レ苦而能消。暗〔王脫歟〕從レ諛命因レ甘而致レ損如ク。女人讒臣鴆毒御口甘ク。賢人智臣藥石苦二御喉一御坐。弁前後人ニハ四皓籠シ商山ノ月ニ懸レ望。三閭被レ放湘南ノ津サマヨヘルニコソ似タリケレ。理ナル哉主憂臣辱ト云トソ。衆人皆醉獨醒益ソナキトコソ悲アハレケレ。夏桀王后笑事ナカリシヲ無二本意一被二思食一。醉キリ合死タリシ時。始テ咲面良櫻梅桃李初花開ルヨリモ珍シク。三五夜中月影ホノメキ出空ヨリモ嬉シクゾ覺ケル。此姿叡覽無レ隙ナリタサニ。集人キリツキ致害重カリキ。ナシカハ可持ナレハ無レ程亡レ國。周幽王后兵ヲ集ントテ擧二烽火一御覽シテ令レ笑玉シカハ。晝夜ニ是ヲアケテ興レ宴シ給。烽火ナカク在レ目犬戎更守ラネハ。敵ノ寄アケタレト參者ナクシテ。其國終被レ討。又殷紂帝愛二妲己一給ニ。此后都テ不レ咲。イカニモシテ其心ヲ取トテ。以レ肉築レ山酒ヲ泉ニ流シテ男女ヲ裸ニシテ戲シムレトモ含笑面ナシ。炮烙刑トテ銅柱ヲミカキ塗レ油。下火ヲ興テ罪アル者ヲ是上スルニ。ナシカハ可レ不レ落二入火中一。熱サニ不レ堪動二手足一。面白カリテ后笑給シカハ。常ニ是ヲ上セシ程ニ人多損ケレハ。民憤リ天ニアカリ早打レケリ。平城先帝〔御諱〕都位ヲ讓二嵯峨天皇一。御子高岳親王東宮立マイラセ給シカハ。可レ有二御恨一樣ナキニ秘藏セサセ給シ御愛物内侍督。アハレ我君御在位時カク蒙二寵愛一如何山シカラマシト申タリシ一言。起二御謀叛一給テ大納言田村將軍タメニ追落サレ給シカハ。内侍督自害シテ失ケリ。東宮サヘ廢太子ト成給。御出家有テ眞如親王ト申シカ。天竺ニ渡給トテ流沙ニテ失給フ。其御末今絶ハテヌ。此皆愛レ后亂レ世給事如レ此。傾城ト申ハ城ヲ傾クト書事依レ有二先蹤一也。龜菊御前過タル傾城コソ無リケレ。天生麗質一笑百媚アリ。五百登空失レ通落レ地。一角仙人被二女人捉一。耽レ色飛蛾拂レ焰滅レ身。好レ酒猩々瓮邊被レ縛。聖者既如レ此。凡夫爭堪哉。虫鳥又如レ此。人倫豈忍哉。智論。清風無レ形猶可レ捉。蚖蛇含レ毒猶可レ觸。執レ劔向レ敵猶可レ勝。女賊ヨ害人一難レ可レ禁。大聖金言聊不レ違。愼マスンハアルヘカラス。秦始皇帝李斯用レ計。燒書坑儒給テ萬代ノ業ヲタテシカト。二世ニシテ廢ス。保元亂逆惡左府御勸也。上皇配所ニ移リ給。左府流矢ニウシナハル。爭榮花於旦夕、競營利於市朝。以其諂諛之恣、惡貴賢之在己上。懷其奸邪之志。怨富貴之不我先。讒佞國暴賊也。有遠慮無近憂アル。先賢筆海詞林指掌遮眼。先事之不忘後事之師也。叡知聰明君トテ無隱申セ共。非難知行難也。非難行終也。御愼有マシカハカヽル世ニナルコトナカラマシ。光親宗行增リタル讒人コソ無リケレ。第廿六代ノ武烈天皇以人上木射落。爪ヲ拔テ土ヲ掘シム。孕婦截腹コレヲミル。以人水流テ以鉾刺殺。只以殺人爲樂給シカハ。眞鳥大臣金村心合テ殺奉。金村大臣成ニケリ。此時無皇胤。越前國ヨリ應神天皇五世孫ヲ奉迎即位アリ。繼躰天皇御事也。上古加樣非愛ニシテ好ニ無益事給ハ害ヲ其身ニウケ。留恥後代給ヘリ。夫君如山岳シテ無動事。以仁愛遍施ス。然恣欲シテ窮驕時。人民恨背國家必亡コト。上代古今漢土天竺相替事ナシ。但此合戰神慮ヨリ起京都負サセ給事頗不審殘レリ。御託宣一切物中朝庭御命ヲ甚オシミ。君奉仕スル事更佗ノ心ナシ。奉守護御躰事如影。又天日月繼必奉令續帝氏トソ。神意更無佗事。只鎭護國家爲也。帝御坐スヘキ皇子ヲハ。朱子ヨリ諸天神祇共ニシテ奉守。又大菩薩此宮ニハマシマス奉守護帝御身。京都御座御殿上ヲ不去奉守護ノミ。御誓願深ヨテ上古帝王多顯神明御坐ト以吾神日本第二神崇尊。如在ノ禮ヲ致シ給。恒例臨時神事佛事參宿且皈御幸餘社コエ過常篇。尊神擁護スクレ。皇王モ崇敬重。縱非道ノ御企ナリトモ。縱武家氏神ナリトモ。何ソ帝運ヲツキ捨正統。爭出王氏武將替給ハンヤ。就之閑思ニ。冥慮殊勝也。神慮甚深也。冬穴夏巢。時茹レ毛飲レ血。世民淳斯文未レ作。逮ニ乎伏羲之王一始畫ニ八卦一造ニ書契一。以代ニ結繩之政一。我朝應神天皇御宇始文字アリ。其ヨリ以來以レ文治レ國。撫レ民下上犯サス。端拱トシテ無爲也。女脩ニ織絍一。男務ニ耕耘一。器用ニ陶匏一。服尙ニ素玄一。耻ニ織靡ニ而不レ服。賤ニ奇麗一而弗レ珍。捐ニ金於山一。沈ニ珠於淵一。形神寂漠。耳目弗レ勞。耆欲之源滅。廉正之心生。因レ文而隆レ道。假レ學以光レ身。衞レ殃治レ民。道不レ拾レ遺。無言太子十歳迄不レ言シテ遁ニ十善位一。別成ノ太子七歲マテ辭讓徧ニ七寳主一。虞舜丹朱授ニ夏禹國商均一サリキ。堯帝三度與シ許由洗レ耳甚忌隱居。虞芮二人獄入用讓レ畔互辭耻テ去。司城子罕與レ玉。答云。我以レ不レ貪爲レ寳。爾以レ玉爲レ寳。若玉以我與皆喪也トテ不レ取。王蜜持レ金到ニ楊震所一。人不レ知竊獻ト云シヲ。天知。地知。吾知。汝知。此四知ヲハ爭カ不レ知ト云ンヤトテ終止ケリ。我朝應神天皇御子難波皇子宇治東宮トハ。天皇崩御後。難波皇子宇治東宮讓ニ難波皇子一テ。三年迄民御調物不レ進シカハ。人ノ煩我ニヨルトテ宇治春宮干死給シカハ。難波ノ皇子無レ力コソ御卽位有ケレ。難波津ニサクヤ此花冬コモリ今ハ春ヘトサクヤ此花トハ其時歌也。難波皇子申ハ仁德天皇。今平野大明神ト顯レ。當社ニハ南樓上御坐ス御託宣アリ。天智天皇。皇極天皇御讓位アリシヲ。伯叔兄皇子達ヲ爭カ可レ奉レ越ト。堅有ニ辭退一シカハ。兄皇子此事無益ト思食テ。責テモノカレ給トテ御出家アリテ。吉野山入給フ。無レ力シテ孝德天皇ヲ御位ニツケ奉。天智天皇ヲハ同日コソ東宮備ラセ玉シカ。上代ハ加樣ニ位道不レ貪ニ財寳一カハ。謀叛惡逆輩少ク。弓矢兵杖思稀也。至ニ濁世一民挿ニ野心一巧ニ梟惡一。以レ文順ヘス。以レ武可レ平。增武家之權勢添。帝城守護一旦遂ニ御意一スハ有レ恨云ヘトモ。九重ニツヽマレ萬乘ノ主ニテハ。天照大神八幡大菩薩ノ御苗裔。御裳濯河流久不レ絶。行末迄繼躰守文君被レ仰給ヘキカ故ニ。不レ亂ニ君臣禮義一。佛神致ニ歸敬一。賢武將時國家繁務ヲ指分テ。刑法式條ヲ定置。天下海内無ニ謀叛狼藉事一過ニ往代ニ。法正則民□。罪當則民從ト云ル如也。若公家一圓率土ナラマシカハ。邊境凶徒强力勇士亂逆無レ止。合戰可レ莫レ隙。或竊ニ王位一。或禦ニ東西ニ。如ニ將門信賴一者不レ斷。趙高王莽類多カルヘシ。然當世ハソトノ濱ヨリ始至ニ于鬼界嶋一。武威ニナヒケル事ハタヽ如レ草如レ風。違反輩アレハ不レ回ニ時剋一討取搦捕。寶治弘安正應度々怨敵猛勢也ト云トモ。片時合戰諸國煩ナキ事ハ。吾神ノ御計ニテ末代ノ狼藉留ントノ御方便ナレハ也。公家憚ニ武家一。武家恐ニ公家一。專任レ無ニ自由政務一。文武二道有ニ德化一。東關破テハ洛陽安全難レ得。將卒衰テハ民烟荒廢無レ疑。カヽル忘ニ神慮一。去永仁年中當宮住僧營舜法眼親ニ弟子遠江房云者。河野彥三郎賴通カ謀叛與シテ。ヲヤケナクモ祈師成シ。過分ノ非道事ナレハ。飃テ露顯シテ父子共關東被ニ召下一。湯井濱ニシテ刎レ首ラル。當山社僧未レ如レ此無レ例云ニモ。公家武家息災安穩祈可レ申者歟。朝敵同意シテ亂ニ天下一。望レ爭可レ叶ニ冥慮一。本意ヲ遂ル耳ニアラス。剃髮形ニテ被ニ刎首一事後代迄流レ名。神護景雲三年七月十一日御託宣。意汚ラハシクヲノカ分ヲ不レ知。愚癡巧謀シテ夏虫火入ムカ如ク。貪欲迷惑シテ好レ惡衆生ヲハ。諸天厭神祇拂給也。銅ノ火ムラヲ飯ト食ストモ。意穢シキ人物ヲハウケス。正直人ノ頭ヲ棲トス。諂曲人ヲハ不レ稟トアルヲモテ。致ニ非據所望一奉レ濕ニ(徒賊)法施一沙イルヽ水ノタマラサルヨリモ從事ナルヘシ。抑大菩薩爲ニ一切衆生一發ニ四無量心一。更無ニ三毒一垂ニ一子慈悲一御託宣アレハ。縦非分反逆企ナリトモ縦異賊朝敵ナリトモ罪アルヲ宥玉ンコソ。大慈大悲トハ可レ奉レ仰。他人ヨリハ我人。他國ヨリハ吾國。心セハク數萬凶徒ヲ一度滅亡シ玉フ事尤不便ナルヘシ。隣國アタヲナスナラハ以レ恩報スル。アタ長ク亡テ自他ヲサマタクル道也。サレハ昔大國ニ大貪王云主オハシキ。其隣國王長壽王誅戮ス。長壽王子長生太子ニ向テ云。我敵ヲ討コトナカレ。以レ怨報レ怨怨互斷ルコトナシ。怨ヲハ以レ恩報ル。怨永ク盡トナリトテ失玉フ。長生太子父遺言サル事ナレト。親ノ敵ヲ不レ討シテハ生タル無ニ甲斐一思テ。身ヲヤツシテ廻ニ種々方便一大貪王ニトリ寄。一事ナレトモ命ニモ不レ違隨逐給仕人ニ過タリシカハ。如レ影召具シテ一寸モハナタス。心安者ニコソ思ハレケル。或時深山入テ狩スルトキ。大貪王クタヒレテ長生カ膝ヲ

枕トシテ眠タリ。長生日來ネライツル處今成就スト悅テ拔レ劔害セントスルカ。父遺言思出テ劔ヲ收メヌ。大貪王寢覺テ云。我夢ニミル樣。長壽王子被ニ捕殺一ントシツト語ケレハ。長生此所山神嗔レルカ。我角テアレハ何事カアルヘキ。只能息給ヘト云ハ。王聽ネイリヌ。其時長生又拔レ劔打ントスルニ猶父遺言ヲ忘スシテ劔ヲ收ム。又驚テ夢樣ヲ語事如レ先。返事又相同。仍王マトロミヌ。長生重テ雖レ拔レ劔遺命オソロシク思直オサメケリ。王驚テ語ニ夢事一不ニ相替一愛。長生云。我實ニハ長壽大王子長生太子也。汝カタメニ被レ討レ親。爲レ散レ憤故日來伺打ントス。只今其隙ヲ得タリ。殺害センコト如レ思ナルヘシ。雖レ然父遺言不レ忘シテ納レ劔事三ケ度也。今ハ我ヲ殺ス事可レ任ニ王意一トソ申ケル。大貪王其時飜ニ邪見一發ニ善心一。貪欲無道故失ニ汝父一。怨以レ恩報スル眞實ノ孝養報

恩ノ義タルヘシ。自ニ今日一後ハ互讎ニ怨念一以ニ長生一長子トシテ可レ讓ニ帝位一。我身位ヲ去給。以ニ長生一國王ト定給キ。其時長生今釋迦如來。長壽王。淨飯王。大貪王。調達也。調達是佛生々世々御敵ナルカ故。在世相生成ニ三逆罪一。随(墮歟)ニ無間地獄一。佛更哀授ニ天王如來記別一給リ。大菩薩モ平等慈悲御所行ニ於テ不レ可レ有ニ斷命態一處。異賊朝敵毎度多亡給フ事。殺生不レ知ニ其數一。冥慮難レ計ヲヤ。但深義アリ能々可レ案レ之。怨ヲハ以レ恩報則ヤム事可レ如ニ長生太子一。是ヲ猶生死有漏福業ニテ直至道場近因ナラハ。今大菩薩御所行本不生心地因縁生滅法界不生滅々々々々因縁生滅也盡シ見給ヘハ能殺モナク所殺ナシ。唯依ニ妄念一而有ニ差別一ナレハ。闡提無性罪人沈淪苦海凶徒ヲハ調伏。惡念安住善果如來祕密方便內證至極智德也。十地等覺菩薩タニ窮レ理給ハス。凡夫異生蒙昧此

義ヲ何ソ覺ラン。只一心致ニ信仰一疑惑ヲ致コトヲ更可レ除也。降伏却テ成ニ善緣一事ハ。清和天皇御時染殿后御物恠被ニ取籠一給時。相應和尚ヲ驗者ニ被レ召シニ。七日不レ叶退出アリシヲ。又被レ召時。年來本尊不動明王ニ向奉リ。先度耻カカセ給ヌ。今度搆テ高名セサセ給ト祈請スルニ。南ムケタル不動北ヘムキ。北ヘムカヘハ南ニムキ給フ。餘ニツヨク被レ責。後ニハ二ワレ給。袈裟ヲモテ結合テコソ採タリケレ。其時明王出ニ御詞一。彼物恠ハ柿本紀僧正眞濟也。我生々而加護ノ誓アリ。眞濟ハ七代ノ持者ナレハ縛カクル事アルヘカラス。但汝大威德咒ヲ誦シテ。心中念セヨ。我蕩ニ惡心一可レ引ニ入無上菩提一ト被レ仰ケレハ。告如ク加持給ツルトキ。惡靈巫女ニツキテ。不動メト云者ニスカサレテ耻ミツル事ヨト訇出給モ為レ除ニ怨念咒詛惡業一也。弘法大師守敏僧都ト同時高僧ニテ御坐シカ。守

敏參內水瓶栗ニ入念誦シ給シカハ。無ニ火氣一アタヽマリ和ラカニ成テ供御ニソ被レ進ケル。大師ヲ大師御參時兩人ノ驗德ヲ知食ントテ。大師ヲ隱ニ御簾內一。守敏ヲハ如レ例被レ召テ水瓶ヲ被レ出シニ。イカニ加持スレトモ暖氣不ニ出來一。時剋フルマヽ額ヨリ流レ汗終ニ密ニ退出アリ。日光耀ク時ハ衆星影隱レ。師子吼時ハ百獸ヲノヽキ伏。大師兩部奥法事ヲ不レ殘大日如來ヨリ嫡嫡八代付法也。守敏ハ一法成就功力也。爭テカ大師ノ御前ニテ可下施ニ驗德一給上。帝王彌信力大師ニ深御坐セハ。守敏不レ易思テ如何ニモシテヲチ當ラントスル處ニ。天下旱。請雨經法ヲ大師ニ承シ時。守敏折ヲ得テ南閻浮提ノ龍王ヲ水瓶中ニ駈集ヲカレヌ。依レ之雨不降。七日雨請無レ驗シ。大師無念ニ思食。如何ナル事ソトス入レ定御覽スルニ無ニ龍王一故也。サレトモ天竺ニ無熱池ニ善如龍王計アリ。此龍王勸請シテ雨ヲ降ントト思給テ。七日行法ヲ今二日申延行給時。善如龍王神泉龍池ヨリ現身。供養ヲ受給テ。大雨潤ニ國土一五穀豐饒ニ成ニケリ。トニモ角ニモ大師ノ德ヲ施シテ上下憑仰シヲ。守敏瞋恚嫉妬忍カネ奉レ調ニ伏大師一。大師聞ニ召此事一調ニ伏シテ守敏一給ヘリ。兩方壇上ニテ盡力行法互不レ怠七日七夜勝負ヲナシ。終守敏ハ死失ヌ。大定大智ヲ以ニ利劔一我慢我執ノ怨敵ヲ切カ故。生死ノ身盡トモ菩提至祕術也。又同大師藤氏爲ニ繁昌一被レ供ニ養南圓堂一時。源氏公卿其日中五六人マテ失ニケリ。哀ニ守敏一取ニ遺骨一高野山ニソ被レ置ケル。不空三藏祕法ヲ奉八方敵軍ヲ降伏センカ爲也。離ニ惡心一行ニ調伏一。能所共有ニ大利一。夫佛神悲智二德御坐ス。悲門ニハ宥レ科覆ニ柔和忍辱衣一。斷レ惡振ニ降伏威怒劔一。サレハ釋迦成道始擊ニ大法鼓一吹ニ大法螺一。三千界衆生皆悉可レ參ト有シカハ。大自在天計リハ世界中我ヨリマサレル者コソ覺ネ。

我ヲハ誰カ可レ召不レ可レ然トテ大ニ憤リ。遂ニ佛前ニ參ラネハ。世尊不動明王ヲ爲ニ御使一。降ニ伏大自在王一ト被レ仰。彼天是聞。ヨセ付テハ惡カリナン。聖者厭ニ不淨一ナレハトテ。集ニ糞穢一築レ城引籠。其時不動明王穢跡金剛定ニ入。糞穢ヲ飲盡シ。現ニ三世降魔之姿一。自在天ヲ踏殺サル。刹那ノ間上方華藏世界ニテ成ニ正覺一。爰金剛壽命陀羅尼ヲ誦セシカハ即活ヘリ。心大ニ歡喜シ奉レ隨レ佛。如レ是三毒熾盛怨敵。一業所感ノ罪人。強剛ニシテ滅ニ他國一。暴惡ニシテ輕ニ佛神一。大菩薩降伏シ給故結緣ノ始トナリ。得脱ノ因ヲタクラフルヲ凡夫眼殺生トミル也。西宮ノ大明神沖ニ出テ釣ヲシ玉フ故ハ。業力有レ限只今トテモ可レ死魚ヲ以ニ神通一鑒透サセ玉テ。大悲綱〔網歟〕ニ懸テ救。生死海出サセ給也トアリ。誠ニ三時決定ノ業報遁ルヽ事ナケレハ。瑠璃王釋迦如來ノ喪ニ御一族一セシ時。釋子達強弓勢兵ニテ六十里八十里乃至百由旬迄及ヘリ。瑠璃王此恐ニ弓勢一引退時。大臣告云五百釋子サナカラ持ニ五戒一給ハ射殺事ハヨモアラシ。只攻給ヘト勸シカハ皆破コソ寄タリケレ。釋子達無レ力。縱命終トモ殺生戒ヲハ破シト。各云テ敵射殺事ナシ。瑠璃王如レ思打入失ニ五百釋子一ケリ。目連コレヲ悲テ取ニ一人一押ニ籠鉢中一隱ニ梵天一置シカハ。敵ノ手ニハ懸ラネト鉢ノ中ニテ頸キレヌ。瑠璃王過去大魚ノ身ニテ有シヲ五百人ノ童子共打殺終ヌ。此五百人ノ童子今ノ五百釋子也。修因感果ノ故ナレハ目連ノ神通モ不レ扶力及ヌ事也。教主釋尊モ五百童子ノ内ニテ首ヲ少打給フ。其業忽到テ御髮ヒイラキ痛給。離ニ二種生死一三界慈父ノ佛タニ往因ヲハ不レ免。迷惑無慚ノ賊軍必死病被レ責壽命盡ハテ。無ニ善根種一者ヲ哀テ摧ニ惡心一破ニ邪見一對治シ給ヘリ。壽根未レ盡奪レ命事ナシ。サレハ建暦元年四月三日御託宣ニモ。神明ハ定業ノ死ヲ延事有ト云トモ。宿命奪レ限事ナシト有シソカシ。神明罰ニ愚人ニ殺ントニハ非。コラサシメンカ為也。意巧善故生ニ多功德ニノ義理。殺害生イ三界不レ墮ニ惡趣ニ爲ニ調伏ニ故疾證無上正等菩提ノ經文。唯圓敎中逆卽是順ノ深旨。實行相似內證三種十惡ヲ可ニ心得ニ。然則罰セラルヽモ逆緣ヲムクヒ。被レ賞其順緣ニ可レ預。甚深殊勝巨益ハ八幡三所ノ利生也。

右此兩卷者。依レ難レ背レ責。今不レ覃レ辭。愚意任ニ管見ニ所ニ筆注ニ也。抑佛說者。以レ敎廣爲ニ利益ニ。神道者。就レ秘聊叶ニ冥慮ニ。專抽ニ信力ニ必感應。頗致ニ疑心ニ蒙ニ治罰ニ。深有ニ誓約儀ニ。强無レ語ニ于人ニ。同守ニ制法ニ時。得ニ明神之加護ニ。妄令ニ違犯ニ者。失ニ師資之相承ニ。顯密與ニ佛神ニ一躰異名也。凡身與ニ大日ニ豈有ニ差別ニ哉。假立ニ迷悟ニ强分ニ凡聖ニ。此道可レ恐可レ恐。尤可ニ深秘ニ。此德可レ崇。速成ニ悉地ニ者也。八幡御記文云。我松枯吾本土寂光皈知。我松不レ枯吾又日本國ニ有ト知。法華經流布亦如レ是。一乘尤本緣ニ八幡ニ有ニ八幡ニ。更奉公一乘有レ如レ是。皇帝御覽秘文也。仍下品類拜見スルニ恐ニ冥加ニ。何況披露ヲヤ。雖レ然依レ難レ背レ仰注レ之。全以不レ可レ及ニ外見ニ。恐々穴賢穴賢。私非ニ秘書ニ恐々。

本云 享祿五辰九月三日書之。但賴範筆者也。　快元在判

又云 貞享乙丑仲夏以ニ靑蓮院尊證親王家本ニ挍之。

右八幡愚童訓以屋代弘賢本挍合

神祇部十四

石清水八幡宮護國寺略記

三所大菩薩移坐此男山峯。卽奉安置御躰、爲後代緣起事。

右行敎(俗姓紀氏)。專爲業修行。久送多年矣。而間恒時欲奉拜大菩薩也。爰以去貞觀元年參拜筑紫豐前國宇佐宮。四月十五日參着彼宮。一夏之間祇候寶前。晝轉讀大乘經。至夜誦念眞言密敎。六時不斷奉廻向三所大菩薩也。九旬已畢欲皈本都之間。以七月十五日夜半。大菩薩於行敎示仰宣。吾深感應汝之修善。敢不可忍忘。須近都移坐(移坐近都イ)鎭護國家。汝可祈請者。行敎歡喜之淚滿眼。瞻仰之情彌倍。卽始自彼十五日。晝夜六時不斷(奉祈イ)請。以同月廿日京上。八月廿三日到來山崎離宮之邊寄宿之間。更倍信心祈願申云。伏蒙示現者。同廿五日夜被示云。吾移坐近都。爲鎭護王城也者。卽撰何處可奉安置寶躰願垂示現給云々。以卽夜示宣。可移坐之處石清水男山之峯也。吾將現其處者。驚奇以夜中向南方。百餘遍奉禮拜大菩薩之間。山城國巽方山頂。和光垂瑞宛如月星光照耀遍滿其間。身毛竪彌伏地。且致恐畏且信貴(貴信イ)。以明曉參拜件山頂伺候。三ケ日夜祈申之間。隨御示現點處結草。且先以法味奉莊。且錄上件事由參上公家令奏聞矣。爰以同九月十九日下勅使令實撿點定參上。次下宣旨木工寮令勘申御殿六宇材木支度等。卽以寮權允橘良基(アイ)令造立六宇寶殿(三宇正殿。三宇禮殿。)已畢。奉安置三所御躰畢(アイ)。其間灵驗施(自施威德イ)感應非一。而間以同十一月十八日依左大臣召參候大臣家。卽仰云。依聖人奏狀下宣旨。差使令奉造大菩薩御殿之由如何。但未經奏聞以前。天皇勅宣云。所示現之夢。其想自男山之峯立登紫雲。覆於王城及遍滿天下也者。以之推之。更非輕忽事。定有天下慶賀哉者。又皇后所見給。及臣家所見之夢。已以同想也。而今奉此奏狀也。仍驚貴所令奉造御殿也。以卽感應無極。上啓上件事由。還參石淸水御山奉頂禮。准本宮例。勤仕祭祠祈禱(僻イ)之事。爰以同二年十一月廿六日被下宣旨謂。左大臣宣。奉勅。行敎參向豐前國宇佐宮。爲勾當

奉讀大般若經等。可勤仕御祈願者。依有勅。令事付人々參候彼宮。始自同三年正月三日至于廿七日。幷廿四ヶ日夜之間。請僧一百一人奉修御願。奉讀(五イ)大般若經二部。千二百卷。金剛般若經一萬一千六百六十卷。理趣般若經百四十六卷。光明陀羅尼七萬五千遍。既畢。卽錄經王卷數僧名簿等言上先畢。申授五位於彼宮司(大宮イ)大神田麻呂也。又爲鎭護國家。經奏聞申度卅三(成イ)人度者。每國於(々イ)諸明神社(イモ)。各遣僧一人。令奉祈願國家也。又奉爲大菩薩宮。申成十五人度者。於石淸水社以爲祈願僧也。抑彌奉爲大菩薩成等正覺。兼爲鎭護國家。深致忠誠。立申欲奉書寫一切經之大願也。因玆以弟子法師安宗宛定寫經所別當已畢。諸子等宜承知之。吾若有非常者。以安宗必可令遂件大願。又修治宮寺之事。安宗爲首近廻一門

之中一。遠傳二萬代之外一。奉二仕大菩薩一。將爲奉二祈
朝庭一。但以二御願神事一。仍爲二末代一。略錄二緣起一
如レ件。

貞觀五年正月十一日

建立座主大安寺傳燈大法師位行教

右石淸水八幡宮護國寺略記以朝野群載挍合了

昭和四年十月以朝野群載再挍了　御橋悳言

宮寺緣事抄 御鏡等事第三

劒御前事。

古老相傳云。劒御前。本地者大聖不動明王是也。御寳前。東面御戶之内御坐。男山當愛宕護山。仍爲レ降二伏天魔一。奉レ祝二劒御前一。劒者明王三摩耶形也。卽表二魔緣降伏之本誓一也。依二此義一故奉レ名二劒御前一歟。後三條院東宮御時。以二御劒一被レ埋二此社下一。是奉レ咒二詛後冷泉院一也云々。不動明王者雖レ成二多種悉地一。以二調伏一爲レ首。故五大明王中。不動爲二中尊一。此宮之下被レ埋二御劒一。尤有二其心一歟。小野僧都成尊者東宮御持僧也。或日參入。以二御使一被レ仰云。二毛甚見苦。對面憚思食云々。成尊年來奉レ任二御運一天コソアレト申天。其外無二申旨一退出。於二小野一建二立等身愛染王一。奉二調伏一時。師子冠中被レ奉レ籠二後冷泉院御名一。其後無レ程後冷泉院崩。後云々。以レ此按レ之。劒御前下被レ置二御劒一事。定

無レ虛歟。

往古神寶等記。

鳩屋鈴事。件鈴者保延燒失神寶內留被レ載。注文如二建久實撿狀一者。雖レ燒更不レ損之由載之。

舊記云。村上天皇御時。有二名鷹一。其名稱二鳩屋一。件鷹自二陸奥國一所二貢進一也。而陸奥奉二國解一曰。鳩屋所レ生巢在二府廳前一。鳩屋母鷹爲レ鷲被レ噉畢。職事奏二聞此解狀一之時。鳩屋被レ繫二淸凉殿廣庇一之間。傾レ耳聞レ之。其後不レ食レ餌不レ居レ韝。雖レ無レ病似レ有二病氣一。御鷹飼等見レ之。更以レ無二治方一。奏二可レ被レ放之由一。依レ茲被レ放二南殿櫻樹一。于時鳩屋刷二羽毛一。指二東方一飛去。御鷹飼以レ餌呼レ之敢不二歸來一。天皇太驚殊有二御悋惜之御氣色一。依レ之解二件鈴一被レ獻二石淸水宮一。可二歸來一之由有二御祈請一云々。其後第七日。來二着陸奥舊巢一云々。在廳官人等見之。鳩屋本巢上假搆二新巢一。仰臥三箇日。于時鷲鳥就二青雲一廻翔。良久落逢二鳩屋一。欲二割飡一其時鳩屋自二新巢一落入二舊巢一。鷲鳥空攀二朽木一不レ得二其身一。鳩屋自レ底取二鷲鳥二目一。飡二割其喉一。鷲鳥忽悶絕。遂落二樹下一。在廳等見レ之。以レ餌呼。鳩屋飛來。仍相二副國解一。重以貢二進之一。則大菩薩御加被歟云々。

宮寺緣事抄。怪異部。

康和四年九月廿九日。譽田山陵振動如レ雷事。

長治二年十一月十七日戌時。男山鳴動。又神功皇后成務天皇兩山陵鳴動事。

天承二年正月十二日。秋篠山陵動鳴事。

保延三年正月廿二日。御山動鳴。

仁平三年十一月十八九廿日。御山鳴動。三ヶ日。

嘉應二年十二月五日。東御寶殿三箇度動鳴。其聲如二鐘響一者。

嘉祿三年五月廿九日。辰時御山鳴動。

寛喜三年飢饉之間。迯亡人等不レ可レ入二社內一。社司等守護事等。

宮寺緣事抄。佛神事次第。

遠忌日隨行事官事。

永保元年放生會。上卿春宮大夫實季卿下向。父權中納言公成卿。去長久二年六月廿四日薨。歲四十五。若母歟。

保延六年放生會。上卿權中納言右兵衛督藤原家成卿下向。父前參議家保。去保延二年八月十四日薨。年五十六。十四日發遣。今日御前神事。

宮寺緣事抄。

承安元年九月十三日。依二公家御祈一。於二八幡宮一被レ行二臨時御神樂一。

建保五年七月廿三日。依二仙院御不豫一臨時被レ行二御神樂一。人數如レ常。月卿雲客不二下向一也。

嘉禎元年十月十九日。於二八幡宮一爲二公家御祈一被レ行二二夜御神樂一。

以上五葉以二石清水田中法印家藏古本一抄出之畢。

右宮寺緣事抄以奈佐峯本挍合

石清水放生會記　左大史兼治宿禰

明德四年八月十五日。石清水放生會也。上卿左大臣殿御參行之。御前供奉事被二仰下一之間。予解除之後着二束帶一。如レ常巡方帶。騎馬。大和鞍。總鞦連着。僮僕食官令レ持二予笏一。如木一人。步雜色四人。舍人二人。一人木賊狩衣。一人水干葛袴。笠持等召具之如レ法。辰一點。參二善法寺御宿一。於二針貫內一下馬。大外記師豐束帶也。僮僕大畧同レ予。但步雜色三人召具之。騎馬。同時參仕之間。相伴參入之。入レ自二東棟門一。昇二中門一脫レ沓。揖如レ常。佇二立外緣一。放生會奉行職事藏人左少弁宣俊。其外雲客濟々。同佇立相交。公卿參入之時。各下二立庭上一了。宮寺事遲遲由。度々嚴密被二催促一了。後有二御禊儀一歟。不レ及レ見。則有二御出一。仍御前弁少納言兩局。次第出レ門前行。乘馬行列。先楉持。次幣帛。次祿案櫃歟。諷誦案。下家司爲景相副之。次召使四人。二行。宗岡行嗣。同行言。次官掌二人。二行。左官掌紀豐兼。同(右イ)中原國通。〔次〕居飼四人。次御廐舍人四人。以上各二行。次御前。予。權右少弁經豐。

弁侍一人。如木雜色一人。童一〔三イ〕人。小雜色舍人等召具之。左方。大外記師豐。少納言菅原言長朝臣。少納言侍一人。小雜色舍人二人等召具之。右方。次兩貫首以下廿人。僮僕。不召具如木。次地下前駈十人。同不召具如木。次上﨟御隨身四人。官人番長各二人。次番頭。次御車。毛車。次撿非違使。勢多大夫判官中原章賴。布袴召具桙持。次衞府侍十五人。交名續左。次扈從公卿万里小路大納言嗣房卿。日野大納言資教卿。左衞門督親雅卿。權中納言。中院宰相重光朝臣車。已上毛等也。到宿院大鳥居下御下車。經極樂寺北西御參之間。御前前〔歩イ〕行。跪候極樂寺南階左右。左弁經豐。史予。右少納言言長朝臣。大外記師豐。上卿自南階御堂上。三條中將實清朝臣取御裾。左衞門督親雅卿取御沓。令着同南庇東第一間給。兩〔南イ〕面。掃部寮先敷座。上卿參議以下至外記史半帖。六位外記史官掌召使薦許也。參議右大弁宰相重光朝臣經同階着第三間。少納言言長朝臣。權右少弁經豐。予。大外記師豐。昇西切妻。經落板敷。於上卿御眼路蹲居。廻北翠簾際。各着第四間。東上南面。六位權大外記中原重貞。右大史高階秀職。昇同切妻第五間。東上南面。左官掌紀豐兼。召使宗岡行嗣。着西庇落板敷座。南上東面。六位外記史後落板敷間。此間。宮寺以所司置式筥於上卿御前。次諸衞。左兵衞權佐藤原永行朝臣。卷纓。帶劔。左近中將。闕腋袍。老懸。卷纓。帶劔。壺胡籙。右近少將源定淸。同。右兵衞權佐藤原重房闕腋。卷纓。帶劔。等次第着座。東上北面。永行朝臣對少納言。宗量朝臣對弁。定淸對予。重房對外記。此座可爲位次之由。被載御次第。予入魂。仍永行朝臣居上了。次上卿召召使。召外記。召使於南大床奉仰。大外記師豐起座。降西落板敷。徃南大床跪上卿當間。請御目之後昇長押。跪而膝行。就軾。令問諸衞參否給歟。稱唯之後。經本路歸着之。次召弁。權右少弁經豐起座。經予後進上卿御前。就軾。宮寺事具歟之由。被仰之後。歸着座。乍座傳予。予乍座同傳仰史秀職。秀職仰官掌豐兼。豐兼具之由申之。同〔之イ〕次第申上之後。弁又起座。申上卿之後歸着也。次自下﨟次第起座。御前弁。少納言。兩局。如初蹲踞階左右。經舞臺西。出宿院南門。令着靴給。此時予着靴。弁少納言。外記同前。主水司獻二御手水一。四位前駈。惟敎朝臣役之。〔弁。少納言〕。予大外記等同洗レ手。
主水司役之。次第列ヨ立路西邊一給。上卿。次參議。右大
弁宰相重光朝臣。與二上卿一遙隔。少納言言長朝臣。〔高イ〕弁經
豐。予。大外記師豐。六位權大外記重貞。右大史
秀職。已上一列。〔南上東面〕。路西。左兵衛府權佐永行朝臣。左馬
頭代敍經。上卿前駈列二路西一。右兵衛府權佐重房。右馬頭代
行敍。以上兩人令二前行一間被レ留被レ退二御輿後陣一了。列立之後。菩薩蝶鳥舞
人。樂人參向之。有二〔一曲一。次諸僧參向〕。一禮了
歸入。此間經二時刻一。□次奉レ舁二神輿一。行列儀如二次第一。上
卿御前召使。輕二舞臺下一。大外記師豐。予。權右少弁經豐。
少納言言長朝臣。參議重光等。經二舞臺上一前行。
六位外記重貞。史秀職經二舞臺下一。上卿同令レ經二舞臺一給。扈從公卿以
下各經レ下歟。各經二舞臺一之後。上卿令二立留一給
之。〔イモ〕東面。參議一列。弁。少納言。予。大外記師豐一
列。六位一列。各北上東面。次神輿奉レ寄二寶殿一。上卿以下
深磬屈。三基神輿毎二過レ前給一磬屈。過御了起揚。御躰下御。神主卷二御
簾一。次舁ヨ出神輿一。奉レ居二御輿宿一。此間上卿不二歸

着一。着二禮堂座一給。改二淺沓一令レ着二奉幣座一給。先
座事。上卿被レ仰レ弁。弁傳レ予。予下ヨ知官掌一。仰二
宮寺一令レ敷了。高麗〔疊〕一帖。當二高座中央座中一
敷レ之。此間予於レ傍改ヨ着淺沓一了。人々同前。上卿御着座。有二奉幣儀一。地下
四位惟敎朝臣傳ヨ獻上卿一。兩段再拜。俗別當給レ幣。四位給レ之。着座申
レ祝。次給レ祿。伯少將定清取レ之給二俗別當一。白褂一
一兩。神人祿不レ見之。此後上卿起座。直有二御退出一。御前
弁。少納言。兩局。同前。扈從公卿以下各奉レ相ヨ
從之一。於二鳥居外一御乘車。還御。供奉人御前等
如レ初。申刻還ヨ御御 宿坊一。御前上官 幷供奉公
卿以下悉□。中院中納言同參入之後。片
時有二御對面一歟。御前祿被レ畧之。各可二退出一
歟之由。万里小路 大納言被レ申之間。弁。少納
言。予。以下各退出。時申一點也。陰氣雨不レ降。
無爲被二遂行一之。當時之美談。宮寺之大慶也。
予歸宿。聊扶レ氣搆二杯盤一之後。則歸京。上卿御
歸路之由。承定之後也。予。乘輿。相伴人々騎

馬如ニ昨日一。數十人上下無爲無事。尊神之加護也。祝着々々。幸甚々々。路次之間。上下諸人歸京如ニ布引一。大渡橋大勢渡通之間。怖畏無レ極。又無ニ相違一。神慮之至也。上卿御退出之後。宮寺儀舞樂以下如レ例事畢。神輿無爲還御云々。御導師花薗僧正房淳也。極官之後。勤ニ仕此御導師一。先規頗邂逅歟。今度旁可レ謂ニ珍重一哉。

放生會御參向扈從公卿。

嗣房卿 万里小路大納言　資教卿 日野大納言
親雅卿 左衛門督　通宣卿 中院中納言 拜賀
重光朝臣 右大弁宰相

御前。

左 權右少弁 經豐　兼治宿禰
右 言長朝臣　師豐

官掌。

紀豐兼　中原國通

召使。

宗岡行嗣　同行重〔言歟〕

殿上前駈。

頭左中弁 資國朝臣　頭中將 隆信朝臣
右兵衛權佐 永行朝臣　山科新中將 敎遠朝臣
飛鳥井中將 雅緣朝臣　中御門中將 宗量朝臣
中山中將 滿親朝臣　內藏頭 敎興朝臣
二條中將 實衡〔衞歟〕朝臣　右中弁 兼宣朝臣
大宮中將 隆躬朝臣　藏人左少弁 宣俊
粟田口少納言 長方　伯少將 定淸
前左兵衛佐 知高　藤井少將 嗣忠
右兵衛權佐 重房　日野侍從 豐光
藏人式部丞 藤原永俊　同中務丞 菅原永賴

地下前駈。

修理權大夫 惟敎朝臣　前左京權大夫 行冬朝臣
前民部大輔 兼世　前右馬頭 兼邦
前大膳 俊重　前左馬權助 泰重
右京權大夫 泰世　中務少輔 敏重

俊仲
御後官人。
勢多大夫判官章頼
御隨身。
左官人下毛野武音　右官人秦久勝
左番長下毛野武益　右番長同武遠
一座下毛野武藤　二座秦兼勝
三座同兼高　四座下毛野助音
五座秦兼俊　六座同延秀
衞府
伊勢七郎左衞門尉　古山勘解由左衞門尉
松田次郎左衞門尉　伊勢十郎左衞門尉
伊勢八郎左衞門尉　本庄次郎左衞門尉
粟飯原九郎左衞門尉　和田九郎左衞門尉
長二郎左衞門尉　朝日三郎左衞門尉
古山禰五郎右衞門尉　朝日彌三郎右衞門尉
齋藤筑前五郎右衞門尉　松田彥次郎

進藤
行列次第。
先榼持二人　次幣帛　次神馬　次召使四人
次官掌二人　次居飼四人　次舍人四人　次
御前外記史少納言弁　次殿上前駈下﨟爲先。
次地下前駈　次官人二行。　次番長二行。　次
番頭二行。　次御車　次牛童　次笠持　次撿
非違使　次衞府　次祿辛櫃一合　諷誦案
次扈從公卿

右石淸水放生會記以別一本挍了　惠宣

權別當宗淸法印立願文

敬白。

立願事。

一　別當職可次第轉任事。

右別當轉任撿挍之替。以權別當可擧補別當。權官之輩。遇別當闕之時。不守補日。不存積年。偏成人別之望。殆及聖斷之煩。達事於天聽之間。求媚於時權之處。追從賄賂之營。馳走計略之苦。宛費身命。無顧神慮。然間適誇昇進者。傾財產欲報脣吻。忽被超越者。爲出仕失面目。付慶兮憐。付愁兮退。宮寺衰微。職而斯由。然者永停濫望。宜期次第之由。各書連署之起請。可申依請之宣旨。件起請。撿挍已下權官以上。皆寫一通。互可相持。是則不忘以前之沙汰。爲誡向後之陵遲也。一流之中莫擧兩子傍官之輩。可守次第。滿寺俾知此旨。永代勿有失墜矣。

一　別當已下可支配莊園事。

別當　四箇所。
權別當三人　各三箇所。
修理別當二人　各二箇所。
俗別當神主　各一箇所。
正權三綱等　名一箇所。
山上執行　一箇所。加三綱畧之。

已上廿五箇所。加執行廿六箇所。

此外官符少別當人別一箇所。

一　臘巡撿勾當御供所田可沙汰。

右當所八幡宮者。拜本地者。則一子平等慈悲之敎王。仰垂跡者。亦百王鎭護靈驗之尊神。濟度之悲願。誠雖遍三界內外之利益。殊被于吾朝者歟。是以敎法煽弘和光之砌。尊崇高配祖宗之廟。佛事神事之在不退也。司存區分。僧官俗官之備威儀也。寺役匪怠。

見二其各々之勤勞一。盍レ無二面々之哀憐一。弟子若蒙二冥睠一。有下遂二本望一者上。均二分此莊園一。支二配彼依怙一。匪二啻一世之素願一。宜レ貽二万代之玄跡一。至二于莊務一。永隨二所職一勿レ附二其人一。又課役內御修理。行幸。御幸。放生會。臨時祭。修正等之外。不レ可レ充二他事一。但取二諸宮寺一有二殊大營一之時。不レ分二親踈一。不レ存二偏頗一。各可二省充莫一レ令二對捍一。是則諸人無二異心一。一向可二敬神一故也。若誇二依怙一。還失二道理一者。可レ令レ停二止彼官位并莊園釐務一之間。配分之後。雖二身之恩潤一。尙欲レ省二傍官一。況人之所帶。不レ可レ及二押領一。但宮寺領。非二氏人一者。輙莫レ讓二佗人一。縱雖二暫讓與一。一期之後。可レ返二付本主氏人之餘裔一矣。

一　宮寺僧俗官等可レ申二定品秩一事。

右當宮僧俗官等。雖レ帶二官位一。不レ定二品秩一之間。謂二公庭之參一。謂二人家之翔一。無レ便二于座籍一。有レ憚二于同科一。尤申二請相當准據之宣旨一。可レ存二官位次第之等級一矣。

一　宮寺僧俗輙不レ可レ任二官一事。

右君者撰レ臣兮授レ官。臣者量レ己兮受レ職。不レ可二輙授一。不レ可二妄受一。就中宮寺僧俗。累葉之祠官。次第之昇進。或當二其任一。或限二其賞一。皆非レ無レ所レ據。而近代非二當宮之要一。非二本所之擧一。諸衞二分三分。僧者好二綱位一。俗者耽二顯榮一。成功之費。奏達之計。雖レ有二人之煩一。全非二神之餝一。然者爲二宮寺一有二殊功一者。無二偏頗一無二親踈一。撿挍已下祠官等。上二連署之擧狀一。達二官位之所望一。又有限　身賞人　讓之外。置二停止之式一。絕二拜除之思一。謂二其殊功一者。竊二山川之猪鹿魚類一者。宮寺內强盜殺害。如レ此之犯人召取之輩也。兼日經二上奏一可レ申二永宣旨一。是存二宮寺之守護一。盍レ無二神明之助成一乎。

一　御殿司入寺僧等可レ定二員數一事。

右御殿司六人。入寺僧十人。（御殿司准レ寺任二小別當一。入寺僧准レ寺任二權上座一。）此內以二碩學法器者一人一可レ爲二山上之執行一。各非二死闕一者輙不レ可二改補一。若有二知行難レ弃年戒可レ優者一。加二權入寺權御殿司各一人一。於二執行一者。申二下永宣旨一任二權律師一。寺領一所可レ附二其職一。抑執行者。宮寺之重職也。入寺中應二其撰一者。定有二欝訴一歟。然而一向撰二器量一。何强論二品秩一。是則佛神事之次。論義講之時。以二執行一爲二探題一。談二法味之甚深一。負二威光之增益一。其故者。行敎和尙上洛時。大菩薩化現。告二和尙一云。汝爲レ我誦二念經咒一。染心冷思。與レ汝共上洛。擁二護釋迦敎跡一。保二護百王聖胤一。文。然者優二賞碩學一。尤叶二神慮一歟。自レ非二才之淵源一。難レ備二法之棟梁一故也。無二執行之望一御殿司等。密宗者許レ之。但雖レ長二顯密之修學一。尙非二宮寺之餘裔一者不レ可レ補二其職一。面々之依怙。便便可二計充一矣。

一　當宮御修理不レ奏二聞公家一可レ爲二寺領勤一事。

右宗廟之爲二重事一。朝家殊有二尊崇一者歟。是以頒二數萬戶之民烟一爲二大小社之神領一。五畿七道國衙莊園入二官家一者。十之二三。償二神社一者。十之八九。就中世及二澆末一。人輕二朝威一。權臣擅レ國。公家少レ利。而諸寺諸社。寺官社官。徒貪二寄進之田園一。不レ致二破壞之修造一。偏爲二朝家之煩一。如レ忘二公平之基一。至二當宮一者。省充二寺領一。令レ致二營修一。兼定二置其所一。莫レ令レ成二對捍一。自二少破一各用レ意。無二大費一終二其功一。凡非二過分之大營一者。宜レ駐二任意之上奏一矣。

一　可レ建二立大塔一事。

右件塔者。成淸爲二撿校一之時燒失了。其金物等。先師別當造二立千手觀音一之間。少々借請而雖レ用レ之。連々指合不レ償レ之。遂以令二逝去一。如何于二佗生一可レ償二其事一者。已當弟子。況乎美濃國明知莊者。彼塔領也。弟子相傳于今知行。付彼付此。可造可果。志之尤切。神必哀納矣。

一　山內可建立千手堂事。

右先師別當有可造立千手觀音建立一大伽藍之願。雖顯形像。未致締搆。又有百日三十三度可參籠當山之願。雖及八箇度。未滿二十六度。重々之所願。一々不滿足。其身早逝。其願尙遺。弟子補闕之志雖切。造營之功未成。是非寺務進退之身者。不便經始土木之事歟。仍先發願。彌祈運命而已。至于參籠之願者。令囑廿六口之僧侶。可滿三十三度之員數。弟子同列其內。共修行業。重造立千手像廿六躰。可奉安置新堂。又以公胤實任雅緣可爲導師咒願讀師之由。先師之立願也。然則剞劂終功。供養儲儀之時。尋彼三輩之門跡。以餝一日之道儀。戀重山之月。希大虛之風者歟。抑我大菩薩者。以藥師觀音彌勒爲本尊。而今刻千手之靈像。顯和光之本誓。置六口之僧徒。修不退之行法。上資三所。中祝一人。下訪二親。因緣也大因緣也。善根也最善根也。發願之趣感應豈空。加之當宮抽誠。弟子懸憑之輩令滿足。二求昌榮一門。但雖憑我。於奉忽緒(諸歟)神者。非廻向之限。申寄新立之莊園。可充久住之衣食。於其勤行者。臨期可計定矣。

一　山內可建立彌勒堂事。

右延喜廿一年御託宣云。以藥師觀音彌勒爲我本尊。作堂可安彼三尊云々。而藥師堂自本有之。觀音堂依先師之願可建立之。弟子建彌勒堂。如靈託之趣。山內可奉安置佛二菩薩像矣。

一　可奉渡唐本一切經事。

右先師別當平生之時。書二寫一切經一。當山建立經藏奉レ納已畢。每年於二寶前一可レ遂二供養一之由。發願亦了。而件經中新錄之經已欠。文字之誤不レ審。仍渡二唐本一切經一。安二此經藏一。被レ任二在世之素意一。可レ修二每年之白業一。彼不具經者。施二入三井寺一。積二諸僧轉讀之薰修一。爲二衆生化度之方便一。就中彼等者弟子之祖師。揚レ名抽レ身之砌也。植二善根於其地一。報二恩德於本寺一。又不レ可哉。凡者唐本之外。何益二于吾御山一。殷勤之志。欲レ安二于三井寺一〔錯欤〕矣。

一　不レ可レ行二新議非法一事。

右神不レ享二非禮一。舊史之明文也。祠官之中。以二正直一可レ爲レ先。寺務之輩。守二舊規一可レ行レ事。就中大菩薩御託宣云。大神吾不正之物者不レ受。此物意穢有レ故反弃倍之。文。縱無二此炳誡一。可レ愼可レ愼。況有二彼靈託一。可レ恐可レ恐。然而代々別當。被レ牽二公私之繁務一。不レ顧二神慮之受否一。錯二亂往式一。張二行新儀一。雖レ難二禁遏一。於レ守二一向之信一。何忘二四知之廉一。但綍出レ自二權勢一。理不レ拘二成敗一者。非二力之所一レ及。身只不レ存二偏頗一。神必可レ垂二照覽一。誤歸二咎於本人一。示二誠於後昆一。此中爲下其所二最要一之人上。及レ懸二身命兮無緣之輩一。存二慈悲一可二猶豫一。於二身之要人一者。殊加二潔白之沙汰一。此條永遺二家語之訓一。莫レ限二寺務之時一矣。

一　隨二力堪一贖二取生類一可二放還一事。

右殺生者。十重禁戒之根本。六趣輪廻之業因也。山野之蹄。江湖之鱗。皆是生々之父母。世々之兄弟也。有情之輩。誰不レ悲二相害之苦一乎。若雖レ得二自斷一。須レ悲二他未〔錯欤〕レ厭。仍心之所レ及。力之攸レ堪。奪二口中之粱一。剝二身上之帛一。贖取可レ放之。敢莫二緩怠一矣。

一　庫倉納物割二十分之一一可レ廻二向佛神事一事。

右鵝眼犫牙齊紈越布之類。納二庫倉一之物。割二十分之一一。重分二二分一。以二其一一羞二神明一。以二其一一充二供佛一。次可レ充二祖考遠忌之追善一。供レ佛以後與二貧道無緣者一。拯二飢羸困乏之苦一。以二此常行布施之力一。必爲二無上菩提之緣一也。

一　先師墓所可レ建二立一堂一事。

右撿校勝清。別當慶清。別當道清等　墓所也。就二三代之松墳一。建二一宇之華堂一。可レ奉レ安二置阿彌陀觀音勢至等像一。定二置僧侶二口一。計二充衣鉢二事一。唱二恒時不斷之念佛一。修二永代無朽之善根一。點二近邊之餘田一。可レ寄二附于用途一。定補之僧徒輙不レ可二改易一。但於レ有二過分之不當一者。爭爲二常住之本懷一乎。又近隣在家之輩。農夫田父之客。不レ嫌二男女一。不レ擇二老少一。勸二稱名之念佛一。濟二極惡之衆生一。誤及二結番一。敢莫二退轉一。以二此功德一。併資二先師一。各依二時々刻々之廻向一。可レ滅二世々生々之罪障一。總者自二一門之列祖一。至二吾寺之傍官一。道俗男女。尊卑遠近。有緣無緣。自界他界。共生二一佛土一。同成二三菩提弟子一。若漏二一世之利益一。重赴二六道之輪廻一。縱雖レ受二何身一不レ廢二亡彌陀之名號一。自二今身一迄二後身一。持念之修行之。遂託二上品一兮。證二無生之忍一。更皈二南浮一兮。導二有緣之衆一矣。

一　所願成就了可レ令二遁世一事。

右三所大菩薩。部類眷屬殊別。先神武內大臣。必垂二冥感一。助二成我願一。我願既滿。道心亦熟。不レ着二世間之法一。堅廻二雲栖之計一。依二神之方便一。勿二心之退轉一。遂以二今生一爲二穢土之終一。以二後世一爲二菩提之始一。御託宣云。難レ渡末（度歟）レ渡乃衆生乎渡加爲仁現二神道一天。武內大神。大神本地則西方之敎主。垂跡亦先廟之祖靈。權化風馥。久息二叢祠之陰一。種胤露深。定開二蓮臺之萼一矣。

以前大願敬以發起。天神之冥慮難レ測。人之運命有レ限。雖レ爲二重代之職一。雖レ爲二權官之身一。

至二于寺務一者。非二別運一哉。若依二大願之力一。遂二過分之望一者。專抛二他事一。宜レ果二宿賽一。是貴レ神之願也。豈乖二神慮之旨一。是酬レ師之志也。盍レ步二師資之跡一。但不レ可レ進二任宿運於理運一。但不レ可レ退二轉譜第於次第一。乃至數箇之願印無レ刓。一期之壽算是全。仰二神德之餘一レ身。知二皇恩之在一レ首。凡者德之爲二德恩一。無レ不レ謝無レ不レ報。箇裏於二堂塔建立之願。經論渡替之志一者。縱雖二寺務之前日一。宜レ勵二石心之底露一。仍以發願。敬白。

建保五年正月廿七日

（本云）弟子石淸水護國寺權別當法印大和尙位宗淸

右草式部權少輔大江朝臣周房筆跡也。

寬永六林鐘中旬打裏之畢。

石淸水八幡宮權別當法眼和尙位敬淸判

右權別當宗淸法印立願文以古寫一本挍合

石淸水宮御願書　後伏見院御製作

これ元亨元年かのとのとり。十月四日きのえたつ。よき日のよき時に。かけまくもかしこきいはし水のくはう（皇）太神のひろまへに。をそれみをそれみも申たまはくと申。胤仁わが神のながれをうけて。あまつ日つぎいまにたえず。（祖）そ王のしやうちやくとして。てんしのくらゐをふむ。しかあるをわづかに三とせがうちに。つみなくして位をうばはれき。うんのつたなきをしりてこれを神にいのらず。としをおくりき。つら〳〵そは（王せん王にて）をんわをくれたてまつりしよりこのかたの身のうへをあんずるに。木をはなれたる鳥のごとし。水をうしなへるうをのごとし。こゝにはう人いよ〳〵ちからをえて。うんをかたぶけんとす。これによりてかず仁の親王（光嚴）りうばうりうんにあたりて。いまにのぞみをとげず。しらずもし一りうだんぜちそのごいたるか。又しらずうんの時いたらざるか。神明のおうかんにあらずは。たれかこれをわきまへん。ことしはふるきをあらためて。あたらしきをたつべきてんうんなり。このときにあたりて。うんをひらかんと思ふ一念のうれへ。なをてんだうにたつす。いはむや念々のうらみをや。一身のうれへなを神のききをおどろかす。いはむやそは〔主せん王イ〕おんわのおんねんをや。すでにつかひをとうくわんにつかはして。おもふところをのべんとす。いふところわがくちにあらず。神のくちをかる。こたへむところ人の心にあらず。てんの心ならん。一事一げんわたくしをまじへは。神明なふじゆしたまふべからず。ふでにさきだち。こゝろにさきだちて。そのまことあらば。ざをさらずしてわがぐわん一々にじやうじゆせしめたまへ。大ぼさつこのじやうをたいらけくやすらけくうけたまひて。ときはかきはに。夜のまもりの日のまもりに。まもりさいわひたまへと。をそれみをそれみも申たまはくと申。

右後伏見院御願書以扶桑拾葉集挍合
以京都廬山寺所藏原書影寫挍合了

群書類從卷第十五

神祇部十五

賀茂皇太神宮記

千刄振神代のむかし天の八重雲ををしわけて日向のくに襲の高千穗のみねに天降らせたまひて。宮ばしら太敷たてゝ久しうぞとゞまります。それよりやまとのくにかつらぎの峯にやどり給ひて。これより山しろの岡田の賀茂に遷座し給ふ。北の山のふもとよりふたつの小川ながれくだりしこのところにておちあへり。此川なみ靜にしてほそうせばくそこ清かりしかば。御神是をめでたまひて。石川せみの小川となむのたまひて御手をすゝぎ玉ふゆへにみたらし川とも申なり。久かたの天のいは船こぎよせて御神のかたちをあらはし給ふゆへに御生所とは申奉るなり。さてとしごとの四月の祭は。午の日東河原にいでて禊したまふ。これを齋院の御禊と申奉る也。未の日先上卿陣に着て。六府をめして警固のよしを仰す。申の日關白賀茂詣し給ふなり。奉幣官幣某の幣等なり。御神寶御唐櫃やうのものもつらねて御さきへ歩行なり。次に公卿殿上人騎馬前駈せらる。扈從の公卿も騎馬なり。その外舞人へいしう以下官人おほく供奉なり。すべて賀茂祭には葵桂を冠にかけ給ふ。そのかみ神の夢の御つげ侍し故に社家より兼日に奉るとぞ申。すなはち冠にかざし給ひて詣給ふなり。主人乘車。琴持。菅笠。深沓をめし具す。上達部軒をつらね。社頭にて奉幣神拜あり。葵桂を禰宜もちて奉ればこれを冠にかけ給ふ。東遊。求子。駿河舞などあるなり。さて社司まいりむかひて神酒をすゝむ。御かはらけ三獻あるなり。神前の儀式は下上の御やしろかはることなし。中酉日御祭禮。齋の〔院脱歟〕行啓あり。御こしにめして一條大路を通りて賀茂の御やしろへ御なりありて神事にあひ給ふなり。今日は公家より公卿勅使を立られ餝馬をあまた奉らる。撿非違使近衞使中少將内侍使おほくの車やりつゞけて地下の官人御鉾御弓しな〲の神寳持つらねてわたるに。思ひ〱の風流をつくしはなをかざりたれば。天下のおもき事にたぐひすくなきもの見なり。これによりて一條の大路には物見車立ならべて。棧敷處せきまでかまへたり。さてこそ車あらそひなどのありしも今日の事なり。北祭といふ是也。五月五日くらべ馬の神事は。堀川の院の御宇に勅願成就まし〱ければ。天下の御祈としてはじめて寛治七年に敬神のためにくらべ馬をよせ奉らせ給ふよし所見也。かの武德殿のおもかげをうつして勝負につけて樂を奏し神寳等先以前にわたる也。くらべ馬の勝負によりて賀茂の御神の馬場のさきへ淨衣を着し給ひ現じましましてかたせ給ふ事所見也。十一月の臨時祭は下の酉日なり。この御祭のおこりは人皇五十九代のみかど宇多の天皇と申奉る也。亭子院の御事なり。後に寛平法皇と申なり。天皇ただ人の御時は王侍從とぞ申ける。冬の頃鷹狩し給てあそび給ふに。俄に霧立てかきくもり行方まどひ給ふところに。大明神現じ給ふて王侍〔宮〕從に申つげさせ宣く。われは賀茂の神なり。當社におゐて冬の祭なくてもの淋しく侍しかば臨時の祭をたまはるべし。此事を申さむために只今現じたりとぞ仰られける。大君このよしきこしめし。われにさやうの事のたまひてもなにのせんか候べき。御門へそうもん申べしとありしかば。御神またのたまはく。思ふやうありて申なりとて。御神はあがらせ給ける。當時の御門をば陽成院とぞ申ける。清和天皇第一の御子。御とし九歳にて位につき給ふ。后の御せうと關白昭宣公御うしろみし給て世のまつりごとをしたまひしが。此みかどはいさゝか御ものぐるはしうおはしまして常にそぞろなる事をのみすきこのみ御覽じける。〔内裏〕大裏の御庭にいやしき物をめして犬などくひ合させ給ひけり。關白昭宣公此よしを御覽じて。甚もつて王道にあらぬ御しわざなりとて。よりよりいさめ申奏し給けれども。あへて御門聞めし入させ給はず。かくては世中いかゞあるべきとて。しかるべきけいしやう雲客をまねきあつめてさま〴〵僉議ありて。みかどの御位をおろし奉るべきにさだまりぬ。さていづれの宮をかみかどになし奉らむと。宮達の御器量をえらび申されけるに。小松の天皇の式部卿の宮と申ておの〳〵議定し給ひけり。さても陽成院の帝はことし十七歳にぞなり給ける。御ものぐるはしき御心おこたらせ給はずして。猶も犬鷄のもてあそびし給ふ。おりふし公卿殿上人參內して花見の行幸と申すゝめ奉り。御車をよせられければ。みかど何の御心もなくてめされけるこそあさましけれ。さて二條院にりんかうなし奉り。群臣そうし申されけるは。年頃の御しわざ王道にたがはせ給ふ故に。御位をおろし奉るなりとありしかば。みかど此よしを聞しめし。あまりの事なればあきれ果てぞおはしましける。口おしくおぼすらむと哀にあさましかりし御ことなり。やがてそれより小松の御所へまいりて。式部卿の宮を先帝のめしたる御車にのせ奉り大内へ行幸なし侍りぬ。其日は二月はじめの午日にて侍しが。京中の貴賤男女みち〳〵群集して思ひもかけぬ御果報やと悦とのゝ(な歟)ふる聲まことに小路もひゞく計なり。御門御とし五十五歳なり。此頃新造の大極殿へ御幸にて御即位ありけるこそめでたけれ。御代をおさめ給ふ事三年。光孝天皇と申はこれなり。又は小松天皇とも申。仁和のみかどとも申なり。御子あまたおはします。第一は一品式部卿是忠。第二は右近中將是定。第三は王侍從。その外あまたの宮たちおはしけれども。第三の御子王侍從御兄たちをさしこえ給ひて位につかせ給ふ事は。これひとへに賀茂太神宮のかねてよりけいやくましまし〳〵ける故に。あらたなる御神託あひたがはずして。思ひもよらせ給はぬ御位のゆづりをうけ給ひ。仁和三年八月廿六日御歳廿一にして帝位につかせ給ひぬ。宇多の天皇と申はこれなり。さてこそ御神の御やくそくをたがへ給ずして。寛平元年十一月下の酉の日はじめて賀茂御社へ臨時祭を奉る。關白昭宣公嫡男本院の大臣時平公いまだ近衞の中將と申ける時。勅使をつとめ給ふ。此とき和歌を藤原敏行朝臣仰をかうぶりて讀て奉りけり。

千乃振賀茂の社のひめ小松萬代ふとも色はかはらし

みてぐら。神馬。官人。舞人。へいしう。社頭の儀式に至るまで四月の祭りに相替事なし。まことに賀茂皇太神のおうごの御めぐみふかくましますさ故に。よろづ代までも彌この帝の御苗裔日嗣のくらゐをつぎ給ひて。動なき御代の御有様めでたかりし御ことなり。されば御代御代のみかども諸社のやしろよりはことにすぐれておぼしめし給ふなり。賀茂の御やしろの御事は。天降りたまふて。天皇の御祖神なれば。御めぐみのふかき故にあがめうやまひおもんじ玉ひて廿二社の内にも殊に例年神事祭禮度々なり。おほやけよりも神事つひにおこたらせ給ふ事なし。しかれば嵯峨天皇の御宇弘仁十年三月甲午勅山城國愛宕郡賀茂御祖并別雷社二神之祭准二中祀一給ふなり。おほよそ神事に大祀中祀小祀とまうすことあり。一月の神事をば大祀といふ。大甞會などなり。三日の神事をば中祀といふ。今此賀茂御祭にかぎるなり。一日の神事をば小祀と申す。松尾平野以下諸社の祭なるべし。扨また宇多天皇の次のみかどをば延喜の帝と申奉けり。此ときはことに世の中をだやかにして万民たのしみほこり万歳をうたふ。世の人常に申やうは。延喜聖代と申てめでたき御代のためしにぞ申奉る御事なり。その次の帝は承平のみかど朱雀院とぞ申ける。寛平法皇の御孫。延喜の帝の皇子なり。この御代にいたりて世中さはがしき事あり。その故は平將門といへるもの勅定をそむきて東へくだりて謀逆をくはだて東八ヶ國をうちなびかして平親王と號し。一門兄弟眷屬をば卿上雲客諸司のつかさにぞなしける。下總國相馬の郡に都を立て正税官物をうばひとり。是のみならず。藤原のすみともといへるもの將門に内通して。西國にて謀逆をおこし。つくし九ヶ國をうちなびけむとす。東夷西戎一時におこりて四海をうごかし侍しかば天下のさはぎ人民のなげきいふばかりなかりき。然ば叡慮をだやかならず。公卿僉議ありて。とかく賀茂皇太神の冥助の御めぐみおこたらせたまはずはなどか靜謐なかるべきと覺しめして。承平五年四月廿五日に賀茂御やしろに行幸なりてふかく信心をこたらせ給ずして御願まし〳〵けり。諸社の行幸と申御事は是ぞはじめなるべし。十善万乘のやごとなき玉躰にてみづがきのほとりまで御幸ありし御事まことに希代のちんじなれば。神慮もさこそうれしくおぼすらむかし。あらたなる御示現どもをあらはしたまふ事はみかどなのめならずたのもしくおぼしめし還幸なり給ひぬ。そののちいくほどもなく將門は田原藤太秀鄉にうたれ。すみともはをののよしふるにほろぼされて東國も西海も事ゆへなく靜り人民安堵をなしにけり。此とき帝のゑいりよには。賀茂皇太神のおうごの御めぐみふかくまします故に世はしづまりぬと覺しめしゝかば。御じんかうまし〳〵て幣帛をそなへ。神德をかゞやかし給ひけり。此例によりて後一條院も賀茂の御社に行幸し給ふ。上東門院も同じ御車にめされしかば。神舘には立よらせたまはずして紫野よりすぐに還御ありければ。またのあした選子内親王よりかくぞ聞へさせたまひける。

みゆきせしかもの川波かへるさに立やくるとて待あかしつる

ことさら此皇太神は敷しまのみちにたづさはる人はこの御社にいのりをかけほまれをのこし給ふるひと多かりけるとなむ。中にも俊成卿は和歌のみちに叶ひ子孫にながく守らせ給へと祈りをなし當社〔宮〕をうやまひ千日のあゆみ〔千日あゆみ〕をはこびけるなり。また治承四年六月九日。福はらの新都事はじめあり。卿上雲客此所の地を定めけるに。一條より五條までありて。五條以下はその所なしとて事不ㇾ行して人々かへられけり。其時公卿僉議ありけれども未定なり。先里内裏を造進せらるべしとて五條大納言邦綱卿周防國を給て六月廿三日に事はじめして八月十日上棟と定られける。彼大納言邦綱卿は大福長者にておはしましければ造出さむこと左右に及ばずとなり。此富榮果報ゆヽしき事は。さる時母の御かた。あまりに家まづしければ賀茂の御やしろへ參り給ひて福力の身となし給へと信心ふかく祈念申されければ其夜のゆめにびんらうじの車の胎内にやどると見えてよりほどなく生れ給ふ。大納言邦綱卿にておはしけるとなり。猶みやこうつりのことは。人皇五十代のみかどをば桓武天皇とも申。またかしは原の天皇とも申ける。奈良の都におはしましけるとき。蛙ども幾千萬といふ數をしらずあつまりて北をさしてぞおもむきける。これを見る人ごとにふしぎの思ひをなしけるところに。是は唯事にあらず都うつりのあるべき瑞相なりと人々いひさたしけるが。さればあむのごとく延曆三年といふ年の十月にみやこうつされたり。長岡の京これなり。しかれども此京せはしとて當國かどのの郡「をか〔乙訓〕」だ村を見せらる。勅使は大納言藤原小黑丸。參議左大弁紀古佐美なり。此人々地行の方角を巡見しかへりて。四神相應の靈地なり。ことに當初より北上に賀茂皇太神のおうごし給ふとぞ奏もん申されける。みかどゑいかんまし〳〵て愛宕郡にさだめおはします。延曆十三年十月廿一日に長岡の京より今の京平安城にうつされけり。凡都うつりといふ事は先例たび〳〵ありしとなり。神武天皇日向のくに宮崎の皇居より大和國うねび山橿原の宮にうつり給ひしよりこのかた三十四度におよびて國々所々に都うつりありしかども。今の京と申は延曆三年六月甲子參議近衛中將紀朝臣船守を賀茂皇太神御社につかはして奉幣をもて遷都のよしをつげ奉り給ひ。王城の鎮守として御めぐみふかくまなじりをめぐらし給ふゆへに。代々をへて繁昌まし〳〵。うごきなきこそめでたけれ。桓武天皇の御後は御位を第一の御子ぞつぎ給ひける。これを大同の天皇と申けり。天下をしろしめす事わづか四年にして御くらゐをば御弟のみこ嵯峨の天皇にゆづり給ひて。先帝は奈良の故郷にすみ給ひけり。さてこそ平城天皇とは申なれ。その年の春御庭のさくらを御覧じて。かくぞあそばし給。

　古里と成にしならの都にも色はかはらす花は咲けり

其頃先帝内侍のかみを御てうあいまし〳〵てなにごとも此人の申さるゝにぞうちまかせ給ける。これは宰相たねつぐのむすめなり。心さかしくたけ〳〵しき男子にもまさりたり。おりにふれて先帝へ奏し給ひけるは。いくほどなう御くらゐをさらせ給ふ事口おしさよ。玉躰御つゝがもましまさずしていかでかくおぼし立けるぞとなげきかなしみ申給ければ。先帝くやしき事におぼしめして御くらゐにかへりつかせ給はむとの御用意ども侍りけり。内侍のかみよろこびて先帝くらゐにつかせ給はばわれは后になるべしといさみをなし。せうとの兵衛のかみ藤原仲成といふ人を大將として。畿内の兵をめしあつめ。いくさをとゝのへられけるほどに。世の中さはぎのゝしりて万民たやすき心なかりけり。みかど此よしきこしめし。そのかみ神武天皇御宇に天神饒速日尊御子宇麻志問見命と申神あり。外舅長髓彦といふ神。天神の御子に兩種いかであらむやとて。軍をおこしてふせぎたゝかふ。其いくさこはくして皇軍しば〳〵利を失ひぬ。邪神毒氣をはきしかば。士卒みな病臥せりし時。

八咫烏命くだり給ひて。皇軍の御前にかけり。また金色の靈鵄となりて御弓のはづにとまり其ひかり照かゞやけり。これよりして皇軍おほいに勝ぬ。宇麻志間見命其舅長髓彥ひがめるこゝろをしりてたばかり殺しつ。かゝるためしおぼし召いださせ給て。賀茂皇太神へ勅使をたてられし御事也。御祈。ねがはくは官軍に神力をそへられ。天下ぶゐに歸せしめ給へ。しからば皇女を奉りて御宮づかへ申さすべしとぞ勅願ふかく仰られける。去ほどに先帝は群勢を具してならの都を御立ありて東國のかたへ臨幸なる。これは東國に都をつくりてすませ給はんとの御用意なり。御門このよし聞しめし坂上の田村丸を大將軍としてあまたの官軍をそへられければ。今度の御大事勅命辭がたきにより。同して御社へ參り詣て。身のうきしづみこゝに究れりとて。祈念ふかく申。幣帛捧奉てのち鈴鹿山に關をすへて先帝の御幸ををし止らる。爰にして兩陣いどみ戰ひけるに。御めぐみの ふかく神力をくはへ數万の軍兵に現じ。山もどうようする計にて。終に先帝平城天皇のいくさやぶれて。大將軍藤原仲成はやにはにう たれにけり。これを見ていもうとの內侍のかみみづから劔にあたりてうせ給ひぬ。たぐひすくなき事ども也。先帝はまたもとの如くならのみやこにかへらせ給ひて。かすかなる御ありさまにてすみ給ふ。かくて世の中靜りしかば。御門御宿願はたし給はんために。有智內親王と申姬宮を齋王になし給ひて。弘仁元年四月に 賀茂皇太神へ參らせ給ふ。此れいをもて 代々のみかどの御代はじめには。皇女を 賀茂の齋にそなへらる。凡齋王のさだまり給はんとては。まづト部のうらに あはせ給ひ。其より三年の間御精進にて神事あり。先河原へ御出有てはらへし給ひて後齋院に入給ふ。是は内裏のうちのしかるべき御殿をてんじて齋の宮をすへ申させ給ふ故に齋院と申也。この齋院にて一年御きよまりありて。次のとし又河原へ御出有て。はらへし給ひて。それよりすぐに紫野の野の宮に入給ふ。のの宮の有樣黑木の鳥居に榊たて。しらゆふ御しめ引て神々しく心もすみわたる計なり。野の宮にて一年御きよまりありて。次のとしまた河原に御出有て祓したまひて。それよりすぐに賀茂の神舘に入らせ給ふなり。尤齋院も伊勢の齋宮もおなじやうに佛法僧の名をいみ給ふ。是は神事をはゞかり給ふゆへなり。されば佛をば中ごと稱し。經をそめがみ。塔をあらゝぎ。寺をかはらぶき。僧をかみなが。尼を女かみなが。齋をかたそなへとぞせうし給ふめる。村上第十の宮選子内親王いつきの宮にそなはり給ひし時。世のはかなき事をつく〴〵と思しめしつづけてぼだいしんをおこしたまへども。もとより佛法僧の三寶をいみ給ふことなれば。色には出し給はずして。かくぞ詠じ給ひける。

　思へともいむとていはぬ事なれはそなたにむきてねをのみそなく

となり。又西行法師そのかみつかうまつりけるならひに。世をのがれて後も賀茂にまいりけり。年たかくなりて四國のかたへ修行しけるに。またかへりまいらぬ事もやとて名殘ををしみて。仁安二年十月十日の夜まいりて。法躰のことなれば。いみ給ふ故に内へも入ずして。中門の棚尾の御やしろにとりつきて。幣まいらせ給へとて心ざしけるに。木の間の月ほのぼのと常よりも神さびわたりて。あはれにおぼへてよみける。

　かしこまるしてに淚のかゝる哉またいつか

もと思ふ哀に

本より佛號などをいせかも兩宮はいみ給ふなればかくのごとし。しかれば心をすなほにして所願をなし申に。などか納受なからむや。賀茂の御歌に。

我たのむ人いたつらになし果は又雲わけてのほる計そ

御神は人のうやまふによつていくわうをかゞやかし給ふなれば。あからさまにもあゆみをはこびきせいをなすともがらは。あるひは富貴壽命長遠をねがひあるひは官位藝能をのぞむに違はず。願望成就せずといふことなし。

應永廿一年三月下旬寫之訖。

右此一帖者或人爲ニ秘藏一冷泉羽林筆跡古本云々。

右賀茂皇太神宮記以一本挍合畢

右以元本挍了天保十五年十一月念五日忠寶

文永十一年賀茂祭繪詞

賀茂祭は卯月中酉。元明天皇和銅七年に山城國司撿察して。年ごとの祭たるべきよし鳳詔をくださる。嵯峨天皇弘仁十年に鴨御祖の社別雷二神の祭を中祀とさだめられてのち。まさしく近衞使次第の供奉官をひきぐして一條大路をわたる事は。そのとしこそはじめなれなど見えたることはあきらかならねども。仁明天皇承和四年に天皇紫宸殿にして。使の馬鞍已下を御覽ぜらるゝよしは。記錄もあるにや。それよりこのかた。松柏の搆の前。蘋蘩の禮の中。一日の庄觀この祭にすぎたる事なし。年々例をまもる事なれば。めづらしかるべきにあらねども。月にいりぬれば。禁中も御神事灌佛をおこなはるゝとしは。九日より齋をいたさる。前一日に上卿陣に參りて內のくらづかさの請奏を下し。諸司諸衞にめしおほせられて。警固のありさま。わかき衞府の公卿殿上人などは興あるわざにおもひけすらひたるめり。雲の上よりはじめて。あやしのしづがいたやまでも。けふのかざしのあふひ草を。月のかつらのくもりなき御代のためしに引かけて。文永十一年こそ我君仙洞萬歲のはじめなりしかや。この一兩年は。たえたりつる御棧敷の御幸の儀も。まためでたかたじけなかりしに。華山院前右大臣けいめいしてまいりまうけらる。殿上人一人實俊卿いまだ中將にてつかまつる。北面御隨身御壺の召次御牛かひまでも。先院のみゆきのありさまつゆもかはらず。淚おもかげにうかみておがみたてまつる事のいのちながさも〔き賊〕うれしのあまりに。末の代のもてあそびにもとて。むかしものがたりにも。つねのりがゑ。道風がことばなどかきつたへたれば。なまじひにそのあとをたづねて。けふのわらはれぐさにはなりはべるべし。

繪

大宮院も間道より御幸あり。なに事も二たびあらたまる椿のかげ。いはひ事もかくやと刻限に花つみとて。道俗男女てにはなをちらし。ひぢにあしかをかけ。くちに彌陀佛の名をとなへて。いくらといふことをしらずむれつゞきて。まことになりたかくのゝしりゆく。內證の御ちかひもたのもしくこそ。空也上人無極道心をあらはされんとて。わたりそめられたりけるぞ。これにはじめに申つたへたる。看督長ねりつどきたり。大理のつかはれ人は。わしの羽のやを二さしたり。廷尉佐のはしろき羽を四さす。その外のはたゞしろき羽を二づつさしをひたる。ゆへ〳〵しくもみゆ。撿非違使の別當廷尉佐などせしぎもたえてひさしくなれば。看督長の禮儀もなし。ことしは撿非違使も六位五位あまたありしかども。せう〳〵を書うつすなり。廷尉佐。殿上。撿非違使などもも車わたして供奉しけるとかや。ちかくはまたその事を聞ず。

繪

内藏山城のすけはくだ〳〵しければ書もらしつ。山城介はたちをはき。内藏助は官幣をつきたてたり。馬助もりやくしてかゝず。使は中將隆良朝臣いまだ少將にてわたられけり。かのいゑには舞樂の具を風流につけたり。かざりくるまはさだまりて樂屋につくり。弘長制符ののちは近衛舍人もりやくせられて。馬副ばかりなり。ゐかひ御まやとねり御うしかひなどはたゞ例のごとし。女使も命婦藏人はかきのこしつ。齋院おはしますおりは。禊齋弁一條の大路をわたり。典侍神舘にまいりて。紫野のかへりあそびなどもありしかば。祭の儀式もはへ〳〵しかりしを。元久ののちはそのあと久しく絶たり。諸宮のつかひもなきとしにて。さびしきやうなりしかども。大明神の靈威をあらはして。いよ〳〵敬神のこゝろをすゝめむがためなり。みむ人ゆめ〳〵あざけること有べからずとなん。

此繪龜山院御繪合之時經業卿所ニ調進一也云云。畫爲信卿。詞定成朝臣書之。元德二年閏六月中旬之比令レ寫之。繪繪所預隆兼朝臣。詞入道內藏權頭季邦朝臣寫之。

右賀茂祭繪詞依無類本不能校合

賀茂社御願書

後伏見院

これ嘉暦三年。としのついでつちのえたつ。九月四日みづのえのね。よき日のよきとき。太上天皇胤仁。かけまくもかしこき賀茂大明神のひろまへに。をそれみ〳〵も申たまはく。それをろかなるせいをかへりみるといへども。あまの日つぎをうけてくわうとうのしやうりうにあたれり。春宮りうばうのうんにいたるまで。すでに神の御めぐみにあづかる。としすでにせい人のよはひにおよぶ。せんそのうん天のさづくるところそのごいたれり。しかあるを一はうみちなきひけい日をゝひて色をそふ。むしんのかまへ。神かんさだめててらしたまはんか。これしかしながら身のためにして世をかたぶくるにあらずや。あめのしたは一人のあめのしたにあらず。あめのしたのあめのしたなり。ほしきまゝにじやねいをもちて正ろをふさがんこと。神としてあにうけたまはんや。そも〳〵大明神御めぐみを我身にたれたまふこと。この時にあたりてずいさう一にあらず。これをたのみあふぎたてまつるに。さらにうんのをそれなし。もとよりのことはりしぜんのみちにゆづりて。うんを天にまかするゆへに。かならずこれをひだうにいのらず。この心をのづからくわんたいにたるといへども。むだうよこしまのねんりきたとひつよくとも。神たういかでかじやをうけ正をすてん。もしむだうのねんりきつよきによりて。しやうたうをたのむ心くわんたいのとがになげく。これをすてば人いよ〳〵きほうをさきとし。國たちまちにほろびうせん。しかあらばしやうぢきの神なにをもちてかそのめいをつぎ。そのかたちをのこさんや。わくはうのちかいをそらくはむなしきにあるべし。神もしじやねいをうけずは我ねいしんをもたず。我ねい心をもたずは神またすてたまはんや。いのるところわたくしなくは。神かんざをたたずしてそのしるしをみせたまへ。いのるところもしわたくしまじはらは。我とがをかうふらん事いさゝかもいたむところにあらず。たゞ神に身をまかせたてまつりて更に身をわたくしにせず。この心をあきらけくかゞみたまひてあやまる所なくは。じやねいを万里にしりぞけて。せいちよくの道をすゝめ。治天のうんたちまちにひらけん。大明神このじやうをたいらけくやすらけくきこしめして。夜のまもり。日のまもりに守りさいはひたまへと。をそれみ／＼申たまはくと申。

右賀茂社御願書以扶桑拾葉集一挍畢
以元本再挍了　天保甲辰十一月　忠寳

大和田五月
小林正直
知念武雄
甲田利雄　挍
石井英雄
高橋正治

昭和　七　年十月十五日　発　行
昭和五十八年三月二十日　訂正三版第五刷発行

群書類従・第一輯　神祇部

編纂者　塙保己一
発行者　太田ぜん
東京都豊島区北大塚二ノ三三ノ二〇
印刷所　株式会社　平文社
東京都豊島区北大塚一ノ一四ノ六
発行所　続群書類従完成会
電話(915)五六二七
振替東京二—六二六〇七

群書類従
第１輯 神祇部　〔オンデマンド版〕

2013年4月1日　初版第一刷発行　定価（本体8,000円＋税）

編纂者　塙　保　己　一
発行所　株式会社　八木書店　古書出版部
代表　八　木　乾　二
〒101-0052 東京都千代田区神田小川町3-8
電話 03-3291-2969（編集）-6300（FAX）
発売元　株式会社　八　木　書　店
〒101-0052 東京都千代田区神田小川町3-8
電話 03-3291-2961（営業）-6300（FAX）
http://www.books-yagi.co.jp/pub/
E-mail pub@books-yagi.co.jp
印刷・製本　（株）デジタルパブリッシングサービス

ISBN978-4-8406-3112-9　AI136